Tu embarazo
mes a mes

Christine Schilte
Françoise Auzouy

Tu embarazo
mes a mes

SALVAT

Título original: La grande aventure de vôtre grossesse
Traducción científica: Dr. Jaime Farreny
Portada: estudijordiroyo
Fotografía portada: The Image Bank

4ª edición
© SALVAT EDITORES, S.A.- 2002
© HACHETTE

ISBN: 84-345-0406-5
Depósito legal: B-50481-2002

Impreso por: LIBERDÚPLEX
Impreso en España - Printed in Spain

Instrucciones para el empleo de este libro

Este libro responde a la **lógica del tiempo** y sigue un desarrollo cronológico, mes tras mes, entre *el período prenatal y el postnatal*.

Fue concebido para que se lea al ritmo de la doble página:
– **a la derecha se desarrolla un tema de primera importancia** que se ha elegido en función de los problemas con él relacionados en el transcurso del embarazo;
– **a la izquierda hay informaciones conexas con el tema principal**, que las autoras han reunido en forma de *flash* de mayor o menor longitud. Ningún tema ha sido descartado: pueden encontrarse aquí problemas médicos, psicológicos, prácticos y hasta etnológicos.

Un **sumario temático** reagrupa al principio de la obra las diferentes materias tratadas y los temas conexos desarrollados.

Al final del libro hay un **glosario médico** cuyas entradas aparecen señaladas en el texto por el signo "*", y un **índice** muy detallado. Estos anexos facilitan la comprensión del texto y la búsqueda de información específica suplementaria.

Dentro del texto, las **indicaciones** o **remisiones a otras páginas** permiten el seguimiento de un tema por los diferentes capítulos.

Por último, en el margen de las páginas impares, un **cursor de colores** indica claramente el mes del embarazo en que nos encontramos.

◄ *El cursor que se reproduce aquí se confeccionó de acuerdo al mismo principio, y permite realizar rápidamente la conversión del número de meses en número de semanas de amenorrea (terminología empleada por el personal médico).*

Prefacio

Vivimos en una época en que la tecnología permite todas las realizaciones: basta disponer de los medios y con frecuencia sólo se nos exige afrontar unos costes. Paradójicamente, la aventura más importante y la más excitante que pueda existir –tener un hijo– apenas necesita el deseo de dos seres, y el amor es el único precio que se tiene que pagar. Durante mucho tiempo, esperar un niño constituyó para la mujer un fenómeno simple y natural; ésta vivía el embarazo con serenidad y un cierto fatalismo.

Hoy las ideas han cambiado y con frecuencia resulta difícil considerar que el hijo futuro pueda ser concebido cuando se desee y como se desee, es decir en las mejores condiciones. Por ello la decisión de procrear suele ocasionar una cierta ansiedad que explica, por ejemplo, el miedo a no poder concebir si ello no sucede en los dos o tres meses que siguen a las primeras tentativas, aunque resulte evidente que no se puede hablar de esterilidad eventual antes de que haya pasado al menos un año.

Una vez iniciado el embarazo afloran nuevas angustias y se plantean numerosos interrogantes: ¿abortaré o tendré un parto prematuro? ¿Mi hijo será normal? ¿Qué sexo tendrá? ¿Cuándo y cómo daré a luz?

Es verdad que estas angustias y preguntas son en buena parte consecuencia de las muchas informaciones suministradas por los medios de comunicación acerca de las anomalías que pueden sobrevenir en el transcurso del embarazo o del parto; y también acerca de los medios para diagnosticarlas y tratarlas. Informada con exceso, la mujer embarazada acaba por creer que su embarazo es patológico. No obstante, es necesario ser realista: en la inmensa mayoría de los casos el embarazo sigue siendo un fenómeno fisiológico normal.

Gracias al estudio de los antecedentes, a la vigilancia de elementos clínicos simples y a la realización de algunos exámenes, como la ecografía, el obstetra dispone de medios para verificar la evolución normal del embarazo. Ello no impide que la embarazada se alarme por la emergencia de ciertos síntomas, como contracciones, hemorragias, fiebres, pérdidas anormales y peligros vinculados con ciertos comportamientos o costumbres.

Por ello resulta bueno y lógico explicar a las futuras madres la historia de su gestación, para que puedan seguir el normal desarrollo del proceso desde la fecundación hasta el nacimiento.

Hay numerosas obras que tratan del tema:
– algunas, con un enfoque excesivamente médico, que, con frecuencia, en vez de informar producen inquietud;

– otras, de inspiración futurista, tienden a destacar los casos raros, los análisis novedosos, o las terapias aún en fase de estudio.

Este libro aporta informaciones prácticas y racionales: cuenta la historia del embarazo tal como se desarrolla habitualmente, y aporta consejos y medidas preventivas.

Este libro también tiene el mérito de la originalidad en la presentación del tema, de manera que sus lectores tendrán la impresión de leer dos obras contenidas en una.

La primera de ellas describe la evolución cronológica del embarazo, y permite descubrir mes a mes las manifestaciones que caracterizan las diversas etapas, del desarrollo del feto, y las sensaciones experimentadas por la futura madre.

La segunda aporta información abundante, concreta y diversa, que concierne a temas que abarcan desde la fisiología hasta la genética, pasando por la higiene, la belleza, la dietética y la psicología. Se trata de auténticos flashes informativos repartidos en la obra y distribuidos según los meses de embarazo que corresponden particularmente a dichos fenómenos.

Christine Schilte y Françoise Auzouy ya habían emprendio el relato del ejercicio de la maternidad en TU HIJO. Con TU EMBARAZO, ejecutan la faena de narrar la historia de la concepción y el nacimiento sin inquietar abusivamente.

Profesor Jacques CHAVINIE

9

ÍNDICE TEMÁTICO

DESDE EL EMBRIÓN HASTA EL RECIÉN NACIDO

PREVERLO TODO PARA EL NIÑO

PREPARARSE PARA EL PARTO

EL NACIMIENTO

Prólogo

*L*a maternidad es, sin duda, uno de los momentos más fuertes en la vida de una mujer y en la de la pareja que ella forma con el padre del futuro niño. Las preguntas que se plantean entonces cada uno de los padres son numerosas, concretas y de diverso orden.

Este libro tiene como objetivo responder a las preocupaciones de los padres de hoy, y encarar la maternidad en el contexto de una época en que la futura mamá trabaja o los padres participan cada vez más en la crianza y con frecuencia asisten o desean asistir al nacimiento de su hijo. Además, desde hace algunos años, importantes descubrimientos científicos han levantado el velo que ocultaba el desarrollo del embrión en el útero. Estos progresos son numerosos y de enorme trascendencia para la futura madre, y resulta imprescindible conocerlos con el objeto de vivir más intensamente aún los nueve meses de embarazo.

Christine Schilte, periodista especializada en temas infantiles y jefa de redacción de la revista mensual Enfants Magazine, y Françoise Auzouy, directora de un centro de investigación dedicado al niño, el CPJ de Lyon, se unieron para escribir este libro. Sus permanentes contactos con ginecólogos, dietólogos, comadronas, pediatras, psicólogos, especialistas en medicina infantil y jóvenes padres, las hacen idóneas para ello. *Profesionales y madres cuentan con las mejores condiciones para comprender las necesidades y compartir las emociones de la maternidad.*

Pero empeñadas en realizar una obra que respondiera realmente a las exigencias y dudas concretas de los lectores, decidieron suscitar preguntas y poner a prueba su proyecto literario. Con ese objeto organizaron mesas redondas para incitar a las futuras madres y a los nuevos padres a enriquecer el texto con todas sus expectativas, tanto en el aspecto científico como en el práctico y en el de las relaciones.

Las autoras se fijaron otro objetivo: suministrar informaciones cuidadosamente seleccionadas sobre las investigaciones actuales en medicina y psicología que conciernen a esta materia.

El libro se estructuró en función de las inquietudes de los padres. Un embarazo está constituido de momentos más o menos fuertes, de sucesivas etapas que implican o exigen diferentes comportamientos. Por ello esta obra se ajusta a la lógica temporal, y sigue mes tras mes la evolución del embarazo, sin olvidar el período de la concepción ni las semanas que siguen al nacimiento.

También se dedica un capítulo a los embarazos particulares, como el de las madres que tienen más de 35 años o el de las embarazadas con partos múltiples.

Tampoco se podía olvidar al recién nacido en sus primeros momentos de vida extrauterina, lógica prolongación de los nueve meses de espera.

Llevar un niño en el vientre desde la concepción hasta el parto es un hecho extraordinario, una fantástica conmoción que merece una guía. Este libro tiene esa ambición.

1.er
mes

2.º
mes

3.er
mes

4.º
mes

5.º
mes

6.º
mes

7.º
mes

8.º
mes

9.º
mes

El
nacimiento

Los
cuidados
posteriores

Las 1^{eras}
semanas
del bebé

El deseo de un hijo

A l principio nace el deseo, deseo de un hijo, de convertirse en madre, de sentirse padre. Resultado de una historia personal, y comienzo de una nueva vida.

¿Por qué desear un hijo? Simple pregunta de difícil respuesta, por la multiplicidad de razones y por las interferencias. Sin duda necesidad egoísta de prolongarse en el tiempo, de no envejecer en soledad, de vivir en una comunidad próxima e íntima, de probarse que se es hombre o mujer; pero también necesidad de crear, de dar y de compartir.

Las relaciones afectivas tejen la cuna del niño. Luego el espíritu y el cuerpo se unen con el mismo designio. No obstante, el éxito del proyecto no siempre está asegurado. El cuerpo tiene sus razones y el espíritu las suyas. La anticoncepción ha creado una nueva generación de niño, la de los «deseados», e implícitamente ha dado nacimiento a esta idea: basta querer para tener...

19

El proyecto de un hijo

Para cada uno de nosotros el deseo del primer hijo, generalmente vinculado con una relación amorosa, con un modelo familiar y además con una historia individual, aparece por diversas razones. *El deseo de un hijo nace muy pronto en la consciencia femenina.* En principio en las niñas, que, apenas aprenden a caminar, juegan con muñecas a las que cuidan como auténticos niños copiando en ello los gestos cotidianos que les dedican sus madres. Además, en las jóvenes actuales, este deseo aparece tanto más temprano puesto que las relaciones sexuales son más precoces, aunque esperen más tiempo para concebir un niño por razones o imperativos sociales, económicos o afectivos.

En torno a los dieciséis o diecisiete años el deseo de un niño es sobre todo físico; está vinculado con las ganas de hacer el amor, de experimentar sensaciones. A continuación, el deseo evoluciona, adquiere otras dimensiones: se quiere un niño con la persona amada como prenda de fidelidad. El niño ya no es un objeto para la diversión: se ha convertido en un ser completo.

★ Recuperar a la propia madre

Sea cual fuere el fundamento psicológico, para Freud no hay dudas: este deseo de un niño está ligado al deseo incestuoso de poseer a su padre. Pero el Edipo no es más que uno de los elementos que conducen a la maternidad. Se sabe que en el ansia de maternidad existe un vínculo muy fuerte con la madre. Según la psicóloga Monique Bydlowski, «amamantar es también reconocer a su propia madre en el interior de sí». Con frecuencia *de manera inconsciente, el primer hijo está dedicado a su madre*; se da a luz para volverse como ella, para ofrecerle esta vida. Por otra parte, las mujeres que tienen difíciles relaciones con su madre esperan o postergan el proyecto de hijo, cuando no es el propio cuerpo el que ejecuta dicha acción: suele ser causa frecuente de hipofertilidad (fertilidad mínima).

★ El poder del inconsciente

En los tiempos de la anticoncepción podría creerse que todo deseo de un hijo es consciente y voluntario: deseo de realizar plenamente la unión de una pareja, necesidad de probar que se es una mujer completa, deseo de recuperar la propia infancia, de retroceder en el tiempo; de repetir el pasado con la ilusión más o menos inconsciente de realizar un deseo insatisfecho. No obstante, nada de ello resulta hoy tan evidente. A veces se desea el niño con el objeto de ajustar la propia conducta a un modelo de mujer que propone la sociedad, o para tener a alguien a quien amar que a su vez devuelva amor. En suma, como lo demuestra desde hace algún tiempo el profesor Cramer, célebre psiquiatra infantil suizo, el niño puede ser deseado para colmar una falta, un vacío. Para él, el deseo de un hijo es ante todo la necesidad de recuperar a quienes nos han precedido y sirve como pista en la búsqueda de aquellos que se han perdido. El niño está entonces, durante el embarazo y con posterioridad a él, cargado con todas las características, buenas y malas, de aquéel a quien tiene como función reemplazar. Numerosas estadísticas demuestran que la teoría del profesor Cramer se confirma regularmente; por ejemplo, la concepción o el parto de un «reemplazante» se produce en torno a la fecha del aniversario de un ausente; el inconsciente se ocupa de establecer el vínculo con lo psicológico.

★ **El niño ideal para padres perfectos**

En todos los demás casos el niño por nacer concita sentimientos de nostalgia que experimenta la madre en relación con su propia infancia. La madre le encargará que repare las injusticias que ha sufrido en su propia niñez; o por el contrario, que las repita para «liquidarlas» mejor. En el deseo de maternidad el niño suele ser un instrumento de reparación para su madre. Los fantasmas que conciernen al ser esperado se desarrollarán en el transcurso de los nueve meses del embarazo.

Sentirse dispuesto a tener un hijo es también sentirse igual a los propios padres, aunque se desee superarlos para convertirse en padres perfectos. Tarea tanto más delicada por cuanto a causa de la anticoncepción existen menos niños, y por ello menos «ensayos» para alcanzar ese ambicioso objetivo. La maternidad ha adquirido por ello mucha más importancia que en otros tiempos. Desear un hijo es también desear, en lo más profundo de sí, que ese niño nazca lo más bello e inteligente que sea posible.

2.º mes

3.er mes

4.º mes

5.º mes

6.º mes

7.º mes

8.º mes

9.º mes

El
nacimiento

Los
cuidados
posteriores

El mundo de los fantasmas

Ciertos científicos lo afirman: no hay razón alguna que impida que los hombres no puedan llegar un día a estar «embarazados». Pero, agregan, será una peligrosa manipulación tanto para el hombre como para el niño. La razón de ese «progreso» se debe simplemente al hecho de que hoy útero, trompa y ovario no resultan indispensables para el embarazo. Por ello puede imaginarse que es posible, después de practicar una adecuada incisión en el vientre, plantar un óvulo fecundado en probeta en la capa de tejido graso del peritoneo*, en la región que recubre y protege los intestinos. A continuación, bastaría alterar el equilibrio hormonal del hombre mediante inyecciones de hormonas*. Pero la extracción de la placenta después del nacimiento podría comportar una grave, y hasta mortal hemorragia. En cuanto a los problemas psicológicos que comporta semejante conmoción de la naturaleza, son múltiples y totalmente desconocidos por el momento, sólo material imaginario. Los más importantes de ellos se vinculan con la identidad psíquica, a veces de muy difícil construcción y frágil estabilidad.

Espermatozoides: calidad y cantidad

El *espermatograma* debe practicarse siempre que una pareja sea estéril, sistemáticamente. Este examen se realiza a través del análisis del esperma (especialmente su volumen, pH* y viscosidad), y también el de los espermatozoides: su número en la eyaculación, vitalidad y morfología. Pero el estudio sólo provee indicios relativos. Todavía no se conocen todos los factores de fecundidad del esperma y sólo la combinación de todos los parámetros recogidos en el espermatograma permiten un balance útil. Si se obtienen resultados mediocres o insuficientes, será indispensable pedir otro examen tres meses después del primero. Puede ser que una simple fiebre, a causa de una gripe, por ejemplo, en los tres meses que preceden al examen, falsee los resultados. Además, un espermatograma negativo no indica forzosamente dificultades para engendrar un niño. Un esperma mediocre asociado con una buena fecundidad femenina (→ p. 34) puede dar un embarazo sin problemas.

NO HAY LÍMITE DE EDAD

A diferencia de lo que ocurre con la mujer, el hombre puede engendrar hasta avanzada edad. Se conoce un caso ilustrativo, el de un norteamericano que fue padre a los 94 años. No obstante, con la edad los espermatozoides se vuelven cada vez menos móviles, más remolones, menos fecundantes.

El sueño de ser padre

Desear ser padre y serlo es también una aventura, el resultado de una maduración psíquica. Pero a la inversa de lo que ocurre con la mujer, el hombre sólo puede vivir la paternidad en pareja. El nacimiento de un niño y los trastornos que comporta, tanto de orden psíquico como psicológico, serán una prueba para los dos.

Ambos miembros de la pareja deben procurarse un nuevo estatuto. El padre tendrá más dificultades que la madre en este proceso, puesto que será ésta la que de hecho delimitará el espacio que atribuirá a él en su relación con el hijo. Ella será quien decida integrarlo o excluirlo durante y después del embarazo. Además, el futuro padre durante este período se ve obligado a asumir tareas que no conoce y que hasta entonces no le incumbían; tendrá que dedicar nuevos cuidados a su compañera y manifestar atenciones particulares.

★ Una nueva identidad

Para los psiquiatras, la *función del padre en la pareja es fundamental*. Debe acompañar la regresión que ayuda a la mujer a convertirse en madre (→ p. 79).

Las nuevas circunstancias lo determinarán: tendrá que encargarse de ayudar, de proteger a la madre que, según el pediatra y psicoanalista inglés D. Winnicott, se hunde en la «locura maternal»: sólo piensa, actúa y vive para y por su hijo. Un apoyo que el padre debe asegurar quedando un tanto excluido de lo que vive la madre, que, provisionalmente, renuncia a muchas cosas que formaban parte de su seducción.

El hombre, para convertirse en padre, elige un papel. Se le ofrecen numerosos modelos: ¿qué padre será, remoto, maternal, desapegado, pedagógico? También él, igual que la madre que busca su estatuto o condición en la historia con su propia madre (→ 20), se vuelve hacia su padre, o su abuelo. Esta confrontación suele ser benéfica; aunque a veces, por el contrario, es un camino sembrado de trampas. Quizá comprenda mejor quién ha sido su padre y qué clase de relaciones establecieron ambos. Para el hombre, convertirse en padre es siempre una ocasión de repensar o de enriquecer su identidad.

23

1.er mes

2.º mes

3.er mes

4.º mes

5.º mes

6.º mes

7.º mes

8.º mes

9.º mes

El nacimiento

Los cuidados posteriores

Las 1eras semanas del bebé

La célula madre

El ovario está compuesto de multitud de capas, cada una de las cuales contiene alto número de folículos*. A su vez, cada uno de estos folículos abriga un óvulo*. Por el efecto de las hormonas* procedentes del hipotálamo* y de la hipófisis*, sólo uno de esos folículos crecerá, multiplicará sus células y producirá hormonas, los estrógenos*. Éstos alcanzarán su máxima concentración en las 24 horas previas a la liberación de un óvulo rodeado de células foliculares. Cada ciclo o período pone en funcionamiento uno u otro ovario; en caso de fallar uno, el otro toma el relevo. El folículo así separado prosigue su evolución y se convierte entonces en lo que se denomina el cuerpo amarillo*. Éste produce hormonas (estrógeno y progesterona*) cuya función consiste en preparar la mucosa uterina para la implantación del óvulo fecundado. Proseguirá su tarea hasta el momento en que la placenta (→ p. 73) asegure a su vez esta producción hormonal (dos o tres meses después de la fecundación).

Una mujer posee una media de 300.000-400.000 óvulos para toda su vida, que serán liberados uno tras otro en el transcurso de los 300-400 períodos, entre la pubertad y la menopausia. La formación de un ovocito* (futuro óvulo) tiene lugar en el transcurso de la vida embrionaria. Así, a los cinco meses de vida, el embrión* «hembra» ya posee 6 millones de ovocitos, muchos de los cuales degenerarán.

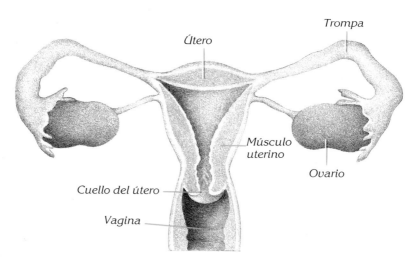

Útero

Trompa

Músculo uterino

Ovario

Cuello del útero

Vagina

1.er mes

2.º mes

3.er mes

4.º mes

5.º mes

6.º mes

7.º mes

8.º mes

9.º mes

El
nacimiento

Los
cuidados
posteriores

Las 1^{eras}
semanas
del bebé

Cuerpo de mujer

El aparato genital de la mujer se compone de la *vulva*, parte externa, y la *vagina* que une la vulva con el *útero*. La vagina es un canal (de 7 a 9 cm), de gran elasticidad, rodeado por los músculos que sostienen el abdomen, cuyo conjunto se denomina el *perineo*. El útero es un músculo hueco y espeso en forma de pera (de 6 cm de longitud por 4 de ancho), cuya parte inferior se denomina el *cuello* y la superior, *el fondo del útero*.

El útero está tapizado por una mucosa, el *endometrio*, donde se inserta, anida, el óvulo fecundado. En el fondo uterino desembocan las trompas de Falopio que conducen a los ovarios, captan el óvulo y lo hacen progresar hacia el útero gracias a su mucosa tapizada de cilios vibrátiles (→ p. 49 y 51).

Los dos ovarios se encargan de transformar el ovocito* en óvulo* y de producir las hormonas* necesarias para el embarazo, la *progesterona** y los *estrógenos**. El funcionamiento de los ovarios está bajo la total dependencia del cerebro (el *hipotálamo**) y la *hipófisis**. Desde el comienzo del ciclo (veintiocho días de promedio) el ovario «ordenará» a un folículo* (→ p. 24) liberar un óvulo después de un proceso que se prolonga catorce días. Éste, captado por la trompa gracias a sus cilios vibrátiles, comienza su viaje hacia el útero. En el tercio externo de la trompa se produce el encuentro con el espermatozoide* fecundante (→ p. 49).

Durante todo el ciclo el endometrio (mucosa uterina) se transforma. Después de las menstruaciones esta mucosa es muy fina, pero bajo los efectos de los estrógenos va aumentando poco a poco su grosor.

El cuello del útero también experimenta diversas transformaciones a causa de los estrógenos. En el momento de la ovulación las glándulas que contiene segregan el tapón mucoso cervical*, líquido viscoso, transparente, que ayuda a los espermatozoides a progresar hacia las trompas, alimentarse y sobre todo protegerse de los ataques microbianos.

La vagina es igualmente sensible a los estrógenos. Bajo su acción se vuelve más elástica, húmeda y resistente a las infecciones. En la segunda fase, siempre con el designio «natural» de auspiciar la fecundación, se modifica la acidez vaginal, que disminuye.

El buen momento

Los trabajos estadísticos de los profesores Schwartz y Spira indican que es más difícil conseguir un embarazo después de un largo período de abstinencia sexual. Asimismo, después de un lapso de infertilidad de cinco años, el tiempo medio necesario para conseguir el embarazo es de tres años, mientras que normalmente no pasa de seis meses (→ p. 34).

También debe saberse que los espermatozoides* de máxima calidad que producen los hombres se obtienen en torno a los treinta años. A partir de esta edad, el número de vasos capilares que rodean los conductos seminales disminuye y ello produce una modificación en el proceso de diferenciación de las células germinales*.

Una selección rigurosa

El ascenso de los espermatozoides* es muy rápido. Atraviesan la vagina en cinco minutos y alcanzan las trompas en una hora. Su velocidad se decuplica por las contracciones de los músculos del útero y de las trompas.

El moco cervical* elimina el 99% de los espermatozoides de una eyaculación que reúne unos 300 millones. Se descartan muy especialmente aquellos que presentan anomalías morfológicas. En la primera parte de la trompa se procede a una segunda selección, y sólo un centenar de finalistas se lanza al asalto del óvulo*.

En el momento de la inserción el óvulo está rodeado de una corona de células nutricionales que forman el complejo cúmulo-ovocito. Este conjunto, atrapado por la trompa, ocupa la totalidad del conducto tubular cuya materia, de naturaleza adhesiva, es una auténtica trampa para los espermatozoides.

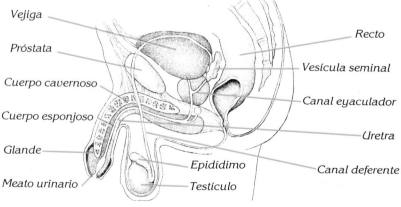

Vejiga · Próstata · Cuerpo cavernoso · Cuerpo esponjoso · Glande · Meato urinario · Epidídimo · Testículo · Recto · Vesícula seminal · Canal eyaculador · Uretra · Canal deferente

Y los hombres...

La reproducción humana es el resultado del *encuentro de dos gametos**: el gameto hembra, el *óvulo** (→ p. 25), y el gameto macho, el *espermatozoide**. Éste se forma en los testículos, cuyas glándulas permanecen activas desde la pubertad hasta el fin de su vida, tenga o no tenga el hombre una actividad sexual.

⋆ El número hace la fuerza

En el transcurso de su vida un hombre produce una media de un billón de espermatozoides. Todos aquellos que no son eyaculados resultan naturalmente destruidos. Cada testículo contiene entre 200 y 300 *glóbulos testiculares* que a su vez, cada uno, contiene entre uno y cuatro *tubos seminales*. Éstos están revestidos de células germinales que se transformarán por etapas en espermatozoides. Para que se produzca la *espermatogénesis* se necesitan setenta y cuatro días.

Además, los testículos tienen como función producir testosterona, hormona* que actúa desde la pubertad hasta el final de la vida, y que tiene una función esencial en la espermatogénesis. El funcionamiento de los testículos, como ocurre con el de los ovarios en la mujer, está bajo el control del hipotálamo* y de la hipófisis*. Al salir de los testículos los espermatozoides no son móviles; pero llegarán a serlo atravesando los canales del *epidídimo**. Entonces son transportados por un líquido: el *plasma seminal*. Éste es producido por la próstata y las glándulas seminales. Luego los espermatozoides atraviesan los 30-40 metros de los canales deferentes para quedar en espera en las *vesículas seminales*. En cada eyaculación se liberan entre 300 y 400 millones de espermatozoides.

Cada uno de éstos tiene la misma morfología: una *cabeza* donde están situadas las células cromosómicas que transmitirán el mensaje hereditario, y un *flagelo* que le permite desplazarse. Adquiere todo su poder fecundante en las vías genitales femeninas. Aproximadamente la mitad de los espermatozoides presentan defectos (cabeza doble, ausencia de flagelo o cola, escasa velocidad o dinamismo) que los vuelven incapaces de fecundar el óvulo. Si a pesar de todo la fecundación tiene lugar con uno de éstos, el embrión no se desarrollará.

1.er mes

2.o mes

3.er mes

4.o mes

5.o mes

6.o mes

7.o mes

8.o mes

9.o mes

El
nacimiento

Los
cuidados
posteriores

Las 1eras
semanas
del bebé

27

Lo que hay que saber

- El cariotipo

Generalmente se practica con las células sanguíneas de los padres. El biólogo estudia en ellas los cromosomas* y los ordena por tamaños y por pares. A partir de dicho estudio podrá determinar si existen riesgos de enfermedad genética y si ésta es transmisible.

- Las leyes de Mendel y las enfermedades genéticas

Si uno de los miembros de la pareja está afectado, el niño que se concebirá tendrá 25% de posibilidades de resultar indemne o 25% de riesgo de ser afectado y 50% de posibilidades de ser portador de la anomalía, aunque ésta no se manifieste.

- Las parejas de riesgo

— aquellos que saben que al menos uno de los dos es portador de una enfermedad hereditaria;

— aquellos que ya han tenido un niño afectado por una de esas enfermedades;

— los que son consanguíneos;

— los que consiguen un embarazo después de numerosos abortos espontáneos, con más razón aún si el análisis de los huevos expulsados evidencia aberraciones cromosomáticas.

Diagnóstico precoz

Los médicos consiguieron poner en evidencia ciertos signos observados *en el transcurso del embarazo*, que pueden indicar un *riesgo de mongolismo*. Son una tasa anormalmente débil de alfafeto-proteína en la sangre materna combinada con una alta tasa de HCG, mala circulación de la sangre por el cordón umbilical, retraso en el crecimiento y en el transcurso del segundo trimestre, y un grosor anormal de la piel del cuello del feto, revelado en el transcurso de una ecografía. En la actualidad, dicho diagnóstico precoz se realiza a través del análisis del trofoblasto o del líquido amniótico (→ p. 66 y 131). Las técnicas en fase de prueba harán que los exámenes, en el futuro cercano, permitan los diagnósticos de las dos terceras partes de las trisomias que escapan a la ecografía. Una tasa anormalmente elevada de alfafeto-proteínas en la sangre de la madre o en el líquido amniótico (→ p. 105 y 130) también puede indicar una *anomalía del sistema nervioso del feto*, especialmente una espina bífida (malformación de la médula espinal).

Los actores del diagnóstico

En un diagnóstico precoz prenatal intervienen numerosos facultativos que tienen funciones complementarias. La comparación de sus diagnósticos permite avanzar en la investigación. He aquí los especialistas que pueden intervenir en dicho proceso: anatomofetopatólogo, bioquímico, biólogo molecular, cirujano pediátrico, citogenetista, ecografista, genetista clínico, neonatólogo, obstetra, pediatra y especialistas de diversas patologías.

Balance del pasado genético

1.er
mes

2.º
mes

3.er
mes

4.º
mes

Para ciertas parejas el deseo de un hijo aparece perturbado por la angustia del niño anormal. Los antecedentes personales o familiares o incluso una situación particular pueden conducirlos a la consulta de un *médico asesor en genética*. Escuchándolos, interrogándolos, dicho facultativo sabrá establecer con ellos las probabilidades de anomalía; examinará el árbol genealógico de la familia y pedirá un cariotipo (→ p. 28) a cada uno de los miembros de la pareja.

La enfermedad genética más frecuente en la actualidad es la *mucoviscidosis**. Desde hace poco tiempo es posible reconocer el gen que la produce; ello permite, de acuerdo con los antecedentes familiares, calificar ciertos embarazos como de riesgo genético. En tales casos se recurre a un **diagnóstico prenatal** para determinar con certeza si el feto está o no afectado.

No obstante, la eficacia de estos consejos genéticos tiene límites; en verdad estas consultas sólo son frecuentadas por aquellas parejas con antecedentes conocidos que están prevenidas acerca de los riesgos genéticos. En la actualidad todos los «errores» genéticos pueden ser diagnosticados en los primeros meses de embarazo.

Entre las enfermedades más dóciles al diagnóstico precoz se cuentan **la trisomía 21**, que puede detectarse practicando un cariotipo fetal; la edad de la mujer o las dudas que surjan en la ecografía recomendarán el examen (→ p. 131).

El estudio de las malformaciones mediante el empleo de la **técnica ecográfica** permite detectar seis veces más anomalías cromosómicas que las indicadas por los antecedentes familiares. Pero estos descubrimientos suelen realizarse tardíamente; además, no todas las anomalías cromosómicas pueden detectarse. Cada uno de los signos ecográficos menores admite estudios, y otro tanto puede decirse de las dosis de algunas proteínas séricas* maternales de origen placentario. Se sabe además que cierto número de enfermedades recesivas autosómicas (→ p. 67) aparecen con mayor frecuencia en ciertas poblaciones, lo cual conduce a vigilar en ellas los embarazos con mayor atención.

9.º
mes

El
nacimiento

Los
cuidados
posteriores

29

Efectos de la píldora anticonceptiva

La acción de este compuesto modifica el funcionamiento normal del ovario, que es muy complejo. El ovario tiene dos funciones: producir las hormonas* femeninas y desprender un óvulo* mensual. La parte más importante del ovario es periférica. Se trata de la envoltura ovárica, que contiene miles de folículos*. Cada mes uno sólo de dichos folículos estimulará la secreción de hormonas femeninas y madurará un óvulo.

Dicha transformación es dirigida por el grupo hipotálamo-hipófisis*, que envía órdenes químicas al ovario mediante una hormona estimulante que produce la maduración de un folículo y por otra hormona que produce la ruptura del folículo para liberar el óvulo. El folículo, al tiempo que se transforma, segrega hormonas, los estrógenos*, que pasan a la sangre. La progesterona*, la otra hormona femenina, es producida por el cuerpo amarillo* (→ p. 24); y también pasa a la sangre. Ambas actúan sobre la hipófisis y el hipotálamo.

La píldora anticonceptiva se compone de hormonas sintéticas muy semejantes a las producidas por el ovario. Cuando se toman permanentemente, en el transcurso de todo el ciclo, inhiben el trabajo de la hipófisis y del hipotálamo, como lo hacen naturalmente las hormonas ováricas en un momento preciso del ciclo. Provocan así la detención de la ovulación de manera permanente (drogas anovulatorias). En España, muchas mujeres emplean este método.

De acuerdo con la clase de píldora empleada, el mecanismo de anticoncepción será diferente.

Las píldoras llamadas *secuenciales* no actúan sobre la ovulación; las píldoras denominadas *combinadas* operan sobre la ovulación, pero también sobre la calidad del moco cervical* y de la mucosa uterina.

Un niño después de la píldora

Los métodos anticonceptivos tienen como principal objetivo evitar que la mujer quede embarazada. ¿Pero es posible que ésta conciba un niño inmediatamente después de emplear la anticoncepción? *Cuando el método empleado ha sido un dispositivo intrauterino ello es posible sin problema alguno.* Basta pedir al médico que lo retire; apenas hecho esto, la fertilidad de la mujer vuelve inmediatamente a la normalidad. El «DIU» actúa mecánicamente, evitando la nidificación del huevo en la pared uterina, sin alterar en absoluto el equilibrio hormonal del cuerpo. Si el embarazo es resultado de un «fracaso» de este método anticonceptivo (el DIU no ofrece el 100% de seguridad), seguirá evolucionando, aunque con riesgos de aborto. En tal caso el médico procederá a retirarlo. Si ello no es posible a causa del avanzado estado de gravidez, el embrión se desarrollará de manera totalmente normal.

Con los anticonceptivos orales no ocurre lo mismo. Algunos médicos aconsejan a sus pacientes abandonar la píldora cierto número de ciclos menstruales antes de la concepción. Los anticonceptivos orales tienen como objetivo bloquear la ovulación actuando sobre la hipófisis*; por lo tanto es necesario tener la seguridad de que dicha glándula ha recuperado la producción normal y que el sistema hormonal alterado por la aportación de estrógenos* y de progesterona* está restablecido. A partir del primer mes el funcionamiento del complejo hipotálamo-hipófisis* se recupera naturalmente y se produce la ovulación. Pero a veces se advierten primeros ciclos sin ovulación o con óvulos* de mala calidad y, en el 2% de los casos, un dificultoso retorno de las menstruaciones.

El plazo de espera para la concepción después de haber tomado píldoras anticonceptivas se alarga aproximadamente un mes en relación al tiempo medio, que es de seis meses. Si las dificultades de ovulación persisten, en la mayoría de los casos ello se debe a problemas previos, tal vez latentes antes de que se tomara el anticonceptivo.

En ciertos casos la anticoncepción oral puede resultar ineficaz a causa de la distracción (basta olvidar tomarla un solo día para que la ovulación pueda producirse) y también porque *se toman ciertos medicamentos* que modifican la acción del anticonceptivo oral.

2.º
mes

3.ᵉʳ
mes

4.º
mes

5.º
mes

6.º
mes

7.º
mes

8.º
mes

9.º
mes

El
nacimiento

Los
cuidados
posteriores

Las 1ᵉʳᵃˢ
semanas
del bebé

31

Forzar el destino

Determinar el sexo del niño es un viejo sueño que sólo se justifica en el caso de enfermedades genéticas relativas a uno u otro sexo.

Ciertos métodos propuestos para actuar sobre la determinación del sexo deben emprenderse varios meses antes del momento de la concepción. Tal es el caso de aquellos que reposan en un *estricto régimen alimentario*. Este procedimiento se basa en la acción de los factores iónicos. Se trata de regímenes que aportan al organismo diversos minerales en proporciones perfectamente definidas, y que en general imponen una lista de alimentos prohibidos. La dieta en cualquier caso debe adaptarse a la paciente y el tratamiento debe estar bajo el control del médico.

Por otra parte el régimen debe emprenderse tres meses antes del momento elegido para la concepción. La paciente debe llevar un cuaderno en el que anote todo aquello que haya ingerido. Algunos servicios ginecológicos incluyen consultas especializadas que permiten la aplicación de estos métodos (es preciso consultarlo con el médico de cabecera).

Otro método usual tiene en cuenta la acidez vaginal, la calidad del moco cervical* y la naturaleza de los diferentes espermatozoides*. Por ello, una relación sexual inmediatamente posterior a la ovulación favorece a los espermatozoides Y que son portadores de los caracteres masculinos; una relación sexual postergada auspicia la concepción de niñas. Además se ha comprobado que cuando las relaciones sexuales son numerosas existen más posibilidades de «fabricar» una niña, puesto que la abundancia de relaciones sexuales empobrece en espermatozoides Y las eyaculaciones. Por el contrario, si la cópula destinada a la fecundación es precedida de algunos días de abstinencia, los espermatozoides Y y X estarán presentes en iguales proporciones.

Ciertos médicos intentan modificar la acidez vaginal mediante inyecciones de ciertos productos cuya misión consiste en transformar los espermatozoides.

En general puede decirse que ninguno de estos métodos ha permitido obtener resultados científicos incontrovertibles. Por otra parte, el estudio de los diferentes espermatogramas* (→ p. 22) permitió saber que entre el 12 y el 15% de los hombres están destinados por la naturaleza de su esperma a no tener más que niños de uno u otro sexo, lo cual explica las familias de niñas o de niños. Cabe preguntarse si en la mayoría de los casos no valdría más seguir confiando en el azar...

EL ETERNO DESACUERDO

En el siglo XVII existían numerosas creencias en torno a la determinación del sexo del niño. Así por ejemplo, se decía que el sexo dependía del ovario que diera origen al embarazo: el ovario izquierdo concebía niñas y el derecho niños...

Niña o niño: el juego del azar

Todas las informaciones genéticas relativas a un individuo están contenidas en sus cromosomas* y más particularmente en el ADN* de éstos. Se sabe que el sexo de un niño todavía embrión* está determinado a partir de la fecundación por la asociación de cromosomas particulares: *los cromosomas sexuales X e Y.*

En el transcurso de la diferenciación celular que conduce al nacimiento del embrión, ciertas células ya se han especializado en un órgano sexual; son *las gónadas* * que hasta la sexta o séptima semana de desarrollo del embrión están indiferenciadas. Se trata de las mismas células que darán nacimiento a un niño o a una niña. Posteriormente, las gónadas se convierten en masculinas o femeninas y conducen a la elaboración de órganos genitales sexuados.

Los cromosomas son portadores de genes* y el sexo del niño está determinado por uno sólo de estos. Veamos de qué manera.

Desde hace largo tiempo los genetistas estudian el cromosoma Y y creen que en su ADN se encuentra el gen de la determinación del sexo masculino. Gracias a la genética molecular se han aislado todos los genes que pertenecen exclusivamente al cromosoma Y. Estos estudios permitieron establecer una especie de carta o mapa de dicho cromosoma. Otro tanto se ha hecho con el X.

Hace poco tiempo, dos equipos de investigadores británicos descubrieron «el» gen que concierne al sexo masculino (el o los, porque parece que dicho gen depende de varios otros que provocan una cadena de reacciones bioquímicas que conducen a la diferenciación masculina de las gónadas). Dicho gen fue bautizado SRY (Sex determiny Region of the Y) y posee todas las características indispensables; aparece en el transcurso de la evolución, se encuentra en todas las especies de mamíferos donde la masculinidad está determinada por el cromosoma Y, y se manifiesta particularmente en las células de los testículos.

Por el momento, el estado de las investigaciones acerca del cromosoma X parece indicar que el sexo femenino se define por la ausencia de ese ya famoso gen; pero aún queda mucho por decir en esta materia donde las novedades técnicas y los descubrimientos nos sorprenden casi a diario y hasta abren nuevos rumbos a la técnica y al pensamiento científico.

33

El deseo
de un hijo

1.er
mes

2.º
mes

3.er
mes

4.º
mes

5.º
mes

6.º
mes

7.º
mes

8.º
mes

9.º
mes

El
nacimiento

Los
cuidados
posteriores

Las 1eras
semanas
del bebé

Tener un niño no es tan sencillo

Entre el momento en que se decide tener un hijo y el tan deseado de la concepción, puede mediar un tiempo más o menos largo. ¿Qué determina las diferencias de tiempo entre una y otra pareja? ¿Por qué las cosas no suceden como se las desea?

★ La fertilidad de la pareja

En primer lugar es necesario saber que las parejas totalmente estériles son raras (menos del 5% del total). Por el contrario, entre aquellas que tienen dificultades se encuentra una gran mayoría de sujetos poco «fértiles» (→ p. 417). La fertilidad de una pareja no se evalúa con el estudio de los problemas de uno sólo de sus miembros (así, un esperma de mediocre calidad no planteará problemas si la mujer es muy fértil) sino con el análisis de *la fecundabilidad*, es decir la probabilidad de concebir un niño en el transcurso del ciclo menstrual. Se estima que la fecundabilidad de una pareja joven es del 25%.

El plazo necesario para la concepción es de una media de seis meses. Algunas parejas de muy baja fertilidad (aproximadamente el 1%) pueden no conseguir la concepción en un año, y deberán acudir al médico. No obstante, en cien parejas de fecundabilidad completamente normal, habrá una media de tres que tampoco concebirán un niño.

★ La anticoncepción anterior

La variación de la fecundidad depende no sólo del ritmo de las relaciones sexuales sino también de otros factores, como por ejemplo la anticoncepción anterior. Por eso ha podido comprobarse que el plazo medio necesario para la concepción es algo más largo en aquellas mujeres que antes practicaron la anticoncepción oral (la píldora): un mes suplementario, de media. Además se ha probado que la *edad de la madre tiene cierta importancia*. La fecundabilidad aumenta hasta los veinticinco años, permanece estable hasta los treinta y cinco, y a continuación disminuye.

★ En los hombres

La *calidad del esperma* es importante. El umbral de la fertilidad se sitúa en torno a los 60 millones de espermatozoides* por mililitro.

1.er
mes

2.º
mes

3.er
mes

4.º
mes

5.º
mes

6.º
mes

7.º
mes

8.º
mes

9.º
mes

El
nacimiento

Los
cuidados
posteriores

Las 1eras
semanas
del bebé

La media normal es de 98 millones por mililitro. Pero existen otros parámetros igualmente importantes, como la *movilidad de los espermatozoides*: en los sujetos fértiles el 72% de éstos son móviles, en los infecundos el 59% o menos.

También la *morfología* es un factor a tener en cuenta: el 60% de los espermatozoides de los hombres fértiles son normales; los que padecen dificultades de fecundidad solamente disponen del 50% o menos.

Los diversos parámetros están relacionados: a mayor concentración de espermatozoides mayor movilidad y más alto porcentaje de conformación adecuada.

⋆ **El mejor período**

Al estudiar los embarazos conseguidos por inseminación se han puesto en evidencia ciertos factores que influyen en su éxito. Así por ejemplo, se ha demostrado estadísticamente la *importancia de la calidad del moco cervical*, de la apertura del cuello y del día del ciclo.* El estudio destaca un período particularmente fecundo, que se sitúa tres días antes del señalado por el punto inferior de la curva térmica del ciclo (→ p. 37). Estas investigaciones cuestionan el valor fecundante de ese día, que se consideraba particularmente apropiado para la concepción. Tal día puede resultar inoportuno, o en todo caso hoy se sabe que no es el mejor.

Desde el punto de vista masculino, el estudio realizado a partir de la inseminación practicada con esperma congelado demuestra que el carácter más determinante parece ser la tasa de espermatozoides móviles. Si dicha tasa es superior al 50%, las posibilidades de éxito resultan dos veces más elevadas. Además, a las parejas con voluntad de concebir un hijo se les aconseja tener relaciones sexuales cada cuarenta y ocho horas, en los días que preceden a la ovulación. Ello, a causa del riesgo de empobrecimiento de la concentración de espermatozoides en el esperma que comportan las cópulas más frecuentes.

⋆ **Una vida sana**

También se cree que a ciertas parejas con dificultades es bueno recomendar, con vistas a la concepción, que lleven una vida regular, que eviten toda fatiga física e intelectual y que tomen una alimentación rica y variada al tiempo que disminuyan el consumo de excitantes como el alcohol y el tabaco.

35

Los tests de ovulación

quellas que quieran programar con precisión su embarazo deben conocer la fecha de
ovulación. Dicho estudio se realiza
en laboratorio; pero también puede hacerse en casa gracias a los
tests de ovulación que se venden
en las farmacias. Sea cual fuere el
nombre o la marca de éstos, emplean todos el mismo principio:
identifican en la orina la presencia
de la hormona LH producida por
la hipófisis*, cuya proporción
aumenta entre 24 y 48 horas antes
de la ovulación. La mayoría de
estos tests emplean una lectura
por coloración o decoloración.

● Los productos comercializados
en España deben su principio a la
eventual decoloración (en presencia de LH) de una solución roja de
orcoloidal. Si el líquido se mantiene rojo, el test ha dado negativo; si
se decolora, positivo. La reacción
exige aproximadamente treinta minutos.

Otros productos en Europa se presentan en forma de finas bandas
de papel que deben sumergirse en
la orina durante aproximadamente
cuarenta minutos. En presencia de
LH se colorean fuertemente de azul.
La coloración permanece estable
durante dos días, característica que
resulta muy útil en caso de exámenes médicos complementarios.

Cuando interviene la tecnología...

aturaleza y tecnología pueden
ir de la mano. Desde hace algún tiempo se experimenta
con un termómetro dotado de mi-
croordenador que memoriza las
informaciones térmicas de los ciclos menstruales.

Cada mañana la mujer se mide la
temperatura rectal, vaginal o bucal. Cuando se enciende el indicador rojo la ovulación se aproxima,
si está verde aún falta mucho, y
cuando es intermitente se está en
el momento justo.

EN LA INDIA

Los textos tradicionales indios dicen que la mujer debe estar en su mejor forma física para la concepción, y aclaran que ese momento se sitúa entre la cuarta y la decimosexta noches que siguen a la menstruación. Además, la concepción sólo debe realizarse por la noche porque durante el día «el aire vital» no habita en el hombre y por ello engendrará éste niños más débiles.

Los niños son concebidos en noches pares y las niñas en noches impares. La cantidad de esperma también tiene su importancia en la determinación del sexo del niño. Además, por razones religiosas, está prohibido engendrar en ciertas fechas.

El buen momento

Es fundamental aprender a conocer la fecha de la ovulación. La fecundación, encuentro de un óvulo* con el espermatozoide*, no puede ocurrir en cualquier momento del ciclo: sólo puede realizarse en el momento de la ovulación. Por ello, la determinación de su fecha tiene singular importancia.

El ciclo menstrual comienza el primer día de la regla y dura veintiocho días como promedio: algunas mujeres los tienen de 25, otras de 34 lapsos, considerados mínimos y máximos «normales». En un ciclo normal, la ovulación se produce entre el 13.°y el 14.° día. Algunas mujeres reconocen el fenómeno porque sienten dolores en el bajo vientre. La fecundación puede realizarse durante los días que preceden a la ovulación; pero raramente después, puesto que el óvulo no vive más que veinticuatro horas, como promedio. El máximo de posibilidades se sitúa entonces en los tres días que preceden a la ovulación. El problema consiste entonces en *conocer con precisión la fecha de la ovulación*. En teoría no puede conocerse más que retrospectivamente, pero en la práctica, gracias a la precisión de la «máquina viva» que es nuestro cuerpo, es posible acercarse a esa fecha con un error de aproximadamente veinticuatro horas.

La manera más simple, y también la menos interesante, puesto que nos informa con posterioridad y por lo tanto no puede ser una referencia para el futuro, es el *método de la temperatura* que se emplea desde hace mucho tiempo. Se trata de establecer una curva de temperatura. De un aspecto muy particular, la curva determina *dos mesetas*. Antes de la ovulación la temperatura se sitúa en el punto más bajo de la curva, por debajo de los 37°, entre 36,1 y 36,7°. Ese momento corresponde a la maduración del óvulo y dura un promedio de 14 días. Hacia la mitad del ciclo la temperatura asciende algunas décimas de grado y se mantiene por encima de los 37° hasta el final del ciclo: es la segunda meseta. La ovulación se produce en el momento en que aumenta la temperatura. Si la separación entre las dos mesetas es brusca, se considera que la ovulación se produjo el último día de temperatura baja. Si la diferencia es progresiva o el incremento se reparte en dos o tres días, la ovulación ha tenido lugar el primer día en que la temperatura comenzó a ascender.

1.er mes

2.° mes

3.er mes

4.° mes

5.° mes

6.° mes

7.° mes

8.° mes

9.° mes

El nacimiento

Los cuidados posteriores

Las 1eras semanas del bebé

Rubéola, toxoplasmosis y listeriosis

En el transcurso del embarazo hay tres enfermedades particularmente graves: *la rubéola, la listeriosis y la toxoplasmosis*. Antes de concebir conviene que se sepa si la futura madre está o no inmunizada. Cuando una mujer encinta contrae esas enfermedades, ellas pueden ser causa de aborto espontáneo, parto prematuro o malformaciones del niño. Algunos médicos les atribuyen incluso la muerte súbita del recién nacido. Estas enfermedades son tanto más «arteras» por cuanto sus síntomas pueden pasar inadvertidos para sus madres.

• *La rubéola* se manifiesta en principio por un ligero dolor de garganta seguido de una erupción de manchas redondas más o menos visibles. Un análisis de sangre permite saber si se poseen o no anticuerpos de la enfermedad. Entre el 5 y el 10% de las mujeres capaces de engendrar no están inmunizadas contra la rubéola. En tal caso se impone la vacuna contra la rubéola antes del embarazo, puesto que el virus, aunque atenuado, también resulta peligroso. Esta solución se recomienda más aún cuando en la casa hay niños que pueden contraer la enfermedad en la escuela. Muchos médicos aconsejan a sus pacientes tomar la píldora anticonceptiva dos meses antes y dos meses después de la vacunación (→ p. 30).

• *La toxoplasmosis* es todavía más discreta que la rubéola y es producida por un parásito contenido en la carne y que necesita un «huésped intermediario». Los animales domésticos que comen carne cruda –los gatos en particular– suelen ser portadores del parásito, que se encuentra en sus excrementos. La contaminación puede producirse tanto directamente, por la ingestión de carne cruda o «azul» (cordero, sobre todo), como por la intermediación de un animal doméstico e incluso por el consumo de frutas o legumbres mal lavadas o no peladas. Pero no hay motivos de alarma: entre el 80 y el 90% de la población tiene anticuerpos contra esta enfermedad. El único medio para inmunizarse antes de tener un niño es ingerir (entre 6 meses y un año antes de la concepción) carne cruda o poco hecha con el objeto de generar anticuerpos: no existe vacuna. Un simple examen de sangre indica si hay inmunidad o no.

• *La listeriosis* es mucho menos conocida pero tan temible como las dos precedentes (→ p. 82). Diversos análisis permiten identificar al microbio causante y luchar eficazmente contra él (→ p. 56). La listeriosis es más frecuente en el campo, puesto que la bacteria que la produce vive en la tierra. Se transmite por el consumo de ciertos alimentos, sobre todo las carnes y las cortezas de queso de pasta blanda, y por los excrementos de animales domésticos o de granja.

En todos los casos se impone la consulta al médico siempre que aparezcan síntomas tales como fiebre o erupciones de manchas, puesto que para la listeriosis y la toxoplasmosis no existe hasta ahora prevención alguna.

Todas las posibilidades a favor

Antes de emprender la concepción es conveniente *examinar el estado de salud*. En general se trata de realizar un simple chequeo de los indicadores ordinarios de la buena o mala salud: medir la tensión arterial, auscultar el corazón, y proceder a un análisis de orina y de sangre. También resulta indispensable una exploración genética clásica, que incluye un *examen con espéculo* (un instrumento que permite observar la vagina y el cuello del útero), *un tacto vaginal* acompañado de la *palpación abdominal* que informa acerca del estado de los órganos genitales: con los dedos protegidos por guantes estériles desechables, el médico examina el útero y los ovarios a través de la pared vaginal.

El médico también puede pedir un frotis, que consiste en recoger sobre una espátula de madera las células desescamadas del cuello del útero o de la vagina, con el objeto de analizarlas. El examen suministra información acerca del funcionamiento ovárico y también ayuda al diagnóstico del cáncer de cuello del útero; más aún, constituye un paso obligado en esa clase de estudios clínicos. También puede procederse al examen de las pérdidas vaginales (si las hay) con el objeto de detectar eventuales infecciones. Todos estos controles se pueden completar con análisis de dosis hormonales en muestras de orina recogidas en el transcurso de 24 horas y con una histerografía (radiografía de la cavidad uterina), o incluso una celioscopia (exploración interna de todos los órganos genitales).

En el transcurso de esta visita es preciso **indicar todo antecedente ginecológico** (pueden incidir en el futuro embarazo): el número de embarazos llevados a buen término así como los fracasados, al igual que todo «accidente» importante, como un embarazo intrauterino o una intervención quirúrgica ginecológica. Las irregularidades del ciclo y las pérdidas también deben mencionarse. Ciertos antecedentes generales, como tuberculosis, enfermedades cardíacas o renales y, por supuesto, las intervenciones quirúrgicas que hayan tocado el abdomen y la pelvis también deben indicarse. A ello hay que agregar los problemas hereditarios, familiares. La futura madre debe preguntar al médico si está **inmunizada contra la rubéola y la toxoplasmosis** (→ p. 38). También hay que informar acerca de los antecedentes genéticos del futuro padre.

39

1.er
mes

2.°
mes

3.er
mes

4.°
mes

5.°
mes

6.°
mes

7.°
mes

8.°
mes

9.°
mes

El
nacimiento

Los
cuidados
posteriores

Las 1eras
semanas
del bebé

La edad ideal...
y la realidad

Desde el punto de vista biológico el embarazo es posible entre los trece y los cuarenta y nueve años. No obstante, en la práctica se comprueba que la mayoría de las mujeres sólo son fecundas hacia los quince o dieciséis años y que la fecundidad máxima se manifiesta entre los veinte y los treinta y cinco años. A partir de dicha edad comienza a disminuir. Cuanto mayor sea la edad de una mujer tanto más difícil le resultará conseguir un embarazo (→ p. 409), a causa del lento ritmo de las ovulaciones y de la mínima actividad del cuerpo amarillo* indispensable para la implantación, de la existencia de fibromas*, o del deterioro de las trompas.

El período de fertilidad de una mujer se extiende entonces, teóricamente, desde la pubertad hasta la menopausia. La estadística demuestra que las mujeres dan a luz sobre todo durante el transcurso del primer tercio de su período de fertilidad. Los embarazos del comienzo y del final de dicho período suelen resultar problemáticos, por razones tanto genéticas como fisiológicas (→ p. 409).

El 80% de los nacimientos suelen producirse dentro de los cinco años siguientes al emparejamiento, y el segundo hijo normalmente sigue al primero con al menos tres o cuatro años de intervalo. De este dato parece deducirse que la edad de la maternidad esté esencialmente vinculada con la antigüedad del matrimonio o de la pareja.

La LH en
el banquillo

Un grupo de investigadores británicos estudió las causas de las dificultades para concebir y de los abortos espontáneos reiterados. Así observaron que los abortos eran más frecuentes en las mujeres que antes de la concepción tenían en la sangre una elevada tasa de LH (Lustenising hormone), que es la causante de la ovulación, como ya se ha visto. De acuerdo con esos estudios, parece que las dificultades que acarrea una elevada tasa de esta hormona reducen las posibilidades de concepción casi en un tercio, y que además las concepciones exitosas se saldan con un fracaso en el 65% de los casos. El fenómeno se ha verificado tanto en mujeres sin hijos como en madres de familia. El trabajo ha mostrado por primera vez el papel de esta hormona. Antes, muchos abortos espontáneos se atribuían a tasas anormales de progesterona.

Dentro de poco tiempo comenzará a emplearse un test para medir la tasa de LH en el plasma sanguíneo.

DECIDIR LA MATERNIDAD

Una reciente investigación indica que el período ideal para concebir un hijo se sitúa entre los veinte y los veintiséis años. En realidad es entre los veintidós y los treinta y dos años que la mayoría de las mujeres deciden su maternidad.

40

La aceptación complicada

Lo más extraordinario en el proceso del embarazo es sin duda la aceptación por parte del cuerpo materno del injerto que representa la implantación del embrión* en la mucosa uterina, puesto que es «contra natura». La «razón inmunológica» postularía: sólo debe haber aquí un único mamífero vivo. Normalmente, todo cuerpo humano posee un sistema de defensa inmunitaria capaz de organizar temibles, mortíferas maniobras defensivas, que resulta particularmente eficaz para expulsar a todo organismo extraño. En el caso del embarazo no ocurre nada de ello.

El huevo, el embrión, lleva en sí características celulares que proceden de ambos progenitores, lo cual debería volverle la mitad de insoportable. Para ciertos especialistas, el embrión se comporta como un tumor, y hasta como un parásito. Como el tumor, posee una increíble capacidad de crecimiento celular. Por medio de la placenta (→ p. 73), penetra en los tejidos maternos y erosiona sus vasos sanguíneos, y es semejante a un parásito por su capacidad de vivir a expensas de su madre. Extrae alimento y fuerza de otro organismo e incluso rechaza productos. Pero lo más impresionante es sin duda que el organismo materno no se debilita; *se transforma para permitirle que se instale mejor.*

No obstante, hoy se sabe que el organismo materno registra muy bien la presencia del embrión y desarrolla una acción inmunitaria. Pero en el caso del embarazo se advierte que *simultáneamente a la acción de rechazo se desarrolla una reacción de tolerancia.* Los agentes inmunitarios favorecen la instalación del embrión. Además, éste, por intermedio de la placenta, se protege de su propia madre. Desde el principio de la gestación el embrión actúa en tres niveles: inhibe la reacción de rechazo enmascarando la media identidad paterna; en el contacto maternal recluta, en el seno del útero, células encargadas de cerrar el camino a las células destructivas del sistema inmunológico, y en cambio, aumenta el número de aquellas que le resultan beneficiosas; finalmente, desarrolla en su lugar un impresionante sistema de defensas.

A pesar de todo, la madre sigue siendo capaz de reacciones inmunitarias de rechazo contra todos los demás agresores eventuales, tales como los microbios o los virus.

1.er mes

2.º mes

3.er mes

4.º mes

5.º mes

6.º mes

7.º mes

8.º mes

9.º mes

El nacimiento

Los cuidados posteriores

Las 1eras semanas del bebé

41

Incompatibilidad de los grupos sanguíneos

Este fenómeno se manifiesta cuando la madre es de grupo sanguíneo O. Éste posee anticuerpos* anti A y anti B que pueden pasar la barrrera placentaria y provocar una anemia o ictericia en un feto del grupo A o B. Dicha incompatibilidad no entorpece el buen desarrollo del embarazo y del feto; pero el niño deberá ser vigilado desde el nacimiento.

La determinación del grupo sanguíneo, al igual que el RH completo y grupo Kell, resulta obligada en estos casos. La futura mamá de factor RH negativo debe someterse a cuatro exámenes de sangre complementarios: al final del tercer mes, en el sexto, en el octavo y en el parto. Para el 85% de las embarazadas de factor RH negativo, la detección de aglutininas* irregulares en los exámenes prenatales segundo y tercero también es obligada.

En esta ocasión también se puede pedir al médico que prescriba la búsqueda del virus del SIDA (→ p. 45), un análisis que aún no es obligatorio en estos casos. Las mujeres portadoras del virus deben saber, no obstante, que tienen un *30% de riesgo de transmisión* de la enfermedad a su hijo en el transcurso del embarazo.

Además, ciertos abortos y partos precoces se deben a un problema inmunológico: el organismo de la madre no produce demasiados anticuerpos contra las células paternas y rechaza al feto. Los análisis de búsqueda de anticuerpos permiten realizar un diagnóstico certero. Algunas inyecciones de glóbulos de la sangre paterna bastan para tratar el 90% de los casos.

Hepatitis B y embarazo

Esta enfermedad producida por un virus, cuando se contrae antes o durante el embarazo, puede afectar al niño puesto que se transmite por vía sanguínea. Si esta hepatitis sobreviene en el transcurso del primer semestre y se cura normalmente, el niño no corre peligro; pero cuando se declara en el tercer trimestre, el feto puede resultar contaminado en el útero o en el transcurso del parto. En tal caso el niño debe ser inmediatamente vacunado contra la hepatitis B y ser sometido a inyecciones de gammaglobulinas (globulina sérica que contiene la mayor parte de los anticuerpos* sanguíneos). De esa manera se asegura una protección inmediata y duradera. Cada año, en el mundo, nacen muchos niños cuyas madres padecen la hepatitis B. La hepatitis A, por el contrario, no perturba el embarazo ni el desarrollo del feto.

Los vínculos de sangre

S i el padre y la madre del futuro niño no pertenecen al mismo grupo sanguíneo ni tienen el mismo factor RH, el niño heredará el de uno u otra, y por ello puede encontrarse en una *situación de incompatibilidad* con su madre. Se trata de un fenómeno muy conocido en cuanto concierne al factor RH. Por ello, las futuras madres de RH negativo pueden tener un hijo de RH positivo. En tal caso es imperativo que la sangre de la madre nunca se mezcle con la sangre fetal, fenómeno que no siempre se verifica en el proceso de gestación, y que resulta singularmente grave en estos casos de RH opuesto. Basta una dosis de 0,1 mililitros de sangre fetal RH positivo hacia la sangre materna de RH negativo, para que ésta fabrique anticuerpos* y se inmunice. La inmunidad se volverá temible en el caso de un segundo embarazo con feto de RH positivo.

Desde el comienzo del embarazo los anticuerpos maternos atraviesan la barrera placentaria y atacan los glóbulos rojos de la sangre fetal, para destruirlos. El feto sufre entonces anemia más o menos grave de acuerdo con el grado de inmunidad de la madre. Después del nacimiento el niño, además, suele presentar ictericia* debida a la bilirrubina, un pigmento que se forma a partir de los glóbulos rojos destruidos. Si la tasa de dicho pigmento es elevada, ello puede acarrear graves secuelas cerebrales. Es indispensable que las embarazadas de RH negativo *sean estrictamente vigiladas* desde el comienzo de la gestación, sea ésta la primera o la segunda. Mensualmente debe verificarse la ausencia de anticuerpos maternos en su sangre, las *aglutininas* irregulares*. Si este análisis da positivo, la búsqueda de bilirrubina en el líquido amniótico completará el diagnóstico.

Según los riesgos a los que esté expuesto el niño y la fecha prevista para el parto, puede decidirse el nacimiento prematuro (→ p. 399) o intersecciones de considerable complejidad como una transfusión *in utero* de sangre O RH negativo en pequeña cantidad. Recién nacido, el niño puede ser sometido a una o varias exsanguinotransfusiones con sangre RH negativo.

Felizmente, desde hace algunos años existe un *tratamiento preventivo* para futuras madres no inmunizadas, que consiste en inyectar a la embarazada «gammaglobulinas anti D» durante el transcurso de todo el embarazo y en las 72 horas que siguen al parto.

El deseo
de un hijo

1.er
mes

2.º
mes

3.er
mes

4.º
mes

5.º
mes

6.º
mes

7.º
mes

8.º
mes

9.º
mes

El
nacimiento

Los
cuidados
posteriores

Las 1eras
semanas
del bebé

43

Sida y toxicomanía

Están estrechamente vinculados: un alto porcentaje de embarazadas toxicómanas también son seropositivas. El 30% de los hijos de estas mujeres resultarán a su vez afectados por el virus. A pesar de este riesgo, la mitad de las embarazadas seropositivas consiguen finalizar el embarazo. Para ayudar a estas madres hay centros especializados dedicados a la acogida de la madre y el niño, que también atienden los problemas derivados de la inserción social de la madre. El tratamiento de las toxicomanías y el post tratamiento también forman parte de los servicios que ofrecen dichos centros.

La sífilis

Entre las enfermedades sexuales transmisibles, la sífilis es la más extendida. Su diagnóstico es obligatorio con ocasión de los primeros exámenes de laboratorio exigidos a la futura madre. Si la enfermedad es antigua, la simple verificación de su desaparición basta; si es reciente y sobre todo cuando los análisis revelan la presencia del «treponema pálido», madre y padre deben someterse a tratamiento. La embarazada deberá seguir una terapéutica a base de penicilina en los primeros meses de embarazo. Además tendrá que ser sometida a análisis de control en el transcurso de los nueve meses. El tratamiento con penicilina no tiene ningún efecto secundario sobre el feto. En cambio una sífilis no curada puede contaminar al feto y acarrearle lesiones óseas, hepáticas, en las mucosas y en la piel. La sífilis, al igual que otras enfermedades de transmisión sexual, produce lesiones en las trompas que en muchos casos provocan embarazos extrauterinos.

Inicio de prevención

En los Estados Unidos han comenzado a aplicarse nuevos métodos de prevención. El AZT, antivírico activo sobre el virus del SIDA, se administra a partir del último trimestre del embarazo, en el transcurso del parto y durante las tres primeras semanas de vida del niño. La experiencia es muy reciente como para saber si dicho tratamiento resulta eficaz.

CIFRAS ALARMANTES

De acuerdo con la Organización Mundial de la Salud, en 1992 se registraron un millón de niños portadores del SIDA en África y en Las Antillas. La mitad de ellos fueron contaminados *in utero* en los diez años anteriores. En Europa, en junio de 1990 se contabilizaban 1625 casos de SIDA infantil en menores de 15 años. En España esta enfermedad ha producido ya algunos conflictos sociales debidos a los prejuicios o la ignorancia sanitaria de los no afectados.

SIDA: un virus temible

Querer un niño cuando se es portadora del SIDA es una pesada responsabilidad, puesto que la madre puede transmitir el virus al niño en los intercambios fetomaternos. Pero no todos los hijos de madres contaminadas desarrollan la enfermedad. Por el contrario, un estudio realizado por diversos especialistas demuestra que sólo el 30% de los hijos de madres seropositivas lo son también. Pero si *el niño está contaminado, el pronóstico vital es oscuro.* El 80% de los afectados desarrolla rápidamente síntomas semejantes a los del adulto, es decir, contrae la enfermedad de manera inexorable.

Aún no se conoce de manera segura el momento en que se produce la contaminación. Para algunos niños es precoz. Ciertos cultivos celulares realizados a partir de muestras tomadas en fetos de 12 a 15 semanas de vida, ya acusan la presencia del ADN* viral. Pero con frecuencia el virus se manifiesta mucho más tarde, incluso en el momento del parto. El riesgo de contaminación está esencialmente vinculado, según parece, al estado de la enfermedad de la madre y a la tasa de multiplicación del virus (60% de riesgo de transmisión para las madres muy afectadas, 25% para las demás menos afectadas). *El riesgo es además función del propio virus*; al contrario de lo que ocurre con el «VIH1», el «VIH2» prácticamente nunca se transmitiría. ¿Bastará entonces con saber cuál es el virus que padece la futura madre? No, pues los riesgos no acaban allí.

Además, si se tiene en cuenta la presencia de anticuerpos* maternos en la sangre del feto, el diagnóstico de contaminación sólo se puede hacer a los 12 o 15 meses de edad. Ciertas técnicas muy avanzadas y complejas podrían permitir pronto un diagnóstico más precoz.

El niño puede ser alcanzado por dos formas de SIDA. Una, muy grave, se declara rápidamente y no permite al niño mucho más de 5 años de vida. La otra, más evolutiva, se manifiesta después de seis o siete años y podría resultar menos fatal. Pero las dificultades para los niños enfermos de SIDA no son sólo de orden médico. Muchos de estos pequeños son también huérfanos, tanto por la muerte de su madre como por el abandono, toda vez que la familia se siente incapaz de afrontar esta terrible enfermedad.

45

1.er mes

2.º mes

3.er mes

4.º mes

5.º mes

6.º mes

7.º mes

8.º mes

9.º mes

El nacimiento

Los cuidados posteriores

Las 1eras semanas del bebé

1.er
mes

2.º
mes

3.er
mes

4.º
mes

5.º
mes

6.º
mes

7.º
mes

8.º
mes

9.º
mes

El
nacimiento

Los
cuidados
posteriores

Las 1^{eras}
semanas
del bebé

Primer mes

*T*odo puede resumirse en un simple encuentro: la unión de un gameto masculino con uno femenino. Pero lo más extraordinario es que ello funcione... Un espermatozoide entre 300 millones será el elegido. El 99% de ellos ni siquiera conseguirá realizar la primera etapa del viaje. Gameto solitario, se encontrará con otro gameto solitario en un momento preciso, en el lugar preciso. Y luego, en la discreción y en la sombra, se producirá el misterio de la vida, la división celular. A continuación el huevo, el inicio de la vida, que tendrá que hacerse aceptar en su futura residencia donde, genéticamente, no debería instalarse jamás.

En este momento la suerte ya está echada: desde el color de los ojos hasta la forma del lóbulo de la oreja, y por supuesto el «género» femenino o masculino. Pero lo más sorprendente es que las dificultades naturales para existir sean vencidas en el mundo cada año por 31 millones de pequeñas personas.

A cada cual su papel

El óvulo* se presenta como una esfera inerte. En el interior de su envoltura hay una célula y gran cantidad de reservas alimenticias indispensables para la vida del futuro embrión*. Después de la fecundación los espermatozoides* que no hayan alcanzado el óvulo morirán y, absorbidos por la pared uterina, ayudarán al desarrollo del huevo fecundado, como sucede con el cuerpo amarillo* que secreta la progesterona y permite que el embarazo prosiga durante cuatro meses, sirviendo al mismo tiempo para la preparación de la pared uterina. El embrión* con sólo algunas horas ya envía informaciones al conjunto del organismo materno para que éste pueda prepararse para el embarazo.

Un huevo plano

El núcleo de la primera célula del huevo está constituido por aportaciones maternas y paternas equivalentes. Por el contrario, el citoplasma que lo rodea es casi exclusivamente materno.
El embrión* que se convertirá en el futuro niño existe desde el octavo día de la fecundación. Tiene forma de disco compuesto por dos partes, el *ectoblasto** y el *endoblasto**. Y ya está doblemente protegido, rodeado por dos cúpulas hemisféricas: la *cavidad amniótica* y el *saco vitelino*.
En el decimocuarto día, el huevo está unido a la placenta (→ p. 73) por un puente de tejido que prefigura el cordón umbilical (→ p. 102). El huevo mide 2 o 3 mm; pero el embrión que contiene es diez veces más pequeño.

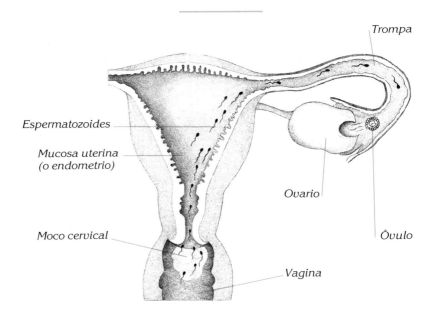

Trompa

Espermatozoides

Mucosa uterina (o endometrio)

Ovario

Óvulo

Moco cervical

Vagina

El encuentro

Si hubo relación sexual en el momento de la ovulación o en los tres días que la preceden (los espermatozoides* pueden vivir algunos días en los órganos genitales de la mujer), se producirá el encuentro de los gametos* macho y hembra, que tendrá lugar en la parte media de las trompas (→ p. 25). Los espermatozoides que van al encuentro del óvulo* acaban de completar su maduración (→ p. 27). Han experimentado una rigurosa selección, tanto en lo concerniente a su movilidad como a su morfología, en el momento de atravesar la mucosa cervical* (→ p. 26). En la parte media de la trompa los espermatozoides seleccionados rodearán al óvulo al tiempo que sus cabezas secretarán enzimas* destinadas a la digestión de la membrana protectora. *Pero sólo un espermatozoide conseguirá alcanzar el núcleo del óvulo*, que fabricará inmediatamente una sustancia destinada a formar una barrera química que impida la penetración de otros espermatozoides. Diez horas después del encuentro, el huevo ya está definitivamente formado y comienza a realizar síntesis de ADN*, luego se divide. Treinta horas después ya cuenta con dos células, luego, dos o tres días más tarde, de cuatro a ocho.

No obstante, el huevo conserva las dimensiones originales del óvulo: 0,1 mm de diámetro. En los días siguientes el huevo adquiere el aspecto de una pequeña mora: es la *mórula**. Ésta continúa el descenso hacia el útero gracias a las contracciones y a los cilios vibrátiles que tapizan la trompa. Para descender hasta la cavidad uterina emplea aproximadamente tres o cuatro días.

La mórula cambia de nombre: se convierte en *blastocisto*, al tiempo que prepara la nidación. Entonces puede observarse que la pared del útero tiene una facultad receptiva sin duda regida por las dos hormonas ováricas, la progesterona* y los estrógenos*, que dura un tiempo muy corto. Para que haya *nidación* o *anidación* es necesario que tanto el huevo como la pared uterina hayan alcanzado cierto grado de madurez. El huevo elige el sitio donde encontrará más oxígeno para desarrollarse: generalmente la pared posterior del útero y las laterales; pero también puede «equivocarse» y elegir para la implantación la parte baja del útero (→ p. 136).

El deseo
de un hijo

1.er mes

2.o mes

3.er mes

4.o mes

5.o mes

6.o mes

7.o mes

8.o mes

9.o mes

El nacimiento

Los cuidados posteriores

Las 1eras semanas del bebé

49

Dividir para reinar

El huevo (que ahora se llamará blastocisto) se pega al endometrio a partir de la segunda semana que sigue a la fecundación. La envoltura del blastocisto, el *trofoblasto*, se dividirá en dos tejidos distintos: el primero (el sincitiotrofoblasto) «atacará» el endometrio, lo erosionará y formará una cavidad donde se instalará el huevo. El segundo (el citotrofoblasto) suministrará las células necesarias para el trabajo y el desarrollo del primero.

Cinco días después de su llegada al útero, el huevo está totalmente hundido en la pared uterina. Sus membranas protectoras invaden el tejido materno: son un esbozo de la placenta. Los capilares sanguíneos del endometrio liberan sangre materna recuperada en los pliegues del sincitiotrofoblasto. Entonces se establece una auténtica circulación; pero el organismo materno reacciona y decide limitar la progresión del sincitiotrofoblasto. Entonces se transforman las células del endometrio, y establecen una barrera para evitar que la expansión del huevo ataque el músculo uterino.

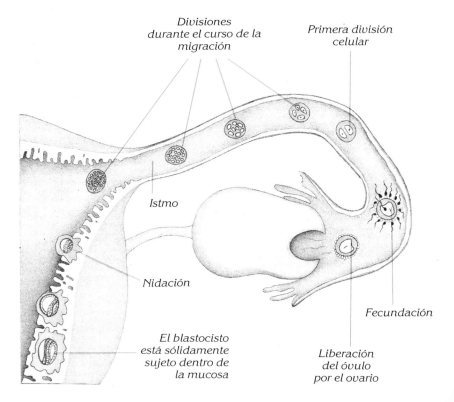

Divisiones durante el curso de la migración

Primera división celular

Istmo

Nidación

Fecundación

El blastocisto está sólidamente sujeto dentro de la mucosa

Liberación del óvulo por el ovario

La nidación, la instalación

S iete días después de la fecundación (→ p. 49), el huevo se aloja en el útero. El óvulo* fecundo se convierte en huevo que se divide rápidamente en dos, luego en cuatro, luego en dieciséis células idénticas. El huevo adquiere rápidamente el aspecto de una pequeña mora que se denomina *mórula**, justamente. Ésta sigue descendiendo hacia el útero gracias a un líquido secretado por la trompa y los cilios vibrátiles que la tapizan. La mórula, que invierte aproximadamente tres o cuatro días para descender hasta la cavidad uterina, está rodeada por una membrana que absorbe los elementos minerales necesarios para el desarrollo del huevo. Es entonces cuando comienza la nidación en la pared del útero.

★ **Nacimiento del embrión**
Paralelamente, las células que componen la mórula se especializan, su masa se ahueca y las células se reagrupan en la periferia, en el interior de la cavidad, llenándose de líquido. Una parte de las células periféricas se reagrupan para formar un botón turgente en el interior: es el futuro embrión*.

En la superficie del huevo las células envían tentáculos, las vellosidades, que lo amarran a la mucosa del útero. Esas células constituirán más tarde la placenta. Las vellosidades alcanzan los vasos sanguíneos de la mucosa uterina (o endometrio), aportando así los elementos indispensables para la nutrición del huevo. La mucosa uterina se ha preparado también para esta nidación bajo los efectos de las hormonas* ováricas; los estrógenos* actúan engrosando la mucosa, la progesterona* provoca su plegamiento y carga las células de glicógeno, sustancia nutritiva.

Pero en ningún momento la sangre de la madre y la del niño se mezclan. La sangre parte de la placenta y gana el embrión por el cordón umbilical. El intercambio se realiza por medio de la pared uterina (→ p. 73).

Las células del embrión se diferenciarán a partir de la tercera semana de embarazo. El embrión se aísla del resto del huevo y sólo queda unido a él por el cordón umbilical que se forma hacia la cuarta semana (→ p. 103).

51

Hormona del corazón

Ella no sólo permite el diagnóstico precoz del embarazo, además puede emplearse para ayudar a las mujeres estériles. La HCG es químicamente vecina de la hormona LH que produce la ovulación (→ p. 40). En ciertos casos de esterilidad, cuando la mujer no ovula regularmente, es necesario provocar la ovulación con el objeto de programar una FIV (→ p. 423), por ejemplo. Así, el tratamiento de seis de cada diez mujeres estériles por medio de la HCG permite poner en marcha sus embarazos. De ahí procede la idea de la generosa asociación francesa «Bienvenue Bébé», que recoge las orinas de mujeres encinta (hasta los tres meses y medio de embarazo) para extraer la preciosa hormona.

En laboratorio

Para confirmar el embarazo es necesario recurrir a los tests practicados en laboratorio. Éstos cuantifican la famosa hormona gonadotropina coriónica (HCG), tanto en la orina como en la sangre. Cada año los laboratorios realizan gran cantidad de tests de embarazo de HCG en la sangre. Estos análisis corren por cuenta de la seguridad social cuando se hacen bajo prescripción médica.

Al mínimo retraso de la menstruación es posible realizar un simple test sólo con muestras de orina, y conseguir un diagnóstico seguro en pocos minutos. En tales casos se aconsejará beber poco la víspera, para que la orina resulte más concentrada.

Determinación del sexo

Un equipo de investigadores australianos de la universidad de Flinders en Australia del Sur, habría perfeccionado una técnica que permite conocer el sexo del feto a partir de un simple análisis de sangre de la madre.

Se trata en realidad de detectar y multiplicar células sanguíneas del feto que se encuentran en la circulación sanguínea de la madre a pesar del filtro de la placenta (→ p. 73). Los primeros estudios se han realizado con madres cuyos embarazos databan de ocho o doce semanas antes.

52

El deseo
de un hijo

1.er mes

2.º mes

3.er mes

4.º mes

5.º mes

6.º mes

7.º mes

8.º mes

9.º mes

El
nacimiento

Los
cuidados
posteriores

Las 1^{eras}
semanas
del bebé

Saber antes que nadie

E n la actualidad existe un medio muy simple para confirmar el embarazo: los tests. Su principio es siempre el mismo: ponen en evidencia una hormona*, *la gonadotropina coriónica (HCG)* que secreta el trofoblasto desde los primeros días de la fecundación.

★ **Rapidez y claridad**
La mayoría de los tests, que se venden en las farmacias, dan una respuesta de fácil lectura, en un tiempo más o menos prolongado según el sistema que se emplee. En algunos varía entre 15, 20 y hasta 30 minutos, y otros dan respuesta 3 o 5 minutos después. Según la marca, se ve aparecer, ya un anillo marrón en el fondo del tubo, ya una coloración azul de la orina, o bien rosa, ya un signo + sobre una pastilla. Más recientemente, los laboratorios han comenzado a producir tests sobre bandas de papel (también en este caso con cambios de color que indican el embarazo eventual), y también un test con apariencia de carta magnética que reacciona haciendo aparecer el signo + o el – cuando se depositan sobre ella algunas gotas de orina.

Para asegurarse de la buena fiabilidad del test, es preferible emplear *las orinas matinales.* Más concentradas, éstas son más ricas en hormonas HCG. Se recomienda esperar algunos días (dos o tres) después de la fecha presunta de las reglas. Para obtener un resultado exacto, la tasa de HCG debe ser de 50 unidades por litro. Las mujeres jóvenes que apremiadas por saber si están encinta emplean un test con un día de retraso, simplemente corren el riesgo de tener que repetirlo si la respuesta es negativa.

Estos tests pueden conservarse cierto tiempo a temperatura ambiente antes de su empleo. No deben guardarse en la nevera ni cerca de una fuente de calor o humedad.

De acuerdo con estudios realizados, los tests de embarazo más eficaces son: *Predictor, Event Test, T.D. Leti, Confidets,* entre otros.

¿Cuándo nacerá?

En la mayoría de los casos el médico sólo dispone de la información que suministra su paciente, en particular la fecha de su última menstruación. El cálculo es tanto más fiable cuanto más regular sea el ciclo menstrual de la futura madre.

Entonces, el punto cero del embarazo se fija en el 14.° día de un ciclo de 28. Si el de la paciente es más corto o más largo, se corrige la cifra en menos o en más, teniendo en cuenta que la segunda parte del ciclo es constante en todas las mujeres (→ p. 37).

En el caso de períodos irregulares o de un embarazo que sobreviene involuntariamente después de haber abandonado la píldora, el médico puede determinar el tiempo mediante un examen clínico y una ecografía, siempre que ambos se realicen enseguida. La ecografía resulta muy reveladora porque permite determinar con cuatro días de precisión el comienzo del embarazo (si se practica a partir de la décima o duodécima semana de amenorrea). El cálculo se realiza mediante mediciones del embrión*.

La mayoría de los partos se producen espontáneamente entre las 40.ª y 42.ª semanas de amenorrea (primer día de la última regla) o entre 280 y 296 días después de la desaparición de la menstruación (→ p. 268).

Se permite el avance del embarazo si el monitor del ecógrafo indica reacciones cardíacas normales; si se advierten movimientos activos y perceptibles del feto (→ p. 269).

Embarazos nerviosos

Según los médicos, los embarazos nerviosos tienden a desaparecer, tal vez a causa del desarrollo de la anticoncepción. En efecto, este síndrome psicosomático se encuentra sobre todo en aquéllas que temen quedar embarazadas, temor que provoca una alteración del funcionamiento del hipotálamo* bajo el efecto de la angustia, que también acarrea desórdenes ováricos. Lo más extraordinario es que el cuerpo de la mujer "cree en ello" y entonces manifiesta los primeros signos del embarazo.

El caso más célebre es el de María Tudor, primera reina de Inglaterra, que presentó todos los signos del embarazo durante doce meses.

El test negativo de embarazo y la consulta al médico generalmente bastan para que todo vuelva a la normalidad en el terreno psicológico.

Pero a veces es recomendable prestar atención al aspecto psicológico y visitar a un especialista durante algún tiempo.

LAS SORPRESAS DEL PESO

Aunque pueda resultar asombroso, algunas mujeres pierden peso en el transcurso de sus primeros meses de embarazo. No hay nada de inquietante en ello. A veces se debe a las náuseas y vómitos que van acompañados por una pérdida del apetito. El peso se estabilizará antes o después al tiempo que el organismo materno se adaptará a su nuevo régimen hormonal.

Las primeras manifestaciones

E l signo más revelador es sin duda *la ausencia de reglas,* que resulta tanto más probatorio en las mujeres de ciclo menstrual regular. Es necesario esperar diez días para tener una primera confirmación. Muchas embarazadas experimentan una gran *necesidad de dormir*, con momentos de lasitud después de las comidas o al final de la jornada.

★ El gusto y el olor

Numerosas mujeres embarazadas afirman que experimentan cambios físicos rápidamente. Ciertos olores parecen más fuertes e incluso pueden hacerse intolerables; determinados platos ya no provocan el menor apetito al tiempo que otros se vuelven súbitamente deliciosos... En general, parece que al principio del embarazo el apetito disminuye; la futura mamá siente náuseas y tiene problemas digestivos con los platos más pesados, las salsas o las comidas muy condimentadas.

★ Las mamas

Para otras mujeres, el cambio de volumen de las mamas es realmente el primer signo. Se vuelven duras, pesadas, y a veces sufren picores. La areola se dilata y oscurece, y los pequeños bultos que tiene en la superficie, los tubérculos de Montgomery, se vuelven más evidentes. Los pezones se hacen más sensibles y aparecen mejor formados.

★ Las náuseas

Ciertas embarazadas sufren náuseas precoces a partir del decimoquinto día de la gestación, síntoma que suele llegar al despertar, cuando apoyan el pie en el suelo. Las náuseas van acompañadas de vómitos de bilis y de excesiva salivación. Es un fenómeno extraño y todavía no explicado. Pueden aconsejarse diversos tratamientos, pero no siempre resultan eficaces. Si los vómitos son frecuentes, será necesario consultar al médico para prevenir eventuales riesgos de deshidratación.

Pero antes que un signo, *es la acumulación de cierto número de éstos* lo que autoriza a pensar en un embarazo.

1.er mes

2.º mes

3.er mes

4.º mes

5.º mes

6.º mes

7.º mes

8.º mes

9.º mes

El nacimiento

Los cuidados posteriores

Las 1eras semanas del bebé

Algunos kilos menos

Nunca es recomendable emprender un embarazo cuando se tiene un «sobrepeso», que puede ser causa de dificultades a la hora del parto y resolverse sobre todo a través de la cesárea. Además, después del nacimiento, el sobrepeso sumado a los kilos adquiridos en el transcurso de la gestación, hará más difícil la recuperación de una silueta equilibrada. Vale más ponerse a régimen bajo control médico durante algunos meses, antes de decidir quedar encinta.

Las formalidades

En el transcurso de esta consulta el médico entrega a la futura mamá los impresos necesarios para el control y seguimiento del embarazo y posterior parto. La declaración de embarazo debe realizarse antes del tercer mes. Dicha formalidad permite gozar de los derechos que benefician a todas las mujeres embarazadas. El médico prescribe exámenes de laboratorio que incluyen la búsqueda de albúmina y de azúcar en la orina, la determinación del grupo sanguíneo, la búsqueda de aglutininas irregulares y un examen complementario para determinar la protección contra la rubéola, la toxoplasmosis, la sífilis y la hepatitis B (→ p. 38). Desde hace algún tiempo a estos análisis se suma el del SIDA (no obligatorio) (→ p. 45).

Control de la presión arterial

La medición de la tensión arterial es sistemática en todo examen que se realice en el transcurso del embarazo. Su objetivo es diagnosticar la hipertensión lo más rápidamente posible (→ p. 415).
La *hipertensión*, que padece una embarazada de cada diez, puede comportar un retraso en el crecimiento del feto. Además, puede complicarse con la *proteinuria* (presencia de albúmina en la orina) que suele resultar fatal para el niño, o –más grave aún– con una *eclampsia** que pone en peligro tanto la vida del niño como la de su madre. La tensión normal de una mujer embarazada es más baja que la que tenía antes del embarazo. Ello se debe al aumento de la red de circulación sanguínea que irriga la placenta y el feto.
Por el contrario la *hipotensión** es completamente normal y puede manifestarse con los clásicos mareos cuando se pasa de la posición sentada a la de pie.

¿Cuándo hacer la consulta?

El mejor momento para visitar al médico con el objeto de reunir todas las informaciones para confirmar el embarazo, se sitúa entre las seis y las ocho semanas después de la interrupción de la menstruación. Además, con el objeto de prevenir toda dificultad, la primera visita prenatal debe realizarse obligatoriamente al fin del segundo mes.

Primera visita al médico

La primera visita al médico será la primera de una larga lista. El médico no es la única persona a la que se puede consultar: las comadronas están igualmente habilitadas para asegurar la vigilancia de un embarazo normal (→ p. 121), salvo para la primera consulta obligatoria (→ p. 115), puesto que corresponde al médico certificar el embarazo.

La primera consulta puede ser prolongada, puesto que *es la ocasión de hacer un chequeo clínico profundo*. El facultativo interroga a la futura mamá acerca de su pasado patológico, personal y familiar. Debe tomar nota de las operaciones quirúrgicas, alergias, transfusiones, medicamentos administrados en el período que precede al embarazo, medios anticonceptivos y duración de su empleo. En esta primera visita no debe olvidarse la mención de todo problema ginecológico o de toda enfermedad genética, aunque concierna a un ascendiente lejano. Si no se trata del primer embarazo, el médico pedirá a la paciente que señale las perturbaciones o problemas acaecidos en los embarazos anteriores.

A continuación le interrogará acerca de *su situación social:* ¿está casada?, ¿desde cuándo?, ¿trabaja?, ¿cuál es su profesión?, ¿debe viajar muchas horas en el transcurso de la jornada? ... Todas esas informaciones forman parte de la *historia clínica* y por sí solas permiten un primer diagnóstico acerca de los nueve meses. A todo ello hay que sumar la fecha de las últimas reglas, y la información acerca de la regularidad de los ciclos que permitirán calcular el día más probable de la concepción.

El médico procede a continuación a un *examen médico* que consiste en una auscultación cardíaca y pulmonar, la revisión de las vértebras, las piernas y los tobillos, con el objeto de detectar eventuales varices o edemas, la medición de la presión arterial, que normalmente debe ser más baja que de costumbre, y luego un tacto de las mamas. La consulta termina con un *examen ginecológico*; el facultativo examinará el estado del cuello del útero, y luego practicará un tacto vaginal para apreciar la calidad y el volumen y evaluar el tiempo de la gestación. Antes de abandonar el consultorio del médico, deberá pesarse.

1.er mes

2.o mes

3.er mes

4.o mes

5.o mes

6.o mes

7.o mes

8.o mes

9.o mes

El nacimiento

Los cuidados posteriores

Los genes en el microscopio

Un equipo de investigadores norteamericanos ha perfeccionado un diagnóstico genético antes de la fecundación que se emplea con las mujeres que acusan riesgos de esta clase concernientes a su descendencia. El examen que sirve para la detección de anomalías, consiste en el análisis de los veintitrés cromosomas* del glóbulo polar del óvulo* antes de proceder a su fecundación in vitro. El huevo así formado es reimplantado en el útero materno.

Progenitores de niños o de niñas

También una conformación particular del esperma puede influir en la determinación del sexo. Se sabe que uno de cada cinco hombres tiene esa particularidad. Ello explica las familias de niñas o de niños. Actualmente, y en diversos centros médicos, se ha observado que cuando se produce una disminución de la cantidad y de la calidad del esperma, ello va en detrimento de los espermatozoides*, y en favor de la procreación de niñas.

Lo que se transmite

La semejanza entre padre e hijos se explica esencialmente por factores hereditarios: el niño se parece a sus padres porque tiene su origen en una célula mixta. Así, los rasgos del rostro están influenciados por la herencia. Entre los caracteres dominantes se cuentan la forma de la nariz y del lóbulo de la oreja, el grosor de los labios, el tipo de mentón y los pliegues de los párpados. El color del pelo se debe a un solo gen, los tonos oscuros y el cabello crespo dominan sobre los tonos claros y rizados. También las pecas son hereditarias. No obstante, el color de la piel se vincula con una herencia compleja, debida a la acción combinada de numerosos genes*, tal como ocurre con la talla y la corpulencia. En verdad aún no se sabe gran cosa acerca de estos complicados mecanismos.

El deseo
de un hijo

1.er
mes

2.º
mes

3.er
mes

4.º
mes

5.º
mes

6.º
mes

7.º
mes

8.º
mes

9.º
mes

El
nacimiento

Los
cuidados
posteriores

Las 1^{eras}
semanas
del bebé

Los misterios de la herencia

L a base de todo organismo es la célula, que se compone, esencialmente, de un núcleo formado de cromatina*. Cuando la célula se divide, la cromatina se fragmenta en cromosomas*. Éstos se presentan como filamentos microscópicos. En los filamentos que constituyen un cromosoma se han descubierto pequeños granos: son los genes*, soportes de nuestra herencia.

Cada cromosoma reúne los genes que determinan las características de todo individuo. A cada gen corresponde una característica: el color de los ojos, la talla, el carácter, una parte de las posibilidades intelectuales, etcétera. En el transcurso de la división del núcleo, cada cromosoma se duplica longitudinalmente. Poseemos 46 cromosomas agrupados en 23 pares. En cada par hay un cromosoma que es aportación paterna y otro que lo es materna.

★ **Células que no son como las otras**

El espermatozoide* y el óvulo* son las únicas células del organismo que sólo tienen 23 cromosomas. De éstos, 22, semejantes, contienen la totalidad de la información genética, y el restante, el 23.º, determina el sexo del niño. En la mujer, el par de cromosomas «sexuales» se compone de dos cromosomas semejantes llamados X. Los del hombre son X e Y. No todos los espermatozoides tienen la misma fórmula, los hay con 22 cromosomas más un X, y los hay con 22 cromosomas más un Y. Si el espermatozoide 22 + X es el que fecunda el óvulo, nacerá una niña. Si el espermatozoide fecundante es un 22 + Y, nacerá un niño. Por ello es siempre el padre quien determina el sexo del niño por nacer. Pero éste se parecerá a medias a su madre y a medias a su padre. Los caracteres hereditarios de los abuelos, tíos y tías pueden resurgir después de una o varias generaciones.

Teóricamente deberían existir tantos espermatozoides Y como espermatozoides X, aunque la realidad es diferente. De hecho se ha observado que los espermatozoides Y son más numerosos y también más rápidos que los X, por ello deberían nacer más niños que niñas, y en verdad se cuentan 106 nacimientos de niños contra 100 de niñas.

59

Las contracciones precoces

Son una manifestación del músculo del útero, que cambia de volumen, se reduce y se endurece. Se cree que las contracciones en el transcurso del embarazo podrían ayudar al feto a instalarse verticalmente. Aquellas que las experimenten podrán comprobar que suelen seguir a un esfuerzo que produce fatiga: al fin de la jornada laboral, después de un viaje, etc. Las contracciones pueden prolongarse entre algunos segundos y un minuto y no deben inquietar en absoluto. En el momento de la contracción no suele sentirse que el niño se mueva; éste generalmente se manifiesta inmediatamente después. Es necesario que las contracciones nunca sean dolorosas y que su número no exceda la decena diaria. Si ello no es así habrá que visitar al médico e informarle sin demora acerca de los síntomas.

El virus del herpes genital

Esta enfermedad, producida por un virus oculto en los tejidos nerviosos, todavía hoy resulta de difícil tratamiento (→ p. 82 y 137). El tratamiento es esencialmente local y se destina sobre todo a combatir los efectos, antes que la causa. El herpes puede dar origen a un aborto precoz. El peligro más señalado es el de contaminación del niño en el momento del parto (que se cuantifica en aproximadamente el 50% de posibilidades). Aunque la madre no haya observado ningún síntoma de dicho herpes, si alguna vez lo tuvo, lo mejor es que informe de ello a su médico. Cultivos de células obtenidas en el cuello del útero y la vagina de la embarazada permiten seguir mes a mes la evolución de este mal. En caso de afloración aguda de la enfermedad se impone una cesárea con el objeto de evitar el contagio del niño.

¿Cuándo consultar al médico?

Usted debe, forzosamente, consultar a su médico en los siguientes casos:
— cuando compruebe la existencia de hemorragias;
— cuando padezca dolores abdominales que se parezcan a los experimentados en el momento de la menstruación;
— cuando observe en sus manos o en los pies un edema persistente, asociado con dolores de cabeza;
— cuando compruebe un aumento de la temperatura;
— cuando sospeche haber estado en contacto con alguien enfermo de rubéola (→ p. 38) o de hepatitis (→ p. 42).
— cuando experimente ardores en el momento de la micción;
— cuando sienta a diario más de diez contracciones, o cuando éstas resulten levemente dolorosas.

Los signos que asombran

★ **Jaquecas**: la fatiga, una atmósfera sobrecargada, humosa, suelen ser las causas. Un poco de tranquilidad y aire puro son, corrientemente, el remedio. Para combatir las jaquecas por vía medicamentosa emplee sobre todo el paracetamol antes que el ácido acetilsalicílico.

★ **Ganas frecuentes de orinar**: se deben al flujo sanguíneo y a la conmoción del útero (anteversión) que actúan sobre los ligamentos y los músculos del esfínter, y también a la acción de la progesterona que ablanda los tejidos. Estos pequeños fastidios suelen estar asociados a una ligera incontinencia urinaria cuando se realiza un esfuerzo. Algunas mujeres son más proclives a estos síntomas que otras; en consecuencia aquéllas deberán esforzarse más en la preparación del perineo para el parto (→ p. 183). Cabe señalar que las ganas frecuentes de orinar asociadas a dolores pueden ser el signo de una infección urinaria.

★ **Las hemorragias nasales**: una leve fragilidad de los vasos de la nariz, acentuada por el aumento de caudal de la circulación sanguínea, puede originar hemorragias nasales frecuentes. En caso de persistentes molestias, un médico puede proceder a la cauterización del o de los vasos implicados.

★ **Los desmayos:** la sensación llamada «cercana al desmayo», relativamente frecuente, se debe a un fenómeno de hipoglicemia*. Por ello apele a los azúcares lentos antes que a los rápidos.

★ **Las comezones**: más allá de los fenómenos clásicos, como las urticarias, las futuras madres pueden sufrir lo que la medicina llama el *prurit gestationnis* (prurito de la gestación). Las comezones pueden localizarse sobre el rostro y el cuerpo, y en ciertos casos desaparecer mediante un tratamiento local. Pero ese prurito también puede complicarse hasta llegar a ser insoportable, y provocar por ejemplo insomnio. Suele deberse, sobre todo, a un mal funcionamiento del hígado, perturbado por las hormonas necesarias para el embarazo. Felizmente, el síntoma desaparece después del parto.

61

1.er mes

2.o mes

3.er mes

4.o mes

5.o mes

6.o mes

7.o mes

8.o mes

9.o mes

El nacimiento

Los cuidados posteriores

Las 1eras semanas del bebé

Medicamentos que se deben evitar

- **La aspirina en el transcurso del segundo y tercer trimestre:** se conoce el efecto de este medicamento sobre la coagulación sanguínea. Puede alcanzar al feto y producir anomalías circulatorias en el niño. También puede provocar una hemorragia a su madre en el momento del parto. Cuando el uso es reiterado también se observan problemas respiratorios al igual que malformaciones renales.
- **Las vitaminas:** sobre todo deben evitarse las sintéticas.
- **Los antibióticos:** la mayoría no resultan peligrosos y son indispensables cuando existen infecciones urinarias frecuentes en el transcurso del embarazo. Pero hay que evitar las *tetraciclinas**, que provocan una anormal coloración de los dientes en el niño.

- **Los ansiolíticos y los tranquilizantes:** deben evitarse, y otro tanto cabe decir de los antidepresivos, los psicotrópicos y los neurolépticos.
- **Las vacunas (entre las vacunas obligatorias):** están contraindicadas las vacunas antivariólica, antirrubéola, antitosferina o convulsa y antipoliomiélitica, al igual que las antidiftérica y antirrábica.
- Entre los medicamentos dañinos más conocidos hay que citar la Talidomida que ha provocado malformaciones de los miembros, el Distilbene, productor de anomalías genitales en las niñas pequeñas, y el Soriatane, causante de malformaciones fetales. No obstante, todos ellos han sido eliminados de la farmacopea.

Departamento de información

Los médicos cuentan en la actualidad con un departamento asesor que les indica si la prescripción de tal o cual medicamento resulta recomendable para una embarazada: es el departamento de información de agentes teratógenos* de cada hospital. Es preciso saber que existen ciertos medicamentos tan «activos» que es prudente procurar no quedarse embarazada durante un año después de haber realizado un tratamiento con ellos.

El deseo
de un hijo

1.er
mes

2.º
mes

3.er
mes

4.º
mes

5.º
mes

6.º
mes

7.º
mes

8.º
mes

9.º
mes

El
nacimiento

Los
cuidados
posteriores

Las 1^{eras}
semanas
del bebé

Los peligros de la automedicación

Medicamentos y embarazo no hacen siempre buenas migas. El efecto de un medicamento sobre el organismo está vinculado con las proteínas* del plasma y de los tejidos. En la embarazada, a causa de las transformaciones fisiológicas que acarrea la gestación, dichas proteínas modifican sus dosificaciones.

El embarazo tendería a aumentar el efecto de ciertos productos. Por el contrario, al final del embarazo, el poder curativo de un medicamento puede resultar atenuado por el efecto que produce el aumento de la demanda sanguínea renal (un 50% mayor) que favorece su eliminación.

Pero si *el medicamento no es realmente peligroso para la madre, en ciertos casos puede serlo para el feto*. En efecto, la placenta (filtro entre la sangre materna y el futuro niño) deja pasar la mayoría de las moléculas medicamentosas. Pero el efecto se atenúa al final del embarazo, cuando se produce un leve adelgazamiento. El producto tóxico, al llegar a la sangre fetal, alcanza rápidamente el sistema nervioso central a causa del sistema circulatorio muy singular del embrión*. Además, este último no posee todavía el poder de eliminar los tóxicos: las enzimas*, que en el adulto degradan, metabolizan y eliminan el medicamento, no se encuentran bastante numerosas en el feto, ni resultan tan eficaces como para garantizar esta función.

Se estima que entre el 4 y el 5% de las malformaciones verificadas en el nacimiento o en los primeros años de vida del niño, se deben a la absorción de drogas medicamentosas o tóxicos. La toxicidad de los medicamentos está en relación con la duración del tratamiento y su periodicidad en el transcurso del embarazo. Antes de la implantación del huevo en la pared uterina, parece que los riesgos son escasos. Por el contrario, el período embrionario y los tres primeros meses los aumentan, puesto que en ese lapso se forman los órganos del niño, cuyo desarrollo puede resultar perturbado por la acción de las sustancias químicas que contienen ciertos productos medicinales.

En el transcurso del período fetal e incluso a partir del segundo mes, pueden producirse malformaciones de nacimiento como necrosis, amputaciones, infecciones y quistes; después del nacimiento, retrasos psicomotrices y problemas de comportamiento o endocrinos.

63

Vigilar el ritmo cardíaco

Es posible practicar un deporte durante el embarazo, pero se debe hacer con buen criterio. Los obstetras consideran que una futura madre jamás debe superar el 70% de sus posibilidades físicas. Por ello, lo mejor es controlarse vigilando el ritmo cardíaco. Así, el rendimiento máximo se consigue sustrayendo la edad de la cifra 220. Luego se saca el 70% del número obtenido. En el transcurso del esfuerzo deportivo es necesario medir el ritmo cardíaco (contando las pulsaciones) durante quince segundos y multiplicarlo por 4 para obtener «las pulsaciones por minuto». Luego se compara ese resultado con la cifra «autorizada».

Conocer los propios límites

Ciertas deportistas de alto nivel son aparentemente capaces de practicar su disciplina hasta el final del embarazo. Pero siempre se trata de campeonas que conocen muy bien sus propias fuerzas, que asumen riesgos profesionales y están a cubierto de toda torpeza derivada de la inexperiencia. Algunas estrellas del tenis han disputado encuentros amistosos hasta el 9.º mes. Y se cita incluso el ejemplo de una mujer jockey que participó en carreras hasta el día del parto. Y semejante es el caso de la princesa Ana de Inglaterra, experta amazona, que no abandonó nunca la equitación durante el embarazo.

Sin esfuerzos

Embarazo y deporte no son totalmente incompatibles. Los ejercicios que movilizan gran número de músculos de manera rítmica tienen numerosas ventajas: mantienen a la futura mamá en buena forma física y con frecuencia ello resulta una ayuda en el momento del parto, que es una auténtica prueba deportiva. Gracias a esas prácticas con frecuencia se evitan las dorsalgias*, los calambres, el edema maleolar* y la formación de varices (→ p. 140-141 y 188-189). Pero existen ciertos límites que no pueden superarse. Así por ejemplo, el de la intensidad del esfuerzo debe vigilarse especialmente en el transcurso del primer trimestre, incluso cuando la embarazada no se sienta fatigada en absoluto. El esfuerzo intenso provoca un ascenso anormal de la temperatura corporal y la redistribución de la sangre hacia los músculos y la piel se realiza en detrimento del aporte de oxígeno al feto, lo cual conducirá a la placenta a producir menos progesterona y con ello el riesgo de provocar contracciones.

PRESCRIPCIONES

Los deportes fundamentalmente prohibidos: el squash, el buceo, el alpinismo, el baloncesto, el voleibol y el aerobic, porque exigen una movilización de energía demasiado importante en poco tiempo.

64

El deporte: instrucciones de uso

El primer riesgo que impone la actividad deportiva a las mujeres encinta es el de las caídas y traumatismos. Por ello conviene *evitar todo deporte violento*, especialmente a partir del segundo trimestre. Tampoco es recomendable practicar esquí, a menos que se sea una experta; en tal caso hay que limitarse a los descensos y paseos tranquilos. El tenis se desaconseja a las no iniciadas en él, y a toda embarazada a partir del quinto mes. En cambio las tenistas de competición pueden disputar un encuentro tranquilo sin tomarse el juego demasiado en serio. El atletismo debe interrumpirse después del segundo mes. El voleibol y todos los deportes de equipo pueden provocar caídas y deben evitarse desde el comienzo del embarazo. En cuanto a la equitación, lo mejor es renunciar a ella a partir del segundo trimestre, tanto por el peligro de eventuales caídas como por el sostenido golpeteo de la montura.

⋆ Nadar hasta el final

La natación es un excelente ejercicio siempre que se evite el agua fría. Este deporte mejora la respiración, mantiene la musculatura en buen estado y mantiene blandas las articulaciones (→ p. 132). Pero el buceo submarino es desaconsejable aunque la natación subacuática en cortas distancias no presente peligro alguno. El esquí náutico está formalmente prohibido porque una caída puede provocar la violenta entrada del agua en las vías genitales y provocar un aborto.

La marcha en general es aconsejable, salvo en casos de contracciones precoces o de riesgo de parto prematuro. Pero aquellas que no marcharon nunca no deben iniciarse en esta práctica durante el embarazo. La gestación provoca el relajamiento de las articulaciones, sobre todo las de los tobillos, lo que explica la tendencia a las caídas de las embarazadas, tanto más pronunciadas cuanto más haya crecido la protuberancia del vientre que también comporta un desplazamiento del centro de gravedad. Además, la elevación espontánea del ritmo cardíaco y la agitación respiratoria constituyen otros problemas. En suma, la gimnasia, la danza, el yoga, la natación y la marcha se cuentan entre los mejores deportes para la futura mamá. También están autorizados el remo, el golf, el esquí de fondo, la vela y el patinaje, siempre que se practiquen «suavemente».

1.er mes

2.º mes

3.er mes

4.º mes

5.º mes

6.º mes

7.º mes

8.º mes

9.º mes

El nacimiento

Los cuidados posteriores

Las 1^{eras} semanas del bebé

65

El diagnóstico

asi siempre se establece a partir del análisis del trofoblasto o de muestras de tejido fetal que permiten encontrar un *cariotipo* (→ p. 28), al que se suman los análisis del líquido amniótico. Las principales operaciones son:

• *La extracción de sangre fetal*, que se realiza bajo el control del ecógrafo, y que consiste en extraer un poco de sangre del cordón umbilical. Los resultados del cariotipo se consiguen en tres días.

• *La amniocentesis*: el análisis de la composición cromosómica se realiza a partir de una extracción de líquido amniótico de aproximadamente 20 mililitros. Con los resultados de su cultivo se puede conseguir un diagnóstico en tres semanas (→ p. 105).

La búsqueda de la trisomia se realiza a partir del tercer mes de embarazo mediante el examen de las células cultivadas que se obtuvieron en el procedimiento de la amniocentesis. Pero los biólogos creen que pronto podrán proponer a los futuros padres un diagnóstico más simple. Se ha descubierto que ciertas hormonas que se encuentran en la sangre, están en dosis superiores a lo que parece necesario en las embarazadas con riesgos.

El cromosoma 21

l nacimiento de un niño trisómico (o afectado de mongolismo) ya no es una fatalidad. Uno de cada setecientos niños que nacen padece esta enfermedad cromosómica. La cifra debería disminuir si los exámenes para el diagnóstico precoz se generalizaran entre las madres con riesgo, especialmente aquellas que lindan la edad de cuarenta años (→ p. 409). El diagnóstico se realiza a partir de un cariotipo (→ p. 28) que estudia la composición cromosómica de la sangre. Hace mucho tiempo que se practica a partir de la amniocentesis (→ p. 105); pero en la actualidad los médicos han perfeccionado otro método, la *biopsia de la placenta* (o trofoblasto) (→ p. 129). El examen cromosómico se ejecuta a partir de una muestra minúscula de la vellosidad que recubre la placenta. Su tejido contiene todo el patrimonio genético del feto. Dicho análisis se practica entre las nueve y las once semanas desde la amenorrea (segundo-tercer mes) y permite el diagnóstico tres días después.

EL GEN PERTURBADOR

Los genes no sólo son causantes de las enfermedades hereditarias. Además, algunos de ellos controlan las funciones esenciales, tal como la eliminación de las grasas o la tensión arterial, y por tanto predisponen a ciertas enfermedades.

Los riesgos genéticos

Los soportes hereditarios de la especie humana se reparten entre cien mil genes* distribuidos en el conjunto de los cromosomas* (→ p. 59). Los genes están regidos de manera muy precisa en el tiempo y el espacio gracias a secuencias reguladoras situadas junto al gen, que lo gobiernan en función del medio. Casi todos los genes van por pares, uno procedente de la madre, el otro del padre, salvo en lo concerniente a las características sexuales, que son únicas.

Ciertos genes pueden ser portadores de enfermedades; pero sólo se muestran activos cuando están asociados con otro gen patológico. Ciertas enfermedades se deben al aporte por la madre y el padre, de un mismo gen patológico. Del encuentro de ambos «nace» una enfermedad, aunque no existiera antecedente familiar alguno. Se sabe que cada hombre y cada mujer presentan un único ejemplar de entre los cinco y diez genes portadores de semejante enfermedad, llamada *recesiva autosómica*.

Pero existe otra clase de enfermedades hereditarias, las **autosómicas dominantes**. El gen enfermo se expresa aunque sea único. Es transmitido por uno de los padres, él mismo afectado por dicha enfermedad, que así se transmite de generación en generación, tanto en las niñas como en los niños. Por el contrario, en ciertas enfermedades llamadas *recesivas*, los genes «enfermos» están contenidos en el cromosoma X. En tal caso sólo podrán ser transmitidos a un niño (el déficit genético no está compensado por un cromosoma Y normal). Las niñas no resultan afectadas, pero son portadoras de la anomalía y la transmiten.

También se han podido comprobar anormalidades en el número o estructura de los cromosomas. Los genes están afectados, pero el reparto anormal de los cromosomas en las células conduce a un desequilibrio genético. Seis niños sobre mil padecen este defecto. La más conocida de estas anomalías es la trisomia 21 (→ p. 66). En tal caso las células son portadoras de un cromosoma 21 suplementario que se suma al ejemplar doble normal.

La mayoría de las aberraciones cromosómicas son accidentales pero tienden a aumentar con la edad de la madre (→ p. 409).

1.er mes

2.º mes

3.er mes

4.º mes

5.º mes

6.º mes

7.º mes

8.º mes

9.º mes

El nacimiento

Los cuidados posteriores

Las 1eras semanas del bebé

67

El deseo
de un hijo

1.er
mes

2.º
mes

3.er
mes

4.º
mes

5.º
mes

6.º
mes

7.º
mes

8.º
mes

9.º
mes

El
nacimiento

Los
cuidados
posteriores

Las 1^{eras}
semanas
del bebé

Segundo mes

*U*sted está atenta, su marido también. El test o el médico lo confirmaron, pero nadie lo ve aún. Y no obstante ese pequeño ser que se desarrolla en su vientre ya posee un esbozo de sistema nervioso, un principio de circulación sanguínea y las primicias de los órganos sensoriales.

En cuanto al cuerpo, ya sabe que se transforma. Aunque las medidas de su cuerpo no hayan cambiado, usted sentirá los senos más pesados, despertará por la mañana con náuseas, y las noches le resultarán maravillosamente largas.

Todas esas transformaciones exigen una pizca de prudencia de su parte, la lenta maduración de esta idea: formar un niño en cuerpo y psique –o alma– exige disponibilidad.

Hoy o mañana la ecografía revelará que la historia no es un sueño, que es simplemente el comienzo del afecto; el primer acto de una historia de amor que ha de durar toda la vida.

69

Dos ojos y una boca

En el transcurso del segundo mes, los esbozos de los diferentes órganos vitales se convierten en aparatos de funcionamiento perfecto. El tubo digestivo está completo con esófago, hígado, páncreas (que ya es capaz de regular los aportes de glúcidos). El aparato respiratorio se arboriza en torno al corazón. Aparecen las glándulas sexuales, aunque no exista aún diferenciación sexual. Se forma el aparato urinario; el recto y el canal anal se diferencian de la vejiga. Comienzan a distinguirse los principales nervios, los dos hemisferios del cerebro y la hipófisis*. Se precisan los miembros con el esbozo de los dedos de pies y manos. El embrión tiene ojos pero no párpados, su nariz es aplastada y tiene una boca enorme; claramente separadas por el paladar, se advierten dos pequeñas hendiduras que se convertirán en las orejas.

Evaluaciones

A finales del segundo mes se puede medir la altura uterina, desde el pubis hasta la pared posterior del útero, y también la circunferencia abdominal. Estas operaciones permiten calcular el tamaño del feto y la cantidad de líquido amniótico. La ecografía (→ p. 93) también permite hacerse una idea del peso del niño. No se trata más que de una aproximación, por supuesto, pero sirve para evaluar el estado de salud del feto.

Ni niña ni niño

El embrión* de seis semanas posee dos glándulas sexuales todavía indiferenciadas y dos sistemas de canales derivados del aparato urinario: los canales de Wolf (masculinos) y los canales de Müller (femeninos). En suma, los rudimentos de ambos sexos. La presencia del cromosoma Y es causante de la producción de la testosterona* y de la hormona antimülleriana que provoca la regresión del esbozo de útero y de trompas.

Desarrollo del embrión

A las tres semanas el huevo se asemeja a un disco formado por tres capas de células superpuestas. Cada parte tiene su función en la formación de los órganos del niño. El ectoblasto dará nacimiento al sistema nervioso, al cerebro y a la epidermis; el mesoblasto será el origen del corazón, las venas, arterias, riñones, músculos, huesos, cartílagos y dermis. El endoblasto se encargará de la construcción de los aparatos digestivo y respiratorio.

La instalación de las grandes funciones

E l huevo ya está implantado y continúa desarrollándose. En el extremo de ese huevo crece lo que se denomina el botón embrionario. Las células que lo componen se diferenciarán para dar los diferentes órganos del embrión*. Las principales partes del cuerpo humano se forman en los primeros meses de vida intrauterina. Las células se multiplican rápidamente, pero de acuerdo con un orden establecido. Cada proceso de diferenciación corresponde a una fecha.

El aislamiento del sistema nervioso se sitúa entre *el 13.º y el 15.º día*. A lo largo del embrión se ahueca un surco que será la médula espinal. Los bordes de dicho surco se unen al final del segundo mes para formar el tubo neural. En uno de sus extremos se dilatan unas vesículas: el cerebro, cuyas circunvoluciones ya comienzan a dibujarse.

Casi al mismo tiempo, allí donde se encuentran las fosas nasales y la boca se forma la membrana faríngea, y en el emplazamiento de los orificios urinario, genital y digestivo se instala la membrana cloacal. Se dibujan dos nuevos cordones celulares gruesos y largos, y luego otros dos; el conjunto es el esbozo del aparato urinario y de los riñones.

En el decimoséptimo día aparecen los vasos sanguíneos y se establece la circulación sanguínea con las primeras células matrices de sangre. La formación del corazón se realiza a partir de un gran vaso sanguíneo, y comienza a latir desde la cuarta semana de embarazo.

A partir del 21.º día la circulación sanguínea se pone en marcha por el corazón. Paralelamente se desarrolla una red de vasos que ganarán la placenta.

En el 21.º día ya está formado el intestino primitivo.

En el transcurso de la cuarta semana prosigue la organogénesis. Se forma la epidermis a partir del ectoblasto*, al igual que las glándulas sebáceas y sudoríparas. Alrededor de la boca se advierte el nacimiento de los órganos de los sentidos y la formación de los ojos. Bajo el corazón, que ya cumple con su trabajo, comienza a crecer el hígado.

1.er mes

2.º mes

3.er mes

4.º mes

5.º mes

6.º mes

7.º mes

8.º mes

9.º mes

El nacimiento

Los cuidados posteriores

Las 1eras semanas del bebé

71

Una acción primordial

Además de su función nutricia, la placenta tiene un papel hormonal importante. Ella es quien produce la famosa hormona HCG que se busca para establecer el diagnóstico del embarazo (→ p. 52), que además bloquea el ciclo del ovario e impide que se produzca la menstruación. Otra hormona* producida por la placenta es la llamada *lactógena placentaria*, y sirve como indicador del funcionamiento de la placenta. Dicha hormona se detecta en la circulación sanguínea materna a partir de la quinta semana después de la fecundación. Su concentración aumenta regularmente hasta el noveno mes. Las anomalías en las dosis revelan un sufrimiento fetal crónico. En la maduración y el crecimiento intervienen también otras hormonas.

Defensora activa

La placenta es un filtro muy selectivo que tiene una importante superficie de intercambio. Filtra el agua, el sodio, el potasio, la urea, el gas carbónico y el oxígeno. En otros casos la transferencia se realiza con la ayuda de una molécula que transita a uno y otro lado de la membrana, como es el caso de la glucosa. Otros intercambios se realizan por absorción, luego por degradación y después por reconstitución de los elementos. Algunos de éstos, como el hierro y el calcio, cuentan con receptores en las vellosidades. La placenta limita los ataques virósicos y bacterianos que podrían afectar al feto, aunque no todos. Por ejemplo deja pasar algunas toxinas, como el alcohol, la nicotina o ciertas sustancias contenidas en los medicamentos (→ p. 63).

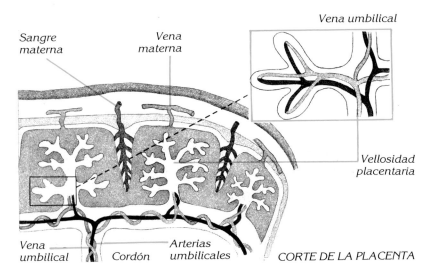

Sangre materna

Vena materna

Vena umbilical

Vellosidad placentaria

Vena umbilical

Cordón

Arterias umbilicales

CORTE DE LA PLACENTA

La placenta:
órgano nutricional

Todas las actividades celulares necesarias para el desarrollo del embrión*, y luego el del feto, exigen un aporte de alimentos y de oxígeno. La placenta se hace cargo de esta pesada tarea. El trofoblasto embrionario se instala en la membrana uterina a partir de la fecundación tejiendo allí una red de finos vasos capilares. El exterior de dichos vasos está revestido de células capaces de una gran actividad de síntesis.

Hacia el 18.º día de la concepción la red vascular del trofoblasto o placenta se enlazará con los vasos umbilicales, para establecer de esa manera una circulación sanguínea entre la pared uterina y el embrión.

★ **Una barrera de inmunidad**

Pero el sistema que se instala en el transcurso de los primeros meses de embarazo será de tal manera que *jamás la sangre del niño se mezclará con la sangre de la madre.* Cuando las vellosidades del trofoblasto atacan la mucosa uterina, esta última se defiende y bloquea las grietas en torno a las vellosidades, con paredes que forman cámaras donde aquéllas se empaparán. Dichas cámaras están irrigadas por la sangre materna; y será allí donde se realicen los intercambios madre-hijo.

Se sabe que dichas cámaras semejan pequeños cubos en cuyas bases una arteria provee sangre materna y a los lados hay pequeñas venas que evacuan la sangre que ha entregado el oxígeno al embrión. Por encima llegan las vellosidades cuyas membranas porosas captan a la vez el oxígeno y todos los alimentos transportados por la sangre materna, al tiempo que se liberan de los desechos producidos por el embrión.

Al final del embarazo la placenta se asemeja a un disco de 20 cm de diámetro por 3 cm de espesor. La longitud de la red capilar de las vellosidades se calcula en 50 km. Su peso total es de 500 g. La placenta crece y se modifica en el transcurso de toda la gestación. Al comienzo del embarazo pasa por una fase de división celular, luego la multiplicación de las células disminuye su ritmo al tiempo que éstas aumentan sus masas.

1.er mes

2.º mes

3.er mes

4.º mes

5.º mes

6.º mes

7.º mes

8.º mes

9.º mes

El nacimiento

Los cuidados posteriores

Las 1.eras semanas del bebé

73

Alergia y maternidad

Una embarazada que padezca alergia y se trate por ello no tiene motivo alguno de inquietud ni debe interrumpir el tratamiento. Las desensibilizaciones que deberá afrontar no comportan ningún riesgo para el niño. Pero los embarazos y los cambios hormonales influyen en el comportamiento alérgico. En efecto, sin que se sepa realmente por qué, ciertas mujeres embarazadas asisten al retroceso de sus alergias a todo lo largo del embarazo, al tiempo que otras, por el contrario, experimentarán un agravamiento de las reacciones. Después del parto las manifestaciones que padecían recuperarán el mismo ritmo e intensidad. Cabe señalar que el embarazo no es causa de ninguna alergia. Si ésta se desata en ese momento es porque se encontraba latente antes de la gestación.

El asma y la rinitis

Parece que las mujeres que sufren de asma se reparten en tres categorías, las que ven atenuarse el mal, las que no experimentan cambio alguno durante el embarazo y aquéllas cuyos ataques se vuelven más frecuentes y cuyo máximo se sitúa entre el tercero y el sexto mes de embarazo. No obstante, en la mayoría de los casos el asma desaparece casi totalmente el último mes. La embarazada asmática debe ser vigilada, tanto más por cuanto los ataques de asma pueden modificar el aporte de oxígeno al feto. En lo que respecta a las rinitis, las padecen el 30% de las embarazadas con antecedentes alérgicos. Aparecen a partir del cuarto mes y tienden a agravarse en el transcurso de los dos últimos meses, a causa de las hormonas que favorecen el edema de las mucosas nasales.

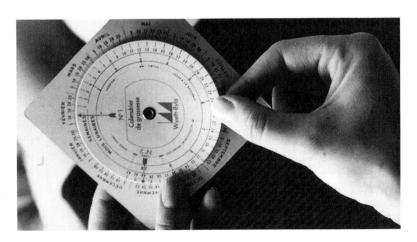

La libreta o "carnet" de la embarazada

T odos los datos concernientes al embarazo deben consignarse en los documentos que los médicos o las autoridades sanitarias facilitan a tal fin. Existen varias versiones de tal documentación. A modo de ejemplo hacemos una exposición de la libreta maternal o carnet de la embarazada que le puede dar una visión general de este tipo de impresos. Se trata de un cuadernillo cuya primera página se destina a la ficha sanitaria de los padres, datos personales y una información específicamente sanitaria: grupo sanguíneo y RH.

La página siguiente se llena con los antecedentes médicos familiares, los personales y los obstétricos. Luego se establece la ficha médica actual de la titular de la libreta, donde se escribirá la fecha de la última menstruación y la presunta del parto. El peso al comienzo de la gestación, la estatura y los resultados de los exámenes de sangre, glicemia, búsqueda de anticuerpos de la toxoplasmosis, orina, ecografías, etcétera.

A continuación: vigilancia del peso, de la presencia de albúmina y glucosa en la orina, edemas, altura uterina, presentación y ritmo cardíaco fetal. Declaración de los niveles de riesgo que aclaran la lectura del cuadro anterior. El médico deberá consignar el resumen o diagnóstico/pronóstico del embarazo. A continuación se incluye un informe clínico que debe redactar el médico que siga la gestación.

Las páginas finales se dedican al informe del parto y los datos del neonato: sexo, peso, test Apgar, y los datos del alta, alimentación, etc.

La última corresponde a las tareas educativas (cursos y cursillos) y datos concernientes a la evolución del parto y la situación social de la paciente.

Esta libreta es una historia clínica que resultará imprescindible siempre que se salga de viaje en fechas cercanas a la prevista para el parto. Además es el primer documento que concierne al futuro niño, y un tangible recuerdo de los nueves meses de espera.

El deseo
de un hijo

1.er mes

2.º mes

3.er mes

4.º mes

5.º mes

6.º mes

7.º mes

8.º mes

9.º mes

El
nacimiento

Los
cuidados
posteriores

Las 1eras
semanas
del bebé

Problemas circulatorios

El mayor volumen sanguíneo hace que la menor contracción de los tejidos venosos provoque a veces una mala circulación en las piernas que comporta riesgos de varices (→ p. 140). Contra esto no hay remedio posible; lo único eficaz es la prevención, que pasa por un buen calzado, abstenerse de tacones –los de unos pocos centímetros son los más adecuados– y elegir un diseño que sostenga bien los tobillos, puesto que, como ya se ha visto, la relajación muscular general de las mujeres embarazadas provoca esguinces, torceduras y caídas más o menos frecuentes. Es recomendable dormir con las piernas sobreelevadas y conviene evitar la calefacción de suelo radiante y la exposición de las piernas al sol.

Protección dental

El dicho «Un niño cuesta un diente» ya ha dejado de tener sentido en la actualidad. Ninguna mujer joven adecuadamente alimentada sufre problemas de descalcificación. En cambio es frecuente que padezcan gingivitis persistente, resultado de la fragilidad de los vasos sanguíneos en el transcurso del embarazo, y también del sarro y de la placa dental. La limpieza de la dentadura y la higiene regular son los mejores medios de prevención. Las encías sangrantes se tratan localmente mediante lavados bucales. Además se puede pedir al obstetra que prescriba flúor en comprimidos. Hay quienes aseguran que este compuesto favorece además la dentición del niño; pero ese hecho no ha podido probarse.

Lentillas

Las hormonas del embarazo también tienen gran influencia en los ojos, especialmente en aquellas que utilizan lentes de contacto. A causa del efecto de las hormonas, la producción de las lágrimas necesarias para el contacto de la lentilla con el ojo puede reducirse considerablemente, y en consecuencia las lentes se vuelven difíciles de soportar.

PREPARACION DEL PECHO

La tensión de los senos se explica por el trabajo que efectúa el organismo materno. Las glándulas mamarias se preparan para la lactancia, se agrandan y producen pequeñas cantidades de calostro*. Paralelamente, se multiplican los canales galactoforos* que se encargan de conducir la leche hasta el pezón.

El cuerpo se adapta

El embarazo provoca modificaciones biológicas en la madre. Tal es lo que sucede con *el volumen total de la sangre que aumenta* poco a poco durante todo el proceso de la gestación, y pasa de los cuatro litros habituales en el cuerpo humano, a cinco o seis litros. Como el número de glóbulos rojos sigue siendo el mismo, aparece una forma de anemia que se denomina fisiológica para diferenciarla de las patológicas. También cambia la composición de la sangre. Se advierte un aumento de los glóbulos blancos y una velocidad de sedimentación ligeramente superior a la normal, al igual que el aumento de la tasa de lípidos.

Para gobernar esta mayor masa sanguínea, *crece el caudal cardíaco*, especialmente en el transcurso de las primeras semanas de embarazo, y a continuación se estabiliza en la misma frecuencia: el pulso de una mujer encinta registra 80 pulsaciones por minuto. *La tensión arterial disminuye*, y si todo evoluciona normalmente debe permanecer por debajo de 13/9. La *respiración también se modifica*: el aporte de oxígeno es superior al normal, lo que explica los habituales y leves sofocos. Al igual que el corazón, los riñones trabajan mucho más: filtran más sangre y en consecuencia aumentan la producción de orina.

Pero los puntos del cuerpo que experimentan los mayores cambios son *el útero y los senos*. Cuando una mujer no está embarazada su útero pesa entre 50 y 100 g, y mide 6,5 cm, en forma de pera. Al tercer mes de embarazo tendrá el tamaño de un pomelo. Algunas embarazadas sienten las transformaciones del útero ya en el primer mes; experimentan la sensación de hincharse. La presión del útero, más voluminoso, que presiona la vejiga urinaria, provoca la necesidad de orinar con más frecuencia que antes. También se advierte un aumento de las secreciones vaginales. Las mamas también se modifican rápidamente, se vuelven tensas y dolorosas, la areola se oscurece y las venas que la irrigan se insinúan o se muestran más fácilmente bajo la piel. Además, la temperatura del cuerpo es más elevada que la normal, generalmente por encima de los 37°. Esta característica desaparecerá después del cuarto mes.

El deseo de un hijo

1.er mes

2.o mes

3.er mes

4.o mes

5.o mes

6.o mes

7.o mes

8.o mes

9.o mes

El nacimiento

Los cuidados posteriores

Las 1eras semanas del bebé

El niño imaginado

La embarazada está expuesta a profundas conmociones psicológicas; y oscila entre períodos de alegría y hasta de euforia y momentos en que se siente hostigada por las ideas más oscuras. Todas las mujeres encinta un día dan en imaginar deforme al niño que llevan en el vientre. Aunque en la realidad existan mínimas probabilidades de malformación, normalmente se piensa en ello de tanto en tanto. En verdad, ese temor es la manifestación de las dudas que inconscientemente siente la futura madre. ¿Estará a la altura de la empresa que se propone y de la responsabilidad que le ha encomendado su esposo? Además, se siente compitiendo con su propia madre. ¿Podrá hacerlo tan bien como ella; será tan buena madre como ella? Las embarazadas más inquietas se someten entonces a la primera ecografía. En tal circunstancia, las mujeres suelen adoptar dos comportamientos: plantear numerosas preguntas, o derivar de cualquier expresión del ecografista argumentos para tranquilizarse (→ p. 145).

Además se observa que los futuros padres casi nunca emplean la expresión "malformaciones"; utilizan el adjetivo "anormal", y de esa manera reducen sus temores a una idea de conformación estética. La función de la ecografía es obtener la seguridad de que no haya anormalidades, pero también preparar a los padres cuando existen problemas. Por otra parte, entre los ecografistas parece regir esta norma: sólo se anuncian las malformaciones de importancia, que tendrán consecuencias en el desarrollo o el futuro del embarazo y aquellas que exigen precauciones inmediatas en el momento del nacimiento.

Madre responsable

Cuando se interroga a las embarazadas, la mayoría de ellas dicen sentirse mucho más tranquilas y pacientes que antes de la gestación. Para muchas, la maternidad comporta un refuerzo del carácter y una seguridad que no tenían antes: han madurado casi instantáneamente, en el momento en que conocieron sus embarazos, para cambiar la etapa joven mujer por la de madre responsable.

El miedo a lo desconocido

El temor del hijo anormal no se inspira sólo en realidades precisas, como ciertos casos que las embarazadas hayan podido observar en torno a ellas. En verdad, ese miedo se alimenta de sentimientos de culpa de muy diversos orígenes. Según parece, este fantasma traduce la angustia de no alcanzar la maternidad con éxito, de no estar a la altura de las esperanzas, de los sueños del cónyuge.

1.er
mes

2.º
mes

3.er
mes

4.º
mes

5.º
mes

6.º
mes

7.º
mes

8.º
mes

9.º
mes

El
nacimiento

Los
cuidados
posteriores

Las 1^{eras}
semanas
del bebé

Una gran necesidad de afecto

L a maternidad es la ocasión para que la mujer se repliegue sobre sí misma y opere un regreso a su propia infancia. La extraordinaria aventura que vive la conduce con frecuencia a experimentar *una necesidad de protección* que buscará en su cónyuge, aunque también en sus padres.

★ **Una mezcla de sentimentos contradictorios**

Esta transformación puede inspirar en ella cambios de carácter: puede volverse más exigente, susceptible, tal vez experimente los famosos «antojos». De hecho, se trata de la simple manifestación de una necesidad de amor y de solicitud. En su espíritu se desarrolla un auténtico combate. Está encantada con su nuevo estado, forja proyectos de futuro, imagina a su hijo; pero también teme las malformaciones, enfermedades, el dolor del parto y los cambios físicos que inexorablemente experimentará su cuerpo. Es verdad que después del niño ya nada volverá a ser como antes, ni en su cuerpo, ni en su relación de pareja, ni en la vida familiar, ni en la social.

Algunas embarazadas también parecen desdeñar cuanto les concierne: casa, aspecto físico, trabajo; se observan, se oyen cambiar. Estar encinta es repartirse entre la alegría y la angustia. En ocasiones, si la joven madre no puede o no quiere expresarse con palabras, suelen hacerlo mediante un automatismo del cuerpo, un síntoma. Uno de los más habituales son las famosas náuseas, que pueden acentuarse por las emociones o las contrariedades.

★ **La calidad de la escucha**

Confiarse, hablar de todo esto es sin duda la mejor de las terapias: el padre del niño está allí para escuchar; los padres, los amigos, y hasta el médico, todos ellos en ocasiones también son maestros. Si ellos no bastan ¿por qué no pedir apoyo a otras embarazadas? Existen dos lugares de reunión especialmente concebidos para estos intercambios. Allí las jóvenes más angustiadas comprobarán que todo cuanto les inquieta, los fantasmas que les enfrentan a veces con grandes dificultades, son compartidos por sus semejantes, son fantasmas comunes.

Fastidios corrientes

★ Las náuseas

Son frecuentes entre el primero y el cuarto mes y rara vez resultan graves, antes parecen manifestaciones psicosomáticas que reales perturbaciones psíquicas. ¿Se deberán acaso a las hormonas secretadas por la placenta?

Contribuyen las grasas cocidas, las salsas y ciertos olores. En general diremos acerca de ellas que valen más con el estómago lleno que vacío. La contracción del estómago se vuelve entonces dolorosa y semejante a un reflejo nervioso. Las náuseas matinales pueden combatirse con la supresión de la mezcla café + leche o té + leche, sustituida por un vaso de agua diez o quince minutos antes de abandonar la cama. También se puede beber una tisana (un cocimiento de anís verde y badiana, por ejemplo). O apelarse incluso a la fitoterapia (→ p. 84) que recomienda aceite esencial de bardana (entre dos y cuatro gotas tres veces por día en un vaso de agua).

Si las náuseas persisten en el transcurso de la jornada, es preferible *fraccionar las comidas*. En tal caso el desayuno deberá ser más copioso que de costumbre, con un aporte proteínico tal como los que proveen huevos, jamón, queso... Pero hay que evitar que esas pequeñas y numerosas comidas sirvan de pretexto para consumir golosinas y pastas durante toda la jornada.

Si los vómitos resultan demasiado *violentos* y *frecuentes* habrá que consultar a un médico, que prescribirá el antivomitivo apropiado al estado del embarazo.

★ El estreñimiento

Es resultado de una cierta pereza intestinal que se advierte en todas las mujeres embarazadas y que se debe a la progesterona* que vuelve más lenta la actividad de las fibras musculares. Es necesario combatirla porque comporta molestias y puede ser la causa de infecciones urinarias.

Es desaconsejable emplear laxantes, que suelen tener efectos irritantes y que sobre todo obstaculizan la absorción de los alimentos, vitaminas y sales minerales indispensables (→ p. 111). Más vale intentar las *técnicas suaves*: beber en ayunas zumo de naranja o pomelo, e incluso un vaso de agua fría, comer pan completo y reemplazar el azúcar por miel a razón de treinta gramos por día. También es conveniente comer cereales con salvado en el desayuno y beber mucha agua en el transcurso del día: por la mañana en ayunas y entre comidas. También son desaconsejables los alimentos con reputación de provocar estreñimiento: plátanos, membrillo y champiñones. Aunque el salvado y las pasas de ciruela son alimentos naturales, no es bueno tomarlos en gran cantidad. Finalmente, se recomienda *consumir mucha verdura*, fuente de fibras reguladoras del tránsito intestinal.

★ **Los acaloramientos**
Constituyen una manifestación clásica en el transcurso del embarazo, y suelen ir acompañados de sudoraciones por encima de lo normal, debidas al funcionamiento más intenso de las glándulas sudoríparas, encargadas de eliminar los desechos del organismo. La *ducha y el baño* están autorizados; este último no comporta ningún riesgo para el feto. Pero hay que evitarlo demasiado caliente por razones de circulación sanguínea, muy importante en el embarazo (ver p. 77). En cambio, si el agua está muy fría puede provocar contracciones uterinas. Deben evitarse también los baños de burbujas, las duchas vaginales y las saunas.

★ **Las pérdidas blancas**
Bajo los efectos de las hormonas* producidas por los ovarios y la placenta, las células de la mucosa vaginal se renuevan a mayor velocidad. Las pérdidas blancas no son otra cosa que la eliminación de células muertas en forma de sustancia blancuzca y espesa. No exigen ninguna atención especial, sólo una higiene normal que debe prescindir de las duchas vaginales.

Hay que prestar atención a toda pérdida verdosa, maloliente, acompañada de comezones o irritaciones locales, que deben comunicarse al médico. Pueden ser síntoma de una infección vaginal debida a un hongo o a un parásito. En tal caso el facultativo prescribirá un tratamiento esencialmente local.

El peligro de las infecciones

A lgunas infecciones pueden transmitirse de madre a hijo. Es tanto más importante conocerlas por cuanto no siempre se manifiestan en la embarazada de manera evidente. Los medios de transmisión son diversos: los virus, bacterias o parásitos presentes en la sangre de la madre pueden franquear las barreras placentarias y alcanzar al feto. Al final del embarazo la contaminación puede operarse por las vías genitales de la madre, y los virus o bacterias alcanzar el líquido amniótico. La infección también puede transmitirse durante el parto por contacto del niño con las vías genitales infectadas.

Entre las infecciones bacterianas peligrosas para el feto deben recordarse la *listeriosis* (→ p. 40), la *sífilis* y varias enfermedades producidas por el colibacilo y el estreptococo B. Los virus más temibles son los de la *rubéola* (→ p. 40), especialmente cuando la enfermedad sobreviene en el transcurso del primer trimestre de embarazo. El del *herpes* (→ p. 60 y 137), *especialmente el virus HSV2*, puede provocar abortos espontáneos o un parto prematuro según el tiempo de gestación. También existe el riesgo del herpes neonatal, que se contagia por el contacto del niño con las secreciones vaginales de la madre en el momento del parto.

La *varicela* es peligrosa para el desarrollo del feto, si alcanza a la madre en el primer trimestre de embarazo. Y resulta igualmente complicada si sobreviene algunos días antes del parto, puesto que el neonato puede contraerla. La *hepatitis B* (→ p. 42), si es aguda y se produce en el transcurso del tercer trimestre de embarazo, puede provocar hepatitis neonatal. En lo que respecta a los parásitos, el de la *toxoplasmosis* es el único temible.

★ La fiebre

Es un síntoma que no debe pasarse por alto. Con frecuencia es resultado de un catarro o estado gripal; pero también puede ser síntoma de diversas infecciones a su vez capaces de provocar nacimientos prematuros.

Entre las enfermedades que provocan un ascenso de la temperatura, la primera a temer es la *listeriosis*; el germen causante está muy presente, puesto que se detecta en uno de cada doscientos

1.er
mes

2.º
mes

3.er
mes

4.º
mes

5.º
mes

6.º
mes

7.º
mes

8.º
mes

9.º
mes

El
nacimiento

Los
cuidados
posteriores

Las 1^{eras}
semanas
del bebé

embarazos. La enfermedad es benigna para la madre, pero temible para el feto. Un tratamiento a base de antibióticos pondrá a éste al abrigo de todo ataque. La fiebre puede indicar también *infecciones en las vías urinarias* que a veces se manifiestan en cistitis indoloras, y que se reconocen fácilmente cuando la orina se vuelve turbia. Un análisis de laboratorio debe determinar cuáles son los microbios causantes –colibacilos o enterococos– que serán eliminados con un tratamiento de antibióticos. Toda infección urinaria debe tratarse lo más rápido que sea posible, para evitar que se produzca un infección más grave en los riñones.

★ **Las pérdidas de sangre**

Al comienzo del embarazo pueden producirse algunas pequeñas pérdidas. Si éstas se interrumpen rápidamente no hay motivo alguno de preocupación; pero de todas maneras conviene consultar al médico. Éste diagnosticará tal vez una inflamación del cuello del útero o de la vagina. En los demás casos será necesario recurrir a una ecografía para determinar la causa de la hemorragia con mayor precisión. Puede deberse a un pequeño desprendimiento de la placenta o a la presencia de un huevo gemelo que ha interrumpido su evolución.

Curarse naturalmente

● **La acupuntura**, derivada de la medicina tradicional china, se practica en medios hospitalarios para aliviar el dolor y ayudar al parto (→ p. 309). Su principio activo deriva de la circulación de la energía en el cuerpo, que con frecuencia el embarazo pone a prueba. La acupuntura, al igual que la **auriculoterapia** (→ p. 168), cura sobre todo los disturbios funcionales.

● **La fitoterapia** exige la consulta de un especialista (las plantas pueden poseer principios activos tan violentos como los de los productos químicos). Esta técnica se ocupa de los problemas funcionales y emplea las tisanas y aceites esenciales en forma de hidrolatos o cápsulas.

La fisioterapia se basa en diversas técnicas y ataca los orígenes del mal; es adecuada para los problemas de articulaciones, circulatorios y de vértebras.

● *La aromoterapia:* algunos especialistas aconsejan a todas aquellas que esperen un niño esta técnica:

— la ducha matinal debe acabarse con un chorro de agua más fría en las piernas, y luego fricciones con aceite esencial de geranio, romero, lavanda, pino, coriandro, nuez moscada; o de limón, geranio y sándalo, que reforzará la vitalidad general y facilitará al organismo la eliminación de toxinas;

— por la noche en un baño relajante y no demasiado caliente, cinco gotas de aceite esencial de espliego (lavanda) o mejorana, mezcladas con una cucharada de leche en polvo o aceite de germen de trigo.

Las ventajas de la homeopatía

No porque muchos medicamentos resulten desaconsejables durante el embarazo, habrá que renunciar a curarse. Las medicinas naturales, y en particular la homeopatía, pueden curar ciertos males. El médico homeópata, después de la consulta prescribirá los gránulos adaptados a las necesidades de sus pacientes, porque la homeopatía es una medicina individual y la receta eficaz para una persona no tiene por qué serlo también para otra.

Terapia perfecta para la futura mamá, esta medicina respeta los cambios del organismo. Sus dosis infinitesimales resultan activas por la señal electromagnética que emiten y no a causa de la concentración de la sustancia activa que contienen. Es una medicina que apunta a *reforzar las defensas naturales del organismo y que jamás es tóxica*, ni para la madre ni para el feto, no tiene efectos secundarios ni produce acostumbramiento. Por otra parte homeopatía y alopatía pueden combinarse bien.

Particularmente eficaz contra las náuseas, el estreñimiento, las hemorroides, la pesadez del bajo vientre y de las piernas, la homeopatía además puede preparar los tejidos para un parto armonioso, menos angustioso y por lo tanto menos doloroso (→ p. 312). También sana perfectamente los estados gripales. Empleada en buen momento, puede frenar y curar la enfermedad de manera espectacular.

El tratamiento homeopático, para resultar eficaz, sólo exige *el respeto de algunas reglas*. Siempre se deben seguir minuciosamente las indicaciones del médico en materia de posología. Los gránulos deben tomarse al menos *un cuarto de hora antes de las comidas*; lo esencial es no tener ningún gusto particular en la boca (menta, café, tabaco, alcohol o cualquier otra sustancia aromática) en el momento de la ingestión. *La menta,* que opera como antídoto de la acción de ciertos medicamentos homeopáticos, debe ser suprimida al menos mientras se siga un tratamiento de esta clase. Por ello también deben evitarse los dentífricos perfumados con menta. Los glóbulos y gránulos deben *dejarse fundir lentamente bajo la lengua*, sin morderlos ni tragarlos.

1.er mes

2.o mes

3.er mes

4.o mes

5.o mes

6.o mes

7.o mes

8.o mes

9.o mes

El nacimiento

Los cuidados posteriores

Las 1eras semanas del bebé

85

Los constructores del organismo

★ **Las proteínas**

Se encuentran principalmente en las carnes rojas y blancas, los huevos, el pescado, los lácteos y las legumbres secas (judías, lentejas, habas, soja, etc.). Las proteínas están constituidas por ácidos aminados que asociándose unos con otros contribuyen a la edificación de las células básicas del organismo humano y a su reconstrucción cuando están dañadas. Importantes agentes de nuestra salud, *tienen un papel fundamental en la lucha contra las infecciones* que siempre debe temer una mujer encinta.

Las proteínas resultan esenciales para la madre y el futuro niño, puesto que tienen un importante papel en el aumento del volumen sanguíneo, el desarrollo de la placenta, el del útero, el de los senos, y por supuesto la «construcción» del feto.

Los expertos en nutrición aconsejan, no obstante, controlar el aporte de proteínas suplementarias de la embarazada y limitarlo a una dosis de entre 10 y 20 g diarios a partir del tercer mes. Ello exigirá un consumo de 80 g de carne cada día. Las proteínas de origen animal, que se encuentran en la carne, el pescado, los huevos y los lácteos, son sin duda las mejores porque contienen aminoácidos. Pero ello no es argumento para excluir los otros alimentos. En verdad cada uno de ellos tiene una función específica: la carne refuerza el aporte de hierro indispensable para la embarazada; el pescado el de fósforo, yodo y magnesio; las legumbres secas tienen importancia por las vitaminas (→ p. 111) y las sales minerales. Aquéllas que deseen una alimentación equilibrada tendrán que tener en cuenta estos diferentes aportes.

La proteína modelo es la del huevo. Por ello este alimento es uno de los primeros que se incorporan a la dieta del niño con la diversificación alimenticia. Esta proteína contiene exactamente y en la proporción ideal los aminoácidos que exige el organismo. Pero su consumo debe ser racional, limitado, a causa de su alta tasa de colesterol.

★ **El calcio**

En el transcurso del embarazo se aconseja a las futuras madres consumir alimentos ricos en calcio. *La función* de este elemento en el adulto *es fundamental*. Favorece la renovación de las células óseas y resulta indispensable para la buena coagulación de la sangre, el control del ritmo cardíaco, la contracción y la relajación muscular; también la eficacia de ciertas enzimas y la secreción de algunas hormonas dependen de su presencia. *El cuerpo humano es incapaz de producir calcio*, y todo el que necesita debe ser provisto por los alimentos.

En el transcurso del embarazo, bajo los efectos del nuevo equilibrio hormonal, los intestinos de la mujer modifican su funcionamiento habitual para absorber una cantidad de calcio que duplica la tasa normal. Ese calcio suplementario servirá esencialmente para la fabricación del esqueleto del futuro niño, y también para la formación de sus dientes. Durante el segundo trimestre de embarazo, las necesidades del feto crecen hasta 250/300 mg de calcio diarios. Una mujer embarazada necesitará entonces, por lo menos 1 g diario de calcio, y algo más al final del embarazo. Sólo la leche y sus derivados, como el yogur y el queso, pueden aportar semejante cantidad. Un vaso de leche posee 300 mg de calcio, 100 g de queso entre 400 y 520 mg. Los campeones del aporte de calcio son los quesos de pasta dura, que tienen entre 500 y 1.270 mg por cada 100 g.

⋆ Los glúcidos

En el período del embarazo el organismo materno tiene capacidad para retener una mayor cantidad de azúcar y durante más tiempo que el habitual, después de las comidas. También allí se ve la adaptación del cuerpo materno a las necesidades del niño. Al final del embarazo el azúcar ayudará a formar las reservas de grasa que necesitará el organismo de la madre.

Los glúcidos más benéficos en la alimentación son los azúcares lentos que se encuentran en los cereales, las féculas o el pan, las pastas o el arroz.

El control del peso

Un excesivo aumento de peso en el transcurso del embarazo resulta peligroso. Los médicos consideran que una embarazada con sobrepeso tiene dos o tres probabilidades más de sufrir de hipertensión o de diabetes (→ p. 413 y 415). El parto será tanto más delicado cuanto mayor sea el niño, por ejemplo si pesa más de cuatro kilos, hecho frecuente en caso de diabetes. Si durante los nueve meses de gestación la embarazada ha multiplicado las células grasas, puede estar en peligro de iniciar una verdadera obesidad, que resultará más difícil de erradicar que la cogida en otras circunstancias.

Además, comer más de la cuenta no influye en el peso de nacimiento del niño. Diferentes estudios sobre el peso del neonato en función de las dietas alimentarias de su madre demuestran que las variaciones oscilan entre los 125 y los 200 g. También debe tenerse en cuenta que el número de embarazos desempeña un importante papel en la aparición de la obesidad.

No obstante, no deben excluirse las féculas de la dieta: arroz y patatas, por ejemplo, pueden consumirse una vez por día. Pero es importante no sumar a esos alimentos demasiadas materias grasas, y si fuera posible, habría que eliminar las frituras como métodos de cocción. La carne se puede reemplazar por lácteos. En tal caso se pierde el aporte de hierro (abundante sobre todo en el hígado de los animales de carne roja), pero en cambio se ganará mucho calcio.

Forma y formas

Al principio del embarazo, para prevenir toda anemia es indispensable que el régimen de la futura madre sea rico en vitaminas, ácido fólico y oligoelementos*. En lo que concierne al control del peso, se opera igual que cuando preocupa la silueta: hay que pesarse por la mañana, en ayunas, desnuda o en ropa interior al menos una vez por semana, y siempre en la misma balanza. El aumento normal de peso en el transcurso del embarazo se sitúa entre los diez y los doce kilogramos. A veces se cogen en los últimos dos trimestres, mientras que en el primero se produce una pérdida de uno o dos kilogramos. El aumento también es función, claro está, de la corpulencia inicial de la embarazada. Se ha observado que las mujeres delgadas tienden a adquirir más peso que las gordas; sin embargo los niños de las primeras suelen pesar menos que los de las segundas.

Engordar suavemente

N o hay razón alguna para que la alimentación de una embarazada sea diferente a la de una mujer de buena salud. *Todo
es* como en los tiempos de normalidad, *y debe buscarse el
equilibrio*. Toda alimentación equilibrada está constituida
de proteínas, glúcidos, lípidos, vitaminas y sales minerales (→ p. 86
y 111). Lo más importante para la madre y para el niño es su adecuada distribución.

El «trabajo» del embarazo exigirá algo más de calorías que lo normal. A las dos mil calorías diarias habituales se agregarán aproximadamente doscientas o trescientas suplementarias.

Al principio del embarazo casi la mitad de las calorías se almace-
nará en forma de grasas y proteínas. Una tercera parte de las calorías absorbidas abastece las necesidades del organismo, que emprende la formación de la placenta y provee además la energía y la
materia necesaria para el crecimiento de las mamas y del útero.
Finalmente, el resto de las calorías se empleará en el desarrollo de la
masa sanguínea que alimenta al feto. Al final del embarazo, cuando
se llega al último trimestre, el feto sólo necesitará entre 100 y 150
calorías diarias para completar su evolución.

Los expertos en nutrición consideran que la cantidad de proteínas
diarias debe superar los 90-100 g en lugar de los 80 habituales, y
que los lípidos no deben superar el 10% de la aportación de calorías
diarias.

El aumento de peso durante el embarazo *es progresivo*. Muy débil
en los tres primeros meses, y luego de 250 a 300 g semanales hasta
el quinto mes, y de 350 a 400 g hasta el séptimo mes, para situarse
en los 450-500 g hasta el final de la gestación, con una «meseta» en
los quince días que preceden al parto. Pero es preciso saber que *las
embarazadas no engordan de manera uniforme*. Sólo los aumentos anormales, 2 kg por semana por ejemplo, deben notificarse al
médico y otro tanto si en el transcurso de 15 días no se advierte variación alguna. Si la embarazada padece sobrepeso, su ración alimentaria puede reducirse a 1.500-1.800 calorías diarias, bajo control médico.

1.er
mes

2.º
mes

3.er
mes

4.º
mes

5.º
mes

6.º
mes

7.º
mes

8.º
mes

9.º
mes

El
nacimiento

Los
cuidados
posteriores

Las 1^{eras}
semanas
del bebé

Cinturones de seguridad

i el cinturón de seguridad evita graves traumatismos, a veces es causa de accidentes dramáticos que ponen en peligro la vida del feto. No obstante, las estadísticas demuestran que a igual gravedad del accidente, una embarazada está más segura cuando lleva el cinturón. Pero lo que hay que considerar es el diseño de éste.

Deben evitarse absolutamente los cinturones con sólo dos puntos de fijación. En caso de colisión, dichos cinturones producen sobre el abdomen una presión diez veces superior a la que opera una contracción. El cinturón con tres puntos de fijación reduce considerablemente dicho efecto, pero solamente en el caso de que esté bien colocado.

Los especialistas en seguridad vial aconsejan a las embarazadas viajar en el asiento posterior y usar el cinturón.

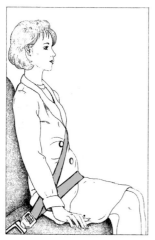

Cinturón bien ajustado

Cinturón mal ajustado

LAS DISPENSAS

Solamente las madres con factor RH negativo, más proclives que las restantes a sufrir hemorragias placentarias (→ p. 43) se encuentran eximidas de la obligación de llevar cinturón de seguridad. Por razones de comodidad en el control esa dispensa se ha extendido a todas las embarazadas que dispongan de certificado médico.

Prudencia al volante

na embarazada al volante puede convertirse en una peligrosa conductora. A veces padece perturbaciones neurovegetativas que alteran su conducta, como las náuseas, los desmayos, la somnolencia... Además, al final de la gestación, el tamaño que adquiere el vientre puede constituir un estorbo para las maniobras.

Viajar con moderación

L a mujer embarazada puede desplazarse normalmente. Sin embargo ciertos medios de transporte parecen adaptarse mejor que otros al estado de gravidez. ¿Qué medio se acomoda mejor a él, el avión, el coche o el tren? En *coche* las sacudidas rara vez resultan peligrosas si se viaja en condiciones normales y sobre todo si se conduce con prudencia (conviene evitar las etapas de más de 100 km). El mayor riesgo de la ruta es el *accidente,* que puede provocar un parto prematuro y también el nacimiento de un niño seriamente lesionado aun cuando el embarazo se haya desarrollado normalmente hasta ese momento.

Las normas de seguridad vial han provocado una gran polémica todavía no saldada. Una colisión automovilística es un accidente frecuente y terrible para una embarazada.

No obstante, a las embarazadas se les permite prescindir del *cinturón de seguridad,* una norma discutible que divide a los médicos. La mayoría de ellos cree que el cinturón es un buen medio de protección en caso de choque frontal o posterior, pero que en caso de accidente también puede producir una violenta presión en el abdomen que puede poner en peligro el futuro del embarazo y provocar heridas o lesiones en el feto.

De hecho, un golpe sobre el abdomen de la madre, cualquiera que sea su origen, puede ser causa de traumatismo interno con lesiones para el cerebro del feto, y producir desprendimientos de la placenta que ponen en peligro la continuidad del embarazo.

Es importante prevenir a las mujeres encinta en materia de accidentes; pero también resulta indispensable *mejorar su protección.* Se está diseñando un nuevo modelo de cinturón de seguridad para empleo de las embarazadas obligadas a conducir o a ocupar el asiento delantero.

Para las largas distancias, el avión es sin duda el medio de transporte más adecuado. Algunas compañías aceptan incluso a las mujeres que han pasado los siete meses de gestación. Y el tren es un medio apropiado para las distancias medias.

El único medio de transporte *absolutamente desaconsejado* es el de dos ruedas, tanto más si está provisto de un motor.

1.er mes

2.º mes

3.er mes

4.º mes

5.º mes

6.º mes

7.º mes

8.º mes

9.º mes

El nacimiento

Los cuidados posteriores

Las 1eras semanas del bebé

91

¿Para qué sirve?

La primera ecografía tiene lugar generalmente en el 4.º mes (→ p. 145), pero puede ser pedida a partir del 2.º mes por el médico (→ p. 93). Provee una imagen suficientemente global del feto y un examen bastante minucioso de los miembros y de las dimensiones de la cabeza. La segunda ecografía da una imagen más restringida y a la vez más detallada, especialmente del cerebro y del corazón. En ambos casos el ecografista procede a ejecutar diversas mediciones, evaluando de esa manera el crecimiento de los huesos del cráneo, de los huesos largos y de ciertas partes blandas. También localiza la placenta en relación con el cuello del útero, y calcula la cantidad de líquido amniótico; verifica la fase de desarrollo de los principales órganos y su adecuado funcionamiento.

Los aparatos

Existen dos tipos de ecógrafos. El más antiguo, que apareció en 1970, es el de barrido manual que sólo ofrece una imagen fija. Desde 1980 se emplea el aparato llamado de tiempo real, que permite una rápida sucesión de imágenes que crean la ilusión del movimiento. Las nuevas generaciones de ecógrafos incorporan de manera creciente sistemas informáticos que analizan e inscriben sobre pantallas de información datos tales como las fechas de las últimas reglas, las medidas del feto y la fecha teórica del parto. De todas maneras, el ecografista sólo puede interpretar bien las imágenes si tiene un profundo conocimiento de la anatomía del cuerpo humano y del desarrollo del feto, al igual que una adecuada experiencia con imágenes ultrasónicas.

Examen inofensivo

Las ondas de ultrasonido empleadas en los exámenes ecográficos son de potencia extremadamente baja. Un estudio realizado sobre múltiples exámenes permite probar su total inocuidad. Nunca ha ocurrido un accidente con estos exámenes, que se limitan a dos o tres para todo el embarazo sólo por razones económicas. En algunos países europeos, la seguridad social suele reembolsar automáticamente sólo dos ecografías. La tercera debe hacerse por petición justificada del facultativo.

Foto intrauterina

Acaba de perfeccionarse una nueva técnica que permite una mejor imagen ecográfica. Tal vez en un futuro muy próximo sea posible obtener una auténtica fotografía del feto en el útero. Esta técnica, que moviliza 20 millones de datos por segundo gracias a la microelectrónica, ya no dará sólo una imagen en corte, legible por un especialista, sino una fiel reproducción del aspecto exterior del feto. Será la primera foto del niño a colocar en su futuro álbum, que algún día le asombrará.

La primera imagen

E n la actualidad se cuentan aproximadamente cuatro ecografías por cada nacimiento, desigualmente repartidas entre los diversos embarazos. Aunque la función principal de
estos exámenes es el diagnóstico de las anomalías fetales,
el ecógrafo no puede detectarlas todas.

Dos ecografías en el transcurso de la gestación es lo que recomienda el colegio de ginecólogos y obstetras. La primera de ellas se
realiza a las **20-22 semanas de amenorrea**, y sirve para conocer el
número de fetos, dar fecha precisa a la gestación, localizar la placenta y diagnosticar eventuales anomalías. La segunda, fijada en
las **30-32 semanas de amenorrea**, tiene como objetivo detectar
anomalías de expresión tardía y controlar el crecimiento del feto.

Un reciente estudio estadístico demuestra que a las 22 semanas
de embarazo sólo la mitad de las anomalías resultan detectables; a
las 32 semanas la tasa supera el 61%. Los problemas de diagnóstico
más temprano son las anencefalias* y las malformaciones de los
miembros. Mucho después se reconocen las hidrocefalias* y las
malformaciones urinarias; las cardíacas y esofágicas son de más difícil diagnóstico.

★ **Una disciplina en constante evolución**

En última instancia, se puede comprobar que la eficacia del examen depende del equipo con que cuente el hospital o la clínica y de
la competencia profesional del ecografista. La ecografía es una disciplina en constante evolución. Los equipos, cada vez más avanzados, permiten estudios singularmente profundos y concretos. Ello
supone que los ecografistas deben formarse constantemente, al ritmo en que se producen los cambios.

La ecografía facilita exploraciones muy singulares. Así es posible,
por ejemplo, extraer orina de la vejiga del feto con el objeto de some-
terla a análisis químicos y diagnosticar enfermedades urinarias;
también permite ejecutar drenajes de la vejiga *in utero* con la instalación de un catéter entre la cavidad y el líquido amniótico (→ p.
253) e incluso realizar una extracción de sangre fetal.

1.er
mes

2.o
mes

3.er
mes

4.o
mes

5.o
mes

6.o
mes

7.o
mes

8.o
mes

9.o
mes

El
nacimiento

Los
cuidados
posteriores

Las 1eras
semanas
del bebé

Las primeras emociones

El doctor W. Pasini de Ginebra estudió la ecografía en el aspecto psicológico. Y los resultados que obtuvo permiten tener en la actualidad un mejor conocimiento de las reacciones de las parejas.

Más de la mitad de los hombres y mujeres interrogados confesaron haberse emocionado más por los movimientos del feto que por los latidos de su corazón. Del estudio se deduce que el ecografista tiene gran responsabilidad en la transformación de dicha emoción en felicidad.

Felizmente, las dos terceras partes de los interrogados encontraron «amable» al ecografista. Las madres, más que los padres, parecen establecer durante y después de la ecografía (especialmente a partir de la primera) una comunicación con el feto. En cambio las opiniones acerca de la presencia del padre durante la ejecución de este examen están muy divididas: las mujeres se reparten en tres grupos más o menos equivalentes; el de las que aprecian su presencia; el de las que creen que carece de importancia y el de las que habrían preferido que él no estuviese allí. Si la ecografía sigue constituyendo una experiencia que las mujeres prefieren compartir, algunas parecen temer la «mirada» íntima en exceso. «Compartir» el niño tan precozmente las priva de la felicidad de prolongar al máximo el dúo que forman la madre y el hijo.

Finalmente, el doctor Pasini interrogó a madres y padres acerca del deseo de conocer el sexo del niño antes de que se produjera el nacimiento. Una amplia mayoría de parejas no desea saberlo y buena parte de ellas ni siquiera se ha preguntado si ello es posible. Sobre un total de cuatrocientas personas interrogadas, cien han planteado esa pregunta y ciento cincuenta querían conocer realmente el sexo del feto.

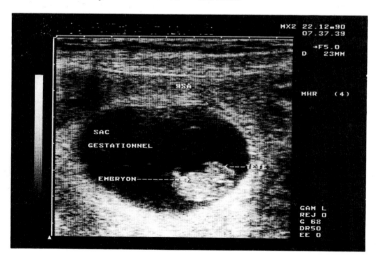

Entre lo imaginario y lo real

Aunque la primera imagen del niño no sea bastante reveladora para la madre sin las explicaciones del ecografista, siempre se siente intensamente. Pero no todas las mujeres viven esta experiencia de la misma manera. Para algunas, esta «fotografía» es una prueba; da fe de que están encinta y que son *reconocidas* como tales por los demás –especialmente por el padre del niño– y por la medicina. En sólo unos minutos parecen pasar del sueño a la realidad. Esperan un niño, sí, el que se ve en la pantalla. Lo que siempre les asombra es la movilidad del feto que aún no sienten moverse en su interior. Todos los padres quedan maravillados por los latidos del corazón que significan que el futuro niño está vivo. La madre podrá representárselo tanto más libremente por cuanto el tiempo de gestación y la calidad de la imagen no permiten atribuirle rasgos precisos. Lo que ve sobre la pantalla se convierte entonces en soporte de la imaginación al que yuxtapone otras imágenes más cálidas y poéticas. Para la mayoría de los padres dicha imagen es una revelación, puesto que ignoraban que en esa fase del embarazo el niño pudiera estar tan «formado», ser tan semejante a un ser humano.

Para algunas madres, la ecografía no tiene esa función reveladora, por diversas razones: para unas, la angustia de la maternidad es tan fuerte que la imagen no puede tranquilizarlas; para otras, la intensidad de la comunicación fantasmática con el feto tiene mayor realidad en sus imaginaciones que en sus cuerpos y en la pantalla. En verdad, la imagen del ecógrafo es sólo en última instancia un dato clínico. Para ellas será en principio el factor de una enorme transformación existencial. Y por encima de todas las cosas, material imaginario. Por eso hay embarazadas que resisten la visión del ecógrafo. Parecen reprocharle a la técnica sanitaria: ¿crees que mi hijo sólo es esa cosa?

Y existen también algunas embarazadas que viven esta primera ecografía *negativamente*. Aún no han tenido tiempo de pensar «espero un hijo». La revelación por la imagen las perturba y la ecografía interfiere en el trabajo interior que las conduce hacia el deseo del niño real, que todavía no han consumado.

De hecho, parece probado que la ecografía no puede ser vivida como un momento feliz por todas las embarazadas.

95

1.er
mes

2.º
mes

3.er
mes

4.º
mes

5.º
mes

6.º
mes

7.º
mes

8.º
mes

9.º
mes

El
nacimiento

Los
cuidados
posteriores

Las 1eras
semanas
del bebé

El embarazo extrauterino

En caso de embarazo extrauterino, el huevo, en vez de desarrollarse en el útero, crece en la trompa y generalmente la destruye. Esta clase de embarazo debe ser diagnosticado. Puede tratarse de él cuando desde las primeras semanas se producen hemorragias y fuertes dolores en un lado del vientre. El examen ginecológico revela entonces un útero más pequeño que lo que corresponde según la fecha de gestación y sobre todo la existencia de una masa junto a él. La ecografía permite completar el diagnóstico: ella muestra la ausencia de huevo en la cavidad uterina. Si todos estos exámenes no permiten todavía diagnosticar con seguridad, se puede recurrir a la celioscopia*, que consiste en una exploración del aparato genital que se realiza bajo anestesia. Se introduce a la altura del ombligo un tubo provisto de un sistema óptico que permite observar lo que sucede en la trompa. Todo diagnóstico de embarazo extrauterino da lugar a una intervención quirúrgica urgente, porque si no se interviene a tiempo la ruptura de la trompa provocará una hemorragia interna muy intensa. Ciertos equipos médicos aplican una terapia diferente. Bajo el control del ecógrafo, mediante una sonda vaginal que permite la observación directa de la trompa en el 60% de los casos, el médico inyecta un medicamento que inhibe la división celular del huevo y provoca su disgregación. Esta intervención se realiza sin anestesia general y sin hospitalización.

El DIU cuestionado

La mayoría de los ginecólogos desaconsejan el empleo de este medio anticonceptivo a las mujeres que nunca hayan dado a luz. Numerosas infecciones de las trompas tienen como causa el empleo de este dispositivo y luego se convierten en frecuentes causas de embarazos extrauterinos. Recientemente se ha descubierto una nueva desventaja del sistema: provocaría reacciones alérgicas semejantes a la urticaria crónica y mantendría un foco infeccioso constante.

La historia se repite

Se puede hablar de abortos reiterados cuando una mujer ha tenido al menos tres espontáneos. Las causas de éstos sólo se pueden determinar con exámenes profundos. Puede tratarse de insuficiente dosificación de estrógenos*, o de progesterona*, de problemas inmunológicos o bien de hipersecreción de hormonas* masculinas. El diagnóstico se establece midiendo las dosis de dichas sustancias en la sangre o la orina. La tiroides también puede producir abortos reiterados al igual que ciertas malformaciones del útero, como la dilatación del cuello del útero, que consiste en una pérdida de la elasticidad de sus tejidos y del tono necesario para retener al huevo en el interior de la cavidad uterina. En tales casos se practica un cerclaje (→ p. 137).

96

Recomenzar desde cero

U n aborto se manifiesta con frecuencia por dolores en el bajo vientre debidos a contracciones uterinas, y también por abundantes pérdidas de sangre. Este accidente, aunque frecuente, provoca traumas físicos y psíquicos en la mujer. Entre el 50 y el 70 % de los casos de aborto se deben a una anomalía del huevo: es lo que se denomina un huevo «claro» o «vacío». Se trata de un accidente fortuito producido en el momento de la formación de los gametos* (células encargadas de la reproducción) o bien en el de la fecundación, cuando el óvulo se encuentra con los espermatozoides.

La mayoría de los abortos se producen por *hemorragias* y la *expulsión natural del huevo*. En otros casos es *la detención del crecimiento del útero* comprobada en un examen médico lo que despierta la atención del facultativo.

⋆ **Las causas**

La ecografía establecerá si se trata de un huevo vacío, es decir de un huevo en el que no se ha desarrollado el embrión*, o de un huevo cuyo embrión no presenta ningún movimiento ni actividad cardíaca alguna. El diagnóstico no resulta de fácil obtención antes de la séptima semana, a causa de las limitaciones de la técnica ecográfica.

Ciertas *infecciones* también pueden originar abortos. Eso es lo que ocurre con las urinarias, a menos que la embarazada sufra de *diabetes* o de *hipertensión* (→ p. 413 y 415). También pueden existir *causas mecánicas* (malformaciones del útero, fibroma o dilatación del cuello, traumatismo a causa de un legrado o de un embarazo anterior).

En caso de aborto espontáneo el médico comprobará que el huevo haya sido completamente expulsado. Si es necesario extraerlo total o parcialmente, dicha operación se realizará bajo anestesia general, por aspiración, y terminará con un legrado*.

Ciertos *traumatismos físicos o psicológicos* también pueden ser causa de aborto: lutos, accidentes de coche, intervenciones quirúrgicas...

En cualquier caso, toda hemorragia abundante exige la inmediata consulta del médico o la visita a un servicio de urgencias.

97

1.er mes

2.o mes

3.er mes

4.o mes

5.o mes

6.o mes

7.o mes

8.o mes

9.o mes

El nacimiento

Los cuidados posteriores

Las 1eras semanas del bebé

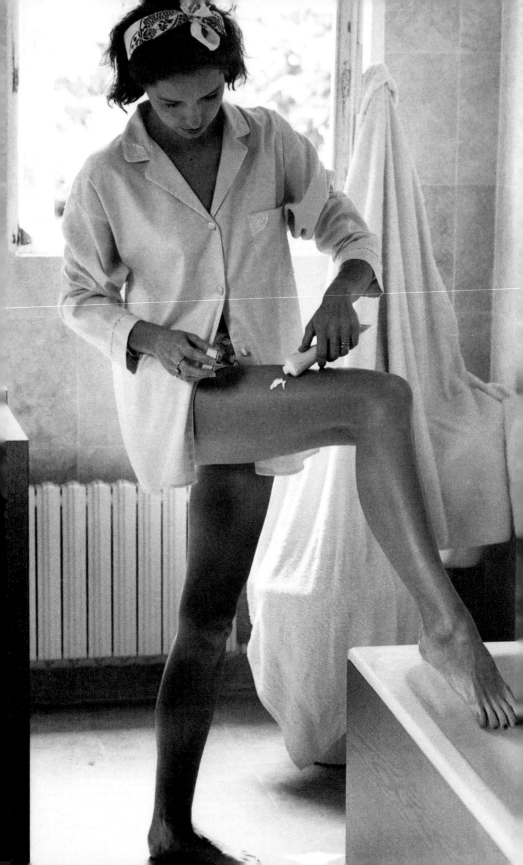

1.er
mes

2.º
mes

3.er
mes

4.º
mes

5.º
mes

6.º
mes

7.º
mes

8.º
mes

9.º
mes

El
nacimiento

Los
cuidados
posteriores

Las 1eras
semanas
del bebé

Tercer mes

Es un mes decisivo, cuando el estado de embarazo se instala o no. La mujer sabe que se encuentra en un punto crucial de su existencia. Para ella, en esta etapa todo cambiará: en su cuerpo ya pueden leerse los primeros signos de la metamorfosis: algunas manchas oscuras sobre la piel del rostro, los pechos más prominentes, un esbozo de vientre que sólo ella advierte y cuyo crecimiento le inspira temor y ansiedad a la vez.

Para la futura mamá es el momento de las grandes decisiones. Se acabarán las comidas a deshora, la vida desordenada: tendrá que construir un ser humano y necesitará fuerzas para ello. Las salidas nocturnas y numerosas se acabaron, al igual que las veladas de trasnoche. Por otra parte su propio organismo le impondrá a veces a su cuerpo auténticas noches de ocho horas de sueño. Para algunas, el compromiso con esta nueva vida es tan importante que dejan de fumar, un gran esfuerzo y a la vez un acto de afirmación de voluntad maternal. El proyecto se ha realizado en un primer tercio, y estimulará otros nuevos.

99

Desde el embrión hasta el feto

E l embrión se convierte en feto a partir del tercer mes. No se trata de una simple fantasía del lenguaje. De hecho, a finales del tercer mes el embrión está definitivamente terminado. Mide aproximadamente 10 cm y pesa 45 g; todos sus órganos están formados, le han crecido los brazos y las piernas, las manos están acabadas e incluso tiene uñas.

Una de las grandes transformaciones que intervienen en el transcurso de este mes es la del aparato genital. Puede decirse que *en este momento se forma una niña o un niño.*

⋆ **La aparición del sexo**

Se sabe que el sexo está determinado desde la fecundación (→ p. 59); pero desde el punto de vista anatómico, en el transcurso de los dos primeros meses de vida intrauterina, no hay diferenciación. Está compuesto de dos glándulas llamadas gónadas* que se prolongan en dos canales denominados de Müller y de Wolff. Para dar nacimiento al sexo femenino, el aparato genitourinario se separa en dos; los canales de Müller se convierten en trompas, vagina y útero. En el niño, en cambio, el aparato genitourinario no experimenta modificación alguna. Los canales de Müller se atrofian y los de Wolff se transforman para dar nacimiento a la próstata y a las vesículas seminales (→ p. 70).

⋆ **Las primicias de la autonomía**

El cordón umbilical está bien formado, conecta el feto con la placenta, y se compone de dos arterias y de una vena rodeada por una sustancia gelatinosa (→ p. 102). Las arterias evacuan hacia la placenta los desechos producidos por el feto, que a su vez serán eliminados por la sangre materna gracias a las cámaras situadas contra la mucosa uterina (→ p. 73). La vena aporta a su vez los elementos que contiene la sangre materna, necesarios para el buen crecimiento del feto. En el transcurso de los meses el cordón umbilical se alarga y se tuerce sobre sí mismo, proceso que explica su forma retorcida en el momento del nacimiento. Sucede incluso que se enrolle alrededor del cuello del niño, planteando problemas más o menos graves en el parto (→ p. 307). No obstante, es indispensable que tenga cierta longitud (en el momento del nacimiento mide

1.er mes

2.º mes

3.er mes

4.º mes

5.º mes

6.º mes

7.º mes

8.º mes

9.º mes

El nacimiento

Los cuidados posteriores

Las 1eras semanas del bebé

aproximadamente 50 cm), para que permita al feto moverse en el líquido amniótico.

El feto tiene su propia circulación sanguínea y tiende a la autonomía desde el principio; acata la consigna genética de no mezclar las sangres, pero su sangre contiene menos oxígeno que la humana. Por ello puede vivir en hipoxemia*, como si fuese un pez. Aunque en verdad, ahorra: protegido por el líquido amniótico no necesita regular su temperatura. Vive constantemente a 37° y tiene una tensión arterial muy baja.

★ Los primeros movimientos

Su tubo digestivo funciona normalmente. El feto bebe el líquido amniótico, que está compuesto de agua y desechos cutáneos procedentes de la escamación de su piel. Los residuos no asimilables se evacuan hacia el colon del feto. Es lo que constituye el meconio* que será eliminado en los primeros días de vida.

A los tres meses de gestación también cambia su rostro. Se vuelve más «humano». Los ojos, muy separados, se acercan, se forman los párpados y la boca parece más pequeña. Los labios crecen y aparecen las papilas gustativas. A partir de entonces el feto prefiere lo azucarado a lo salado, al tiempo que brotan los primeros pelos. Es justamente entonces, en el transcurso del tercer mes, cuando el feto comienza a moverse; pero dichos movimientos son mínimos, aún imperceptibles para la madre.

NI HEMBRA NI MACHO

En la naturaleza existen asombrosas determinaciones de sexo. Existen, por ejemplo, especies hermafroditas, esto es, individuos capaces de producir células sexuales tanto masculinas como femeninas. Tal es el caso de los caracoles o las lagartijas. Otras especies determinan el sexo de acuerdo con la edad, como ocurre con ciertos crustáceos como los cangrejos o las gambas, que son machos durante la juventud y hembras en la vejez. Algunos peces determinan su sexo de acuerdo con la organización social de la comunidad. Si el macho dominante desaparece, una hembra cambia inmediatamente de sexo para reemplazarlo.

Para ciertos reptiles, la temperatura de incubación de los huevos es la que decide el sexo del ejemplar neonato. Las hembras nacen a una temperatura superior a los treinta grados, y la opción sexual se decide por uno o dos grados de diferencia.

101

Lugares de intercambio

• El cordón umbilical

Conecta el feto con la placenta. Está constituido por tres vasos sanguíneos enrollados sobre sí mismos: uno grande, la *vena umbilical* central, y dos más pequeños, las *arterias umbilicales*. El trío está protegido por una cubierta constituida por una membrana flexible y gelatinosa. La vena umbilical asegura las provisiones necesarias para la vida del feto; las dos arterias se ocupan de evacuar los desechos de la vida fetal. Al final, el cordón umbilical mide aproximadamente 50 cm, tiene un diáme-

tro de 1,5 cm más o menos y su caudal ronda los 30 litros diarios. También en este detalle la naturaleza demuestra su destreza, puesto que el sitio en que se une al feto está recubierto por una capa de piel de un espesor de varios milímetros.

• Las membranas

Dos envolturas rodean el feto: el *corión* en el exterior y el *amnios* en el interior. Esta última se encarga, además, de producir una parte del líquido amniótico. Estas membranas no están inervadas ni vascularizadas.

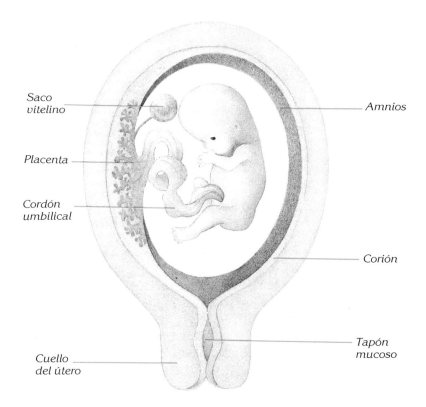

Saco vitelino

Placenta

Cordón umbilical

Cuello del útero

Amnios

Corión

Tapón mucoso

102

Protegido en su burbuja

¡Qué maravilloso elemento! El líquido amniótico es un producto que la madre y el niño consiguen a dúo. Recibe su caudal sobre todo de las secreciones renales del feto, completamente asépticas. El feto traga mucho, y regurgita con frecuencia. El líquido amniótico de una embarazada en buen estado de salud es claro, abundante y se renueva constantemente (cada tres horas). Por cada litro contenido en el útero se producen 3 o 4 cada día, hasta el final del embarazo. La composición de este suero es semejante a la de la sangre y contiene células de grasa. Fluido único, compuesto por un 95% de agua, es un eficaz amortiguador del ruido y de los golpes. Además su asepsia constituye una preciosa barrera contra ciertas infecciones. Y su derrame señala la proximidad de la ruptura de la membrana (→ p. 267).

El control del estado del líquido amniótico es uno de los medios que permiten, a largo plazo, vigilar el buen desarrollo de la gestación, desde el principio hasta el fin. El examen se realiza con la ayuda de un *amnioscopio*, pequeño cono que introducido en el cuello permite al médico observar el aspecto del líquido a través de las membranas.

★ Problemas del líquido amniótico

Una cantidad excesiva de líquido amniótico puede ser síntoma pasajero; pero cuando la anomalía persiste se trata de una *hidramnios**. En tal caso el útero está anormalmente distendido, y ello produce contracciones. En suma: riesgo de parto prematuro. Estos problemas de hidramnios con frecuencia están vinculados con la diabetes o con malformaciones fetales o incompatibilidades sanguíneas. Antes de proceder a cualquier intervención, como una extracción, la ecografía realizará un balance del desarrollo del feto y a veces indagará la causa del hidramnios. Un defecto de volumen del líquido amniótico, *oligoamnios** (menos de 200 ml), no es forzosamente alarmante. Lo que debe inquietar en cambio es la escasez extrema o la ausencia. También en tales casos la ecografía permite diagnosticar los problemas de desarrollo del niño. La ausencia de líquido puede deberse a una fisura de la bolsa de aguas o a una infección. Con frecuencia el disturbio es sólo pasajero, sin que se pueda determinar su causa.

103

El deseo
de un hijo

1.er mes

2.o mes

3.er mes

4.o mes

5.o mes

6.o mes

7.o mes

8.o mes

9.o mes

El nacimiento

Los cuidados posteriores

Las 1eras semanas del bebé

Preciosas células

Las células sanguíneas del cordón umbilical, a causa de su inmadurez, juventud y poder inmunitario particular, poseen asombrosas virtudes. Según parece, pueden emplearse en el tratamiento de enfermedades hereditarias vinculadas con la sangre y que hasta hoy sólo podían tratarse con injertos de médula ósea. Los investigadores consideran incluso que las particularidades de esas células podrían permitir trasplantes sin que se respeten las reglas inmunológicas clásicas. Hace poco tiempo, en Nueva York se ha visto el caso de un niño pequeño afectado de leucemia. A los cuatro años se benefició de una transfusión de sangre extraída durante el parto del cordón umbilical de su hermana recién nacida. La continuación del proceso no presenta complicaciones. Las células originales de la sangre del cordón umbilical son capaces de multiplicación, y gracias a esta propiedad pueden cubrir los déficits provocados por un mal funcionamiento de la médula ósea.

¿A DÓNDE ACUDIR?

En caso de embarazo con riesgos iniciales, sobre todo después de un aborto, es preferible hacerse atender en un centro de obstetricia con profesionales de buena reputación. Cuando el caso es realmente difícil o de complicado tratamiento, lo mejor es acudir a un hospital universitario, donde se encuentran los mejores especialistas.

La micropipeta

Perfeccionada en Alemania y probada en Rennes, Lyon, Ruán y Clermont-Ferrand (Francia), la técnica de la micropipeta permite el cultivo de células extraídas del líquido amniótico, a partir de la 14.ª semana de amenorrea. Las células son examinadas con el microscopio inverso; los biólogos detectan aquellas que se dividen y las separan; entonces se estudian en sus aspectos cromosómicos. Las ventajas de este método no son pocas: permite diagnósticos más precoces (catorce semanas en vez de diecisiete); rápidos resultados (aproximadamente una semana), muy fiables y precisos, y en consecuencia la prevención de abortos, que así reducen sus probabilidades al mínimo. La única restricción: el examen sólo puede ser practicado por *equipos perfectamente entrenados en esta técnica.*

Todo se transmite

El líquido amniótico también será la primera lección de gusto, la iniciación. El feto posee células gustativas desde muy pronto. Por ello puede apreciar el «sabor» del líquido amniótico. Según ciertos investigadores británicos este líquido se perfumaría con ciertos alimentos consumidos por la madre, hecho probado con el estudio del líquido amniótico de mujeres indias, que tenía un fuerte gusto a curry.

El estudio del líquido amniótico

1.er
mes

2.º
mes

3.er
mes

4.º
mes

5.º
mes

La amniocentesis es sin duda, después de la ecografía, el examen más practicado, aunque no sea obligatorio. Se realiza bajo control ecográfico a partir de la decimoquinta semana de amenorrea, y consiste en extraer con una aguja muy fina 20 cm³ de líquido amniótico, aproximadamente. Las células fetales que contiene comienzan a cultivarse; tres semanas después se estudian y ello permitirá diagnosticar cierto número de enfermedades. Se da prioridad a la búsqueda de **anomalías cromosómicas** y **enfermedades hereditarias metabólicas** como la mucoviscidosis*. La amniocentesis también permite determinar el sexo del feto con el objeto de diagnosticar las patologías específicas de uno u otro sexo; también permite realizar mediciones de dosificación de enzimas* (diagnóstico de la espina bífida) o de proteínas. Y más recientemente, el estudio del ADN* de las células.

La amniocentesis se aconseja cuando en la ecografía se advierten malformaciones morfológicas en el feto, que con frecuencia están asociadas con anomalías cromosómicas.

Este examen es **algo peligroso** para el buen desarrollo del embarazo. Tiene un mínimo riesgo de aborto (0,5%); pero en cambio suele impresionar a las pacientes. Muchas embarazadas temen el instante de la penetración de la aguja en el abdomen. Más allá del dolor, temen que el feto resulte pinchado, e incluso que la extracción altere su medio vital.

En verdad, la «penetración de la aguja» es una imagen con muchas resonancias inconscientes que hacen renacer terrores infantiles: puro fuego fuerte de la imaginación.

En realidad el **feto no corre riesgo alguno.** En este período de gestación flota en mucho líquido amniótico y, un hecho sorprendente, con ribetes fantásticos: se ha observado que parece huir de la aguja. En cuanto a la extracción de 20 cm³ de líquido, su medio no se perturba en absoluto, puesto que es una cantidad ínfima en relación con el volumen total. Además, el caudal se repone rápidamente (→ p. 103). La simplicidad de este examen y sobre todo el abanico de diagnósticos que permite, explica su empleo cada vez más frecuente, estimulado además por las nuevas técnicas biológicas. Pronto será posible practicar la amniocentesis a partir de la décima semana de gestación.

6.º
mes

7.º
mes

8.º
mes

9.º
mes

El
nacimiento

Los
cuidados
posteriores

105

Una sexualidad vivida
de otra manera

El futuro niño es el resultado de un acto de amor; sería una lástima que se convirtiera en un obstáculo para el equilibrio de la pareja. De hecho, las relaciones sexuales en el transcurso del embarazo se consideraron durante mucho tiempo causa de aborto. No ocurre nada de eso, al contrario, es muy importante que durante este período, que es el preludio de profundos cambios en la vida cotidiana, la pareja no viva en un estado de frustración. Los médicos son unánimes en este sentido: la vida sexual de una pareja debe ser normal desde el comienzo hasta el final del embarazo.

★ Una «pereza» especial

Algunas embarazadas experimentan un descenso de sus deseos eróticos en los primeros meses de embarazo. Los célebres sexólogos norteamericanos Masters y Johnson observaron esa falta de deseo sexual en el 80% de las mujeres a las que siguieron durante el embarazo. Ello tiene fácil explicación. Las *perturbaciones físicas*, como las náuseas y los vértigos, y los *cambios psicológicos*, la necesidad o las ganas de dormir no favorecen la libido femenina. La extrema sensibilidad de los senos también puede ser un obstáculo para la normalidad sexual, porque están «pesados» y en ocasiones duelen. Estas sensaciones resultan exacerbadas por la excitación sexual: el flujo de sangre suplementaria congestiona un poco más los tejidos y hace que el menor roce resulte doloroso.

Pero a veces es el marido quien se retrae y experimenta un profundo y nuevo respeto por esa mujer que se convierte en madre. Ciertas parejas imaginan al niño como una tercera persona, presente en sus relaciones íntimas. No obstante, a finales del tercer mes la fatiga del comienzo desaparece y la mujer recupera su dinamismo sexual.

Por el contrario, hay muchas mujeres que asisten a la expansión de su sexualidad durante el embarazo, y experimentan más deseo que antes. Estos cambios temperamentales también se deben a transformaciones físicas: el desarrollo de los pechos, mayor humidificación vaginal y una cierta congestión pélvica. En el aspecto físico, estas mujeres experimentan una auténtica plenitud.

1.ᵉʳ
mes

2.º
mes

3.ᵉʳ
mes

4.º
mes

5.º
mes

6.º
mes

7.º
mes

8.º
mes

9.º
mes

El
nacimiento

Los
cuidados
posteriores

Las 1ᵉʳᵃˢ
semanas
del bebé

★ La plenitud sexual procura futuros serenos

Interrumpir toda relación sexual durante nueve meses puede crear ciertas dificultades después del nacimiento del niño. *El deseo necesita ser mantenido*, para que pueda sobrevivir a las perturbaciones físicas y psíquicas que comporta un embarazo. Además, para el padre, que tendrá mayores o menores dificultades para encontrar su nuevo papel entre madre e hijo (→ p. 23), esta abstinencia durante el período de gestación solamente serviría para acentuar su sentimiento de exclusión. La interrupción de las relaciones sexuales durante el embarazo con frecuencia revela la falta de armonía previa.

★ Pequeños malestares físicos sin importancia

Después de la cópula pueden advertirse ligeras contracciones y pequeñas hemorragias. Ambos síntomas se deben a cierta fragilidad del cuello del útero y al hecho de que el organismo femenino produce dosis crecientes de oxitocinas* y prostaglandinas*, importantes hormonas* en el proceso del parto (→ p. 277). Estas mínimas perturbaciones no son inquietantes, aunque deben comunicarse al médico.

Senos altamente protegidos

Algunas embarazadas adquieren tal pesadez en las mamas, que lo más recomendable para ellas es el sujetador durante el sueño. En tales casos conviene elegir para la noche un modelo ligero y no demasiado ajustado, para que no estorbe la respiración. Esa prenda interior puede resultar molesta las primeras noches; luego, la futura madre se acostumbra muy bien. Además resulta indispensable proteger la piel de los pezones y del gran músculo cutáneo que sostiene las glándulas mamarias, que es singularmente delgada y susceptible de padecer estrías. Una ducha fría cotidiana, seguida de la aplicación de una crema, puede prevenir eficazmente este mal cutáneo (→ p. 138).

Levante las banderas

No sueñe, nada le hará más futura mamá que un vestido de embarazada. Además, aquellas que tenían prisa en mostrarlo no pudieron resistirse: compraron uno en los primeros meses, con enorme vuelo, aunque la tripa todavía pequeña pudiese esperar aún. Se puede apostar que al final del embarazo ya estarán hartas de esta clase de ropa. Pero felizmente la moda cambia. Pasado el entusiasmo por las faldas plegadas y el ancho vestido azul marino, las embarazadas de hoy se visten de colores vivos, a veces con estampados extravagantes. Algunos diseñadores de moda comienzan a pensar en ellas e incorporan gamas futura mamá en sus colecciones de temporada.

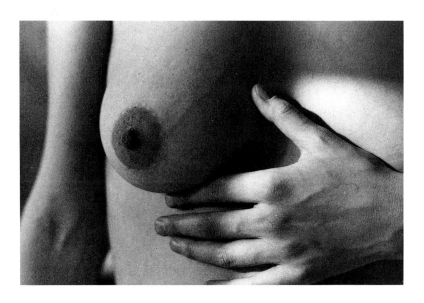

Holgura rima con gordura

E n esta fase del embarazo, la ropa «futura mamá» no es obligatoria; basta con extraer del guardarropa las prendas más amplias. También se pueden llevar pantalones abiertos y sostenidos por tirantes que se sujetarán delante y atrás para no provocar molestias en los pechos. Todos los pantalones y faldas de cintura elástica resultan cómodos. Los gastos de la etapa son: un pantalón de algodón o lana, según la estación, amplio; algunas camisetas o blusas; camisas amplias para llevar sobre el pantalón o la falda, que usted elegirá casi siempre oscuras porque suelen adelgazar un poco la silueta.

★ Vigilar la columna vertebral

Vístase usted de manera ligera y ágil, y sobre todo con fibras naturales. Por otra parte aquellas que sufren la desagradable sensación de calor que afecta a las mujeres embarazadas, pueden superponer varias prendas finas, antes que llevar una sola gruesa. Estarán más cómodas y siempre podrán cambiar el número en función de las condiciones climáticas.

Elija además los materiales que se puedan lavar a mano o en la lavadora, antes que aquellos que exijan limpieza en seco, puesto que al engordar tenderá a ensuciarse mucho más.

A partir de entonces también tendrá que prestar particular atención al calzado. Se acabaron los tacones de aguja y los modelos que no sostienen los tobillos. Sucede que la columna vertebral es sometida a una dura prueba durante el embarazo y exige un equilibrado reparto del peso, de ahí la importancia de un buen apoyo sobre la planta de los pies (→ p. 185 a 187). La embarazada también tiene frágiles los tobillos, y por eso necesita un calzado que los refuerce.

En la actualidad, salvo excepciones, las mujeres embarazadas ya no usan cinturón de sostén. Esas prendas tienen una malsana tendencia a frenar la musculación abdominal, indispensable para recuperar la silueta después del parto.

1.er mes

2.º mes

3.er mes

4.º mes

5.º mes

6.º mes

7.º mes

8.º mes

9.º mes

El nacimiento

Los cuidados posteriores

Las 1eras semanas del bebé

109

¿Qué dieta seguir?

Si una embarazada tiene tendencia a aumentar demasiado de peso, el primer régimen, y en la mayoría de los casos el único, consiste en limitar los glúcidos y sobre todo evitar el consumo de azúcares rápidos (→ p. 87). Entonces se les recomienda abstenerse de ciertas frutas como las cerezas o uvas; también deben saber que los alimentos ricos en fibras, como el pan completo o el de salvado, tienen el efecto de obstaculizar de manera significativa la absorción de azúcar.

Cuando el sobrepeso es importante, a la limitación de los glúcidos puede sumarse la de los lípidos (→ p. 87), aunque no en su totalidad. En efecto, los lípidos contienen ácidos grasos, origen de los ácidos linoleicos que tienen un importante papel en el desarrollo del cerebro del niño. Esos ácidos grasos se encuentran sobre todo en el aceite de soja, en el aceite de oliva, en la mantequilla y (mucho menos) en el aceite de cacahuete.

La necesidad de hierro de la embarazada es considerable puesto que dicho elemento participa en la multiplicación celular del feto: es imprescindible para la constitución de sus glóbulos rojos. El hierro no se aporta en suficiente cantidad con los alimentos y se extrae de los glóbulos rojos maternos y de otras reservas. Por ello, los médicos no esperan que sobrevenga una anemia para prescribir, casi de manera sistemática, un aporte medicamentoso de hierro. En cualquier caso, las dietas adelgazantes no son aconsejables.

Agua, elemento vital

Es la mejor bebida para todo el mundo, pero en la embarazada resulta esencial.

Omnipresente en todo organismo vivo, el agua es la base de todos los intercambios vitales y procesos bioquímicos que tienen lugar en las células, porque es el soporte y vehículo de las reacciones biológicas. Ello da una idea aproximada de la importancia de este elemento para el feto, cuyo cuerpo está formado por un 95% de agua.

Algunas aguas de mesa contienen *calcio y magnesio*, elementos que suelen escasear en las dietas.

En principio, se puede beber agua del grifo durante el embarazo, puesto que el agua potable ha sido tratada para que se adapte al consumo humano. No obstante, de tanto en tanto alguna epidemia de gastroenteritis –síntomas: diarreas, vómitos y fiebre– indica que la asepsia no siempre es tal. Este tipo de enfermedades exigen la inmediata consulta, puesto que a los riesgos de deshidratación se suman los mecánicos: las contracciones intestinales pueden producir las uterinas y provocar un parto prematuro.

HAY QUE ATACAR SIN PIEDAD A LOS PARÁSITOS

El parásito de la toxoplasmosis (→ p. 38) se destruye por cocción y por congelamiento. Puede encontrárselo tanto en algunas legumbres frescas como en la carne. Para eliminarlo, y con él a otras especies parásitas, es preciso lavar cuidadosamente las legumbres que se comerán crudas.

Vitaminas:
un plato fuerte

L as vitaminas que se encuentran en los alimentos de la embarazada no son forzosamente transmitidas al feto. Algunas de ellas llegan hasta él por un mecanismo de transporte activo (→ p. 73), mientras que otras pasan directamente a través de la placenta. Se las encuentra en cantidades variables *en todos los alimentos*, y su concentración depende de numerosos factores: origen, modo de cultivo, almacenamiento. Cuanto más fresco es un producto, tanto más vitaminas contiene. No obstante, se debe tener en cuenta que los alimentos en conserva o congelados suelen tener más alto contenido que los productos frescos que han pasado varios días en la nevera.

Hasta la fecha se han aislado y catalogado trece vitaminas (pero es seguro que en la naturaleza existen otras). Entre ellas, algunas son útiles para la madre y las otras para el niño.

Las *vitaminas B12 y B9* tienen una función esencial en la construcción de los tejidos fetales. La *vitamina B6* ayuda a la síntesis del ADN* y del ARN* de la célula. Las *vitaminas B1, B2 y PP* son productoras de energía. Las *vitaminas A, C y E* preservan el funcionamiento de las células. La vitamina A es un instrumento de crecimiento y refuerza el sistema de inmunidad, la vitamina C favorece la absorción de hierro, la vitamina E es antioxidante y preserva los ácidos grasos que componen las membranas de las células. La *vitamina D* es esencial para el metabolismo del calcio, indispensable para la formación de la osamenta del niño.

En una alimentación equilibrada se encuentran todas esas vitaminas, siempre que se cocinen adecuadamente. Cocidos largo tiempo y en mucha agua, la mayoría de los alimentos pierden todas sus vitaminas.

Normalmente la embarazada no necesita aportes vitamínicos suplementarios. En ciertos casos éstos pueden resultar nefastos para su salud y para la del niño; por ejemplo, un exceso de vitamina A puede provocar una malformación del feto. Si se experimenta fatiga o depresión lo mejor es pedir consejo al médico.

1.er mes

2.º mes

3.er mes

4.º mes

5.º mes

6.º mes

7.º mes

8.º mes

9.º mes

El nacimiento

Los cuidados posteriores

Las 1eras semanas del bebé

111

Dietas

	LUNES	MARTES	MIÉRCOLES
DESAYUNO	café o té con leche, 1 kiwi, pan (60 g), mantequilla (10 a 15 g), jamón.	café o té con leche, zumo de naranja, pan + mantequilla, 1 huevo pasado por agua.	café o té con leche, 1 manzana, cereales (4 cucharillas de café), 30 g de queso de pasta dura.
ALMUERZO	ensalada de espinacas crudas y tomates, buey a la plancha, legumbres tiernas, queso blanco con miel.	ensalada de calabacines crudos, pastel de pescado, pastas con albahaca, queso, frutas.	ensalada de berro, pollo con cuscús, yogur con frutas rojas.
CENA	gazpacho, 2 huevos escalfados, fruta.	melón a la italiana, riñones de ternera (salsa ligera), zanahorias nuevas con crema, queso, frutas.	ensalada mixta, salmón crudo o marinado al perifollo o a la albahaca, pastel de espinacas, queso, fruta.

Todas estas dietas se adaptan a las necesidades de la embarazada. Hemos pensado en platos ligeros para evitar al máximo las náuseas del principio del embarazo y limitar el aumento de peso (si ello fuera necesario) al final de la gestación.

• No vacile en emplear las hierbas y especias: coriandro, perifollo, cuatro especias, jengibre, canela, tomillo, albahaca, eneldo... Aportan muchos sabores a las comidas más simples.

• La mayoría de las recetas fueron concebidas para prepararse con el mínimo de materias grasas. No obstante, de acuerdo con los gustos

Primavera / Verano

JUEVES	VIERNES	SÁBADO	DOMINGO
café o té con leche, zumo de pomelo, muesli, 50 g de queso blanco.	café o té con leche, cóctel de cítricos, pan + mantequilla.	café o té con leche, zumo de naranja + el de 1/2 limón, una crêpe ligera, queso.	café o té con leche, cerezas, 1 huevo con bacon.
ensalada romana con queso de cabra fresco, pierna de cordero al vapor, berenjenas cocidas en su piel (al horno), queso, fruta.	caviar de berenjenas, pincho de buey, zanahorias con bechamel o gratinadas, queso, fruta.	ensalada de judías verdes, conejo asado, queso, sorbete.	ensalada de legumbres crudas con salsa de yogur/ roquefort, jamón Virginia, pastas cocidas (30 g), melocotones perfumados con menta.
juliana de legumbres al vapor, queso asado y ensalada, macedonia de frutas rojas a la menta.	sopa de pepino con yogur, 2 huevos escalfados, queso, fruta.	espárragos con salsa de queso blanco, tomates + berenjenas rellenas a la provenzal, pastel de cerezas.	legumbres frescas asadas, trucha a la sal, queso, natillas.

personales y las tendencias a las náuseas y al aumento de peso, siempre se puede agregar:
— mantequilla;
— una cucharilla de crema fresca o nata;
— un poco de aceite de oliva, girasol o maíz.
● La cocción a la sal es dietéticamente interesante: permite que las carnes conserven su consistencia y jugos sin aportar materia grasa. Se pueden cocer en ella pescados enteros, aves o trozos de carne. Una vez cocidos y cuidadosamente separados de la capa de sal, no quedan más salados que lo necesario.

113

1.er mes

2.o mes

3.er mes

4.o mes

5.o mes

6.o mes

7.o mes

8.o mes

9.o mes

El nacimiento

Los cuidados posteriores

Las 1eras semanas del bebé

Controles permanentes

Durante todo el transcurso del embarazo, debe controlarse la presencia de albúmina en la orina. Ésta, que se pone en evidencia por medio del análisis de las orinas a lo largo de la jornada (24 h), indica que los riñones no cumplen eficazmente su función de filtros. Normalmente sólo deben dejar pasar vestigios de esta proteína.

Cuando se encuentra albúmina en la orina, el médico prescribirá exámenes complementarios con el objeto de asegurar que la futura mamá no padezca afección renal o urinaria. También se buscan azúcares en la orina. Si se encuentran en tasas anormales, habrá que realizar análisis de sangre como complemento, para confirmar el diagnóstico.

Urgencias médicas

En el transcurso de un embarazo se pueden practicar ciertas intervenciones quirúrgicas, que no obstante deben reservarse para los casos urgentes, para evitar el fuerte efecto de la anestesia general (puede provocar el aborto, incluso). Pero es posible operar, por ejemplo, una apendicitis aguda.

Pudor

Si ha decidido atenderse en un servicio que forme parte de un centro hospitalario universitario, la consulta corre el peligro de no resultar lo suficientemente íntima que se desea. La embarazada tiene muchas posibilidades de encontrarse no sólo frente al médico sino también frente a algunos de sus alumnos.

Ya es una persona

El rostro se dibuja, los ojos todavía no tienen párpados, pero la nariz ya está bien formada, y pueden reconocerse pies y manos. Los dedos de la mano están separados. El feto es capaz de chuparse el pulgar, tiene un abdomen voluminoso. El aparato digestivo termina en el orificio del ano y sus riñones comienzan a funcionar.

LA INVOCACIÓN DE LOS HÉROES

En la India hay diversas ceremonias que acompañan el ritmo de la gestación. En el segundo o tercer mes se celebra *Punisavana* que significa «impregnación». En su transcurso el esposo se dirige a su mujer y le pide que dé a luz un hijo heroico. A partir de ese momento la madre sólo debe ocuparse en pensamientos fuertes y nobles, capaces de tener influencia en el sistema nervioso del feto.

Primera visita obligada

1.er
mes

2.º
mes

3.er
mes

4.º
mes

5.º
mes

6.º
mes

7.º
mes

8.º
mes

9.º
mes

El
nacimiento

Los
·-·dos

L a visita del tercer mes es la primera *visita obligada.* Es muy probable que la embarazada, alentada por una cierta y lógica impaciencia, ya haya consultado a un médico (→ p. 57). En todo caso esta consulta se realizará con el médico elegido para atender la gestación, el cual, siempre que sea posible, asistirá al parto. Ese médico compondrá la historia clínica que seguirá la paciente durante nueve meses. Si la primera consulta se realiza en un hospital, hay que prever una buena dosis de tiempo, porque a la entrevista con el médico se suman análisis de sangre y de orina (→ p. 37 y 114).

En general se atienden los puntos siguientes:

● **La historia ginecológica:** las primeras reglas, la regularidad del ciclo, la fecha de las últimas reglas. A partir de estas informaciones el médico fijará la fecha previsible del parto, 41 semanas después de la última menstruación.

● **La historia médica:** operaciones quirúrgicas, embarazos y partos anteriores, alergias, infecciones víricas, enfermedades, accidentes y sobre todo si la futura madre ya ha tenido problemas de diabetes o hipertensión, o dificultades de naturaleza cardíaca.

● **La historia social:** ¿la embarazada es soltera o vive en pareja? ¿Trabaja? Si practica algún deporte en este momento tendrá que preguntar en qué condiciones podrá continuar dicha práctica. También tendrá que señalar si vive en un 6.º piso sin ascensor, o si diariamente debe emplear varias horas de transporte para ir a trabajar. Más en general: debe realizar un balance físico de su vida cotidiana para detectar los eventuales hábitos de riesgo. En este momento deben plantearse todas las preguntas relativas a su nuevo estado y a la evolución de los seis meses próximos.

Luego se medirá la talla, se pesará, se auscultarán pulmones y corazón, se medirá la presión arterial y se procederá al examen ginecológico. Cuando llega a este paso, el médico debe llenar la hoja de la declaración de embarazo (→ p. 56) para que la futura madre pueda recibir el carnet o libreta de la embarazada y todos los beneficios laborales y de asistencia vinculados con el embarazo.

11

La vigilancia a domicilio

Desde hace más de quince años, esta manera de vigilar los embarazos difíciles se confía a matronas, en el marco de la protección maternoinfantil. Su tarea consiste en la vigilancia de los embarazos difíciles y la detección precoz de factores sociales y psicológicos que pudieran tener consecuencias graves para la madre y el niño. Las futuras madres con riesgos son las señaladas por el centro hospitalario, el de asistencia o bien los médicos del pueblo o ciudad. Luego se realiza una entrevista con la paciente. Estas visitas no reemplazan la consulta en el hospital o con el médico que atiende el embarazo; pero permiten diagnosticar una nueva anomalía, como una infección urinaria o una hipotrofia* del feto.

Las informaciones que se recogen en cada visita se consignan en una carpeta que luego la paciente remitirá a su médico, en el turno de consulta. A estas matronas corresponde también la función de informar acerca de la preparación para el parto, la higiene, las dietas alimenticias, la anticoncepción después del nacimiento... Si es necesario, pueden pedir la intervención de una asistente domiciliaria u ofrecer los servicios de una puericultora (→ p. 294 y 310) o de una asistente social. Esta clase de hospitalización a domicilio evita el trauma de una hospitalización y permite a la embarazada vivir su gestación en familia.

La hospitalización diurna

Esta modalidad de atención permite una estrecha vigilancia del embarazo en unas pocas horas cada día. En ella se combinan avanzados equipos y personal médico competente. Suele procederse de este modo: extracción de sangre, consulta médica, observación con el monitor durante media hora, amnioscopia (→ p. 236) y si es necesario, ecografía o Doppler*. En la actualidad, una de cada cinco embarazadas se beneficia de este sistema, que por sus virtudes debería extenderse.

SÓLO UN VASO

Entre los riesgos que amenazan a la mujer que está embarazada se cuenta el alcohol en todas sus formas. La placenta deja pasar las moléculas de esta sustancia y prácticamente todo cuanto bebe la madre también resulta absorbido por el niño. Un estudio realizado en los Estados Unidos demuestra que la mitad de las embarazadas que han bebido alcohol durante el período de gestación, paren niños pequeños que acusan problemas de crecimiento; además, en los niños se observa hiperactividad patológica.

116

En toda empresa existen riesgos

L a expresión embarazo patológico esencialmente oculta el temor de «parto prematuro». En la actualidad el control del embarazo es tal que la mayoría de estas complicaciones son detectadas muy pronto, para mayor beneficio de madre e hijo. El 5% de las embarazadas son susceptibles de dar a luz prematuramente (→ p. 232 y 399). Las causas son múltiples.

★ Un diagnóstico precoz

También se consideran embarazos de riesgo todas las *perturbaciones de crecimiento del feto*, a las que se suman patologías e intoxicaciones, puesto que esos niños pueden sufrir en el parto. Las mujeres hipertensas (→ p. 415), diabéticas (→ p. 413), cardíacas (→ p. 412), o afectadas de flebitis, deben someterse a vigilancia especial. Todo un arsenal de exámenes y análisis permite establecer un pronóstico muy precoz y poner en marcha una terapia. En ciertos casos, la hospitalización resulta indispensable, en otros se puede aplicar la asistencia a domicilio con personal sanitario especializado (→ p. 116). En ciertos países europeos han comenzado a operar equipos de matronas especializadas que visitan a las embarazadas a domicilio 3 o 4 veces por semana, evitándoles de esa manera fatigantes desplazamientos. En algunos casos, a esa asistencia sanitaria se debe sumar la social, cuando existen motivos de alarma o peligros en ese terreno.

★ Los factores de riesgo

También se consideran embarazos de riesgo los muy próximos –cuando pasa menos de un año desde el primer hijo– y los embarazos numerosos, especialmente después del 4.° o del 5.° niño. Los embarazos de las adolescentes (→ p. 408), las condiciones de vida en un medio marginal, o bien los embarazos anteriores complicados necesitan una vigilancia particular.

En ciertos casos en que se suman los factores, la situación de la madre y del niño resulta dramática. Pero cuanto más precoz sea el diagnóstico de estos embarazos tantas más posibilidades habrá para que la medicina preventiva cumpla su cometido.

117

1.er mes

2.° mes

3.er mes

4.° mes

5.° mes

6.° mes

7.° mes

8.° mes

9.° mes

El nacimiento

Los cuidados posteriores

Las 1eras semanas del bebé

Manchas marrones

quellas que antes de quedar embarazadas hayan advertido la aparición de manchas marrones por el efecto de la píldora anticonceptiva, son las que tienen más posibilidades de padecer este fenómeno en el transcurso del embarazo. *Chloasma* es el nombre científico de las manchas marrones, que aparecen entre el 4.° y el 6.° mes de gestación. Las pieles mates son las más expuestas. La máscara de embarazo se manifiesta con la aparición de manchas marrones o grisáceas en medio de la frente, en el mentón, en torno a la boca y hasta en la punta de la nariz. Se trata en realidad de una reacción de las hormonas* del embarazo bajo los efectos de la luz solar. Por ello se recomienda a las embarazadas no exponer el rostro al sol. También debe prestarse atención a las reacciones de fotosensibilización de ciertos productos (esencia de bergamota o determinadas aguas de colonia), que tienen tendencia a provocar manchas marrones en la piel. La máscara de embarazo con frecuencia va acompañada de una pigmentación de las aréolas de las mamas y con la aparición de una línea oscura, vertical, sobre el vientre, desde el ombligo hasta el pubis. Pero todo ello desaparecerá después del nacimiento (→ p. 354). Si se quiere conseguir un ligero bronceado, son recomendables las «tierras de sol», polvos que se aplican con un pincel. La crema autobronceadora sobre el rostro puede atenuar las manchas marrones. Las sesiones de UV están absolutamente prohibidas.

Una piel de bebé

as embarazadas a veces consiguen una piel extraordinaria. Con una alimentación equilibrada, rica en vitaminas y calcio (→ p. 86 y 111), se realiza la mitad de ese ideal; la otra la aportan las hormonas, igualmente responsables. Son ellas las que hacen desaparecer el acné y dan perfecto equilibrio a las pieles grasas. También pueden volver una piel más seca, por lo que será indispensable aportarle una amplia hidratación.

Problemas de acné

iertas mujeres están sujetas a erupciones de granos tipo acné a lo largo de sus embarazos. La actividad de la progesterona* produce un aumento de la actividad sebácea. Un tratamiento local puede contribuir a la desaparición de estas lamentables erupciones. Durante este período, los lunares muestran tendencia a irritarse. Hay que evitar rascarlos; todo lunar anormal debe ser observado por el médico. Pero hay que recordar que el nuevo equilibrio hormonal es la causa de estos fenómenos.

ABAJO LA MÁSCARA

La vitamina B tiene fama de limitar la máscara de embarazo y ciertos dermatólogos prescriben pomadas «despigmentantes» que la contienen y que se aplican sobre las manchas más fastidiosas.

118

El deseo
de un hijo

1.er
mes

2.º
mes

3.er
mes

4.º
mes

5.º
mes

6.º
mes

7.º
mes

8.º
mes

9.º
mes

El
nacimiento

Los
cuidados
posteriores

Las 1^{eras}
semanas
del bebé

Belleza: los nuevos gestos

La naturaleza de la piel cambia en el transcurso del embarazo. Se vuelve más seca, e incluso hasta muy seca, tanto en el rostro como en el resto del cuerpo. Todo ello es resultado del *cambio del equilibrio hormonal;* los tejidos profundos se llenan de agua en detrimento de la capa superficial de la epidermis. También se ha observado que bajo los efectos del aumento hormonal, los lunares se pigmentan más fuertemente, y que algunos de ellos aparecen durante el embarazo y desaparecen después del parto.

★ **Estar bien en su piel**

Los cuidados de belleza consisten fundamentalmente en una limpieza a fondo y en una profunda *hidratación de la piel del rostro y del cuerpo.* Para el rostro, un ligero *peeling* eliminará las células muertas, lo cual facilitará la renovación celular y permitirá a los productos cosméticos penetrar en la epidermis. Los productos adecuados se venden en forma de gel o crema y con frecuencia se fabrican a base de plantas, que resultan menos agresivas para las pieles frágiles. A continuación se procederá a la nutrición de la epidermis con una crema revitalizadora. Después de quince días podrán advertirse los primeros resultados de este tratamiento.

Algunas embarazadas sienten además que la fatiga les marca profundamente las ojeras. En la actualidad existen numerosos productos «antiojeras» y «antiarrugas» que resultan más eficaces que un maquillaje de enmascaramiento para combatir este problema.

El cuerpo admite el mismo tratamiento. Un masaje semanal será seguido de una generosa aplicación de leche suavizante en los sitios ligeramente celulíticos, con un producto desinfiltrante para expulsar el agua, o incluso una crema reductora. Algunas de éstas, las preparadas a base de hiedra, resultan particularmente eficaces.

119

¿Cuándo será el gran día?

En el transcurso de la primera visita médica (obligada en el tercer mes), el médico determina, a partir de las informaciones de la paciente, la fecha del parto. Para ello es necesario calcular antes la fecha de la fecundación, que admitirá un error de dos días, puesto que aunque la futura mamá conozca bien la fecha de la última menstruación antes de la ovulación, nunca podrá conocer con precisión la duración de la primera parte de su ciclo, la anterior al momento del encuentro de los gametos, que varía de mes a mes y de una mujer a otra. El principio general del cálculo se basa en un ciclo promedio de 28 días, en el cual la ovulación se fija aritméticamente en el decimocuarto. Pero si la mujer tiene un período de 35 días, la ovulación, y por lo tanto la fecundación, se habrá producido el vigésimo primer día. El médico deberá manipular estos guarismos para establecer una fecha teórica de ovulación que también será el momento teórico del comienzo del embarazo. A partir de él se puede conseguir el del parto.

Los médicos –para proceder en armonía con las prescripciones normativas de la seguridad social– cuentan nueve meses a partir de esa fecha teórica de la fecundación. En otros países se cuentan nueve meses a partir del primer día desde la última menstruación. Esta solución no es muy lógica desde el punto de vista obstétrico (es una fecha sin una relación exacta con el embarazo); no obstante, éste suele ser el único control preciso al alcance del facultativo.

Pero el día del parto resulta tanto más difícil de prever por cuanto en muchas mujeres la ovulación resulta más irregular de lo previsto por la teoría. Por otra parte existen *factores familiares*. En algunas familias se suele dar a luz siempre antes o después de la fecha prevista. También operan en este campo ciertos *factores étnicos*: en el sur de Europa se alumbra antes que en el norte; las chinas se demoran más que las indias, por ejemplo. Y existen también *factores físicos* personales: las mujeres bajas, dan a luz antes que las altas. Esta enumeración, que no es taxativa, permite comprender mejor las dificultades para establecer una fecha cierta del parto.

¿Cuántas visitas prenatales?

La vigilancia de la maternidad exige numerosas visitas (antes del tercer mes → p. 115, al 6.º mes → p. 183, y al 8.º mes → p. 231). En algunos países el incumplimiento de estos controles obligatorios determina la interrupción del pago de las pensiones por maternidad. Otra visita importante es la prevista en el 9.º mes (→ p. 259), que aunque también es «obligada», no suele estar sometida a sanciones económicas... La última consulta con el médico tiene lugar después del nacimiento (→ p. 345).

1.er mes

2.º mes

3.er mes

4.º mes

5.º mes

6.º mes

7.º mes

8.º mes

9.º mes

El seguimiento del embarazo

Aunque la primera consulta se haya realizado con un clínico, si es posible elegir siempre resultará conveniente que
el embarazo sea seguido por *el ginecólogo o la matrona
que se ocupará del parto*. Puesto que esos profesionales
habrán asistido a la evolución de la gestación, serán los mejor informados para ocuparse del nacimiento.

Pero no todo resulta simple, especialmente cuando se vive en un
medio rural. En tal caso, el seguimiento del embarazo puede realizarse mes a mes en la consulta de un clínico general. No obstante,
en el último trimestre será conveniente pedir una consulta al médico
que ha de ocuparse del parto, y si es posible, con el responsable del
servicio de la maternidad que se haya elegido. También se pueden
reservar las consultas o visitas obligada del tercero, cuarto, sexto y
octavo mes para visitar a un especialista, y en los otros meses acudir
a un clínico o a una matrona vecina.

★ El tocoginecólogo

Es un médico especialista que ha obtenido el diploma de estudios especiales en ginecología y obstetricia, certificado únicamente
accesible a los internos de los hospitales urbanos universitarios. La
licenciatura tiene una duración de seis años, y tres de especializa-
ción, que se realizan mediante la vía MIR.

★ Las matronas

En España hay unas seis mil matronas (antes, comadronas). La
mayoría de ellas ejercen su profesión en el medio hospitalario pero
algunas todavía permanecen vinculadas con la práctica liberal.
Después de cursar el BUP y el COU, deben estudiar durante tres
años para la obtención del Diploma Universitario de Enfermería.
Tras ellos, el título de matrona lo obtienen al final de dos años de es-
pecialización. Es ahora cuando se encuentran perfectamente capa-
citadas para ocuparse de los partos en solitario, que es lo que suele
ocurrir en la maternidad cuando todo se desarrolla sin problemas.

Son también las matronas las que se ocupan de los cursos de
preparación para el parto. Cuando se ha seguido el embarazo con
una matrona, normalmente ella estará presente durante el parto.

El
nacimiento

Los
cuidados
posteriores

Las 1^{eras}
semanas
del bebé

121

Con absoluta tranquilidad

Todo embarazo difícil, parto que tenga pronóstico de riesgo, exigirá un establecimiento especializado. Ciertos hospitales disponen de un *servicio de neonatología* y de un *servicio de cirugía del recién nacido*. Dichos centros suelen quedar desbordados por la demanda; por ello conviene reservarse una plaza en cuanto se haya confirmado el diagnóstico de embarazo.

En cuanto concierne a comodidades, plantee todas las preguntas que se le ocurran, por ejemplo el número de habitaciones individuales disponibles, si el niño duerme en la misma habitación que su madre, si el padre puede asistir al parto, si los mayores podrán visitar a su hermana o hermano, si los horarios de visita son elásticos y quién se ocupa de atender al recién nacido.

ATASCOS DE PARTURIENTAS

Ciertas maternidades gozan de tan buena reputación que para tener posibilidades de alumbrar en ellas hay que inscribirse en el momento en que se tenga el primer diagnóstico de embarazo. Puesto que el número de plazas no puede crecer, tampoco es seguro que se podrá dar a luz allí a pesar de la inscripción precoz. Ciertos meses del año (abril y mayo, enero y febrero) suelen estar más cargados. Para tener la plena seguridad de tener plaza en ciertas maternidades, lo mejor es programarse un parto en «temporada baja», cuando no hay atascos.

Maternidad residencia

Para compartir una auténtica convivencia familiar, ciertos países han construido junto a las maternidades hoteles destinados a la parturienta. Cada miniapartamento se compone de una pequeña sala de recepción para recibir visitas (sobre todo a otros niños) y una pequeña cocina para preparar la propia comida o calentar la que se sirve a la colectividad.

Una arquitectura adaptada

Las maternidades modernas han sido concebidas casi siempre según un solo patrón arquitectónico: la mayoría del espacio ocupado por habitaciones individuales, y algunas de éstas provistas de dos camas. El niño duerme en una pequeña habitación contigua, con paredes de cristal. Junto a la cuna tiene cuanto se necesita para su cuidado. Este tipo de distribución permite a la madre estar con él cuando lo desea y poder aislarse para descansar. También puede observar desde la cama a las auxiliares ocupándose del niño.

En el momento de las visitas esta disposición permite decidir qué personas podrán acercarse al niño y cuáles no; o aconsejar a todas ellas que lo observen a través del cristal.

¿Clínica u hospital?

En la actualidad, casi todos los niños nacen en un hospital o en una maternidad. Se estima en el 1% el total de los que vienen al mundo en su casa (→ p. 313). En la mayoría de los casos, la futura mamá puede elegir entre un *servicio hospitalario público* o una *clínica privada*. Siempre se debe *anteponer la seguridad a la comodidad.*

★ **Criterios de elección**

Dar a luz con perfecta seguridad tanto para la madre como para el niño, exige comprobar que la maternidad esté equipada con una sala de reanimación, una unidad quirúrgica con un anestesista y un cirujano, y una o dos incubadoras. También conviene preguntar si el parto se desarrollará bajo control por monitor, en presencia del médico tocólogo o sólo con la matrona, y si el establecimiento dispone de un pediatra permanente. La elección del médico que asistirá al parto es determinante, al igual que el método de alumbrar que haya elegido la embarazada. Algunas maternidades practican la epidural (→ p. 298), otras proponen la sofrología (→ p. 164). Si opta usted por uno de estos métodos «diferentes», es preciso que pida consejo al médico que haya seguido el embarazo.

En general, puede encontrarse una maternidad en todos los centros hospitalarios universitarios y en los hospitales generales. Debe preguntarse si el centro tiene convenio con la Seguridad Social.

En cuanto a las clínicas privadas, se distribuyen en tres clases de establecimientos:

— *los subvencionados*: la obtención de este convenio está vinculada con criterios de calidad sanitaria; los partos corren a cargo de la seguridad social en un 100%, como en los establecimientos públicos;

— *los no admitidos*: la seguridad social no reembolsa ningún gasto.

123

Dejarlo sin más

Dejar de fumar es cuestión de voluntad. Para estimular ésta existen varios métodos.

● *La acupuntura:* que emplea la fijación de agujas en puntos precisos de la piel. De una a cinco sesiones, de 20 a 30 mm cada una, con algunos días de intervalo. Este método provoca asco al tabaco, no es doloroso.

● *La auriculoterapia:* se fijan algunas agujas en puntos precisos de la oreja o, desde hace un tiempo, un hilo de plástico (con anestesia local) en el centro del pabellón del oído, que se debe conservar dos semanas. Tiene los mismos efectos que la acupuntura.

● *La mesoterapia:* microinyección, en los puntos de acupuntura, de una mezcla de productos, un anestésico entre ellos. Esta técnica suma a los efectos de la acupuntura los de las sustancias inyectadas.

● *La homeopatía:* con un tratamiento en dosis decrecientes de gránulos específicos, durante varias semanas, se consigue un desacostumbramiento progresivo, a bajo costo.

● *La terapia de grupo:* reunión de algunas decenas de personas durante 1 a 2 h, cinco días seguidos, en torno a un médico y a un psicólogo. La dinámica de grupo refuerza las motivaciones individuales y el aporte de consejos personalizados facilita el dejar de fumar. A veces las tarifas son elevadas.

Efectos a largo plazo

La nicotina, después de haber atravesado la barrera placentaria, alcanza la circulación sanguínea del feto y se dirige sobre todo hacia el cerebro, las glándulas suprarrenales, el corazón y el estómago. Diversos análisis de líquido amniótico y de placenta muestran tasas más altas de nicotina que en la sangre fetal. Ocurre otro tanto con el monóxido de carbono. Las tasas de carboxihemoglobina se sitúan entre 10 y 15% por encima de lo normal, tanto para el feto como para su madre.

Prohibido fumar

Temibles, tal es el adjetivo que corresponde a los efectos del tabaco durante el embarazo, tal puede ser la síntesis de los estudios realizados por el profesor Crimail. *Las sustancias que contiene perturban la vida uterina del niño* actuando a través de la madre. De acuerdo con este investigador, el tabaco sería responsable de aproximadamente un tercio de los *retrasos de peso y de talla* y eventualmente éstos pueden asociarse –¿pero quién puede probarlo?– con retrasos del desarrollo psicomotriz. También hay que tener en cuenta que el tabaco puede provocar accidentes en el transcurso del embarazo, tales como hemorragias y desprendimientos de placenta; pero los médicos disienten a la hora de atribuir la responsabilidad. A veces esos mismos efectos se achacan a la intoxicación o a la fisiología materna.

Una encuesta realizada en 1972 sobre 6.989 mujeres por el profesor D. Schwartz de un instituto francés, demuestra la incidencia del tabaco en el nacimiento de niños hipotrópicos (que pesan menos de 2.500 g): 8% de niños pequeños para las no fumadoras, 11% para fumadoras que no inhalan el humo y 16% para fumadoras que inhalan el humo. Esa misma investigación revela mayor mortalidad uterina en aquellas que inhalan el humo (3,3%) que en las no fumadoras (1,3%). Otro sondeo estadístico realizado en Nancy sobre 5.000 embarazos, demuestra que la tasa de partos prematuros pasaba del 5,1% en las no fumadoras al 13,2% en madres que fumaban veinte cigarrillos diarios.

La nicotina, que es el alcaloide esencial del tabaco, es una sustancia que actúa enérgicamente sobre el organismo; tiene la propiedad de endurecer los vasos sanguíneos, aumentar momentáneamente la presión arterial y acelerar el ritmo cardíaco. *El monóxido de carbono* disminuye la oxigenación de la sangre, lo cual reduce el rendimiento físico y aumenta los riesgos de «endurecimiento» de las paredes arteriales (arterioesclerosis). En una gran fumadora, las arterias de la placenta, que conducen el oxígeno y los alimentos al feto, están más o menos tapadas, esclerosadas. Por ello llegan menos alimentos constructores al feto. Pero vivir en una *atmósfera humosa* es igualmente nocivo para una madre no fumadora.

1.er
mes

2.º
mes

3.er
mes

4.º
mes

5.º
mes

6.º
mes

7.º
mes

8.º
mes

9.º
mes

El
nacimiento

Los
cuidados
posteriores

Las 1eras
semanas
del bebé

125

El deseo
de un hijo

1.er mes

2.º mes

3.er mes

4.º mes

5.º mes

6.º mes

7.º mes

8.º mes

9.º mes

El nacimiento

Los cuidados posteriores

Las 1^{eras} semanas del bebé

Cuarto mes

¡Cuántos sueños en sólo nueve meses! Será grande y activo, será rubia y maliciosa... El niño se construye poco a poco, no sólo en el cuerpo sino también en la cabeza, en la imaginación de su madre, resultado de impresiones, recopilación de recuerdos. Todos los materiales sirven para crear la imagen del hijo futuro: la historia familiar, los encuentros amistosos, la cultura personal. El niño evoluciona casi a diario. Describirlo de manera realista resulta imposible, porque es un sueño que atrapa toda la atención de la madre.

La ecografía y la «visión» del feto no influirán demasiado en la imagen del hijo soñado, por el contrario, las palabras del ecografista, como las reflexiones del padre, constituirán otros tantos estímulos para la faena creadora de la imaginación...

Este sueño, que es un trabajo psíquico indispensable para la mujer, la hará sentirse cada día un poco más madre al tiempo que el ser que crece en su vientre se vuelve más familiar.

127

Movimientos del feto

Los movimientos del feto son posibles porque el sistema vestibular (regulador del equilibrio) se pone en marcha en las primeras semanas que siguen a la concepción. Se sitúa a la altura del oído interno. Tiene una función fundamental en la ubicación del niño cabeza abajo en el momento del parto. La maduración del sistema vestibular se produce a partir del 5.º mes de gestación. El feto realiza entonces sus primeros movimientos empujando con los pies. También es sensible a los desplazamientos y a los gestos de su madre: en esta etapa comienza a expresarse con claridad.

Su talla, relativamente escasa en función del espacio disponible y la cantidad de líquido amniótico que le rodea, le permitirá realizar sus primeras volteretas. Es capaz de ello porque el sistema nervioso y el muscular ya funcionan.

La futura mamá comienza a sentir que su niño se mueve entre la 15.ª y la 22.ª semana. Aunque los primeros movimientos no resultan todavía perceptibles, el primero que sienta la embarazada será uno de los momentos inolvidables de su vida. Al principio se parecen a los reflejos, y sólo a partir del quinto mes dan la impresión de golpear. Recordemos que es absolutamente normal que ese feto no se mueva constantemente, puesto que pasa la mayor parte de su tiempo durmiendo, entre 16 y 20 horas cada día.

Los ruidos de su corazón

Es en el transcurso del cuarto mes cuando se produce el maravilloso descubrimiento: los latidos del corazón del niño. Se los oye con la ayuda de un micrófono que se coloca sobre el vientre de la embarazada, en el sitio donde, de acuerdo con la posición del feto, se supone que está el corazón. Es un momento singularmente conmovedor, que muchos padres gustan compartir. Además, esta audición es uno de los primeros gestos del médico durante una consulta.

DAR A LUZ EN CHINA

La vigilancia del embarazo en China es muy semejante a la europea. Pero difiere en la educación del futuro papá, al que se adiestra para que lleve el control médico de su mujer: se le enseña a oír el ritmo cardíaco del feto (con la ayuda de un aparato de fácil empleo) y también a medir la altura del útero. Él anotará todos esos datos en una ficha de referencias. En caso de anomalías, la futura mamá sabe que tendrá que pedir una consulta en el centro hospitalario más próximo. Además, divierte saber que si en Europa los nacimientos son más numerosos en abril y mayo a causa de la mayor «disponibilidad» estival, en China los picos de los nacimientos se sitúan en octubre y en junio, porque las parejas se casan en ocasión de las grandes fiestas. La más importante de éstas, la nacional, es el 1 de octubre, y el año nuevo (lunar) se celebra a finales de enero.

1.er
mes

2.º
mes

3.er
mes

4.º
mes

5.º
mes

6.º
mes

7.º
mes

8.º
mes

9.º
mes

El
nacimiento

Los
cuidados
posteriores

Las 1^{eras}
semanas
del bebé

En busca de la autonomía

Alos cuatro meses de gestación el feto está totalmente formado, pero sus órganos todavía son incapaces de funcionar de manera autónoma. A partir de este momento su crecimiento tenderá a la autonomía. Es en el transcurso del cuarto mes cuando crecen los primeros pelos. El cuerpo del feto se cubre de fino vello: el *lanugo*, que estará más o menos desarrollado según el niño, y que puede persistir algún tiempo después del nacimiento (→ p. 297). La estructura de la epidermis (compuesta de cuatro capas) está terminada. Los músculos se alargan, los cartílagos engrosan y se sueldan para formar el esqueleto. Ciertas glándulas, como las encargadas de la protección de la piel (sebáceas y sudoríparas) ya son capaces de funcionar.

★ **Cómodo en su burbuja**

Gracias a los aparatos de ultrasonido, se sabe que el corazón del niño late mucho más aprisa que el de un adulto (120 a 160 pulsaciones por minuto). En verdad se trata de un corazón singular: las aurículas y los ventrículos permanecen en comunicación hasta el nacimiento.

El feto parece cómodo, flotando en una especie de burbuja llena de líquido amniótico transparente, unido a la placenta por el cordón umbilical constituido por una sustancia gelatinosa recubierta de tejido flexible (→ p. 73 y 103).

El líquido amniótico contiene agua, sales minerales, azúcares, grasas y hormonas; pero también células de la piel del feto y materias grasas. Además, el líquido amniótico es un amortiguador mecánico: protege al niño de los golpes, las presiones y eventuales infecciones (→ p. 103). A partir del cuarto mes una extracción de sangre del cordón permite conocer el grupo sanguíneo del niño (→ p. 105).

El feto mide entonces 15 cm y pesa 200 g. Su rostro está vuelto hacia arriba. Este mes se caracteriza por la puesta en marcha de todas las glándulas que gobiernan el cuerpo humano. De este proceso se encarga la hipófisis*, que a su vez está bajo control del hipotálamo*.

Exámenes de investigación

Los estudios acerca de los *riesgos genéticos* que corre el feto pueden realizarse a petición del médico (y en algunas ocasiones de la madre). Esto puede emprenderse por numerosas razones. En principio, los antecedentes familiares (abortos reiterados, incompatibilidad de RH, embarazo tardío, etc.); o bien porque aparecen signos reveladores de malas evoluciones del feto, que pueden ponerse en evidencia por la medida de la altura uterina o por anomalías detectadas en el transcurso de la ecografía (→ p. 93 y 95). En todos los casos, es el médico quien recomendará a la paciente el examen apropiado.

☆ La extracción de sangre fetal

Este examen, realizado bajo ecografía o *fetoscopia**, consiste en extraer del útero un poco de sangre del cordón umbilical, o una muestra de piel del feto. Puede practicarse a partir de la 18.ª semana de embarazo y hasta la víspera del parto. Para ejecutar la retirada de la muestra, el médico introduce por vía transabdominal un aparato óptico, un *endoscopio,* que servirá para guiar una finísima aguja hacia el cordón umbilical. Esta operación comporta riesgo de aborto, estimado en 1 a 2% cuando se realiza en óptimas condiciones. En la actualidad la fetoscopia tiende a desaparecer en la medida en que la ecografía se muestra cada vez más eficiente y fiable con las imágenes que aporta al médico para que guíe la aguja con precisión.

La extracción de sangre fetal permite el diagnóstico de las principales enfermedades hematológicas y/o hereditarias como la hemofilia A y B, y las anomalías cromosómicas causantes de las más temibles malformaciones. También permite detectar infecciones, como la toxoplasmosis y la rubéola (→ p. 38). Además, el análisis de sangre auspicia resultados mucho más rápidos que el de líquido amniótico (→ p. 105). Se necesitan sólo 48 horas de plazo para confirmar o rechazar una sospecha. Es tanto más interesante en el caso de anomalías descubiertas tardíamente puesto que contribuye a la celeridad del diagnóstico.

☆ El análisis de la alfaproteína

La alfaproteína es una sustancia producida por el feto que se puede encontrar en la sangre de su madre. Por la tanto la extracción de sangre, corriente, se le practica a ella. La dosis de esta proteína en el sistema circulatorio evoluciona en el transcurso del embarazo, y cuando aumenta de manera significativa, indica verosímilmente una malformación digestiva, renal, o –más frecuentemente– del sistema nervioso central. Si dos exámenes de sangre realizados con quince días de intervalo indican una tasa elevada, es conveniente recurrir a la amniocentesis o a la extracción amniótica (→ p. 105).

★ **El análisis del trofoblasto (o biopsia de placenta)**
Este examen no necesita anestesia alguna. Se realiza con la ayuda de una pinza de biopsia de 20 cm de longitud y 2 mm de diámetro. Antes de la extracción propiamente dicha se procede a una primera ecografía para situar la posición del útero, y la del *trofoblasto* (→ p. 50 y 73) y el sitio en que se une el cordón umbilical con la placa corial. Exactamente en ese punto se extraerán entre 5 y 10 mg de vellosidades coriales. El análisis de las células permite, en el transcurso de la jornada, un diagnóstico de las enfermedades metabólicas y el establecimiento de un cariotipo en 48 h, gracias a su capacidad de reproducción espontánea.

En esta muestra se podrá estudiar además el ADN* de manera precoz, y de ese modo se establecerán diagnósticos de anomalías en la hemoglobina, y enfermedades como la talasemia*, la hemofilia*, y más recientemente, la miopatía de Duchesne* y la mucoviscidosis*.

Finalmente, el análisis de las células del trofoblasto indica el sexo del feto, de importante determinación en los casos de enfermedades vinculadas con el sexo (como la hemofilia) o con algunas inmunodeficiencias.

★ **La embrioscopia**
Este examen consiste en introducir una fibra óptica a través del cuello del útero, un *fetoscopio*, de 1,7 mm de diámetro. Al adherirse al amnios*, que entonces está perfectamente transparente, permite una visión panorámica completa del feto. Este procedimiento asegura una imagen perfecta de las extremidades, brazos, piernas, manos, pies, muy superior a la que ofrece la ecografía.

1.er mes
2.º mes
3.er mes
4.º mes
5.º mes
6.º mes
7.º mes
8.º mes
9.º mes
El nacimiento
Los cuidados posteriores
Las 1eras semanas del bebé

Como pez en el agua

Cansada, ansiosa, pesada... tantas otras razones para intentar procurarse relajación en la piscina. En el marco de la preparación para el parto, o practicado de manera individual, este método funciona de maravilla y no exige ningún ejercicio complicado: basta simplemente con flotar. El peso del cuerpo desaparece, el efecto de masaje* del agua sobre el conjunto del cuerpo y el balanceo de las suaves ondas acuáticas consiguen devolver la calma rápidamente. La distensión y la sensación física de bienestar se consiguen siempre; además, muchas embarazadas dicen que la piscina es un excelente medio de lucha contra el insomnio. La relajación en la piscina resulta buena auxiliar al final del embarazo, cuando el cuerpo se vuelve singularmente incómodo.

Una buena posición para conseguir la distensión muscular completa es hacer «la plancha», con las rodillas levemente flexionadas y vueltas hacia el exterior, a mitad del movimiento de la patada de braza, talón contra talón, y con una mano en lo alto del vientre, la otra a la altura del pubis, la cabeza suelta y relajada, los ojos cerrados. Y así dejarse llevar por el agua mientras se respira suavemente.

Brazos arriba...

Debemos al señor Moshe Feldentrain un método de relajación asombroso y utilizable durante el embarazo. Reúne ejercicios de simple ejecución: elevar los brazos, girar los hombros, mover la pelvis, etcétera. Su objetivo es conseguir que nuestro cuerpo funcione correctamente y disociar los gestos para saber dónde se oculta nuestra fuerza.

EL CAFÉ, CON MODERACIÓN

El café, igual que el té, es un excitante. Aunque no se han investigado aún los efectos de estas bebidas en el feto, los médicos aconsejan limitarse a tres tazas diarias. Lo mismo vale para las gaseosas que contienen cafeína.

Vida relajada

Su estado de fatiga será la guía ideal. No se esfuerce ni haga más de lo que pueda. Si trabaja, aproveche cabalmente los fines de semana para descansar. Si tiene otros niños no vacile en dejarlos al cuidado de alguien para descansar toda una tarde. Si no tiene quien le ayude en los trabajos domésticos, no olvide que hay empresas que proveen personal por horas para lavar pisos, muros, vidrios, etcétera. Aproveche todos los servicios que puedan ahorrarle fatigas, por ejemplo tiendas.

Muchos grandes centros comerciales envían los bultos de la compra a domicilio, y también muchas tiendas pequeñas. Además, puede hacer las compras por ordenador, y hasta podría beneficiarse con una asistente familiar.

Descanso y placer

La relajación es ideal para recuperar la calma y la forma física. Por otra parte está en la práctica totalidad de los programas de preparación para el parto, puesto que resulta una preciosa ayuda cuando ha llegado ese momento. Sus ventajas no se limitan al embarazo, claro está, y se la puede emplear en cualquier momento de la vida. Estos ejercicios resultan perfectos antes de acostarse, para combatir «suavemente» el insomnio. La relajación se basa en el conocimiento del cuerpo y de la interacción de éste con la psiques. Para una buena práctica se recomiendan los ambientes tranquilos y la penumbra.

He aquí la más clásica de las posiciones para la embarazada: acostada de lado, con un almohadón bajo la cabeza, una pierna replegada (derecha o izquierda según la comodidad de cada una), uno o dos almohadones bajo esa pierna, a la altura de la rodilla. En esa posición se distienden o relajan todos los músculos del cuerpo.

Otra posición igualmente propicia para la relajación: acostada de espaldas sobre el suelo, con un almohadón muy chato sobre la cabeza, colocar las piernas altas, sobre un sillón, cuyo borde quede a la altura del reverso de las rodillas. En esa posición, respirar con inspiraciones y espiraciones regulares y profundas.

Otro método, próximo al yoga, consiste en estirarse bien sobre el suelo, de espaldas, con la cabeza pegada al piso, en la misma línea de la columna vertebral. Con las piernas apenas separadas, los tobillos y pies flojos, los brazos levemente distantes del tronco, la palma de las manos hacia el suelo y los ojos cerrados, hay que volverse lo más pesada posible, como si se quisiera penetrar el suelo con la masa del cuerpo, luego tomar gradual consciencia de las diferentes partes de éste; con la experiencia se puede intentar también sentir calor. Este ejercicio sólo se realiza cómodamente con las piernas flexionadas.

También existen numerosas *técnicas de masaje,* útiles para inducir a la embarazada a la relajación, originadas en múltiples tradiciones que abarcan desde la tradicional india hasta la californiana, reciente y de moda. Todas sirven para la distensión muscular y una mejor percepción del propio cuerpo.

133

El deseo de un hijo

1.er mes

2.º mes

3.er mes

4.º mes

5.º mes

6.º mes

7.º mes

8.º mes

9.º mes

El nacimiento

Los cuidados posteriores

Las 1eras semanas del bebé

La relajación

*Acostada de lado,
con una pierna replegada
y sostenida por dos almohadones,
relaje todos los músculos.*

*Acostada sobre el suelo,
con un almohadón chato
bajo la cabeza,
coloque las piernas sobre un sillón.*

*Acostada de espaldas, bien estirada, respire
lenta y profundamente procurando sentirse
lo más pesada posible.*

Alguien puede ayudarla a practicar correctamente estos dos ejercicios respiratorios, sosteniendo su cintura u omóplatos.

La respiración profunda
es amplia y regular;
y la ayudará
en el momento del parto,
al principio y al final
de las contracciones.

La respiración superficial
se ejecuta con la boca abierta,
de forma ligera y rápida,
con un tiempo de inspiración
igual al de espiración.
Esta técnica la ayudará durante
las contracciones.

Espalda y cabeza sostenidas,
brazos y piernas levemente abiertos,
un almohadón bajo las rodillas,
busque la sensación de pesadez
en su cuerpo.

135

El deseo
de un hijo

1.er mes

2.º mes

3.er mes

4.º mes

5.º mes

6.º mes

7.º mes

8.º mes

9.º mes

El
nacimiento

Los
cuidados
posteriores

Las 1eras
semanas
del bebé

Dificultades que deben tomarse en serio

★ Las contracciones

Es normal sentir algunas contracciones en el transcurso de un embarazo. Pero deben ser escasas e indoloras. El vientre se endurece en su totalidad y la embarazada experimenta una sensación de constricción (→ p. 60). Este síntoma no debe confundirse con la presión debida a los movimientos del feto en el útero (éstos no endurecen más que una parte del vientre materno, allí donde ha ejercido la presión) ni tampoco con las contracciones llamadas de «Braxton Hicks». Éstas son de escasa amplitud y no deben provocar alarma: el útero se endurece durante 20 o 30 segundos, aproximadamente cada 15 minutos, siempre con la misma frecuencia; pero estas contracciones nunca son constantes ni están acompañadas de hemorragias. En verdad, las contracciones musculares suceden permanentemente en el cuerpo y alrededor del útero, incluso cuando la mujer no está encinta; pero en el 4.º mes del embarazo se vuelven perceptibles a causa del desarrollo del útero. El obstetra Braxton Hicks fue el primero que las definió como un entrenamiento para el parto. Tienen funciones muy precisas: vacían las venas uterinas para permitir que éstas se llenen de sangre mejor oxigenada, y también facilitan el alargamiento de la parte inferior del útero.

★ La placenta baja

Ciertas contracciones asociadas con hemorragias a veces son el síntoma de una placenta «baja», es decir instalada en la mitad inferior del útero y no en la pared posterior de éste, como ocurre normalmente. Ligeras contracciones provocan entonces su desprendimiento, y producen hemorragias. En tal caso el médico suele prescribir reposo a su paciente, y medicamentos para evitar nuevas contracciones, y hasta ciertas hormonas que mantienen el equilibrio indispensable para el buen desarrollo del embarazo. En el 90% de los casos el médico encontrará en el parto la presencia de una placenta «previa» que generó la progresión normal del feto; y por ello, con frecuencia tendrá que recurrir a la cesárea (→ p. 303).

136

La placenta de inserción baja suele aparecer sobre todo en las embarazadas fumadoras, especialmente las que llevan fumando más de seis años, a razón de diez o más de diez cigarrillos diarios. Pero las mujeres mayores de veinticinco años que ya han tenido niños también pueden padecerla.

☆ El herpes

El herpes genital puede contaminar al niño con ocasión del parto (→ p. 60). El niño puede presentar una insuficiencia respiratoria o una infección hérpica grave. Esta afección es tres veces más frecuente en la embarazada que en la población femenina en general. Y es más grave cuando se trata de una primera infección que sobreviene en las proximidades del parto. En tal caso, la mayoría de los obstetras proponen a la embarazada la cesárea. Por ello es importante informar al médico de la emergencia de picores o llagas y más aún la de pequeñas vesículas en las partes genitales, que constituyen los síntomas corrientes de esta enfermedad viral.

☆ Los abortos tardíos

En la actualidad se sabe que la mayoría de estos accidentes, que sobrevienen hacia el cuarto o quinto mes, se deben a la dilatación del cuello del útero, que normalmente debe permanecer cerrado y tónico hasta el parto. Estos problemas suelen encontrarse en las mujeres que nacieron con un cuello uterino átono (suele ser un problema congénito), y sobre todo en aquellas que han tenido uno o varios abortos o legrados. Para evitar este accidente se emplea el cerclaje o enarcado (con anestesia, se pasa un hilo alrededor del cuello, para cerrarlo, que se cortará en el momento preciso para permitir el parto). El límite extremo para esta operación se sitúa entre cuatro y cinco meses, pero en esa etapa se corren grandes riesgos de fracaso. En cambio el método resulta satisfactorio cuando se aplica entre la 12.ª y la 14.ª semana. Algunos médicos ni siquiera consideran este método a los cinco meses; simplemente, en tales casos prescriben a la embarazada reposo absoluto.

Técnica muy empleada hace algunos años, en la actualidad es de uso restringido: apenas concierne al 1% de los embarazos.

137

Operación antiestrías

Las estrías se cuentan entre los temores más frecuentes entre las embarazadas, se trata de pequeñas rayas que después del nacimiento permanecen, desgraciadamente para siempre, grabadas en la piel. En principio rosáceas, luego blancas, las estrías se deben a una ruptura de las fibras elásticas de la piel y dejan sobre ésta una cicatriz cuya amplitud oscila entre 0,2 y 1 cm. Las produce la cortisona que secretan las glándulas suprarrenales. Habitualmente se localizan sobre el vientre, las caderas, la parte superior de los muslos, e incluso sobre las mamas. Tienden a aparecer con mayor frecuencia en el tercer trimestre, y las pieles jóvenes parecen resultar más sensibles a ellas. Se las puede limitar controlando estrictamente el aumento de peso y aplicando a la piel cremas concebidas para conjurar este mal. La mayoría de estas cremas contienen plantas como hiedra, cola de caballo y alquequenje que estimulan los fibroblastos* responsables de la elasticidad de la piel. Para que resulten eficaces, las cremas deben aplicarse todos los días después de la ducha o el baño. Una fina capa en el cuerpo, una vez por semana, les asegura una perfecta penetración. Elija los productos aprobados por el ministerio de sanidad, puesto que su eficacia ha sido comprobada.

Pero si después del parto las marcas se mantienen y son importantes, siempre se puede recurrir a la cirugía plástica (→ p. 354).

La cambiante naturaleza del pelo

Numerosas mujeres comprueban que el embarazo mejora la naturaleza de su pelo, que se vuelve menos seco, más dócil, gracias a los aportes suplementarios de estrógenos que además postergan la caída normal, de reemplazo, del cabello, para darle así mayor volumen y cuerpo. Pero a las de cabellos grasos el embarazo les acrecentará el problema. Para conjurarlo tendrán que recurrir a lavados más frecuentes con un champú suave no ionizado. En la medida de lo posible, evite el calor del secador de pelo que estimula la grasa. Pero sea cual fuere el aspecto de éste, y al contrario de lo que suele decirse, durante el embarazo se puede recurrir a la tintura o a la decoloración. ¿Por qué no?

Pieles secas

El empleo de productos singularmente hidratantes resulta indispensable para las pieles muy secas. Elija sobre todo las *cremas* preparadas en base a aceite de coco o de maíz. Los *aceites* han sido especialmente estudiados para no resultar desagradablemente grasos. También se extraen de plantas (sándalo, zanahoria, aguacate...). La aplicación, dos o tres veces por semana, de una máscara de belleza completa los cuidados de la piel de manera definitiva.

1.er
mes

2.°
mes

3.er
mes

4.°
mes

5.°
mes

6.°
mes

7.°
mes

8.°
mes

9.°
mes

El
nacimiento

Los
cuidados
posteriores

Las 1^{eras}
semanas
del bebé

Maquillaje: un tono por debajo

Cuando la silueta se expande, a veces resulta muy difícil sentirse seductora. No obstante las embarazadas cuentan con una ventaja nada desdeñable en la afirmación de su femineidad: el rostro y el empleo del maquillaje.

Puesto que el cutis de una embarazada suele ser resplandeciente, ¿por qué no aprovecharlo? Abandone los fondos de maquillaje que siempre tienden a acentuar las ojeras y las marcas de la fatiga, y emplee cremas hidratantes con tinte. Ese recurso no le impide usar como base una crema hidratante o antiarrugas que tendrá que dejar que se absorba bien antes de aplicar la crema con tinte. Si se ha pasado con la cantidad y su rostro brilla, espere tres minutos para que la crema penetre bien, y luego elimine el exceso con un papel absorbente que apoyará levemente sobre las alas de la nariz, la frente y el mentón.

No vacile en destacar su bonita cara con un poco de blush en crema, que es más discreto que en polvo. Elíjalo algo dorado, un tono por debajo de su color natural.

Para los ojos, la simplicidad: sombra de párpados beige o levemente rosada, rímel oscuro (negro, verde, gris o marrón). Si quiere agrandarlos, use un trazo de delineador, desde el centro del párpado hasta el borde exterior.

Para los labios emplee su color habitual o aplíquese un tono más suave.

En materia de perfumes, en esta etapa de la vida diríjase a los aromas frescos, que sepan a flores o a limón. Las embarazadas sudan mucho, y ciertos perfumes pueden volverse en contra el mezclarse con el olor de las axilas. Por ello no hay que olvidar el desodorante ni el atomizador de agua mineral para atacar los efectos de la sudoración.

Problemas circulatorios...

La aparición de varices en el momento del embarazo es normal. Aunque sean provisionales, siempre se teme verlas instalarse para siempre. Aparecen de diversas maneras, según las mujeres, con frecuencia en el transcurso del primer trimestre y casi siempre de manera súbita, brutal, en apenas unos días. Se instalan por todas partes, en lugares de la pierna donde no es común encontrarlas: la parte lateral del muslo, el borde del pie, el borde inferior de las nalgas.

La importancia de su aparición en el transcurso del primer embarazo suele estar vinculada con una predisposición a este mal, heredada de alguno de los padres, e incluso de ambos. Las hormonas* de la maternidad parecen ser la causa, antes que el sobrepeso del estado de gestación. No resultan ni más ni menos dolorosas que las varices normales. Las sensaciones que producen oscilan entre la pesadez de las piernas y los ardores, calambres, hormigueos, comezones y dolores reales. Los flebólogos creen que estas varices no deben tratarse, a menos que resulten dolorosas. En tales casos se prescribe una terapia específica para normalizar el tono venoso, con productos preparados a base de plantas y vitaminas. En casos extremos el médico podrá recurrir a inyecciones de un producto esclerozante, que no comportará riesgo alguno para el feto, puesto que sólo tendrá efecto local.

... y efectos agravantes

Un primer embarazo sin varices no significa para nada que el segundo o tercero no pueda provocarlas. Numerosas circunstancias pueden concurrir para su aparición: la edad, el cambio del estilo de vida, el nuevo equilibrio hormonal. No obstante se tiene una certeza: los embarazos múltiples siempre ayudan a la aparición de varices y/o las agravan. En tal caso las varices se deben a la presión de los vasos sanguíneos en la región ventral; y a ello se suma la reducción de la actividad física que siempre comporta el embarazo.

Por último, auspician su aparición el calor, especialmente los baños calientes, los de sol o la depilación a la cera, al igual que un sobrepeso de entre 15 y 20 kg.

RECURRA A LA FITOTERAPIA

El doctor Roger Moatti, especialista en fitoterapia y presidente de la asociación mundial de fitoterapia, para luchar contra las *náuseas* recomienda especialmente la yerba santa y la menta, tanto en cápsulas como en tisanas. Para los *problemas circulatorios* la castaña de la India, el meliloto y la vid roja, en tisanas o cápsulas. Para los *insomnios*, la flor de espino blanco, el azahar, la pasionaria o pasiflora, la amapola, la melisa, el espliego (o lavanda) y la lechuga morada en cócteles de infusiones. En cuanto a las dosis, mejor será consultarlo con los fitoterapeutas que suelen ser los propietarios de las herboristerías.

140

Primer plano de las piernas

Durante el embarazo es cuando suelen presentarse en la mujer problemas circulatorios por primera vez. El más difundido de éstos es *la pesadez de piernas.* El mejor tratamiento, simple pero eficaz, consiste en pasarse el mayor tiempo posible con las piernas sobreelevadas, especialmente durante el sueño. Este método se puede asociar con la aplicación de cremas o gel contra «piernas pesadas», después de someterlas a una ducha ligeramente fría, que descongestiona y estimula el tono venoso. Algunas de estas cremas contienen extractos de plantas célebres por sus efectos refrescantes, como el mentol o el alcanfor. También ayuda el uso de medias antifatiga.

Las que padecen edemas en los tobillos o piernas, deben aplicarse aceites «anti-agua» por las noches, después de una ducha tibia. Este tratamiento procura remedio al mal con bastante eficacia.

UÑAS FRÁGILES

Con frecuencia las uñas de las embarazadas se vuelven frágiles y quebradizas. Cortas, correctamente limadas, aumentan considerablemente su resistencia. Si se agrava su estado, pueden tomarse cápsulas de gelatina –que se expenden en las farmacias– que sirven para mejorar sus condiciones sin que ello acarree al niño riesgo alguno.

Cuidados corporales: destreza

Las cremas deben aplicarse correctamente para que su empleo resulte eficaz. Ya sea con la mano o con la ayuda de utensilios específicos, tómese el tiempo necesario, que es también un período de descanso.

El masaje del vientre se ejecuta a partir del ombligo, girando cada vez más ampliamente hacia las caderas.

Las nalgas se tratan con un masaje circular desde el borde interior hacia la cadera.

Las piernas: ascendiendo desde los tobillos hacia los muslos, siguiendo el recorrido de los músculos, tal como se hace para colocarse las medias.

Los muslos se masajean desde el interior hacia el exterior.

Pies levantados

Los calambres que se producen durante la noche son sintomáticos: mala circulación venosa en las piernas. El calor de la cama, la lentitud de la circulación durante el sueño y la inmovilidad prolongada explican su aparición. El mejor medio de evitar esos calambres, con frecuencia muy dolorosos, es dormir con los pies sobreelevados a una altura de entre 20 y 25 cm, ni más ni menos. Es necesario sobreelevar enteramente los pies de la cama, y no sólo un costado, de manera que las piernas puedan extenderse cómodamente. Una almohada bajo los pies no sirve para nada.

141

1.er mes

2.º mes

3.er mes

4.º mes

5.º mes

6.º mes

7.º mes

8.º mes

9.º mes

El nacimiento

Los cuidados posteriores

Las 1eras semanas del bebé

Calma y voluptuosidad

En el período que transcurre entre el tercer mes y el comienzo del tercer trimestre, la sexualidad de la pareja se expresa mejor que antes. Ya se han desvanecido los temores relativos a la evolución del embarazo y la futura mamá ya no se siente fastidiada por los cambios físicos o la fatiga. A principios del 4.º mes los tejidos de la vagina y el resto del aparato genital ya han adquirido la configuración que mantendrán hasta el parto. Se han engrosado, congestionado, y su estado es semejante al provocado por la excitación sexual. A ello se agrega una mayor humidificación de la región vaginal.

Estos trastornos orgánicos concuerdan con transformaciones físicas: la embarazada se siente bien en su piel, comunicativa, serena. Además, en los dos meses siguientes la presión del útero sobre los órganos genitales con frecuencia aumentará sus ardores eróticos.

No hay peligro para el niño

La transformación del organismo femenino en el transcurso de los meses será la causa de una modificación en las relaciones sexuales, que quizá resulte necesaria, se imponga, recién en el sexto mes. Pero sea cual fuere la manera o la técnica empleada en las cópulas, el niño no puede ser comprimido en el vientre materno –temor típico– porque se encuentra perfectamente protegido por el líquido amniótico.

La mirada del hombre sobre el cuerpo transfigurado de la mujer provoca cambios en el comportamiento erótico de la pareja. Para algunos no hay nada más bello que el cuerpo femenino magnificado por la maternidad; para otros ocurre exactamente lo contrario. Y hay parejas que se inhiben completamente a causa del temor a romper la bolsa de agua o provocar un parto prematuro.

Acerca de las precauciones sexuales

En caso de embarazo difícil, especialmente cuando la cópula provoca fuertes contracciones, ésta puede desaconsejarse, o recomendarse suave. Será el médico el que podrá dar a la pareja los mejores consejos, después de los exámenes. Ni siquiera el cerclaje o enarcado del cuello desaconseja la cópula; apenas impone ciertas precauciones.

FRECUENCIA

Los sexólogos estiman que, en general, el 50% de las parejas abandonan progresivamente sus relaciones sexuales antes del parto, el 40% tiene contactos más esporádicos y sólo el 10% mantiene el régimen sexual normal.

142

Un sentimiento de plenitud

A partir del cuarto o quinto mes la embarazada se siente mejor. Ya no experimenta más la inquietud de un aborto precoz ni se muestra demasiado angustiada por la eventualidad de un parto prematuro. Además, los movimientos del feto la tranquilizan. Por primera vez siente realmente a ese hijo, y lo siente vivir en su propio interior. Estos movimientos suelen producir emoción y alegría, son la prueba tangible, vivida en lo más profundo de sí, del pequeño ser que progresa en ella. Casi nunca inspiran inquietud; al contrario, comienzan a tejer poderosos vínculos, es el arranque del diálogo.

Esta etapa se caracteriza por *un profundo retorno a sí misma:* la embarazada se observa, oye a su hijo, piensa en él. Regresan los recuerdos de infancia; el amor que la vinculara con su madre tendrá gran influencia en los sentimientos que le inspire el hijo que lleva en el vientre. Muchas mujeres jóvenes sienten entonces la necesidad de estrechar los vínculos afectivos con sus propias madres, con las que se identifican (→ p. 20). Se cree que *el amor materno* nace en esta gestación psicológica.

La futura madre experimenta también un gran deseo de protección. Necesita de los consejos de su marido y de su médico. También es la etapa en que «sueña» con el hijo, le atribuye un sexo, un color de ojos e incluso intuye sus sentimientos y acciones: «no está contento», «juega».

No obstante, el amor se alimenta de intercambios y por el momento éstos no existen. En verdad, el amor que la madre cree sentir por el niño le pertenece en exclusiva; ello explica ese estado beatífico que suele excluir al padre de la criatura.

1.er
mes

2.º
mes

3.er
mes

4.º
mes

5.º
mes

6.º
mes

7.º
mes

8.º
mes

9.º
mes

El
nacimiento

Los
cuidados
posteriores

Las 1eras
semanas
del bebé

143

Saberlo o no

Cuando se comenzó a utilizar la ecografía, la mayoría de los médicos, fascinados por los resultados del aparato, solían revelar el sexo del niño aunque no lo preguntaran sus padres. A causa de las reacciones de muchas madres, que incluso a veces llegaban al drama, los ecografistas actuales prefieren actuar con más cautela. En verdad, el conocimiento del sexo del niño limita considerablemente el trabajo de la imaginación, y para ciertas parejas no resulta bueno. Para otras, por el contrario, la información ayuda a preparar el nacimiento y la acogida. Para muchas familias el sexo del hijo por llegar no es asunto de poca importancia. Al margen de los problemas derivados de las enfermedades hereditarias en función del sexo (→ p. 29 y p. 67), para muchas personas el asunto adquiere un desmesurado interés, y las insistentes preguntas que formulan acerca del particular revelan la preferencia por uno u otro sexo. La psicología del médico deberá, en tales ocasiones, permitir que la pareja exprese sus motivaciones y temores, para que el embarazo pueda liberarse de recelos o presiones familiares. En tal caso lo mejor suele ser que la incógnita se mantenga para que la pareja asuma la acogida del sexo rechazado, y cuando fuere necesario, para que recurra a la psicoterapia.

En la práctica, las ecografías prueban que la pregunta rara vez se plantea directamente. La mayoría de las veces, los padres dicen querer saber si el sexo del niño resulta visible pero piden que no se les diga nada más.

Es raro que una mujer acuda sola a que le practiquen una ecografía. Casi siempre las acompaña el cónyuge, y con frecuencia su madre, o una hermana, y hasta los mayores de la familia, cuando los hay.

Para los padres la ecografía es una auténtica revelación. Entonces experimentan sus primeras emociones paternales. Con frecuencia suelen estar más atentos que las futuras madres, atrapadas en sus emociones, y por ello suelen preguntar más que éstas.

Las diferentes ecografías serán para ellos las únicas oportunidades de contacto sensible con su futuro hijo, algo más tarde se sumarán los movimientos y golpes perceptibles del feto (→ p. 209). Es en ese momento cuando para muchos comienza la historia de la paternidad.

Las abuelas también suelen emocionarse ante las imágenes de sus futuros nietos que ofrece el monitor del ecógrafo, y comparten con suma facilidad los sentimientos de sus hijas. Por todo ello la ecografía suele fortalecer los vínculos familiares.

PRIMERA FOTO

En la actualidad los jóvenes padres acostumbran llevarse una imagen impresa de la ecografía. En muchos álbumes de familia será la primera foto del niño. Y existen algunas maternidades que ofrecen incluso un vídeo con las imágenes del ecógrafo, que luego pueden mostrarse en familia.

Dos imágenes superpuestas

L a ecografía del cuarto mes no es el mismo espectáculo para todas las madres. Siempre, claro está, permite representarse mejor al niño. Pero mientras algunas convierten el examen en fuente de alegría y oportunidad de reencuentros, para otras, por el contrario, es una experiencia decepcionante cuyo interés resulta considerablemente amortiguado por las emociones que experimentaron al sentir que el feto se movía en su interior. La imagen, en efecto, puede desilusionar: a veces el niño no resulta del todo visible a causa de la talla. El médico sólo puede «enmarcarlo» por trozos. Esta visión parcelaria ocasionalmente se convierte en fuente de inquietudes y temores. ¿Estará bien formado? ¿No le faltará nada? ¿Por qué la ecografía no puede representar tal o cual parte de su cuerpo?

Algunas embarazadas se plantean infinidad de preguntas acerca de cuanto no han visto, al tiempo que para otras, esa imagen fragmentaria está muy lejos de lo que soñaron (→ p. 147), de aquel que se mueve en su interior, al que acarician, con quien gustan jugar, y que sienten parte suya.

Otras mujeres dicen experimentar una emoción particular cuando ven las manos, el corazón o el rostro de su hijo, constituyentes eminentemente simbólicos del cuerpo humano. Y también las hay que han pasado un mal rato en la primera ecografía porque todavía no estaban preparadas para ver a su hijo, y que también acabarán decepcionadas con la segunda, puesto que esperaban ver una criatura viva en ellas y sólo se les muestra un niño en trozos.

★ **¿Niña o niño?**

Es en el transcurso de esta ecografía cuando se puede, en general, determinar el sexo del niño, siempre que éste se encuentre en una posición favorable para ello. A pesar de todo, los errores de interpretación o lectura se cometen con frecuencia. Y no es verdad que resulte más fácil reconocer a un varón que a una niña: la hendidura de la vulva resulta tan visible como el pene y los testículos del feto. Diversos estudios muestran que el 70% de los padres quieren que el médico conozca el sexo del feto, sin duda porque ello constituye una prueba de su normalidad.

145

1.er mes

2.o mes

3.er mes

4.o mes

5.o mes

6.o mes

7.o mes

8.o mes

9.o mes

El nacimiento

Los cuidados posteriores

Las 1eras semanas del bebé

El parto soñado

En el transcurso del embarazo es normal que se sueñe más que de costumbre. Lo explica la conmoción psíquica de la futura mamá. Y curiosamente se advierte una constante: el primer objeto onírico es el niño «nacido». La embarazada sueña haber dado a luz; pero no sabe cómo, el niño simplemente está allí, su presencia es remota, confusa. Otras sueñan que alumbran sin dolor y sin angustia, y casi siempre ven a un niño que físicamente representa dos o tres meses de edad.

Tal como postula el psicoanálisis, allí se revelan los deseos. Las embarazadas nunca sueñan con fetos o embriones, sus imágenes oníricas están pobladas de niños saludables nacidos en buen momento. Por eso, cuando se pide a las embarazadas dibujar el niño que esperan, intentan el retrato de una criatura acabada. Los fetos sólo parecen existir en las cabezas de los médicos.

Como se sabe, las mujeres muestran mayor tendencia a soñar con agua que los hombres. En el transcurso del embarazo esta clase de sueños se acentúa. ¿Se deberá a la cantidad de líquido que contiene el cuerpo materno en esta etapa? ¿O será la señal del deseo de seguridad, del estado de calma, o de la total consumación de la femineidad?

Pero también los sueños de abandono y exclusión parecen todavía bastante frecuentes. Lo normal es que estén relacionados con la vida de la pareja. En esta etapa de hipersensibilidad, nada más normal que una disputa conyugal o simplemente una contrariedad cualquiera que influye en los sueños. Las pesadillas que tienen como tema la desaparición de un ser querido, de un padre o de un hijo mayor, por ejemplo, también se verifican con asiduidad. Los psicólogos coinciden en creer que corresponden a «la transición psíquica» de la mujer-hija hacia la mujer-madre. Para convertirse en madre es necesario separarse un poco de «aquellos del pasado», para pensar mejor en «aquellos que vendrán».

Todos estos sueños cambian de una mujer a otra, y dependen de la historia personal de la soñadora, puesto que las imágenes oníricas se construyen sobre una selección de imágenes de la vida diurna. Hay que evitar atribuirles un significado premonitorio.

SOPLO VITAL

En la tradición hindú, es en torno al cuarto o quinto mes, de acuerdo con el sexo, cuando el feto recibe el soplo vital. La vida comienza en el cuarto mes para las niñas y en el quinto para el niño.

Esa tradición también postula que los fetos de sexo femenino se desarrollan más que los de sexo masculino; de lo cual se deduce que aquéllos producen partos más difíciles. Las nepalesas tienen una idea bastante precisa acerca de la formación del feto: en principio es una pequeña semilla, luego se agranda hasta el tamaño de un grano de arroz, luego de tres, para alcanzar las dimensiones de un puño en el tercer mes.

146

El niño imaginario

Antes de que la ecografía revele el sexo del niño por nacer, la mayoría de las embarazadas parecen persuadidas, ya de llevar una niña, ya un niño. Ésa es una de las manifestaciones más evidentes del **niño imaginado**. Pero no hay que engañarse, detrás de estas «intuiciones» muchas veces se ocultan designios más sutiles: a veces se declara fuerte y alto querer un niño cuando en verdad es una niña lo que se desea realmente. Así, la mujer se prepara para una eventual decepción.

El niño imaginado lleva en verdad los *fantasmas de la madre,* «tendrá los ojos claros, piernas largas, dientes bonitos», y así cura heridas narcisísticas. Aunque estuviese provisto de todas las cualidades y capacidades, el recién nacido podría decepcionar. Esas imágenes mantienen vivo el deseo de hijo en el transcurso del embarazo; permiten soportar los cambios físicos que trastornan completamente la imagen de un cuerpo que acaso la mujer demoró años en aceptar y amar. El niño imaginario es fruto de una historia personal más o menos complicada, el resultado de un auténtico retrato-robot familiar más las cosas tomadas de los seres más queridos, que han influido en la vida de la futura mamá. La criatura que se sueña es una factura del deseo del soñador, donde cifran anhelos, frustraciones o por el contrario, sentimiento de plenitud y dicha.

Según parece, las estadísticas demuestran que para un primer embarazo las madres prefieren esperar un niño: «Es mejor para el mayor», o bien «A su padre le encantará». Ese niño es, evidentemente, un regalo al hombre que aman, su marido; aunque también puede ser un regalo al propio padre. Pero también se debe al hecho de que el niño perpetúa el apellido, factor social todavía importante. Las niñas son más deseadas como segundo parto, sobre todo cuando el primero es masculino. No obstante, ciertas madres quieren alumbrar una hija porque creen que se sentirán mejor y que podrán ser más eficaces.

En definitiva, la ecografía del cuarto mes confirma o destierra los fantasmas de la madre. Vivir con entusiasmo o con resignación, a veces puede provocar desasosiego, aflicción, lágrimas. Felizmente, la hija que se convierte en hijo, o viceversa, todavía cuenta con algunos meses como para preparar a sus padres para su llegada.

147

1.er mes

2.º mes

3.er mes

4.º mes

5.º mes

6.º mes

7.º mes

8.º mes

9.º mes

El nacimiento

Los cuidados posteriores

Las 1eras semanas del bebé

Explicar con imágenes

Se han editado numerosos libros infantiles que desarrollan el tema de la llegada de un recién nacido a la casa. Resultan inmejorables, insustituibles ayudas imaginarias para explicar a los mayores lo que habrá de ocurrir con el parto.

Los segundones

Estadísticamente, la diferencia de edad entre los dos primeros hijos es en la actualidad de dos años y medio. Cuando el primero es aún mayor, con 3 o 4 años más que el segundo, la aceptación del hermanito o hermanita resulta

más fácil. Pero sobre todo se trata de un asunto de «madurez», es decir de una toma de conciencia del niño acerca de su independencia en relación con su madre, y sobre todo de la afirmación de su identidad sexual. No obstante, la aceptación es más fácil cuando la distancia es mayor; por ejemplo diez años. En tales casos el mayor es «maternal» con placer.

CURSOS TEÓRICOS

En los Países Bajos los centros de consultas prenatales reciben a los niños que acuden en compañía de sus madres embarazadas. Las comadronas presentes les explican, con ayuda de muñecos, la anatomía del niño que llegará y la manera en que ocurrirá el nacimiento.

¿Qué piensa el mayor?

Tener un hermanito o hermanita es duro, muy duro. El niño ya habrá sospechado que «alguna cosa» se preparaba. Su participación en la «fiesta» resulta indispensable. Aunque sea pequeño, sus padres *pueden explicarle la llegada de un recién nacido*, aclarándole a continuación que él no resultará excluido de la casa, y que deberá compartir ese espacio. Al mayor le gustará saber lo que conserva (sus juguetes, su habitación, etc.) y lo que tendrá que compartir. La lectura en común, colectiva, con sus padres, de libros acerca de la maternidad le permitirá comprender por qué su madre engorda, por qué está fatigada y tendrá que ausentarse un día (→ p. 263). A partir de entonces su función de hijo mayor estará valorizada: ¡Los recién nacidos de golpe se convierten en seres llenos de defectos! Se sentirá encantado. También conviene mostrarle niños de pecho en la calle o las tiendas, animarlo para que toque el vientre de su madre y sienta moverse dentro al hermanito o hermanita ¿Por qué no pedirle también una opinión acerca del nombre que le pondría, o el color de la ropa de su canastilla?

La llegada del recién nacido suele ser una ocasión para suministrarle los primeros rudimentos de la sexualidad. Es importante hablar de ello con simplicidad, sin falsos pudores y de manera poética: demasiado realismo puede resultar angustiante. Algunos psicólogos insisten en que el niño no debe confundir las vías genitales con las anales. Dibujos, libros acerca de la sexualidad adaptados a su edad suelen resultar una buena ayuda (→ p. 148). Cuanto más comprometido resulte en el nuevo acontecimiento familiar, tanto más querrá a su hermano/a menor. Pero cuidado: tarde o temprano sufrirá ataques de celos. Nada más normal, lo único importante es que no se sienta excluido.

1.er mes

2.º mes

3.er mes

4.º mes

5.º mes

6.º mes

7.º mes

8.º mes

9.º mes

El nacimiento

Los cuidados posteriores

Las 1^{eras} semanas del bebé

149

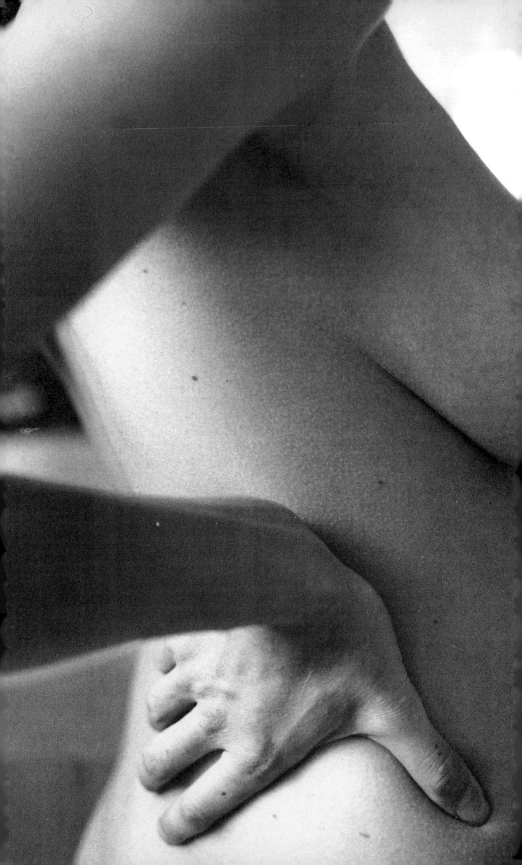

1.er mes

2.° mes

3.er mes

4.° mes

5.° mes

6.° mes

7.° mes

8.° mes

9.° mes

El
nacimiento

Los
cuidados
posteriores

Las 1^{eras}
semanas
del bebé

Quinto mes

La maternidad ya se deja ver, el vientre se redondea ligeramente. Se adivina algo en los movimientos que se han hecho más pesados y que adquieren una gracia nueva. La condición de mujer comienza a ser sustituida poco a poco por la de madre, única e irreemplazable, que es observada, y contemplada, analizada a diario: «¿Para cuándo será? ¿Es un niño o una niña? ¿Quién lo cuidará? ¿Qué nombre le pondremos?» Esas preguntas reflejan la necesidad de compartir la maternidad, aunque sólo sea imaginariamente, con las personas que la rodean.

Por lo general, las embarazadas responden con complacencia. Una prueba de la importancia de esta etapa en la vida es la cotidiana metamorfosis de su seducción física, que cede el lugar a otra forma de seducción. La mujer que pronto será madre ya no sigue siendo la misma, es depositaria de esperanzas, lo cual condujo a algunos a decir que hasta cierto punto se ha convertido en un ídolo o en una diosa.

151

Cuatro sentidos despiertos

El desarrollo de un feto en el útero no sólo se caracteriza por la evolución corporal; también adquiere sentidos. Mucho antes de nacer, a partir del segundo mes de gestación y hasta el séptimo, desarrolla aquellos que resultan indispensables para vivir normalmente en sociedad.

La formación de los sentidos se opera de acuerdo con una cronología muy precisa; el tacto es el primero en desarrollarse, lo cual permitirá el inicio de una primera relación afectiva entre el niño y sus padres antes del nacimiento (→ p. 209); posteriormente aparecen el gusto, el oído y finalmente la vista.

★ El tacto

Las primeras sensaciones táctiles aparecen a partir de las siete semanas y media de vida fetal, localizadas sobre todo alrededor de la boca. Para verificar el aserto los investigadores han demostrado que estimulando este punto con la ayuda de una sonda no más gruesa que un cabello, el feto reaccionaba... A las diez semanas y media es posible conseguir que mueva la mano, y a las catorce semanas su cuerpo entero vibra con esas cosquillas de género especial. Otra experiencia demostró que cuando un dedo se apoya en el vientre de la madre, el feto retrocede como para huir de un peligro. En la actualidad también se sabe que el braceo en el líquido amniótico le procura múltiples sensaciones de roce, sin duda agradables.

★ El gusto

Aparece contemporáneamente con la formación de las papilas gustativas, alrededor del tercer mes de gestación, las primeras que se instalan en los tejidos que se convertirán en la lengua algunos meses después. Luego se desarrollan, crecen hasta el punto de revestir toda la cavidad bucal y de ser dos o tres veces más numerosas que en los adultos. A partir del cuarto mes de vida intrauterina, las papilas gustativas del feto son capaces de discriminar. Algunas experiencias basadas en inyecciones de glucosa en el líquido amniótico que baña al feto y le sirve de alimento, demuestran que lo absorbe con mucha más energía. Ya a esa altura se habría aficionado a los sabores dulces. Según parece, es también durante la gestación cuando el niño se inicia en los sabores de la cocina «local» que será la

1.er mes

2.º mes

3.er mes

4.º mes

5.º mes

6.º mes

7.º mes

8.º mes

9.º mes

El
nacimiento

Los
cuidados
posteriores

Las 1^{eras}
semanas
del bebé

suya más tarde, y que antes de su nacimiento, es la de su madre. Los investigadores han comprobado, en efecto, que ciertos recién nacidos indios ya podían apreciar el sabor del curry, previamente catado en el útero.

★ El oído

Es sin duda en el dominio de la audición donde el feto consigue los mejores rendimientos. El sistema auditivo se encuentra listo para funcionar a partir del 4.º mes. Numerosas experiencias lo prueban (→ p. 154-155).

El gran especialista en las investigaciones acerca de la capacidad auditiva del feto es el profesor Alfred Tomatis. A él debemos, sobre todo, saber hoy que un feto en el séptimo mes de gestación conoce la voz de su madre y reconoce la de su padre. Los ruidos singulares, como la campanilla de la puerta o la música a mucho volumen, lo hacen reaccionar. Se cree incluso que ello le fastidia porque comienza a moverse (a veces según el ritmo); en ciertos casos, los ruidos violentos provocan una aceleración de su ritmo cardíaco. Pero todos esos sonidos, claro está, resultan enmascarados por los que produce el organismo materno (ruidos del corazón y sobre todo de las vísceras). Además, el líquido en el que se baña el feto, aunque conductor del sonido, también lo deforma. Puede percibir mejor un ritmo que identificar sonidos aislados.

★ La vista

Es el sentido que ofrece al feto menos ocasiones de «entrenamiento». El sistema visual es el último en instalarse durante el ciclo de la gestación. Los párpados se abren a los siete meses de vida intrauterina, hasta entonces han permanecido cerrados.

Desgraciadamente, el ojo no tiene la menor posibilidad de ser estimulado, lo cual no le impedirá estar perfectamente listo para funcionar a partir del nacimiento (→ p. 368-369). Además, a partir de ese momento los globos oculares se mueven lentamente. Se cree que el feto percibe la luz exterior como un fulgor rojizo, crepuscular. Y también parece sensible a la sombra y a la claridad.

153

Iniciación

Hace más de quince años el doctor Feijoo investigó acerca de la capacidad auditiva del feto. A él debemos la hermosa experiencia realizada con un fragmento de «Pedro y el lobo» de S. Prokofiev. Ese investigador español emitió el citado fragmento regularmente, contra la pared uterina de varias embarazadas, al tiempo que éstas oían otra música por medio de auriculares. Después del nacimiento de los niños Feijoo demostró que el fragmento musical de los experimentos, interpretado por bajos, tenía un efecto tranquilizante.

Prosiguió sus experiencias con la voz de los padres; les pidió grabar en cintas magnetofónicas una lista de palabras para hacérselas oír a los fetos. Cuando éstos nacían (¡oh, maravilla!) dejaban de llorar desde el momento en que su padre comenzaba a recitar dicha lista. Desgraciadamente, estas experiencias se realizaron en pocas ocasiones como para que las tesis que pretenden demostrar se consideren científica, cuantitativamente irrefutables. En cuanto a los japoneses, partidarios de la educación precoz, emprendieron la tarea de iniciar ciertos aprendizajes en edad intrauterina. Colocan audífonos sobre los vientres grávidos para que los fetos puedan escuchar música. Sostienen que Mozart es excelente para educar oídos intrauterinos. El alfabeto, dicho por la madre o el padre, se les puede enseñar de la misma manera. De acuerdo con estos investigadores, cuando el feto pasa por estos entrenamientos, de niño puede acceder al lenguaje a partir de los seis meses.

154

Reacciones en cadena

Son las reacciones motrices, y especialmente las cardíacas, las que confirman fehacientemente que el feto oye. En cuanto al gusto, es el aumento de la deglución lo que permite suponer que el niño prefiere el líquido amniótico azucarado al salado. Tarda aproximadamente 3 segundos en reaccionar a esos estímulos, y en el 90% de los casos la reacción consiste en una aceleración del ritmo cardíaco. Las respuestas más elocuentes son las que da al final del embarazo. Pero todas estas reacciones, normales, aparecen atenuadas cuando existe sufrimiento fetal.

Cuestión de oído

El oído medio termina su formación antes del último trimestre de gestación. Según parece, a causa de su sensibilidad en principio sería capaz de percibir los sonidos agudos y sólo algo más tarde los graves. Ello se debe sin duda a la madurez funcional, que a su vez depende de la madurez nerviosa de las conexiones. Además, en el momento del nacimiento, el oído del niño es morfológicamente idéntico al del adulto.

PILOTOS PRECOCES DE OSAKA

El doctor Audo, facultativo japonés, observó que los niños cuyas madres vivieron cerca del aeropuerto de Osaka durante la gestación, se tranquilizaban al oír el ruido de los aviones.

1.er mes

2.º mes

3.er mes

4.º mes

5.º mes

6.º mes

7.º mes

8.º mes

9.º mes

El nacimiento

Los cuidados posteriores

Las 1^{eras} semanas del bebé

Una audición selectiva

Los neonatos prefieren las canciones y nanas que oyeron en el útero a todas las demás. También se ha observado que un neonato de dos horas que no ha experimentado estimulación auditiva extrauterina alguna, reconoce la voz de su madre entre cinco voces femeninas. Incluso esta voz tiene sobre el niño un efecto estimulante, al oírla maman con mayor energía. Y reaccionan aún con mayor brío si su madre los llama por su nombre de pila con fuerte entonación.

Además, los doctores Casper y Fifer comprobaron que neonatos de sólo algunos días de edad, que no habían vivido con sus madres más de doce horas, después del parto, preferían la voz de su madre a cualquier otra, y apreciaban más las voces femeninas que las masculinas, aunque entre éstas se contara la de su padre, bien presente desde el parto.

Estudios aún más recientes demuestran que desde el nacimiento y hasta la edad de uno o dos meses, el neonato posee una capacidad «universal» de discriminación de los sonidos, especialmente de aquellos que corresponden a las palabras: puede detectar, por ejemplo, diferencias fonéticas mínimas. Pero esta capacidad no dura, al final del primer año de vida ya no discrimina ciertos contrastes fonéticos.

No molestar, por favor

Marie-Claude Busnel, jefa de investigaciones del CNRS (Consejo Nacional de Investigaciones Científicas francés), ha investigado la percepción en fetos de entre 36 y 40 semanas.

Al someterlos a la audición de diferentes sonidos, en principio observó que el feto reaccionaba con movimientos de todo el cuerpo, y que su ritmo cardíaco se aceleraba a partir de los 90-100 decibelios, ya fuera el sonido simple o complejo. Observó, asimismo, que era capaz de diferenciar una sílaba de otra y una voz grave de otra aguda. Y un hecho más extraordinario aún: pudo comprobar que el feto se acostumbraba a las «agresio-nes» sensoriales y en consecuencia, a igualdad de estímulos, reaccionaba cada vez menos. ¿Se deberá a un fenómeno de acostumbramiento, o acaso se trata de las primicias de la memorización?

VOCABULARIO ESCOGIDO

Entre los pigmeos la audición durante la gestación es lo que más interesa. Por eso, durante el transcurso del embarazo ningún familiar debe pronunciar palabras o frases vulgares cerca de la embarazada. Creen que éstas entran por la vagina y provocan malos pensamientos a los niños.

155

El dolor también

Dos pediatras norteamericanos, los doctores Arand y Hickley, afirman que el feto también es capaz de experimentar la aflicción o el dolor moral. En las diversas edades de la vida intrauterina, el feto respondería a los estímulos «aflictivos» con modificaciones hormonales y reacciones cardiopulmonares. Al final de sus trabajos de investigación publicaron una auténtica petición donde solicitan que se observen de manera sistemática reglas de trato más humano para ahorrar a los niños experiencias aflictivas o fatigantes que los adultos les infligen aún antes de haber nacido.

El primer retrato

En el transcurso del quinto mes el feto experimenta un auténtico salto en el crecimiento: crece 11 cm. Su talla alcanza los 25 cm y tiene un peso de 500 g. Ya tiene la mano bien formada, con las falanges, las uñas, y hasta puede chuparse el pulgar. En cuatro meses tendrá que multiplicar su peso por seis y su talla por dos.
Ya posee una caja torácica bien desarrollada. Y gracias a esos primeros movimientos puede desplazarse puesto que flota en el líquido amniótico. Tiene la piel arrugada y en general luce menos rojo que antes porque su epidermis es ahora más gruesa. Tiene pelos y hasta un signo físico de identidad, puesto que acaban de formársele unas flamantes huellas dactilares.

Memoria intrauterina

★ **Visual**
La célebre pediatra norteamericana T. Berry Brazelton y el profesor suizo Cramer están seguros: el feto en el útero es capaz de ver, o más exactamente, de entrever. Esos investigadores acercaron al vientre de una embarazada una lámpara muy poderosa. En la primera tentativa, el feto se movió y volvió el rostro hacia la luz. Pero al cabo de tres o cuatro repeticiones, ya no quiso seguir moviéndose. Quizá porque esas operaciones de los investigadores no tuvieran para él interés alguno.

★ **Auditiva**
El neonato de sólo unas horas ya posee una buena memoria auditiva. Se sabe que la audición de un ruido que evoque el ambiente sonoro del útero y en particular los latidos del corazón de la madre, resulta singularmente tranquilizadora para el niño, y que puede también conducirlo al sueño.

VIVIR EN LA OSCURIDAD

Durante mucho tiempo se creyó que los ojos del recién nacido eran singularmente frágiles y que el tránsito desde las sombras intrauterinas a la luz del día debía operarse con suavidad. Cuentan los etnólogos que en algunas civilizaciones, como la de la isla de Pascua, el recién nacido debía permanecer en la oscuridad durante dos o tres semanas, tratamiento que en la edad adulta le aseguraría excepcional agudeza visual en la penumbra.

El nacimiento del cerebro

A l final del quinto mes de gestación el cerebro y la médula espinal del feto están acabados y como se sabe, desde el nacimiento hasta el final de su vida, el niño, y luego el adulto, ya no desarrollará ninguna neurona* más. Gracias a los estudios del profesor Philippe Évrard actualmente se conoce algo más de la generación e instalación de nuestro sistema nervioso.

★ **Treinta mil millones de neuronas**

Todo comienza con la multiplicación celular del huevo fecundado, que es la célula base. A partir de una sola célula, las neuronas se desarrollan y se organizan en tubo. Y el desarrollo y transformación de dicho tubo neural permite la formación de los hemisferios cerebrales y el canal central de la médula espinal. Las células del tubo neural se multiplicarán a continuación, hasta el punto de alcanzar los 30.000 millones de neuronas que constituyen el cerebro y la médula espinal humana. Esta formidable explosión de mil neuronas por segundo tiene lugar durante los primeros meses de gestación. A partir de entonces las neuronas comienzan a destruirse sin ser reemplazadas.

A continuación ocurre lo que los especialistas llaman la migración neuronal. Las neuronas recién formadas se desplazan hacia la periferia de la materia cerebral para formar el cortex* o corteza. Cada neurona ocupa su lugar, bien definido, que alcanza gracias a las «fibras gliales» tendidas entre el tubo neural y la corteza cerebral. En el transcurso de los meses siguientes, y hasta el nacimiento, las células nerviosas crecerán y se diversificarán. Las neuronas desarrollan sus axomas* y dendritas*, y se instalan las sinapsis* que conforman una red intrincable.

Finalmente, antes del nacimiento comienza la mielinización* de ciertas células, especialmente de aquellas que rigen el equilibrio y las funciones motrices.

Pero la formación del cerebro es singularmente compleja. Ciertas perturbaciones pueden actuar sobre su desarrollo neurológico: el alcohol, la toxoplasmosis, la rubéola, el tabaco, determinados medicamentos... Se estima en el 7% la tasa de niños nacidos con problemas neurosensoriales graves, adquiridos en el transcurso del embarazo.

157

1.er mes

2.º mes

3.er mes

4.º mes

5.º mes

6.º mes

7.º mes

8.º mes

9.º mes

El nacimiento

Los cuidados posteriores

Las 1eras semanas del bebé

El parto sin dolor

Corriente, impropiamente llamado «sin dolor», el parto psico-profiláctico es práctica común. De hecho es una preparación física y moral. La embarazada no **padece más el dolor, lo analiza y gobierna** y sabe que su finalidad es maravillosa: dar a luz un hijo.

Esa calma frente al dolor se enseña. Y exige un cierto esfuerzo por parte de la alumna. La preparación puede comenzar hacia el quinto o el sexto mes del embarazo; pero lo más corriente es que comience en torno al séptimo mes (→ p. 204), y que prosiga hasta su finalización. La enseñanza se imparte en forma de sesiones semanales de iniciación, conducidas a veces por un médico, pero más frecuentemente por una comadrona. Además se necesitan entre 10 y 20 minutos de entrenamiento cotidiano en casa.

Las primeras lecciones se dedican a los conceptos teóricos: conocer mejor el propio cuerpo para comprender claramente lo que ocurre en él. Esquemas, dibujos, diapositivas, ilustran las diferentes fases de la gestación y el desarrollo del parto. La comadrona enseña también algunos trucos para que las parturientas puedan dominar el dolor y participar plenamente en el parto. Bien conocidos, esos ejercicios se convertirán en auténticos reflejos, es decir deben ponerse en marcha sin necesidad de reflexión previa, y no pueden olvidarse, sea cual fuere la intensidad de la contracción.

★ El método

Éste reposa, en principio, en el aprendizaje de la relajación, que exige numerosas sesiones para dejarse dominar. En efecto, aprender a relajarse bien resulta indispensable para conservar el máximo de energías necesarias en los instantes cruciales del parto (→ p. 133 hasta 135). He aquí un test: se ha accedido a una buena relajación cuando se siente el cuerpo pesado hasta el punto de parecer capaz de hundirse suavemente en el suelo.

Toda preparación para el PSD (parto sin dolor) comporta además un entrenamiento en *diferentes formas de respiración*. No son las habituales, pero con un poco de práctica se vuelven espontáneas. La respiración torácica (expansión del pecho, detención en el colmo de la inspiración, espiración lenta con la boca abierta) sirve de base a otros aprendizajes.

- En principio la *respiración bloqueada:* después de una inspiración profunda hay que contener el aliento al menos durante 30 segundos. La duración del tiempo de apnea (contención de la respiración) se trabaja progresivamente. Este método sirve para empujar al niño fuera del cuerpo de la madre.
- La *respiración superficial* se practica con la boca abierta. Es ligera, rápida, rítmica. El tiempo de espiración debe ser igual al tiempo de inspiración. Esta modalidad resulta útil en el momento de las contracciones. Y es de hecho la respuesta automática de la embarazada a este fenómeno. Cuanto más fuertes sean las contracciones, más rápido debe ser el ritmo de la respiración y tanto mejor podrá soportarse el dolor.
- La *respiración jadeante* imita a la del perro acalorado. Tiene ritmo acelerado, y se practica con la boca abierta. El tocólogo la pide durante la expulsión.
- La *respiración completa* hincha el vientre y el pecho. La espiración es siempre lenta. Permite recuperar fuerzas al principio y al final de las contracciones.

Pero esta forma de parto también exige una preparación muscular que concierne especialmente a los músculos del vientre y a los vertebrales, y permite además flexibilizar los huesos de la pelvis. Y la circulación resulta estimulada por algunos ejercicios indispensables para las piernas.

Son métodos tradicionales de afrontar un esfuerzo o un fuerte dolor que derivan tanto de la observación del mundo animal como de la gimnasia y la práctica deportiva.

★ **El diálogo**

En muchos hospitales o clínicas, algunos días antes del señalado para el parto, se ejecuta un ensayo general. Éste es un buen medio para examinar la preparación de la paciente, y para detectar los puntos flojos que aún deben trabajarse. Cada curso acaba con una conversación libre que permite a la embarazada plantear preguntas y expresar sus temores. Entre ella y su maestra o maestro debe establecerse una atmósfera de comprensión y de calma. Es recomendable la asistencia del padre a algunas de estas sesiones de entrenamiento, con el objeto de que pueda ayudar a su mujer en los momentos más duros, si es que quiere asistir al parto. Cuando no puede estar presente, siempre habrá una matrona que asista a la parturienta.

159

Condiciones que se deben respetar

Antes de inscribirse en un curso de preparación en piscina, la embarazada debe presentar a la matrona un certificado médico que dé fe de que su paciente puede emprender esos ejercicios sin problemas. Las contraindicaciones son muy claras: hipertensión (→ p. 415), hipotensión*, determinadas enfermedades cutáneas, retrasos de crecimiento del feto, gran número de contracciones uterinas y accesos febriles. Además, antes y despúes de cada sesión, la matrona responsable del curso, mide la presión arterial de cada alumna.

Hasta ahora estas preparaciones no corren por cuenta de la seguridad social, aunque sí de ciertas mutualidades que las ofrecen total o parcialmente gratuitas.

Efectos psíquicos y físicos

Las virtudes del agua desde el punto de vista físico son bien conocidas. Los psicoanalistas ven allí un regreso simbólico de la embarazada al bienestar intrauterino, y por ello la identificación con el feto que flota en el interior de su vientre. Gracias al agua, la mujer se reconcilia con su cuerpo. De este modo, puede superponer su imagen de mujer con la de madre.

Desde el punto de vista físico no es necesario saber nadar para practicar la preparación para el parto en piscina. En cambio sí es necesaria la afición al agua. Los ejercicios pueden realizarse en una piscina pequeña, sólo se necesita entre 1 y 1,20 m de profundidad, puesto que la embarazada siempre hace pie.

Preparación acuática

L as futuras madres cada vez se muestran más proclives a los cursos en piscina. Éstos consisten en una gimnástica adaptada y conducida por una matrona sometida a supervisión médica. Las sesiones duran aproximadamente una hora, cuyas tres cuartas partes se destinan a siete clases de ejercicios de calentamiento:

— de brazos y pectorales,
— de los músculos de la espalda (que incluyen sobre todo ejercicios para corregir y prevenir la hiperlordosis),
— de las piernas (que incorporan la enseñanza y entrenamiento en la posición ginecológica),
— los ejercicios respiratorios, con las maniobras de impulsión, de contención y –por supuesto– de relajación.

Cada nuevo ejercicio está precedido de un intervalo para el reposo. En el agua tibia de la piscina –entre 29 y 30 °C–, todos los gestos se vuelven de fácil ejecución y lúdicos. No se busca el rendimiento, sino más bien el mantenimiento de una buena forma física.

También es ésta una buena ocasión para que las alumnas descubran un nuevo esquema corporal. Los ejercicios tienen como objetivo preparar el óptimo rendimiento psíquico y físico en el parto, mediante el aprendizaje de una mejor técnica de respiración, y la adquisición de las posturas más adecuadas para la expulsión, al mismo tiempo que se aprenden los métodos para sobrellevar mejor las contracciones.

⋆ Descanso garantizado

Esta preparación ayuda a las futuras madres a permanecer tranquilas y distendidas; de ese modo adquieren la capacidad de coordinar bien las fases de respiración y relajación, necesarias en la etapa final del parto. Estas sesiones de iniciación en piscina se desarrollan siempre en un ambiente tranquilo. Para las mujeres, es una ocasión de reencontrarse, conversar, compartir sus experiencias y angustias. Todas las embarazadas que hayan «nadado» juntas de esta manera ya no se sentirán aisladas, solas frente a sus pequeños fastidios. Además, la atmósfera, ajena a la medicina, sólo femenina, estimula a preguntar con libertad a la matrona presente.

161

1.er mes

2.º mes

3.er mes

4.º mes

5.º mes

6.º mes

7.º mes

8.º mes

9.º mes

El nacimiento

Los cuidados posteriores

Las 1eras semanas del bebé

La derrota del dolor

Desde hace tiempo, la *anestesia epidural* se emplea corrientemente en los países anglosajones, y se difunde de manera sostenida entre nosotros. Consiste en lo siguiente: el médico anestesista introduce un catéter (tubo conductor) en la parte inferior de la columna vertebral, previa aplicación de anestesia local. El conducto debe situarse justo por debajo del saco dural (envolturas que rodean la médula espinal). Allí tienen origen los nervios que gobiernan la parte inferior del cuerpo, especialmente el útero y la vagina. Por el catéter se inyecta un líquido anestésico que se difunde en la región.

★ **A veces presenta inconvenientes**

Rápidamente, toda la parte baja del cuerpo queda insensibilizada. La parturienta sólo tiene una sensación de calor entre las piernas. Para permitir que las contracciones prosigan, puesto que la anestesia tiene efectos retardantes, se debe inyectar por perfusión o goteo un producto que las provoque. La acción de este medicamento acelera el parto, que resulta auténticamente indoloro cuando la epidural está bien ejecutada.

Las ventajas de esta anestesia residen en su administración simple, rápida y en su eficacia en relación con la anestesia general, pesada prueba que nunca está totalmente exenta de riesgos. La técnica se impone, por supuesto, en aquellos casos que se consideran difíciles, o prolongados. Puede practicarse en el transcurso de la dilatación a petición de la embarazada, aunque ella no lo haya previsto o incluso lo haya desechado previamente.

El inconveniente de este método deriva de su estrecha dependencia con el anestesista y la anestesia. Su generalización provocaría un importante crecimiento de la demanda de médicos y un considerable aumento del gasto. Además, está muy lejos de ser la panacea, puesto que reposa en la analgesia* obstétrica que insensibiliza la parte inferior del cuerpo, lo cual puede complicar la expulsión del feto. De hecho, bajo los efectos de la epidural las contracciones uterinas son menos poderosas y los músculos pélvicos se relajan, inhibiendo en la madre las ganas naturales de echar al niño fuera de su vientre cuando lo siente descender. Estos dos fenómenos a veces obligan al obstetra al empleo de fórceps (→ p. 290) y a practicar episiotomía (→ p. 291) para extraer al niño.

Algunas parturientas se quejan, además, de jaquecas o dolores lumbares que después de la fatiga del parto resultan de más difícil tolerancia. Las cefaleas a veces derivan de la perforación de la dura-madre* con la aguja de punción. Este mínimo accidente es bastante común, a causa de la estrechez del espacio epidural. El líquido cefalorraquídeo (líquido claro contenido entre las meninges), que rodea a la médula espinal, se derrama por esta perforación provocando dolores de cabeza que pueden prolongarse varios días. Se los trata con analgésicos corrientes, y la parturienta debe permanecer en la cama.

Los dolores lumbares, que pueden complicarse con dolores ciáticos, se producen cuando la analgesia epidural ha sido muy prolongada y la parturienta se ha mantenido en posición ginecológica durante un cierto lapso de tiempo.

El último inconveniente es de orden psicológico, pero no afecta a todas las madres. Algunas tienen la impresión de no haber participado en el nacimiento del niño y experimentan por ello una cierta frustración. Como si la anestesia hubiera operado un corte en el proceso de la gestación y el niño hubiese llegado al mundo no por su acción sino por una maniobra médica a la que fue totalmente ajena o en cualquier caso, objeto pasivo de ésta.

No debe olvidarse tampoco que en caso de cesárea ejecutada bajo epidural, ciertas mujeres no toleran presenciar la operación. Aunque el campo operatorio se les oculte, las palabras del cirujano, el ruido de los instrumentos y su imaginación las arrastra a profundas conmociones tanto más fuertes cuanto más definida la hipocondría, la fragilidad afectiva e incluso la inexperiencia quirúrgica de la paciente. Pero esta anestesia cuenta con una enorme ventaja a su favor: no provoca en el neonato somnolencia alguna.

Existen diferentes tipos de anestesia epidural, de intensidad variable. En principio, todo depende de la cantidad de líquido inyectado, o del punto en que se practique la inyección, factores que dependerán de la duración del parto y de la «receptividad» de la embarazada, que cambia incluso en una misma mujer, entre uno y otro parto.

1.er mes

2.º mes

3.er mes

4.º mes

5.º mes

6.º mes

7.º mes

8.º mes

9.º mes

El nacimiento

Los cuidados posteriores

Las 1^{eras} semanas del bebé

163

La sofrología
para controlar el cuerpo

Conocida desde hace largo tiempo, la sofrología reinaba realmente en la Europa de los años 1960. La escuela sofrológica de Madrid estudia «la consciencia, sus modificaciones y los medios físicos, químicos o psicológicos que pueden modificarla con un objetivo médico terapéutico, profiláctico* o pedagógico».

La consciencia humana se reparte en tres niveles: la vigilia, el sueño y un estado intermedio. La sofrología es una técnica que permite *distenderse voluntariamente*, hasta el límite del sueño. Ese efecto se puede conseguir con diversos medios: la voz tranquila y monocorde del sofrólogo e incluso la audición de grabaciones.

★ Los sonidos

Las sesiones comienzan con una entrevista con el médico sofrólogo que sirve para definir la demanda de la paciente, qué espera del método y qué aprenderá en el curso. A continuación se deben realizar tres sesiones de iniciación, el resto de la preparación se consuma en solitario, en casa, cada día. La primera sesión dura cuarenta y cinco minutos y tiene lugar en una habitación insonorizada. Sentada en un sillón de relajación, la embarazada oye una banda de sonido estereofónico. Dos semanas más tarde procederá a la audición de otra banda de sonido. Al finalizar esta audición, debe ser autónoma, es decir, tendrá que poder entrar y salir del estado de relajación sin la ayuda de sonidos. La tercera sesión se sitúa poco antes del final del embarazo. La mujer trabaja sobre su cuerpo. En un estado de perfecta relajación, siempre con la ayuda de sonidos, realiza cierto número de ejercicios al ritmo que ella misma desee: entrenamiento respiratorio, representación imaginaria de su vagina, de su útero. El día del parto, si lo desea, podrá oír una grabación especial de 30 minutos, pero dará a luz sin audífonos, perfectamente consciente. Los diferentes sonidos oídos durante los «cursos» dan la impresión de orbitar alrededor de la cabeza. Cuando se aceleran, la rotación comporta la pérdida de toda noción de tiempo y espacio, y de esa manera facilita la relajación física y mental. De este modo, con un entrenamiento adecuado, la parturienta será capaz de sustituir una

1.er mes

2.º mes

3.er mes

4.º mes

5.º mes

6.º mes

7.º mes

8.º mes

9.º mes

El
nacimiento

Los
cuidados
posteriores

Las 1^{eras}
semanas
del bebé

sensación desagradable por otra agradable, mediante el empleo de imágenes. Por ejemplo el calor, por la representación de agua helada o nieve se convierte en frescura. A estas sesiones se agregan cursos de psicoprofilaxis clásica (→ p. 158).

★ **La voz**

Otros médicos proponen un entrenamiento diferente: comienzan en el sexto mes de la gestación y lo reparten en seis lecciones. Cada una aborda un tema teórico (fisiología de la mujer, desarrollo del parto, etc.) y se completa con ejercicios físicos y sofrónicos.

Primera sesión: aprender a ponerse en un estado entre el sueño y la vigilia, y a experimentar sensaciones simples. Segunda sesión: imaginarse después del parto perfectamente bien, en casa, junto al recién nacido. A partir de entonces, cada sesión transportará mentalmente a la joven madre hacia el parto. Gracias a esta técnica, se borra todo temor y la embarazada se dispone a dar a luz con menos angustia. Al mismo tiempo, la mujer completará la elaboración del niño imaginario (→ p. 78, 147 y 237), puesto que esta clase de ejercicios la llevarán a ello. Como sucede con el parto psicoprofiláctico, el sofrónico no elimina el dolor, pero permite tolerarlo mejor.

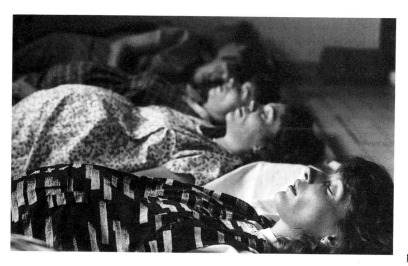

165

Calma y penumbra

En algunas maternidades públicas acogen al neonato con suavidad: la luz reducida a lo estrictamente necesario, las voces sofocadas, la técnica médica discreta y silenciosa. La madre gobierna el parto, aunque el equipo médico está a la espera de la menor complicación para intervenir. Si es necesario, se guía la expulsión; pero suavemente. Después del nacimiento se coloca al recién nacido sobre el vientre de su madre –a menos que se imponga alguna asistencia urgente– como para que ambos se reconozcan. Luego llega el primer baño, la primera alimentación.

Esta clase de parto también exige una pequeña preparación, el conocimiento del propio cuerpo y la adquisición de una cierta destreza, por ejemplo dominar la técnica de la respiración rítmica para gobernar las contracciones (→ p. 158-159).

A medida

Cada mujer encinta tiene su historia, su psicología, sus propias necesidades y deseos. La preparación debe ser también una auténtica toma de confianza con el acto de alumbrar, donde tendrá gran influencia el intercambio con el personal sanitario. La alumna aprenderá a conocer su propio cuerpo, la naturaleza del parto, las posiciones del niño en el útero...

Los niños no son peces

La piscina de agua tibia como sala de partos para facilitar la dilatación es una innovación del Dr. Odent. En principio ensayado en Pithiviers, esta técnica se desarrolló en Francia y en otros países. Incluso existen centros hospitalarios universitarios que la recomiendan a sus pacientes. Pero este método no debe confundirse con el parto en el agua, inventado por el ruso Igor Tcharkovski.

Las pacientes que se adhieren a la escuela de Pithiviers *ni se plantean que el niño nazca en el agua*. La expulsión debe realizarse al aire libre. Si a causa de una expulsión particularmente rápida el niño nace en la piscina, debe ser extraído del agua lo más rápido que sea posible.

En cambio los adeptos del método de Igor Tcharkovski programan el nacimiento en el agua. Esta iniciación precoz favorecería la adaptación al medio acuático.

Debemos recordar que la gran mayoría de los médicos consideran esta práctica aberrante, traumatizante y hasta cruel para el niño.

DAR A LUZ EN LA CORTE

La primera mujer que alumbró sin dolor fue la reina Victoria, en 1853. La anestesiaron con cloroformo. Pero muchas mujeres que quisieron imitarla fueron duramente condenadas por la Iglesia, puesto que «parirás con dolor» es parte de la condena que mereciera el pecado original.

1.er
mes

2.º
mes

3.er
mes

4.º
mes

5.º
mes

6.º
mes

7.º
mes

8.º
mes

9.º
mes

El
nacimiento

Los
cuidados
posteriores

Las 1eras
semanas
del bebé

El parto sin violencia:
una pequeña revolución

Elegir esta clase de parto expresa antes una toma de posición filosófica que una preparación técnica. Este método nació como reacción a una fuerte tendencia medicamentosa en los embarazos y partos, que cundió en los años 1960-1970. El teórico de esta escuela, el **doctor Frédéric Leboyer**, reclutó cierto número de adeptos entre los médicos y las matronas. La principal preocupación de este facultativo fue, en principio, analizar la atmósfera que rodea a los nacimientos en nuestra época –¿acaso no es traumatizante para la madre y para el niño?–, lo cual le condujo a plantear los principios del parto sin violencia en las maternidades: luz suave, incluso semipenumbra en la sala de parto, el contacto madre/hijo privilegiado, seguido de una succión mamaria precoz, un baño y el corte tardío del cordón umbilical. La parturienta elige la postura en que quiere alumbrar, lo cual comporta el abandono prácticamente definitivo de la mesa de parto y de los estribos.

★ **Asunto de familia**

Las salas de parto se parecen por ello a gimnasios, por el ambiente y porque hay escasos instrumentos de cirugía, o utensilios sanitarios a la vista. Estas decoraciones especiales conforman una suerte de ambiente familiar. Es el padre, si lo desea, quien toma al niño y corta el cordón umbilical; los demás niños de la familia también están invitados a la fiesta. El gesto del corte no sólo apunta a desdramatizar el parto, sino también a simbolizar la función paterna (→ p. 332 y 333). De este método nació la idea del parto en el agua, con el objeto de prolongar el mayor tiempo posible, según arguyen sus adeptos, el bienestar del niño en el medio acuático (→ p. 166).

El parto sin violencia ha inspirado muchas pasiones, actualmente menos enfáticas. Aunque por razones de seguridad se prefieran los ambientes más tradicionales, estas polémicas han cambiado los comportamientos en las maternidades, donde se advierte mayor sensibilidad y una más firme voluntad de convertir el parto en un acontecimiento feliz.

167

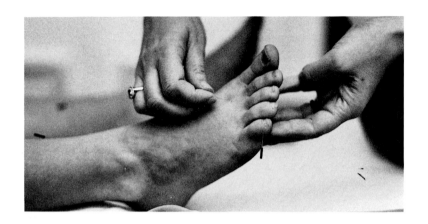

La auriculoterapia

Vecina de la acupuntura, la auriculoterapia considera el pabellón de la oreja humana una zona privilegiada de la reflexoterapia (técnica de la acupuntura). Numerosos trabajos de neurofisiología demuestran que el pabellón de la oreja es una zona excepcionalmente inervada. La conformación de la oreja recuerda al feto en postura intrauterina; por ello, mediante la cartografía de esta disciplina, el auriculoterapeuta establece una especie de repertorio de correspondencias.

En 1981, el doctor Quinchon, del Hospital del Buen Socorro de Besançon, tuvo la idea de aplicar este método en obstetricia. En colaboración con el doctor Henry, biólogo jefe de trabajos prácticos en el instituto de Besançon y especialista en auriculoterapia, determinó tres puntos principales en la oreja, que corresponden al trabajo de parto. El primero de ellos aumenta la intensidad y el número de contracciones, el segundo disminuye los dolores lumbares, muy frecuentes, al tiempo que el tercero da elasticidad a los tejidos.

Este tratamiento no exige la presencia de personal especializado. Después de un breve cursillo, una matrona queda en perfectas condiciones de practicar esta «reflexoterapia» con la ayuda de un aparato muy simple que estimula las agujas mediante una ligera corriente eléctrica. El doctor Quinchon también descubrió un punto que elimina los vómitos y otro que facilita la expulsión.

OTROS EMPLEOS

La acupuntura también puede ser eficaz para luchar contra las náuseas, los ardores de estómago, los resfriados crónicos y ciertos desequilibrios nerviosos como las jaquecas, el vértigo o el insomnio. Además puede aliviar los dolores lumbares y los provocados por el nervio ciático.

La acupuntura:
el juego del yin y del yang

L a acupuntura se emplea en China desde hace largo tiempo para preparar el parto, los médicos de allí incluso realizan cesáreas bajo acupuntura. Pero en Europa todavía es una disciplina marginal.

Aún no se han descubierto los modos de acción de esta técnica. De acuerdo con recientes descubrimientos, estimularía la producción de endorfinas, sustancias que intervienen en la transmisión del dolor por las células nerviosas del cerebro. Según el diagnóstico que haya establecido, el acupuntor* emplea agujas de oro macizo, plata o acero, de tamaños y formas diversos. Los puntos de «puntura» se eligen con precisión en función del paciente y de su estado de salud o síntomas físicos y psíquicos. Las agujas colocadas en sitios exactos –vientre, pies, manos...– durante un tiempo determinado calman el dolor, facilitan la relajación y preparan el parto. Los puntos de puntura identificados como de relajación, regulación de la energía y activos, situados en el cuello del útero, suman diez.

★ **Facilitar el parto**

Las futuras madres comienzan las sesiones de acupuntura alrededor del séptimo mes. Para que resulten eficaces éstas deben realizarse todas las semanas. Cada una dura aproximadamente 20 m. Dos semanas antes de la fecha prevista para el parto, el médico acupuntor sumará a los puntos habitualmente estimulados, los correspondientes a la «maduración» del cuello del útero. Por la acción de las agujas el músculo se distiende, con lo cual se facilita la dilatación y el paso del niño.

Los especialistas aseguran que esta preparación reduce considerablemente el tiempo de «trabajo» durante el parto; de ocho horas «normales» descendería a cuatro o cinco. Por ello la acupuntura resultaría aconsejable a todas aquellas que alumbran por primera vez y a las que han tenido trabajos de parto prolongados y dolorosos en embarazos precedentes.

1.er mes

2.o mes

3.er mes

4.o mes

5.o mes

6.o mes

7.o mes

8.o mes

9.o mes

El nacimiento

Los cuidados posteriores

Las 1eras semanas del bebé

169

Sí al yogur en todas sus formas

El yogur es uno de los alimentos privilegiados de las embarazadas. Desde el punto de vista nutritivo tiene el mismo valor que un vaso de leche, y a veces algo más, puesto que la mayoría de los yogures se producen con leche enriquecida con leche en polvo. Por lo tanto es rico en proteínas, calcio, vitaminas y sales minerales. Otro alimento lácteo muy común en la actualidad es el *bifidus*. Las bacterias del bifidus existen en estado natural en el tubo digestivo. Pero justamente por ello, según el lugar en que se produzca el lácteo tendrá características propias. No obstante, siempre que se trata de bifidus humano, el alimento demuestra tener una gran eficacia en la regulación intestinal, y efectos preventivos contra la diarrea y el estreñimiento.

• *Los bifidus* BA, Bio, Ofilus y Zen se componen de leche fermentada con bifidobacterias, un grupo que reúne veinticinco especies, nueve de las cuales son de origen humano y dieciséis de origen animal.

★ **Los otros yogures**

• *El yogur natural y entero:* leche y fermento envasado, sin adición de azúcar. Los fermentos utilizados son el lactobacilo bulgaricus y el estreptococo termófilo. Tiene un valor nutritivo equivalente al de la leche descremada, y por lo menos 3% de materia grasa.

• *El yogur espeso:* mediante procedimientos físicos, después de la coagulación se lo espesa, lo cual le da una consistencia más untuosa.

• *El yogur perfumado con frutas:* a la leche se agregan extractos de aromas naturales o frutas con miel o mermelada, en los límites del 30% del peso neto del producto acabado. A veces se incluyen cereales para diversificar gustos.

Buenas medidas

El peso medio de una embarazada a las veinte semanas de gestación es de más de 4 kg por encima del peso que tenía al principio del embarazo. Debe controlar los aumentos de la misma manera que si se tratara de una mujer preocupada por mantener la silueta: una vez por semana, por las mañanas, en ayunas, desnuda o en ropa interior; pero en la misma balanza.

LOS PESOS ESCASOS

Los hijos de las fumadoras o de las hipertensas suelen ser más pequeños porque no reciben bastantes alimentos nutritivos de sus madres. En verdad, en esas mujeres, los vasos sanguíneos son de diámetro más estrecho que lo normal y por ello limitan el caudal de sangre materna necesaria para el desarrollo natural del feto.

Los hábitos alimentarios

Un estudio acerca de la alimentación de la mujer embarazada, realizado en Francia, arroja nueva luz acerca del comportamiento de las mujeres encinta. En conjunto, el consumo de alcohol y de tabaco disminuye. También se advierte que las mujeres embarazadas absorben menos de 2.500 calorías diarias (las que recomiendan las normas de la OMS para la mujer encinta) y que la disminución de la ración alimentaria comienza a partir del segundo trimestre del embarazo. Por otra parte, resulta divertido comprobar que en general, esa ración es inversamente proporcional a la corpulencia materna; en efecto, son las mujeres delgadas las que comen más y las que al fin del embarazo han adquirido más kilos.

La composición de la alimentación no varía demasiado cuando las mujeres están embarazadas; no obstante se observa un mayor consumo de agua, de calcio y de vitaminas C, B9 y caroteno en forma de legumbres crudas y lácteos. En cambio la absorción de glúcidos (las féculas: pastas, pan, arroz, etc.) disminuye, al igual que la de lípidos (grasas). En lo que concierne a las sales minerales, también suelen registrarse aportes insuficientes (de hierro y magnesio); el aporte de prótidos (carne, pescado, huevos) no se modifica y parece suficiente.

★ **El peso del niño**

Existe una relación entre el peso de nacimiento y la edad materna: cuantos más años tenga la madre mayor será su hijo. Por otra parte, las investigaciones demuestran que eso depende más de la corpulencia de la madre antes del embarazo que del número de kilos que haya aumentado durante la gestación. La alimentación no tendría ninguna incidencia en el peso del neonato, a lo sumo una función correctiva que en tal caso exige vigilancia desde el comienzo del embarazo.

★ **La alimentación ideal**

Para ingerir 2.500 calorías en una jornada se necesitan: 500 ml de leche; 2 yogures; 50 g de queso de pasta blanda; 200 g de carne; 250 g de pan; 200 g de patatas; 200 g de legumbres verdes; 300 g de fruta; 20 g de mantequilla; 15 g de aceite y 35 g de azúcar.

1.er mes

2.º mes

3.er mes

4.º mes

5.º mes

6.º mes

7.º mes

8.º mes

9.º mes

El nacimiento

Los cuidados posteriores

Las 1eras semanas del bebé

171

En la playa

La elección de un bañador a veces se complica. Por supuesto que existen bañadores futura mamá; pero aunque suelen ser cómodos para el pecho, rara vez resultan de buen ver. Lo mejor, sin duda, es comprar un bañador de una pieza, tipo deportivo, con o sin sujetador. Algunos pechos adquieren tal belleza durante el embarazo que pueden permitirse no estar sujetos u ocultos. Pero lo mejor en tales casos es adquirir un *uni* de color oscuro para afinar la silueta cuanto se pueda. Algunas mujeres prefieren elegir entre los modelos de casacas/jubones de baile. Esas prendas se ofrecen en multitud de colores y pueden llevarse aun con los pechos pesados, con un sujetador debajo.

Pequeñas astucias

Sepa que la silueta parece crecer con los vestidos con pliegues y volados, especialmente cuando se trata de telas gruesas; por el contrario, la silueta se adelgaza con ropa recta, adherida al cuerpo, aunque debe evitarse comprimirlo. También los hombros estrechos crean ilusión adelgazante.

¿Cuánto gastar?

Los gastos en ropa de embarazo deben ser razonables. Después de todo esas prendas sólo se emplearán unos meses, y es engañarse creer que podrán seguir llevándose luego, "con otro look". Además, como tendrá un número limitado de prendas, se las pondrá usted tantas veces que, con seguridad, después del parto ya se habrá cansado de ellas.

Por otra parte hay un dato psicológico a tener en cuenta: la mujer necesita recuperar su anterior identidad, es por eso que las flamantes madres sueñan con ponerse la ropa que durmió en el armario durante nueve meses.

¡RÓBELE!

Las camisas de él (especialmente los colores pastel y las rayadas), sus jerséis, cazadoras de piel, tela o lana ¿y por qué no, si los usa, los chalecos de sus trajes?

Comodidad y seducción

Aunque al principio del embarazo es posible arreglarse revolviendo el guardarropa en busca de las prendas más amplias, adaptando tirantes a los pantalones que se llevan con la cintura desabrochada, en el quinto mes todo eso ya no es posible y las vistosas o coquetas chapuzas se vuelven incómodas.

De hecho, la ropa para futura mamá se reparte entre dos tendencias opuestas: *las que ocultan y las que muestran*. Se pueden mezclar ambos partidos o tendencias en un armario, por supuesto; y además tampoco es necesario vestirse en las tiendas especializadas. Con un poco de perseverancia en los diseños de temporada pueden encontrarse modelos amplios que visten sin dificultad a una embarazada. Lo ideal es no cambiar de estilo sino adaptar el de siempre a las nuevas formas. Éste es el medio más seguro de sobrellevar bien la nueva imagen física. También se puede, claro está, sumar los accesorios que se quiera, y que dan carácter o personalidad a la vestimenta. En suma, un tema donde la última palabra depende del carácter y de la imaginación de cada una.

★ **Femenina hasta el final**

No vacile en destacar los emblemas de su femineidad. ¿Tiene bonitas piernas? Muéstrelas. Hay unos vestidos con falda recta para embarazadas, con una franja elástica en la parte anterior de la falda, que permiten la colocación de los vientres más prominentes. ¿Tiene bellos brazos? Lleve camisas arremangadas y de mangas cortas; destaque las muñecas con algunas pulseras. ¿Tiene unos hombros bellísimos y un cuello bien proporcionado? Eche mano a los escotes, su generoso pecho lo permitirá.

En la actualidad la moda manda mostrar el vientre. Las camisas, jerséis, camisetas, vestidos rectos, se llevan sujetos bajo el vientre. Al final del embarazo esta moda no resulta cómoda. La clásica superposición de pantalón, camisa, chaleco (estilo chaleco masculino) resulta más adecuada. En cualquier caso hay que evitar que la ropa presione sobre el vientre, especialmente al final de la gestación, puesto que puede acarrear trastornos y dolores digestivos, y hasta contracciones uterinas.

173

1.er mes

2.º mes

3.er mes

4.º mes

5.º mes

6.º mes

7.º mes

8.º mes

9.º mes

El nacimiento

Los cuidados posteriores

Las 1eras semanas del bebé

Dos ejemplos a seguir

En los laboratorios Boiron de Lyon, donde el 80% de los 1.800 asalariados son mujeres de aproximadamente 30 años de edad, el 20% de las empleadas optó por trabajar a tiempo parcial, con la posibilidad de pasar a jornada completa cuando lo deseen. No están lesionadas ni desganadas, al contrario, esas mujeres se cuentan entre las de mejor asistencia.

En las plantas de envasado de perfumes Nina Ricci, en el suburbio de París, las madres de familia y las embarazadas que así lo prefieran, pueden optar por la semana de 32 horas. Así, las que necesiten más libertad por razones familiares pueden disponer de tiempo libre. Además, una vez por mes, la planta se abre en sábado, durante cinco horas. Así las «voluntarias» pueden acumular horas de trabajo que podrán descontar cuando deseen. En España, la baja laboral por maternidad es de 16 semanas, pudiendo el esposo beneficiarse de la baja maternal a descontar de la baja de licencia que tenga la madre.

Trabajar sí, pero...

Un sondeo realizado en esta última década, intentó determinar los factores de riesgo vinculados con la actividad profesional en el transcurso del embarazo. Esa investigación retrospectiva acerca del conjunto de factores de fatiga, laborales y domésticos, se ejecutó sobre una población de mujeres que acababan de dar a luz en la maternidad. La mitad de estas madres ejerció actividad profesional durante el embarazo. De manera subjetiva, el 70% de esas mujeres consideró agradables sus condiciones de trabajo y ambiente, el 35% las juzgó penosas y hasta muy penosas, y para el 15% resultaban insoportables.

Trabajo y maternidad: aún debemos progresar

L as mujeres trabajan cada vez más, y en consecuencia las embarazadas también. Y las estadísticas no demuestran que haya incompatibilidad alguna entre éstas y la actividad profesional. No obstante, el 40% de las mujeres piden a sus empleadores modificaciones en sus condiciones de trabajo: reducción de jornadas o cambios de responsabilidad que eviten parte de la fatiga. En este ámbito, las cosas no resultan color de rosa. Numerosos estudios confirman una estrecha relación entre los nacimientos prematuros y la fatiga laboral. Así por ejemplo el INSERM demostró la relación que existe entre el parto prematuro y la acumulación de fatiga: las malas condiciones de trabajo se verifican sobre todo entre las operarias fabriles, el personal doméstico y los empleados de comercio. A esas fuentes de fatiga se suman las vinculadas con el transporte. En 1981, el 15% de las mujeres embarazadas realizaba un simple trayecto de más de treinta minutos cada día, el 81% empleaba los servicios públicos de transporte. Al margen de estos datos estadísticos, el 15% de las embarazadas considera que su trabajo profesional resulta muy agotador al fin del embarazo; el 7% de ellas alumbra prematuramente, y el 4% no trabaja.

Por su parte, la psicóloga clínica Nathalie Loutre-Du Pasquier, que ejerció la profesión en parvularios, se ha interrogado acerca de las dificultades de conciliar actividad profesional con maternidad.

Cuando una mujer asalariada espera un hijo, la prioridad fundamental es encontrar un sitio o modo de guarda (→ p. 224). Es necesario que tome una decisión acerca de ello, con bastante anterioridad al nacimiento del niño. Ahora bien, todavía no está preparada psicológicamente para ello: se le exige representarse la separación mucho antes de que su hijo haya nacido. Por eso muchas mujeres encinta postergan esa decisión el mayor tiempo posible.

En España es ley un período de resposo laboral de 16 semanas en el momento del parto, o descontarlas antes según pacto con la empresa.

1.er
mes

2.º
mes

3.er
mes

4.º
mes

5.º
mes

6.º
mes

7.º
mes

8.º
mes

9.º
mes

El
nacimiento

Los
cuidados
posteriores

175

Sexto mes

«¡Se mueve, mira, toca! Aquí está la cabeza, aquí los pies.» La mayoría de las parejas contemplan con emoción los primeros movimientos de su hijo. La futura mamá se siente orgullosa cuando muestra a su compañero que realiza bien su tarea, y quiere compartir con él los sobresaltos que siempre le producen las «volteretas» interiores, sensaciones difíciles de recrear con las palabras. Ella también conduce al padre a tomar contacto con su hijo, intenta expresar sus sentimientos, a veces lo siente demasiado lejos de esta aventura que no obstante pertenece a ambos. Le encantaría, como tantas veces le sucediera a ella, que también él pudiese hablar con el niño, tocarlo, acariciarlo. Dar participación al padre en el embarazo no es fácil, porque para él se trata de un mundo completamente desconocido, donde sólo podrá entrar de la mano de su compañera.

177

Su sistema nervioso se organiza

El feto prosigue su actividad motriz con vigor. Ya tiene períodos de vigilia y de sueño. Permanece despierto 4 horas. A finales del sexto mes las circunvoluciones cerebrales ya se han dibujado y las neuronas* están en su sitio. La respiración automática está bajo el gobierno del sistema nervioso, se desarrollan los bronquios y aparecen los alvéolos pulmonares que ya están bien irrigados por los capilares encargados del intercambio gaseoso.

El rostro del niño es cada vez más fino; tiene cejas, fosas nasales y labios bien contorneados; ya es capaz de ver, levanta los párpados y oye. Suele adoptar una postura característica: repliega los brazos sobre el pecho y las rodillas sobre el vientre: es la llamada *posición fetal*.

A finales del sexto mes pesa 1 kg y mide 30 cm. Si naciese entonces podría vivir; pero aún necesita reposo para perfeccionar todos sus órganos y sistemas sensoriales.

Crecer, todo un programa

De manera bastante mecánica, la estatura de los padres determina en parte la del hijo. Por ello puede preverse la talla (con un margen de error de aproximadamente 8 cm) considerando otros factores propios del niño. Basta con sumar, en centímetros, la estatura del padre a la de la madre. A la cifra se suman 13 cm cuando se trata de un niño o se restan 13 cm cuando es niña, luego se divide por dos.

Asimismo, parece que el peso de nacimiento del niño estuviera genéticamente programado: una embarazada «gorda» dará a luz un niño de buen peso e, inversamente, una mujer delgada alumbrará una criatura de poco peso. La estatura y el peso *medio* de nacimiento se sitúan en torno a los 50 cm para 3,250 kg. Los neonatos «prematuros» pueden salvar

sus desventajas en el transcurso del primer año.

El buen desarrollo del feto se mide ya tomando la altura del útero con ocasión del examen clínico mensual, ya en el transcurso de una ecografía. Esta última permite sobre todo una evaluación del peso del niño que se realiza en base a tres mediciones: la de la cabeza (diámetro biparietal), la del fémur (longitud femoral) y la del abdomen (diámetro abdominal). En la mayoría de los casos, el deficiente crecimiento es resultado de intercambios insuficientes entre la madre y su hijo; la evaluación se realiza por medio del Doppler*. Actualmente, las investigaciones aumentan en sutileza; el intercambio deficiente puede deberse a la calidad de la placenta (→ p. 73) y a la de los vasos del cordón umbilical (→ p. 102).

178

El deseo
de un hijo

1.er
mes

2.º
mes

3.er
mes

El sueño constructor

¿Qué hace el feto en el vientre de su madre, duerme o vela? Hasta finales del séptimo mes, los signos ecográficos revelan que el feto pasa buena parte del tiempo en estado de sueño paradójico (fase del sueño donde se instalan las imágenes), que aumentará hasta el nacimiento para decrecer rápidamente en los meses siguientes.

★ **Maduración del sistema nervioso**

En la actualidad se sabe que es precisamente durante esta etapa de la gestación cuando se produce la maduración esencial de las células nerviosas. Ciertas observaciones realizadas en animales demuestran por otra parte que quienes nacen con un sistema nervocerebral prematuro, tienen una alta tasa de sueño paradójico, mientras que por el contrario, los animales con el cerebro casi acabado en el nacimiento, acusan bajas tasas de sueño paradójico que variarán poco en el transcurso de sus vidas. El desarrollo de un buen número de células esenciales para el funcionamiento vital se vería estimulado durante dicho sueño.

★ **Calidad y cantidad**

Los momentos de vigilia y de sueño se diferencian en torno al octavo mes de gestación. Aproximadamente a los ocho meses y medio, aparecen por primera vez signos que indican que el feto vive sus «noches intrauterinas» alternando ciclos de sueño lento con otros de sueño paradójico. El análisis del sueño del feto también permite determinar la proximidad del parto; en tal caso se observa una perfecta igualdad entre los dos tipos de sueño, tanto desde el punto de vista de la calidad como de la cantidad. Y además se sabe que en las 24 h que preceden al nacimiento, el sueño de la madre y el del niño se armonizan. ¡Asombroso!

7.º
mes

8.º
mes

9.º
mes

En el nacimiento los dos sueños están bien diferenciados. Se suceden al ritmo de cinco a seis ciclos de 30 a 50 minutos (los ritmos son de 90 a 100 minutos en el adulto). Pero el niño no ha adquirido todavía la noción de vela y sueño, día y noche, que le exigirá entre dos y tres meses de aprendizaje.

Los
cuidados
posteriores

Las 1eras
semanas
del bebé

Motivos de alarma

• Cuando se advierte un derrame anormal que no se debe a incontinencia o a pérdidas vaginales, es posible que se haya producido una pequeña fisura en la bolsa de agua. La internación y el reposo absoluto en posición acostada resultarán indispensables. Si el derrame no es importante, el niño podrá seguir desarrollándose, puesto que el líquido amniótico está en constante renovación (→ p. 105). La complicación más temible de la ruptura prematura de la bolsa de aguas es la «procidencia» del cordón umbilical que entonces escapa por la brecha. En tales casos hay riesgo de infección.

• Si el niño se movía mucho y pasa 48 h sin dar signo alguno de actividad, incluso después de habérsele estimulado para ello, habrá que consultar al médico.

• Cuando se sienten contracciones regulares y fuertes, se impone también la consulta con el médico y reposo total. Esta decisión puede ir acompañada de la prescripción de medicamentos para bloquear las contracciones. Al principio, estos compuestos se administran por perfusiones con el objeto de acelerar el efecto de las drogas. Por lo general la internación no dura más de tres días. El médico podrá pedir que se evite todo esfuerzo físico y que se permanezca en cama, con vigilancia regular a domicilio, llegado el caso.

• Cuando se advierten hemorragias, si no están asociadas con contracciones, pueden ser síntoma de un desprendimiento de la placenta. Después del diagnóstico que se establecerá con ayuda de una ecografía, el médico mandará reposo absoluto.

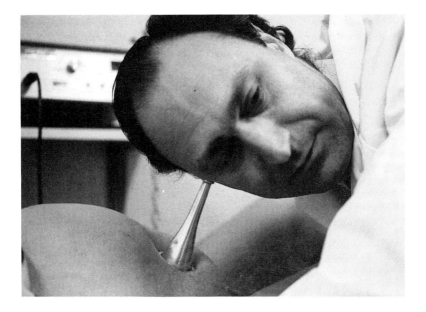

Segunda visita obligada

E n el transcurso del sexto mes debe pasarse la segunda visita médica obligada. Al igual que la primera (→ p. 115), incluye un examen obstétrico y un test de laboratorio que busca y mide azúcar y albúmina en la orina.

Si la embarazada es RH negativo, en esta oportunidad se le extrae sangre con el objeto de detectar eventuales presencias de aglutininas irregulares (→ p. 43). Asimismo, si no estaba inmunizada contra la toxoplasmosis con ocasión de la primera visita, habrá que verificar que no se haya contagiado la enfermedad posteriormente.

★ **Todo sucede como estaba previsto**

Esta consulta médica es bastante parecida a la primera. El médico la interrogará acerca del estado de su salud, vida cotidiana, malestares y problemas «ordinarios». Se interesará especialmente por la fecha de aparición de los primeros movimientos del bebé, y por su intensidad. Luego practicará un examen general: peso de la futura madre, medición de la tensión y de la altura uterina que acabará con un examen ginecológico. El tacto vaginal le indicará la longitud del cuello del útero y también el estado de su cierre.

El examen obstétrico por tacto abdominal suministra información acerca de la cantidad de líquido amniótico que rodea al feto, y también la posición de éste (cabeza arriba o abajo). El médico reconoce generalmente una masa dura y redonda, la cabeza, y otra masa blanda, las nalgas. También se puede, ejerciendo presión sobre éstas, conseguir que el niño vuelva la espalda. Las embarazadas que no practican la haptonomía (→ p. 209) pueden pedir al médico que les ayude a tomar contacto con el niño.

Es durante el transcurso del 2.º trimestre cuando en las embarazadas suele aflorar la inquietud acerca de la estrechez de la pelvis que tendrá que atravesar el niño en el parto. En el 95% de los casos la naturaleza hace bien su trabajo. Las pelvis suelen ser anchas como para permitir el paso de neonatos de gran tamaño. Cuando existen dificultades en esta materia, en la visita del 8.º o del 9.º mes, el médico examinará su pelvis para asegurarse de que garantiza un parto por vías naturales, cosa que ocurre en la gran mayoría de los casos (→ p. 307), de acuerdo con las estadísticas.

1.er mes

2.º mes

3.er mes

4.º mes

5.º mes

6.º mes

7.º mes

8.º mes

9.º mes

El nacimiento

Los cuidados posteriores

Las 1eras semanas del bebé

181

Prevención de las hemorroides

Generalmente las embarazadas que las padecen ya las habían sufrido antes del embarazo. Las hemorroides se deben a problemas circulatorios. Se trata en realidad de una vena del recto o del ano que se dilata, y que en algunas ocasiones también sangra.

Con frecuencia las hemorroides resultan dolorosas y deben notificarse al médico, que prescribirá los tratamientos tópicos u orales que sean necesarios. Los laboratorios producen ciertos antihemorroidales especialmente concebidos para las embarazadas. Habitualmente las hemorroides son causa de estreñimiento. Contra éste hay sólo un remedio: beber diariamente mucha agua y comer abundante verdura.

Vigilar la albúmina

Si ha comprobado que tiene problemas renales, puede llevar el control de la presencia de albúmina en su propia casa, comprando en la farmacia los tests de autocontrol. Suelen presentarse en forma de tiras de plástico con una banda de papel amarillo en uno de sus extremos.

Para practicar el examen basta con humedecer una de estas tiras con un poco de orina. Si el papel permanece amarillo no hay albúmina, si vira al color verde hay albúmina, ese color lo prueba. Estos exámenes, muy cómodos, sólo tienen un inconveniente: no permiten medir la dosificación. Pero la presencia es un dato importante que debe comunicarse al médico, que a su vez solicitará al laboratorio que se practique la medición en una nueva muestra.

El perineo: un músculo por tonificar

• Colocarse de pie contra una pared con los pies separados y las manos a la altura de las caderas. Flexionar un poco las rodillas, apoyar la espalda, los hombros y la cabeza contra la pared. Inspirar. Durante la espiración apoyar firmemente la pelvis contra la pared, retrayendo el abdomen y elevando el pubis. Mantener los hombros contra el muro durante el ejercicio. Este movimiento también puede hacerse de rodillas, sentada o de cuatro patas. La pelvis debe balancearse de adelante hacia atrás.

• Ponerse de cuatro patas, las rodillas a la altura de las caderas, y los brazos alineados con los hombros. La espalda debe estar perfectamente horizontal. Entrar los abdominales y contraer los glúteos, redondear la espalda con el desplazamiento de la pelvis.

• Sentarse con las plantas de los pies unidas. Separar y reunir las rodillas. La columna vertebral debe mantenerse recta.

• Acostarse sobre el suelo. Llevar el pie derecho al muslo izquierdo, y viceversa. Si lo necesita, puede ayudar el movimiento del pie con la mano.

Prevención perineal

El perineo está compuesto de capas musculares que cierran la pelvis a la cual está unido por dos ligamentos que asemejan dos círculos entrecruzados. El mayor de dichos ligamentos controla los esfínteres de la uretra y la vagina; el más pequeño, el esfínter anal.

★ **Es mejor prevenir que curar**

El músculo perineal soporta muchas tensiones en el transcurso del embarazo. Se considera que a causa del parto queda a medias relajado, y que por ello provoca frecuentes problemas de incontinencia después del nacimiento. Para prevenirlo se recomienda trabajar este músculo con ejercicios apropiados.

El más simple de todos ellos consiste en detener el chorro urinario dos veces en el transcurso de la micción. Para ello basta contraer el perineo durante aproximadamente dos segundos, sin hacerlo al mismo tiempo con los abdominales ni los glúteos. Y este otro: cerrar el esfínter y toser entre cuatro y seis veces durante la micción, luego seguir orinando.

Cuando se domina la contracción-distensión del perineo, se puede ejecutar la acción en todo momento. Pero los médicos consideran que para que sea eficaz es necesario practicarla entre cien y doscientas veces por día. Otro ejercicio consiste en apretar al máximo los esfínteres: el anal primero, y luego el de la vejiga, y mantenerlos bloqueados durante cinco segundos. Este ejercicio exige que se repita al menos diez veces diarias.

★ **Ejercicios simples y eficaces**

La educación del perineo también se consigue trabajando la postura de la espalda. Por el efecto del peso del feto, que en el transcurso del embarazo será cada vez mayor, y a causa de la inclinación hacia la parte anterior del útero, la mujer encinta tiende a arquearse, así se distienden los ligamentos que mantienen el útero y la vejiga. Algunos ejercicios simples la ayudarán a compensar este desequilibrio. Al principio conviene entrenarse bajo el control de una comadrona o kinesióloga, en sesiones individuales o colectivas.

183

El deseo
de un hijo

1.er
mes

2.º
mes

3.er
mes

4.º
mes

5.º
mes

6.º
mes

7.º
mes

8.º
mes

9.º
mes

El
nacimiento

Los
cuidados
posteriores

Las 1eras
semanas
del bebé

Medidas preventivas

Todos los gestos de la vida cotidiana pueden resultar comprometidos por la emergencia de dolores lumbares. En algunos casos, éstos hacen del levantarse, como si se tratase de transportar un gran peso, o inclinarse, una especie de tormento.

● *Dormir:* se necesita una cama dura, eventualmente puede colocarse una tabla debajo del colchón. Hay que emplear una almohada delgada y nunca se debe dormir boca abajo, porque así se acentúa exageradamente la curva de la cintura. Es siempre preferible dormir de espaldas, con un almohadón bajo las rodillas, o de lado.

● *Sentarse:* para ello conviene un asiento que sostenga la base de la espalda; los bajos, profundos y de muelles son desaconsejables para la columna vertebral. Hay que sentarse bien al fondo, con la espalda en contacto con el espaldar.

● *Vestirse:* para ponerse bragas, medias, pantalones, zapatos, etc., conviene sentarse antes.

● *Calzarse:* llevar el pie hacia arriba, desde la posición de sentada; no inclinar el cuerpo hacia adelante.

● *Hacer las compras:* una bolsa en cada mano, o un carro de compras que se lleve con la espalda bien recta; si se debe transportar una sola bolsa, hay que andar con ésta pegada al muslo.

● *Trabajos domésticos:* siempre que deba inclinarse, flexione las rodillas manteniendo recta la columna vertebral. Evite las rotaciones del torso. Si se lleva un peso en una mano, se debe cambiar a la otra antes de que la fatiga se sienta en el hombro.

Insomnio

En el proceso de gestación también el sueño puede experimentar ciertas perturbaciones. Generalmente durante los primeros meses las embarazadas padecen excesiva somnolencia y duermen fácilmente; pero en el segundo y en el tercer trimestres pueden sufrir insomnio, debido en parte a los movimientos del feto cuando no a las múltiples molestias o leves dolores que deparan esas etapas más avanzadas: lumbalgias, piernas pesadas, etcétera. Para ayudar al descanso lo mejor es evitar los excitantes como el té y el café y reemplazarlos por tisanas (de tila, de azahar) e incluso por un vaso de leche. La relajación antes de meterse en la cama ayuda a conciliar el sueño (→ p. 133-135). Un buen recurso consiste en cambiar de lecho.

Tener buena espalda

Las lumbalgias son «la enfermedad del siglo», por ello no tiene nada de extraño que las embarazadas también las padezcan. El origen mecánico de estos dolores resulta más que evidente, sobre todo cuando aparecen en los últimos meses del embarazo. En efecto, el peso del feto modifica la morfología de la columna vertebral. Esta carga aumenta la curvatura lumbar y comporta una torsión anormal, o lordosis. Suelen observarse dos clases de dolores. Los primeros, muy semejantes a los que se experimentan en la ciática, ascienden por la pierna hasta lo alto del muslo. Desgraciadamente son de difícil alivio. Los segundos, que motivan la queja «dolor de cintura» se explican fácilmente, puesto que la columna vertebral de la embarazada está sometida a una dura prueba. El dolor será tanto más fuerte cuanto más fatigada esté ella, o cuanto más tiempo permanezca de pie. Además, al final del embarazo, la hormona que ayudará a la expansión de la pelvis en el parto, provoca un relajamiento general de los ligamentos articulares, y especialmente de aquellos que mantienen las vértebras en buena posición.

La práctica de ciertos ejercicios de estiramiento de la columna vertebral pueden aliviar eficazmente estos dolores.

• De pie, con las plantas ligeramente separadas y estables, someter la pelvis a un ligero balanceo. Inspirar mientras se elevan los brazos verticalmente y se estira todo el cuerpo. Espirar mientras se descienden lentamente los brazos. A continuación «enrollar» el cuerpo hacia adelante, primero la cabeza, luego los hombros, después los brazos y finalmente la espalda. «Desenrollar» en sentido opuesto.

• De pie, con las plantas bien estables, la cabeza erguida, juntar las manos a la altura del pecho, inspirar, luego elevar los brazos por encima de la cabeza; espirar extendiendo ampliamente los brazos.

• De pie, con los brazos extendidos junto a los flancos, las palmas sobre los muslos, inspirar elevando los brazos hacia adelante, hasta la horizontal; retener la respiración separando los brazos cuanto se pueda y juntando los omóplatos para superar el eje de los hombros. Espirar.

1.er mes

2.º mes

3.er mes

4.º mes

5.º mes

6.º mes

7.º mes

8.º mes

9.º mes

El nacimiento

Los cuidados posteriores

Las 1eras semanas del bebé

185

Ejercicios para fortalecer la espalda

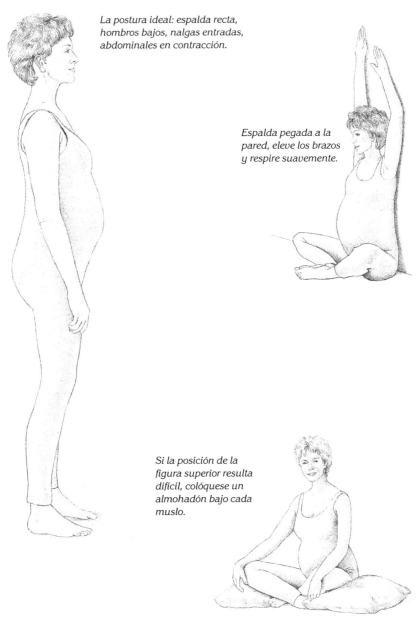

La postura ideal: espalda recta, hombros bajos, nalgas entradas, abdominales en contracción.

Espalda pegada a la pared, eleve los brazos y respire suavemente.

Si la posición de la figura superior resulta difícil, colóquese un almohadón bajo cada muslo.

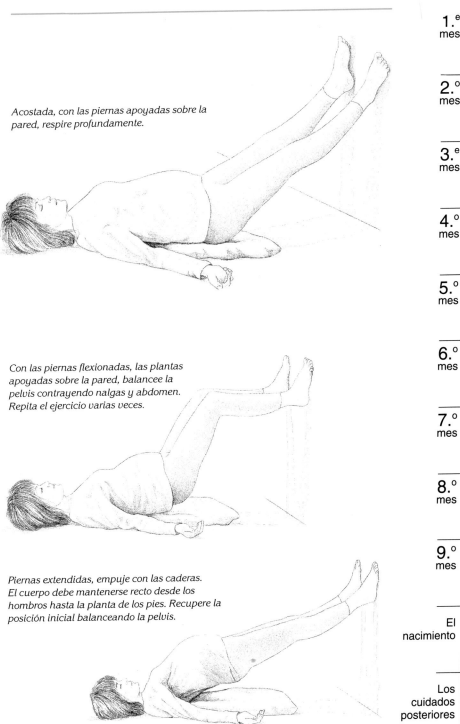

Acostada, con las piernas apoyadas sobre la pared, respire profundamente.

Con las piernas flexionadas, las plantas apoyadas sobre la pared, balancee la pelvis contrayendo nalgas y abdomen. Repita el ejercicio varias veces.

Piernas extendidas, empuje con las caderas. El cuerpo debe mantenerse recto desde los hombros hasta la planta de los pies. Recupere la posición inicial balanceando la pelvis.

1.er mes

2.º mes

3.er mes

4.º mes

5.º mes

6.º mes

7.º mes

8.º mes

9.º mes

El nacimiento

Los cuidados posteriores

Las 1eras semanas del bebé

Problemas en las piernas

A partir del sexto mes el feto crece y aumenta de peso. La aparición de varices puede ser la fastidiosa consecuencia de esta mayor demanda circulatoria. Las pequeñas manchas azules que se localizan bajo la piel se deben a una dilatación importante de las venas de las piernas. Estas manchas también pueden aparecer en los muslos y en la vulva (→ p. 214). Con frecuencia las varices son hereditarias, o se deben a una predisposición acentuada por penosas condiciones de trabajo, especialmente por la posición de pie. Las mujeres que padecen excesivo sobrepeso están igualmente predispuestas. ¿Por qué la embarazada es la más expuesta? Fundamentalmente a causa del tamaño del útero que comprime las venas del interior del vientre: dicha compresión provoca una acumulación de sangre en las piernas, fenómeno acentuado por la disminución de la elasticidad de los tejidos que a su vez es una reacción hormonal.

Las varices se combaten con sesiones cotidianas de gimnasia (movimientos de piernas, marcha, descanso con las piernas sobreelevadas (→ p. 355). Es difícil operar o en general tratar quirúrgicamente las varices durante el embarazo (→ p. 344 y 355). Por el contrario, algunos meses después del parto, un flebólogo puede retirar las varicosidades mediante miniesclerosis, una técnica que resulta eficaz y al mismo tiempo es poco dolorosa.

Masajes relajantes

Para aliviar los dolores varicosos de las piernas e incluso la desagradable sensación de pesadez, siempre se puede apelar a las virtudes del masaje.

Se practica con la espalda sobre el suelo, las piernas elevadas, verticales, y las nalgas apoyadas contra el zócalo de la pared.

Comience con un masaje en la planta del pie, frotándolo con el otro, luego descienda, siempre con el pie, hacia el interior de la otra pierna, en toda su longitud. A continuación frote vigorosamente el muslo con las manos. Repita la operación en la otra pierna. El masaje se practica enérgicamente entre los tobillos y los muslos para que se movilice la sangre desde la planta de los pies hasta la ingle. Hay que darse masaje por lo menos diez minutos cada día, sobre todo por las noches, al final de una jornada agotadora.

BAÑOS ESTIMULANTES

Para aliviar la sensación de pesadez en las piernas es posible recurrir a las plantas. Sus virtudes suelen operar maravillas. Preparación del baño: 100 g de varec (un alga), 100 g de hojas de viña roja. Hervir en tres litros de agua tres puñados de esta mezcla durante diez minutos. Dejar que macere 1/2 hora. Filtrar y verter en un baño tibio (37 °C). Relajarse en el agua aproximadamente 10 minutos, luego estirarse y descansar durante otros 30 con las piernas ligeramente sobreelevadas.

1.er
mes

2.º
mes

3.er
mes

4.º
mes

5.º
mes

6.º
mes

7.º
mes

8.º
mes

9.º
mes

El
nacimiento

Los
cuidados
posteriores

Las 1eras
semanas
del bebé

Calambres y pequeños malestares

Las embarazadas pueden quejarse de pequeños malestares sin gravedad. Los más corrientes son:

● *Los calambres*, que se producen sobre todo durante la noche y pueden contraer la pierna, el pie y el muslo. Para «quitarse el calambre» eleve y frote la pierna afectada durante un momento, el pie tenso en la prolongación del miembro, luego forzado en sentido inverso, perpendicular al eje de la pierna. Si los calambres se repiten con mucho dolor pida al médico un medicamento. A veces son el síntoma de una falta de vitamina B, calcio o magnesio.

● *Los ahogos* se explican por el aumento del volumen del útero que comprime la caja torácica provocando una sensación de ahogo, especialmente con ocasión de un esfuerzo físico.

● *Los ardores estomacales* se deben a un reflujo del líquido gástrico en el esófago, provocado por la compresión del estómago, el hígado y los intestinos. La única prevención natural: comer con tranquilidad y sólo alimentos ligeros, beber leche.

Nada más normal

A los seis meses la embarazada está en el momento de apogeo de la gestación: la producción de hormonas* ha llegado al máximo nivel, el corazón registra diez palpitaciones más por minuto, por encima de lo normal, y el ritmo respiratorio también se ha acelerado, al tiempo que la sangre se ha enriquecido con grasa y azúcar. Por su parte, el feto se muestra dueño de un gran vigor, hace cabriolas intrauterinas que no siempre resultan agradables a su madre. «Come» mucho y así consigue espectaculares resultados, puesto que en un mes dobla su peso. En esta etapa llega aproximadamente a 1 kg. Para luchar contra las pequeñas molestias que comportan tantos cambios, y para preparar los músculos con vistas al parto, se puede practicar algo de deporte; pero no cualquiera. Los especialmente recomendables son el yoga (→ p. 211) cuando se tiene cierto entrenamiento, y la natación (→ p. 161), cuya práctica se puede mantener hasta el nacimiento del niño. La actividad física que impone este deporte facilita la circulación de la sangre en las piernas y alivia la columna vertebral. A estas actividades se puede sumar la marcha a pie, en el campo si es posible, para oxigenarse al máximo.

SOBRE LA IZQUIERDA

Para relajarse lo más cómodamente posible en el transcurso del embarazo, no vacile en acostarse sobre el costado izquierdo. Esa posición permite una mejor irrigación del útero y le deja un espacio más amplio en la pelvis.

189

Reunirse para conversar

Esta actividad permite a las embarazadas conocer a otras colegas. También con ese objeto se crean los grupos de preparación para el parto. En París incluso se fundó una institución específica, que se denomina «Los alrededores del nacimiento».

En esos grupos las embarazadas expresan los temores o dudas sin la aprensión que inspiran los ambientes hospitalarios. Un equipo de especialistas está allí para oír y apoyar a las más frágiles: cuatro comadronas (un hombre entre ellas) y dos pediatras. El diálogo es la base, y la audición, la escucha para un mejor contacto con la gestación y el parto. Teniendo como centro de atención el niño, la conversación frecuenta la temática conexa, los partos prematuros (→ p. 232 y 399), los malestares cotidianos.

IMÁGENES PIADOSAS

En la pintura clásica o contemporánea casi no existen representaciones de mujeres encinta, salvo dos telas: *La Virgen esperando el feliz momento*, en Nôtre Dame, y el retrato llamado *La mujer encinta* que pintó Rafael. Frente a ciertos cuadros de la Edad Media y del Renacimiento también podríamos preguntarnos si muchas de esas mujeres de cintura arqueada, pechos generosos y grandes vientres están embarazadas.

Quiero, quiero quiero

Los famosos «antojos» de la mujer encinta no tienen el menor fundamento fisiológico, son meras manifestaciones psíquicas que pueden leerse así: «Quiero que se me ame, que se me mime, necesito atención, me encanta que se ocupen de mí». Y a buen entendedor...

La experiencia da seguridad

Las vivencias de un segundo embarazo suelen resultar muy distintas, las incógnitas del primero se han desvanecido. Además, ya ocupada por un primer niño, la futura mamá no tiene ahora tanto tiempo para observar y conversar. Desde el punto de vista físico, el segundo embarazo suele resultar menos cansado que el primero; y sin duda vivido en el terreno físico de manera más serena. Además se ve que las embarazadas no primerizas se interesan menos por los cursos de parto sin dolor (→ p. 158), se muestran menos interesadas por la haptonomía (→ p. 209) o el yoga (→ p. 211). También es cierto que la prueba del parto inspira menos temor, su dolor ya es conocido, al igual que su mecanismo y técnica. Además, todas ellas saben que, normalmente, el segundo nacimiento será más rápido e indoloro que el primero.

Necesidad de protección

La embarazada tiene el don y también la necesidad de comunicarse con el niño, una relación carnal que se prolongará mucho más allá del nacimiento. Ella sabe y siente que lo alimenta, puede advertir sus movimientos, lo imagina, lo sueña (→ p. 147). Comienza a imponer normas y condiciones a su marido: vivir de otra manera, con más calma, con mayor lentitud. Algunas hasta dejan de fumar. Complejos sentimientos le hacen percibir al feto no sólo como una parte de sí misma sino también como una persona completa, capaz de autonomía. Tiene hipo, patea... Ya es un ser humano con voluntad.

⭐ **Reencontrarse a si misma**

Esta diversidad de emociones permite a la mujer soportarse, e incluso amarse, deformada, fastidiada por su vientre. Siente que todo ello carece de importancia en comparación con lo que está ocurriendo en su interior, y con la responsabilidad que de pronto ha recaído sobre su persona. A los seis meses de gestación todavía no se siente estorbada o fastidiada por su estado. Dentro de un mes o un mes y medio las cosas se pondrán más difíciles, los días y las horas se le harán más largos, ya sentirá la ansiedad de conocer a esa personilla a la cual se ha dedicado enteramente. Y a ratos hasta la sentirá molesta.

Es normal y corriente que una embarazada, aunque desee profundamente a su hijo, aunque viva con felicidad su nacimiento, pase por períodos de *leve depresión*. El nacimiento trastornará su vida; es lógico que se inquiete, que plantee numerosas preguntas y que hasta por momentos lamente haberse embarcado en esta aventura. Una pizca de fatiga o una decepción familiar pueden ser la causa de ello. Los nueve meses de espera constituyen, además, un período de fragilidad psíquica, especialmente cuando se trata de un primer embarazo.

Esos sentimientos son tanto más exacerbados cuando la futura mamá ha decidido ser madre soltera y no tiene a nadie a quien confiar sus preocupaciones o con quien compartir las alegrías. Las reuniones con amigos y los cursos de preparación para el parto ofrecen otras tantas ocasiones de conjurar un tanto sus accesos de soledad (→ p. 329).

191

1.er mes

2.º mes

3.er mes

4.º mes

5.º mes

6.º mes

7.º mes

8.º mes

9.º mes

El nacimiento

Los cuidados posteriores

Las 1eras semanas del bebé

En busca de la identidad

Convertirse en padre es tal vez más difícil que ser madre. En la actualidad la imagen del padre está completamente trastornada. El padre autoritario murió en mayo de 1968, según dicen algunos historiadores, y el padre ausente de la vida cotidiana y de la educación de sus hijos, está en vías de desaparición. En la actualidad los padres buscan un nuevo estatuto. Su identidad está en completa mutación.

La primera paternidad siempre se vive con fuerte emoción, tanto más por cuanto el mundo de la maternidad es extraño al hombre en la mayoría de los casos. Jamás éste se ha planteado realmente la pregunta acerca del desarrollo del niño en el vientre de su madre, ni lo que ocurre con su cuerpo en el momento del parto. El futuro padre, por la fuerza de las cosas, se entregó como quizá nunca antes, a su esposa o compañera. Durante nueve meses vivirá atento a sus demandas, se inquietará por su fatiga, se alegrará cuando la consulta al médico confirme que todo va bien y que «su hijo creció».

Existen padres que se comportan como tales desde que el test de embarazo sale positivo, y quienes lloran en la primera ecografía, y también los que no se lo creen hasta el día del parto, y hasta los que se convierten en padres jugando con el niño. La relación depende de cada historia personal.

Ajuste de cuentas

Ciertos padres de pronto se pasan en ello y con sus exageradas precauciones impiden que su esposa o compañera viva normalmente durante nueve meses, con el pretexto de que se fatigarán, que el niño necesita una madre descansada. E incluso a veces acusan a su mujer de negligencia en relación al niño por nacer.

Así, según postula la psicología, se identifican con el bebé y hasta se aprovechan de él para expresar sentimientos agresivos arcaicos, que en verdad se dirigen contra su propia madre, la futura abuela.

Padre: una nueva función

L a paternidad es un fenómeno intelectual; la madre puede apoyar su imaginación en los cambios psicológicos, las sensaciones que crea el feto que se mueve en su interior. Pero el padre debe contentarse con lo que sabe a través de la madre, con lo que ésta quiera confiarle. Quizá éstos sean los momentos de mayor soledad de su vida. Su compañera, enteramente dedicada a ella y a su hijo, está menos disponible para él. Amigos y familiares sólo parecen reparar en ella. Además, por momentos se siente exageradamente responsable: si ella está embarazada es gracias o a causa de él. También puede sentirse culpable de manera inconsciente, por todos los fastidios y dolores de su mujer. Y ello puede volverle protector más allá de lo soportable. En determinadas ocasiones utilizará el embarazo para ajustar cuentas familiares (→ p. 192).

También sabe que tendrá que asumir nuevas responsabilidades. Necesitará más dinero a causa del niño, y tendrá que invertir mucho tiempo para estar a la altura de un buen padre actual. Además su mujer, su compañera, ¿podrá responder a las exigencias de su nueva vida, sabrá conducir el embarazo a buen puerto, será una buena madre? En suma, su existencia tiene la forma de un signo de interrogación. Solamente se siente competente cuando ejerce su nueva función.

Para encontrar respuestas busca en su pasado. La imagen de su propio padre le sirve de referencia, estudia su comportamiento frente a su madre. Tal vez por primera vez se siente su igual. ¿Por qué no podría hacer las cosas de mejor manera, por qué no puede ser él mismo un padre ideal? De allí puede derivar una competencia inconsciente con su padre, lo que constituye otra manera de «saldar viejas cuentas».

Se imagina protector, celoso, alimentario y partícipe a la vez; le cuesta trabajo reconocerse, tanto más porque frente a él hay una mujer que cambia rápidamente.

La mejor preparación para su nuevo papel consiste en mantenerse muy cerca de su compañera, tomar contacto con el futuro hijo oyendo los latidos de su corazón, acariciándolo cuando se mueve en el saco uterino, hablándole (→ p. 209). Así, día a día, en silencio, tomará posesión de su paternidad.

Los estados de ánimo del padre

Hacerse un lugar al margen de la pareja madre-hijo a veces comporta una hazaña, porque de hecho es la madre, por sí sola, la que determina el espacio que en la tarea ocupará el padre. La tarea es compleja: debe aprender a conocer a su hijo, seguir siendo un marido afectuoso, y hacerse cargo de nuevas responsabilidades. Y todo ello sólo en algunas horas, después del parto. La única solución a su alcance consistirá entonces en demostrar su deseo de asunción de la función paterna, sin perder el ánimo, ni siquiera por los numerosos «Tú no podrás». Después de todo, una mujer no tiene por qué haber trabajado de canguro en la adolescencia, ni asistido a su madre en la crianza de una familia numerosa. Será tan inexperta como su padre la primera vez que coja al niño en brazos. Además, postularse desde el principio como un futuro padre solícito es el medio más seguro de fortalecer su futuro estatuto.

La presencia del padre junto a su hijo es algo por definir, que tendrá que organizarse en el transcurso del embarazo. Su lugar se constituirá en principio por el reparto de las tareas cotidianas que impone el niño. Cuando lo cambie, le dé la comida, esté presente en su vida, comparta sus primeros descubrimientos, mimos y juegos, construirá las primeras relaciones (→ p. 332). Y para el niño se presentará entonces la ocasión de establecer una relación diferente respecto a su madre. Esto resulta indispensable para su futuro equilibrio.

Cuando se mezcla el incosciente

Tanto para la mujer como para el hombre, los nueve meses de embarazo constituyen una ocasión de sumergirse, conscientemente o no, en el propio pasado. Para construirse una función o papel materno o paterno, es necesario tener modelos. Éstos siempre son los propios padres, aunque pueda haber otros. Por eso, en este período también pueden avivarse los rencores, los viejos celos. Con frecuencia se comprueba que las frustraciones o las carencias afectivas experimentadas en la infancia resurgen en este momento. La llegada de un «perturbador» a la pareja no debe convertirse en pretexto para ajustar esas viejas cuentas en detrimento del cónyuge.

¿Quién debe hacerlo?

El reparto de las tareas en el transcurso del embarazo suele estar en función de una manera de vivir instaurada desde el comienzo de la vida en pareja. Los futuros padres que participan en los trabajos domésticos son aquellos que antes colaboraban mucho. Lo ideal, para el buen equilibrio de la pareja, sería que las tareas domésticas no se adjudicasen como obligaciones fijas a uno u otro, con el objeto de que nadie se sienta frustrado. Además, con la llegada de un hijo a la familia y las conmociones que produce, es lo más cauto.

194

Edificar una nueva pareja

L a llegada de un hijo a la pareja, especialmente cuando es el primero, romperá el equilibrio que se había establecido antes y por ello será necesario encontrar uno nuevo. Curiosamente, son las jóvenes parejas las que tienen mayores dificultades para conseguirlo.

El período de embarazo es el ideal para reflexionar acerca de ello. La mujer se empeñará por entero en su función de madre. En su locura materna (→ p. 23), arriesga no obstante desatenderlo todo, a sí misma y a su cónyuge. Por su parte el padre vivirá durante nueve meses momentos difíciles que se prolongarán hasta el nacimiento. Aunque esté muy cerca de su esposa, se sentirá excluido, al margen de la nueva pareja madre-hijo que se está gestando al mismo tiempo.

A esta situación se suma de una y otra parte una cierta fatiga; para la mujer resulta indispensable (porque la responsabilidad es enteramente suya) conducir el embarazo a buen puerto y dar a su cónyuge un hijo «perfecto». En cuanto al hombre, piensa en el futuro. Aunque la actitud frente al tema económico haya evolucionado mucho en las parejas, es también el padre quien asume la responsabilidad de dar vida a esta nueva familia. El niño por nacer también se convierte para él en una fuente de proyectos.

★ Hacia la vida en familia

Las relaciones sexuales entre esposos con frecuencia se alteran (→ p. 106 y p. 142), e incluso llegan a perturbarse, provocando frecuentes tensiones, frustraciones de las que conviene hablar antes que mantener en secreto. Los rencores no expresados con frecuencia están relacionados con graves conflictos. La llegada de un niño a la pareja no debe perturbar el equilibrio que constituía su fuerza. Es muy importante que los futuros padres tengan también otros proyectos comunes, además de los procreativos. Es justamente en esta etapa, cuando todavía no han sido absorbidos por los trastornos que comporta el nacimiento, cuando pueden reflexionar acerca del espacio que dedicarán a la pareja. Salidas, fines de semana en solitario, no deben cargarse en la cuenta de una mala relación paterno-materno/filial. Por el contrario, son necesarias para mantener un vínculo afectivo profundo y duradero; pero no todo debe sacrificarse a las funciones paternales.

1.er
mes

2.º
mes

3.er
mes

4.º
mes

5.º
mes

6.º
mes

7.º
mes

8.º
mes

9.º
mes

El
nacimiento

Los
cuidados
posteriores

Las 1eras
semanas
del bebé

195

Viajar

● *En coche*, la posición sentada resulta agotadora si se prolonga durante mucho tiempo, suele acarrear dolores de cintura y ligeros edemas en los tobillos. Además es necesario viajar cómodamente en un asiento con el espaldar levemente inclinado. Realizar etapas cortas y elegir para ello las horas más frescas de la jornada. Las grandes carreteras o autopistas son más cómodas que los pequeños caminos, a veces mal conservados.

● *El tren* resulta ideal para los largos trayectos, y en tales casos siempre es preferible hacerlo durante la noche, en coche cama y con mínimo equipaje. Existen algunas modalidades que permiten llevar las maletas consigo.

● *El avión* también es medio seguro, sin sacudidas ni fatiga. Además, las embarazadas son tratadas con mimo especial por la tripulación.

● *Atención en vacaciones:* las visitas prenatales no deben interrumpirse durante las vacaciones. Antes de viajar pida consejo a su médico, si puede le recomendará uno de sus colegas. No olvide llevar consigo la documentación de su embarazo (→ p. 75) para consignar allí el resultado de esta consulta.

Antes de partir conviene informarse acerca de la infraestructura sanitaria en la localidad: médico, comadrona, enfermera, centro hospitalario, laboratorio de análisis clínicos, farmacia, etc.

Si se está siguiendo algún tratamiento, pida a su médico una carta donde lo detalle, y también una receta para adquirir los medicamentos antes de partir, para prevenir su falta.

Todas estas precauciones no eximen de inscribirse en un organismo que asegure el regreso urgente en caso necesario.

Las vacaciones

L as vacaciones de una futura mamá no son del todo iguales a las otras. A los habituales consejos relativos a los efectos del sol, se suman las precauciones indispensables específicas para el embarazo.

En preciso saber, por ejemplo, que el sol tiende a acentuar las manchas marrones de la «máscara de embarazo» (→ p. 119): las manchas marrones se oscurecen un poco más, los pigmentos decolorados pueden extenderse. Lo mejor será protegerse con una *crema pantalla total* y mantener todo el tiempo la cabeza a cubierto del sol bajo un sombrero.

No siempre el calor resulta tolerable, puesto que acentúa el fenómeno de transpiración, importante durante la gestación, y favorece la dilatación de los vasos sanguíneos ya sometidos a dura prueba, especialmente en los miembros inferiores. Además, según parece, el calor y el sol favorecen la aparición de estrías (→ p. 138). También en esos casos no cabe otra recomendación que una buena protección de la piel, poco tiempo de exposición, y una buena hidratación.

★ De todo, pero con moderación

Los baños de mar, por el contrario, son muy aconsejables si el agua está lo bastante caliente (al menos 20 °C), y limpia, claro está. Siempre, y sobre todo en los meses de verano, las autoridades de turismo y además las autonómicas y municipales, informan a través de los medios de comunicación acerca del estado de contaminación o limpieza de las playas de España.

Pero en el mar hay que comportarse razonablemente; los médicos aconsejan mucha natación y nada de buceo. Un golpe violento de una superficie plana contra el útero podría provocar desprendimiento de placenta. No hay que alejarse mucho de la orilla, porque la fatiga puede presentarse súbitamente y luego hacerse difícil el regreso. Lo mejor es no ir sola. También hay que evitar las grandes olas cuya potencia equivale a fuertes golpes. Los médicos también desaconsejan el buceo o la natación subacuática al igual que los paseos en lancha, siempre por razones de seguridad, a causa de las violentas vibraciones que sus poderosos motores transmiten al cuerpo. Y la prohibición incluye el esquí acuático, a causa de la violencia de las caídas.

197

1.er mes

2.º mes

3.er mes

4.º mes

5.º mes

6.º mes

7.º mes

8.º mes

9.º mes

El nacimiento

Los cuidados posteriores

Las 1eras semanas del bebé

Más vale ser asalariada

Cierto número de mujeres aún desconocen el reposo de la licencia de maternidad. Cuando el estado físico se lo permite trabajan hasta que se producen las primeras contracciones que anuncian la proximidad del parto. Entre ellas se cuentan comerciantes, artesanas, profesionales liberales e independientes.

Y no obstante pueden beneficiarse de una licencia de reposo maternal, aunque no puede exceder al total de semanas concedidas.

Estos beneficios se aumentan en dos semanas en caso de mellizos. Todo embarazo múltiple o declarado médicamente patológico, permite aumentar ese período de reposo a criterio del facultativo.

En cuanto a las mujeres agricultoras, están todavía más desfavorecidas.

Supermujer

Tener un hijo suele poner límites a las ambiciones profesionales de las madres. Fenómeno acentuado por la actitud de ciertos empresarios, que no estimulan su progreso o ascenso, considerando que un niño de corta edad es causa de frecuente absentismo. También desde el punto de vista psicológico las jóvenes madres, al menos durante uno o dos años, suelen inhibirse un poco desde el punto de vista profesional. Tener éxito en la función materna casi siempre parece más importante que hacer carrera.

LAS LICENCIAS DE LA MATERNIDAD EN EUROPA

— 12 semanas en los Países Bajos;

— 13 semanas en Portugal;

— 14 semanas en Alemania, Bélgica e Irlanda;

— 15 semanas en Grecia;

— 16 semanas en España, Francia y Luxemburgo;

— 20 semanas en Italia;

— 25 semanas en Dinamarca;

— 40 semanas en Gran Bretaña, de las cuales sólo son remuneradas 18.

El deseo
de un hijo

1.er
mes

2.º
mes

3.er
mes

4.º
mes

5.º
mes

6.º
mes

7.º
mes

8.º
mes

9.º
mes

El
nacimiento

Los
cuidados
posteriores

Las 1^{eras}
semanas
del bebé

Regresar al trabajo:
el tiempo de la reflexión

Retomar o no el trabajo después del nacimiento exige una minuciosa reflexión que suele ser motivo de dudas y vacilaciones. Cualquiera que sea la solución elegida, solamente la pareja puede tomarla, y sobre todo la madre, claro está. En cualquier caso las madres deben discutirlo consigo mismas antes de tomar cualquier decisión; y lo mejor es que no se dejen influir por nadie.

La voluntad de trabajar comporta la de imponerse un ritmo de vida duradero. Elegir el hogar es un poco alejarse del mundo y encerrarse con los suyos. Ninguna de estas situaciones es buena del todo: cada una tiene sus pros y sus contras que en esta oportunidad deberán evaluarse. Asimismo, conviene estudiar todas las posibilidades que ofrecen los horarios de trabajo: medio tiempo, trabajo como autónomo, o en casa, sin olvidar que se puede optar por una excedencia (según convenio colectivo).

Sea cual fuere la solución elegida, es preferible comunicarla al empresario antes de cambiar las condiciones de trabajo. Las que decidan proseguir la actividad profesional, tendrán que pensar en el tema de la guarda: quién llevará el niño a la guardería o a casa de la niñera y quién irá a recogerlo.

Adoptar la decisión de seguir trabajando no debe hacer que la madre se sienta culpable. Es verdad que durante los primeros años de vida del niño las cosas no siempre les resultarán fáciles. No obstante, hoy se sabe que los hijos de trabajadoras que se cuidan a domicilio o en establecimientos exteriores, no sufren a causa de la ausencia materna, siempre que en el momento del «reencuentro» ellas estén disponibles. Algunos minutos de profunda comunicación y ricos intercambios son de mayor provecho para el desarrollo afectivo del niño que la constante y relativamente indiferente presencia; tanto más cuando la madre está en casa a disgusto, situación que inconscientemente puede indisponerla contra el niño «culpable» de su frustración profesional. El niño, que vive en simbiosis con su madre, resultará sensible a su «tensión» si ella permanece en el hogar y se aburre por ello, o si, por el contrario, trabaja cuando no desea hacerlo.

199

El deseo
de un hijo

1.er mes

2.º mes

3.er mes

4.º mes

5.º mes

6.º mes

7.º mes

8.º mes

9.º mes

El
nacimiento

Los
cuidados
posteriores

Las 1^{eras}
semanas
del bebé

Séptimo mes

Preparar el parto es la mayor preocupación de esta etapa, aunque, paradójicamente, algunas mujeres no hayan pensado aún en preparar el cuerpo para este acontecimiento. Sin embargo todas habrán elegido el sitio para dar a luz y las personas que la asistirán. El niño ya es un humano en condiciones de nacer y ello también es fuente de temores. Pero más vale tranquilizarse.

Para otras ha llegado el momento de iniciarse en el arte de amamantar. Se ofrecen numerosos «métodos» para hacerlo, que sin excepciones combinan la preparación física del cuerpo –que en principio pasa por un buen conocimiento fisiológico– y entrenamientos respiratorios. La mayoría de estos cursos son colectivos, y permiten a las embarazadas conocerse, comparar y compartir experiencias; plantear las preguntas que las inquietan.

Estos cursos de preparación para el parto son importantes porque ofrecen una oportunidad para la maduración psíquica; porque imponen la reflexión, promueven iniciativas y proyectos.

Oír sus latidos

Existe una técnica que permite auscultar el corazón del feto y ampliar el sonido de sus latidos lo bastante como para que la madre pueda oírlos. La audición y grabación del ritmo cardíaco fetal (R.C.F.) permite vigilar la vitalidad del niño durante los cinco últimos meses del embarazo, y sobre todo durante el parto.

Este seguimiento se realiza con dos aparatos: el *fonocardiograma* (audición de los ruidos del corazón) y el *Doppler* * (ultrasonido enviado hacia el corazón).

Estas técnicas permiten vigilar el ritmo cardíaco normal (entre 120 y 160 pulsaciones por minuto) y sus variaciones (aceleraciones, desaceleraciones), especialmente en los embarazos «difíciles». Se trata de un procedimiento que ayuda a una rápida intervención cuando surgen problemas, tanto en la gestación como en la etapa del parto.

Crece la madurez

El *sistema nervioso* se complica: la corteza cerebral* se ahueca con numerosas circunvoluciones, las neuronas* se desarrollan (→ p. 155). Los nervios se visten de mielina, sustancia grasosa que constituye la envoltura o funda de las fibras nerviosas. El *cordón umbilical* ha cambiado: es mucho más ancho para permitir a los vasos sanguíneos que lo recorren cumplir con su función sin que lo impidan los movimientos del feto. Además está revestido de una masa blanda y blancuzca que parece gelatina.

Por último, suele ser en el transcurso de este mes cuando el feto se coloca verticalmente, cabeza abajo. Pero algunos niños aguardan aún algunas semanas para ejecutar esa maniobra. En esta etapa suele pesar 1.700 g y medir 44 cm.

Mirarse una misma

El último aparato de la panoplia obstétrica es el *colposcopio*. Provisto de cámara y monitor, además de cumplir el cometido del colposcopio clásico, es decir aumentar la imagen del cuello del útero, el nuevo proyecta dicha imagen sobre la pantalla de un monitor. De esa manera la paciente puede mirarse a sí misma. Y casi siempre se asombra con ello.

GORJEOS

Los pajarillos son capaces de reconocerse a gran distancia, desde que nacen, por el grito de la especie; siempre que lo hayan oído desde el interior del huevo.

1.er
mes

2.o
mes

3.er
mes

4.o
mes

5.o
mes

6.o
mes

7.o
mes

8.o
mes

9.o
mes

El
nacimiento

Los
cuidados
posteriores

Las 1eras
semanas
del bebé

La voz de la madre

Hay total seguridad en esto: el niño conoce la voz de su madre antes de nacer. Algunos estudios realizados con niños a pocas horas de nacer, demuestran que fueron capaces de reconocer la voz de sus madres entre otras extrañas (→ p. 153 y 155). El conjunto del sistema auditivo funciona a partir de la vigésima semana de gestación (→ p. 152), pero hasta el séptimo mes no acabará la maduración. La presencia de líquido amniótico en el oído medio y en la caja del tímpano es lo que permite la transmisión de sonidos. Dicho líquido se expulsa en el parto, en el momento del primer grito, y de esa manera el oído adquiere plena capacidad. El feto oye los ruidos producidos por su madre, latidos del corazón, circulación sanguínea y borborigmos. Esos ruidos de fondo se evalúan entre los 70 y 95 decibelios. Además, oye sus propios ruidos, los que produce al moverse, los de la placenta, y por supuesto *oye la voz humana*. Oye la de su madre deformada –según se dice– y también la de las personas que hablan alrededor de él, que suenan más débilmente pero de manera más definida.

El tema ya ha inspirado a muchos escritores de literatura fantástica. Recientes descubrimientos confirman que el feto oye a partir de la vigesimosegunda semana de vida uterina y que las niñas son más sensibles a los sonidos que los niños. No obstante todos reaccionan de la misma manera: el aumento de la potencia del sonido acelera su ritmo cardíaco. E incluso parece que el feto expresa su desagrado parpadeando. Esas imágenes ya se han visto en el cine documental y en las películas de ciencia-ficción.

También se sabe que se acostumbra a los ruidos y que hasta se le puede *condicionar*. Una experiencia demostró que en las familias rusas que hablan francés, el recién nacido prefiere la lengua que la madre habló durante el embarazo (francesa) a la lengua materna (rusa). Las reacciones del recién nacido son mucho más intensas cuando durante los últimos meses de embarazo la madre ha leído o cantado el mismo texto. ¿Pero hasta qué punto se pueden condicionar sus reflejos auditivos sin ejercer una cierta forma de violencia?

Por eso, en el siglo XVII cada tribu gitana tenía una melodía específica que entonaban las madres durante el embarazo. Las letras de esas canciones y sus melodías son una impronta auditiva perenne que permite al niño reconocer a su clan.

Preparación clásica para el parto

E l séptimo mes se caracteriza por el inicio de los llamados cursos de parto sin dolor. Se organizan en los hospitales y clínicas, en clases colectivas, pero también pueden ser impartidos por comadronas en lecciones particulares a domicilio.

★ Vencer el dolor combatiendo el miedo

Este método de parto procede de Inglaterra y de Rusia a la vez. Los dos protagonistas y precursores fueron los *doctores Read y Velvoski*. El primero descubrió durante la asistencia a una paciente durante el parto, que el dolor variaba en función del estado de tensión de aquélla, y que sólo se relajaban las mujeres que no tenían miedo. Fue más lejos, se preguntó por qué una mujer podía temer este acto natural; sin duda porque siempre oyó decir que dar a luz resulta doloroso. Y el miedo será tanto mayor según sea su ignorancia acerca del embarazo y del parto. Esta aprensión comporta una contracción general de los músculos, que acentúa el sufrimiento natural del parto. El doctor Read decidió entonces educar a las madres explicándoles lo que ocurría en ellas y estimulándolas para que incorporasen la práctica de ciertos ejercicios físicos y respiratorios que fortalecen los músculos y los nervios (→ p. 158).

★ Vencer el dolor gobernando el cuerpo

Por su parte el doctor Velvoski también estaba preocupado por el origen de los dolores del parto. Al principio trabajó a partir de las experiencias de Pavlov. Para él, la futura mamá está acondicionada para sufrir. Contracciones y dolores resultan inseparables de los partos. En primer lugar Velvoski pensó que era necesario conversar con las embarazadas para volverlas más lúcidas. Luego intentó gobernar sus reflejos mediante la educación de los nervios y los músculos que entran en juego en el momento del parto. Es el método psicoprofiláctico, que más corrientemente se denomina «parto sin dolor», y que hoy es de aceptación casi universal (→ p. 158). Es una lástima que se haya impuesto ese nombre, que induce a falsas esperanzas, o promete lo imposible, puesto que hágase lo que se haga, siempre hay sufrimiento para la parturienta. Cuando el útero se contrae, por ejemplo, produce una sensación de dolor que las mujeres experimentan de forma diversa.

★ **Preparación en dos tiempos**

La preparación en esta modalidad de parto se emprende en dos direcciones. En principio la *preparación psicológica*, con la incorporación de los conocimientos anatómicos y fisiológicos que conciernen al embarazo y al parto: la concepción del niño, el desarrollo del feto, los órganos y músculos que trabajan en el momento del parto, los primeros signos que anuncian el nacimiento, y el desarrollo de éste, la expulsión y la separación. Aquí se trata de hacer que la embarazada adquiera total consciencia de la naturalidad fisiológica de sus circunstancias. Ello redundará en una mayor confianza en sus fuerzas. Luego se imparte una *preparación física*, con ejercicios musculares y respiratorios (→ p. 159).

Estos cursos se prolongan entre seis y ocho semanas. Si el padre tiene la intención de asistir al parto, lo mejor será pedirle que esté presente en algunas de las clases, porque ello le evitará toda sorpresa desagradable cuando llegue el momento. Es posible que se pida a la embarazada la realización de algunos ejercicios en casa, especialmente movimientos de piernas y tronco, ejercicios respiratorios (especialmente el bloqueo de la respiración que no siempre resulta de fácil aprendizaje), etc.

Pero desde hace algunos años se registra un descenso en la asistencia a estos cursos, sin duda por la competencia de otros métodos, y sobre todo a causa de la epidural, cuya eficacia convence (→ p. 162). Hoy, sólo el 40% de las embarazadas se inscriben en estos cursos, y muchos médicos lamentan tantas ausencias, puesto que las clases constituyen una ocasión única para aprender acerca del propio cuerpo y son también una oportunidad de diálogo perdida, ya que las sesiones siempre acaban en conversación acerca de los temas que preocupan a las alumnas.

3.er
mes

4.º
mes

5.º
mes

6.º
mes

7.º
mes

8.º
mes

9.º
mes

El
nacimiento

Los
cuidados
posteriores

Ejercicios de preparación para el parto

Acostada sobre la espalda,
piernas flexionadas, manos
sobre las rodillas...

... inspire lenta,
profundamente, tirando
las rodillas hacia el exterior.

Acostada sobre la espalda,
las piernas abiertas
y las nalgas pegadas a la pared,
respire profundamente
y luego espire contrayendo
los abdominales.

1.er
mes

2.º
mes

3.er
mes

4.º
mes

5.º
mes

6.º
mes

7.º
mes

8.º
mes

9.º
mes

El
nacimiento

Los
cuidados
posteriores

Las 1^{eras}
semanas
del bebé

*De cuatro patas, con las piernas ligeramente separadas,
las palmas apoyadas sobre el suelo,
inspire manteniendo la espalda bien recta,
evite arquearla...*

*... Contraiga el vientre y las nalgas,
balancee la pelvis hacia adelante,
para redondear la espalda,
espire.
Repita varias veces.*

*Acostada de espaldas,
con las piernas replegadas
y las manos sujetando los tobillos,
inspire haciendo fuerza
con los brazos, luego espire
relajando la tracción de los brazos.*

207

Canto prenatal

Musicoterapia y canto prenatal tienen este objetivo: la comunicación con el niño. La musicoterapia consiste en hacer oír la misma música a la madre y al feto por medio de un casco auricular para ella y de un altavoz instalado sobre el vientre para él. Esta concordancia tendría efectos relajantes para ambos.

El canto prenatal permitiría al feto aprender ciertos comportamientos en función de las vibraciones o frecuencias repetidas. Pero esta práctica parece tener buenos efectos, especialmente en el aparato respiratorio y la vocalización. La posición del cuerpo para cantar bien exige a los abdominales y obliga a trabajar a la pelvis. En el momento del parto la madre entona sonidos graves que estimularían las contracciones y ayudarían a la expulsión. Por último, resulta útil en esos dolorosos momentos porque permite a la parturienta concentrarse en la respiración y sentirse activa.

Haptonomía y juegos de manos

Durante los cursos de haptonomía o en su casa, solos, madre y padre han aprendido a comunicarse con el feto. La madre sabe que apoyando la mano sobre el fondo del útero éste se contrae y el feto asciende de manera perceptible; si se coloca la mano en la parte inferior del vientre, desciende. En el momento del nacimiento podrá guiarlo hacia el exterior con este método.

Generalmente se pide gran participación al padre. Éste se sitúa detrás de su mujer y le apoya las manos sobre el vientre. En cada contracción guía al niño en la buena dirección, para que nazca. La presencia del padre y su colaboración activa en el nacimiento dan seguridad a la madre y otorgan a la pareja una fuerza sorprendente. El sufrimiento se reduce, y aunque no desaparece, las tensiones musculares disminuyen elevando con ello el umbral de tolerancia al dolor. El miedo se reduce por el efecto benéfico de la plenitud afectiva.

FISIOTERAPIA

Este método libera a las articulaciones de la pelvis de todas las tensiones y desarrolla la elasticidad del útero. De ese modo se remueven la mayor parte de los obstáculos que frenan el descenso normal del neonato. En el momento del parto se recomienda caminar el mayor tiempo posible y dar a luz en cuclillas, con la espalda inclinada hacia atrás, los pies juntos y las rodillas separadas, con el objeto de abrir las piernas y las articulaciones de la pelvis al máximo.

Comunicar mediante haptonomía

Detrás de esta palabra de aspecto bárbaro se oculta un maravilloso sistema de comunicación padres/feto. Se debe a un médico neerlandés, *Frans Veldman*. La técnica se basa en el *sentido del tacto* y se practica a partir del momento en que el niño se mueve. Entonces nada más simple que tomar contacto con él. Basta ejercer sobre el vientre de la madre pequeñas presiones para sentir que el bebé se mueve.

El doctor Veldman está convencido de que el feto percibe precozmente las señales y siente placer o rechazo por ellas. Cuanta mayor carga afectiva tengan dichos intercambios, más se enriquecerá y expandirá la personalidad del niño. Es esencial proporcionar a éste la seguridad afectiva mucho antes del nacimiento. Esta confianza le permitirá adquirir más velozmente y mejor la autonomía deseable para todo ser humano, puesto que una buena unión permite luego una adecuada separación.

Los médicos o las comadronas formadas en esta técnica, enseñan a los padres los gestos esenciales en sólo cinco o seis sesiones. Los primeros contactos confieren al embarazo todo su sentido. Los padres dicen entonces que juegan con su hijo, le hablan, lo llaman. Y lo más extraordinario es que al *niño le gusta*. Por eso, después de algunas citas repetidas a la misma hora, no es extraño que el feto acuda puntualmente al encuentro con sus padres. Ésa es también una experiencia extraordinaria para el padre y los demás niños de la familia.

La haptonomía también puede ser un medio para que la embarazada consiga *algo más de comodidad*. Por ejemplo cuando el feto comprime el diafragma y dificulta la respiración, su madre puede animarle a descender un poco. Esta misma técnica podría emplearse durante el parto para relajar los músculos de la madre y guiar suave, tiernamente al niño hacia el exterior. *La función del padre puede ser importante entonces*, puesto que ha asistido a los cursos de haptonomía, es él quien dirigirá al niño, y su compañera se prolongará en él, para que la lucha resulte más eficaz. Efectivamente, para Frans Veldman, cuando la madre ha establecido relaciones con el feto desde hace tiempo, podrá mostrar al niño el camino del buen nacer.

2.º mes

3.er mes

4.º mes

5.º mes

6.º mes

7.º mes

8.º mes

9.º mes

El nacimiento

Los cuidados posteriores

Las 1eras semanas del bebé

209

Ejercicios

Aunque no se practique el yoga, se pide a las embarazadas que realicen diariamente estos cinco ejercicios:

— estirar la columna vertebral hacia arriba elevando la frente;

— balancear la pelvis para reducir la curvatura de la espalda;

— contraer el perineo para experimentar la sensación de elevar al niño;

— sentir que el diafragma se levanta con la espiración;

— contraer el abdomen de adelante hacia atrás, para ubicar bien el útero en la pelvis.

La armonía mediante el yoga

Por «yoga» se entiende a la vez un arte de la vida, una cultura, una filosofía y una técnica. En él se combinan *el cuerpo y el espíritu*. En el terreno de la preparación para el parto se asemeja sobre todo a un entrenamiento psicológico y respi-ratorio, acompañado de un aprendizaje del esquema corporal de la mujer embarazada.

Para los yoguis, la embarazada debe estar impregnada de calma y felicidad, porque dicho estado facilita la circulación de las hormo-nas* naturales cuyas dosificaciones varían con las emociones.

Además, todo pensamiento positivo y constructivo es directamente transmitido al feto que alimentado de felicidad tiene todas las posi-bilidades de proseguir un desarrollo armonioso y de tener luego una personalidad equilibrada. Los resultados experimentados en el campo de las enfermedades psicosomáticas en los últimos años, abonan esos postulados.

Los ejercicios de yoga que se enseñan a las embarazadas perte-necen al *hatha yoga*, combinación de posturas y prácticas respira-torias. Para que todas las mujeres puedan realizarlos, se han elegido los movimientos más simples.

Las posiciones aconsejadas, *asanas*, hacen que participe *el cuer-po en su totalidad*, estirando los músculos con suavidad, y obligan-do a ligamentos, articulaciones y vértebras a trabajar con soltura.

Jamás acrobáticos, se ejecutan con lentitud y gran concentración; y su acción es tan profunda que actúan sobre los órganos internos y las glándulas endocrinas.

La enseñanza del yoga puede repartirse en una o dos sesiones se-manales de una hora, o cuatro o cinco de entre 15 y 20 m. Una sesión tipo consiste en ejercicios de estiramiento de la espalda, e incluye mo-vimientos para la estimulación del perineo y de la circulación sanguí-nea en las piernas, posturas sentadas con rotación de la cabeza, entre-namiento respiratorio, y finalmente algunos minutos de relajación.

Pero no hay que olvidar que no todas las posturas del yoga son reco-mendables a las mujeres encinta, a causa de los trabajos musculares que implican. Éstos deben adaptarse a la morfología del embarazo y también a la fuerza física y destreza corporal de la embarazada. Por eso, se recomienda la práctica de esta preparación con la dirección o el asesoramiento de un profesor de yoga asistido por una matrona.

211

Los
cuidados
posteriores

Las 1eras
semanas
del bebé

Ligeras molestias

Ciertas embarazadas no soportan permanecer acostadas de espalda porque sienten náuseas, vértigos e incluso opresiones cercanas a la taquicardia. Esos malestares se explican por la compresión del útero sobre la cava inferior, causa de hipotensión*. En tal caso deben acostarse sobre el flanco izquierdo, decúbito lateral izquierdo (→ p. 133). En cuanto a las embarazadas que duermen sobre el vientre, encontrarán sin duda algunas dificultades para conciliar el sueño y arriesgan forzar la columna. Tendrán que situarse de costado, acurrucadas. Las posiciones clásicas de relajación también ayudan a conciliar fácilmente el sueño (→ p. 133).

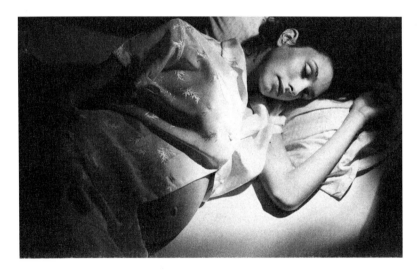

Duermevelas

Ya no puede dormir más sobre el vientre, resulta incómodo, e incluso se siente oprimida de espaldas; en tal caso duerma de lado. Estire la pierna que soporta todo el peso del cuerpo, y flexione la que queda encima. También puede colocarse un almohadón bajo la rodilla flexionada, de ese modo no se le comprimirá el vientre. Los estados de somnolencia durante la jornada pueden perturbar el buen equilibrio nocturno. En tales casos se advierte también una reducción de la atención, dificultades de concentración. Las somnolencias pasajeras pueden ser causa de una relativa lentitud de las respuestas-reflejos que exige la conducción de un coche. Podrá notar que esta actividad le hará pensar a veces en la ejecución de gestos que normalmente son automáticos.

212

Noches blancas

1.er
mes

2.º
mes

3.er
mes

4.º
mes

5.º
mes

Los insomnios al final del embarazo, que se presentan con bastante frecuencia, suelen tener dos orígenes. El primero, que el cuerpo se ha vuelto pesado y la posición acostada resulta incómoda. Además, la regulación térmica de la embarazada se ha modificado, a veces se siente mal en esa cama que antes de la gestación sentía perfecta. El segundo es de orden psicológico: la ansiedad e incertidumbre acerca de la fecha del parto, momento que compromete mentalmente a las embarazadas; a veces de manera excesiva. Este fenómeno se acentúa en ciertos casos por las vivencias de los exámenes ecográficos (→ p. 145), o las palabras del ecografista o alguna otra persona presente, que pueden inspirar temores, angustiar, y con ello provocar insomnio.

★ Dormir donde mejor convenga

Los consejos clásicos para casos de insomnio o despertar nocturno, también se aplican a las embarazadas: comer ligeramente, practicar un poco de relajación al final de la jornada (se recomienda la natación en piscina, que resulta particularmente relajante) y dormir en una habitación con buena aireación, y fresca. No hay que vacilar en cambiar de cama; muchas embarazadas dicen dormirse mejor sobre el tresillo de la sala, sólo cubiertas por una ligera manta.

Ciertos alimentos tienen efectos sedantes, entre éstos la lechuga, la leche, la manzana y el ajo. Las tisanas también resultan eficaces, pero cuidado: la cantidad de agua bebida muchas veces obliga a levantarse durante el sueño para orinar. También se puede apelar al baño reforzado con un aceite relajante (→ p. 140).

6.º
mes

7.º
mes

8.º
mes

9.º
mes

★ La opinión del especialista

Si los insomnios llegan a convertirse en problema habitual y cada vez más insoportable, tendrá que planteárselo al médico, sólo él puede prescribir somníferos apropiados para el embarazo. Si usted es adepta a la medicina llamada «suave», la homeopatía (→ p. 85) y la acupuntura (→ p. 169) pueden resultar eficaces. Pero deberá tener en cuenta la opinión de un especialista.

El agua contra el edema

El edema se caracteriza por la hinchazón de las piernas, tobillos, manos y a veces hasta del rostro, y su causa es la retención anormal de agua, de fácil explicación durante el embarazo. El cuerpo de la mujer encinta contiene entonces cuatro litros suplementarios de agua, que se reparten entre la sangre y las células. La única manera natural de luchar contra esta molestia es, aunque parezca paradójico, beber mucha agua para mejorar el drenaje de los tejidos (un buen promedio: un litro y medio de líquido cada día). La ropa muy ajustada, especialmente en tobillos y muñecas, también puede ser causa de edema. Pero sólo aquellos edemas que aparecen brutalmente resultan inquietantes. En tal caso deberá consultarse urgentemente al médico, porque pueden deberse a un mal funcionamiento renal. Además, el edema puede estar acompañado de hormigueos debidos a la opresión de ciertos miembros por el aumento de volumen de los tejidos.

Aquellas que vivan junto al mar o que en el transcurso del embarazo tengan la oportunidad de visitarlo, podrán emplear este simple medio que tanto cura el edema de las piernas y los tobillos como previene su aparición: caminar en el mar, con el agua fresca o fría a la altura de los tobillos. Si este ejercicio se practica regularmente (al menos durante media hora) se activa la circulación y el drenaje de los tejidos.

Otras varices

Las varices vulvares se forman entre el séptimo y el octavo mes, sobre todo entre las primerizas* y algo más temprano en las multíparas*. Las mujeres que padecen otras afecciones venosas resultan particularmente proclives. Por lo general se soportan bien, a lo sumo producen cierta pesadez o comezón y temor estético. Pero hay ocasiones en que resultan dolorosas, especialmente durante la cópula, y su ruptura durante el parto inspira miedo. Cuando estas varices se vuelven realmente insoportables, es posible esclerozarlas; no obstante, en la mayoría de los casos no necesitan intervención quirúrgica alguna y los tratamientos tópicos bastan para calmar las molestias; además, desaparecen tras el parto, cuando la circulación de la sangre de la parturienta regresa a la normalidad.

NO A LA AUTOMEDICACIÓN

Los sondeos realizados acerca del consumo de medicamentos por las embarazadas indican que el 50% de ellas toman al menos uno durante los tres primeros meses de la gestación. Más de la mitad de estos medicamentos se emplean sin control, tanto porque pueden adquirirse sin receta, como por el hecho de estar siempre a mano en el botiquín hogareño por haber sido prescritos con ocasión de una afección anterior al embarazo.

214

Respetar las prescripciones

L a automedicación es tan poco recomendable en esta etapa como al principio del embarazo. Pero tienta porque con ella parecen poder resolverse insomnios, jaquecas, dolores lumbares. Pero es preciso saber que al tomar un medicamento la madre también lo «suministra» al feto. Aunque la eliminación de la sustancia medicamentosa esté asegurada por el sistema renal de la madre, la ingestión frecuente y prolongada de productos medicamentosos estorba el normal funcionamiento del organismo materno. Además, en el momento del nacimiento se corre el riesgo de estar «medicada» y en tal caso serán los propios órganos del niño –hígado y riñones– aún inmaduros, los que tendrán que afrontar el trabajo de eliminación.

Fuera de las recetas médicas, deben evitarse:

- *Las aspirinas y todas las drogas análogas*, a las que se atribuyen intoxicaciones pulmonares y renales. Todos estos medicamentos se pueden reemplazar con la gama del paracetamol.

- *Los jarabes y productos antitusígenos*, los expectorantes, especialmente aquellos que contienen yoduro de potasio, droga capaz de producir hipotiroidismo en el neonato.

- *Las gotas nasales de tipo vasoconstrictoras*, que suelen acarrear algunos problemas de hipertensión arterial, un riesgo inútil para la embarazada.

- *Los laxantes químicos y la parafina líquida*, los primeros porque provocan una irritación de las mucosas intestinales, la segunda porque dificulta la asimilación de ciertas vitaminas.

- *Los somníferos de tipo benzodiasepinas*, que pueden provocar en el recién nacido estados de somnolencia y disminución de la succión. También deben evitarse los somníferos a base de bromuro de calcio y sus derivados.

Un principio que no debe transgredirse jamás: sobre todo no emplee los productos farmacéuticos milagrosos anteriores al embarazo. Si padece molestias persistentes, pida consejo al médico, sólo él está autorizado a recetar medicamentos. El embarazo puede también convertirse en pretexto de adicción medicamentosa y aún de algo más injusto: de adicción del neonato aún en el útero.

215

El deseo
de un hijo

1.er
mes

2.o
mes

3.er
mes

4.o
mes

5.o
mes

6.o
mes

7.o
mes

8.o
mes

9.o
mes

El
nacimiento

Los
cuidados
posteriores

Las 1eras
semanas
del bebé

Algunas ideas falsas
acerca de la alimentación

● *El ritmo de aumento de peso ideal es de un kilo por mes.*

No hay reglas comunes a todas: en el consumo diario de energía influyen diversos factores como la actividad física y el metabolismo. Además es sobre el final de la gestación cuando el peso aumenta de manera importante. Hasta el tercer mes no se advierten cambios en la cantidad de calorías absorbidas, unas 2.000 diarias. A partir del segundo trimestre la embarazada puede comer un poco más, y esforzarse para ingerir proteínas, abundantes lácteos y fruta, hasta las 2.400 calorías diarias. En el tercer trimestre, el aporte cotidiano puede alcanzar las 2.800 calorías diarias.

● *El aceite y la margarina son menos grasos que la mantequilla y la crema.*

Mantequilla y margarina contienen la misma proporción de lípidos, alrededor de 82 % del peso. Los aceites, sea cual fuere su origen, son 100% lípidos o grasas. Por el contrario, las cremas aligeradas contienen mucho menos, entre el 12 y el 29% según el producto de que se trate. Pero la asimilación es diferente, según se trate de grasas animales o vegetales. Hay que tener en cuenta que no todas las margarinas son de origen vegetal.

● *La leche es «pesada», de difícil digestión*

Las embarazadas que antes de concebir tenían dificultades para digerir la leche, durante el embarazo no podrán soportarla. Pero el 90% de la población la tolera perfectamente bien. Siempre puede reemplazarse por un yogur, de más fácil digestión, u otros lácteos «predigeridos» de igual valor alimenticio.

● *Para el aporte vitamínico nada mejor que las legumbres y frutas frescas.*

Todo depende del estado de madurez en el momento de la cosecha y del tiempo transcurrido entre ésta y el consumo. Muchas veces, las conservas o alimentos congelados resultan más ricos en vitaminas. Las industrias que transforman frutas y legumbres suelen estar situadas en el propio corazón de las regiones productoras. En tal caso se recogen en el mejor momento de madurez, y se cocinan o

216

El deseo
de un hijo

1.er
mes

2.º
mes

3.er
mes

4.º
mes

5.º
mes

6.º
mes

7.º
mes

8.º
mes

9.º
mes

El
nacimiento

Los
cuidados
posteriores

Las 1eras
semanas
del bebé

congelan sin pérdidas de tiempo. Conviene abstenerse de los productos que llevan sustancias químicas conservantes o ciertos colorantes. No se les puede atribuir nada grave, pero como se pide que las embarazadas limiten la ingestión de drogas químicas en forma de medicamentos (→ p. 215), lo mejor es incluir a los conservantes en el catálogo de la veda. En general, se considera que toda sustancia química por lo menos sobrecarga el trabajo renal.

- **El yogur descalcifica**
Todo lo contrario: el yogur constituye un alimento ideal por su aporte de calcio. Con el consumo de 100 g diarios de yogur se incorporan al organismo entre 140 y 175 mg de calcio. Sería lamentable privarse de ello.

- **No hay que comer perejil ni azafrán**
Si es verdad que esas plantas tienen poderes abortivos, no es ni en la forma ni en las cantidades que se emplean habitualmente en la cocina. También se acusa a estas plantas de provocar problemas renales o cardíacos: algunas hojas de perejil sobre la ensalada o un par de pistilos de la flor de azafrán en la comida nunca producen tales afecciones. Además, el perejil abortivo es una variedad muy particular que no se vende en los mercados de hortalizas.

- **La embarazada debe reducir el consumo de sal al final de la gestación**
Es verdad que la supresión de la sal en la alimentación estuvo mucho tiempo de moda, especialmente para reducir el fenómeno clásico de los edemas del final de la gestación (→ p. 214). Actualmente ya no se prescriben tales regímenes, salvo en casos muy definidos. Se ha comprobado que la sal también contiene oligoelementos importantes, y que regula el equilibrio del agua entre la madre y el niño. De hecho, la sal no es la causa directa de retención de agua, al contrario. En la mayoría de los casos, el exceso se elimina rápidamente en la orina. Las embarazadas pueden salar razonablemente sus comidas (→ p. 113) a menos que estén a dieta por prescripción médica.

217

Dietas

	LUNES	MARTES	MIÉRCOLES
DESAYUNO	uvas, café o te, pan + mantequilla, 1 huevo pasado por agua.	zumo de naranja, café o té, cereales (4 cucharillas), 30 g de queso de pasta semidura.	pomelo, café o té, pan (60 g), mantequilla (10-15 g), jamón.
ALMUERZO	aguacate con zumo de limón, carne de ternera asada, acelgas con bechamel o gratinadas, queso, piña.	ensalada verde con queso roquefort y nueces, escalopa de pavo y coliflor con bechamel, frutas.	bróculi en ensalada, carne de cerdo con cebollas y tomillo, queso, fruta.
CENA	pechuga a la plancha, ensalada de judías verdes, queso, manzana al horno.	sopa de ajo, dorada a la sal, arroz, yogur con miel y con frutos secos.	sopa de calabaza, revoltillo de huevos, pastel de queso blanco.

A partir del séptimo mes las embarazadas comienzan a comer más, deben aumentar la ración cotidiana entre 500 y 1.000 calorías, de acuerdo con su peso antes de la gestación, en total un aporte de 2.800 calorías diarias. A las treinta semanas de gestación la balanza debe indicar 8,5 kilos más que el primer mes.
• Ningún alimento debe privilegiarse, es necesario tender al equilibrio, repartiendo las calorías suplementarias entre las tres comidas principales, y sobre todo haciendo un esfuerzo para comenzar la jornada con un copioso desayuno. Para los aportes suplementarios puede introducirse una pequeña merienda a media tarde.
• Al final del embarazo pueden reaparecer náuseas y vómitos, que no indican problemas particulares y pueden prevenirse tomando al-

Otoño / Invierno

1.er mes

2.° mes

3.er mes

4.° mes

5.° mes

6.° mes

7.° mes

8.° mes

9.° mes

El nacimiento

Los cuidados posteriores

Las 1^{eras} semanas del bebé

JUEVES	VIERNES	SÁBADO	DOMINGO
manzana, café o té, un bollo pequeño, queso.	1 pera, café o té, 1 huevo con bacon.	uvas, café o té, pan + mantequilla.	zumo de pomelo, café o té, muesli, 50 g. de queso blanco.
ensalada de coles, hígado de ternera a la inglesa, fruta.	pomelo en ensalada, bacalao guisado, natilla con caramelo.	caldo magro, pollo guisado, queso, peras gratinadas.	ensalada de champiñones con crema, pato con melocotones, queso, frutas exóticas.
cogollo con pechuga ahumada, vieiras, huevos al plato con crema.	puerros con bechamel, carne de ternera asada, queso, papilla de frutas rojas.	legumbres guisadas, salmón asado, queso, tarta de manzanas con canela.	sopa de legumbres, ensalada de hígados de ave, queso, pastel de zanahorias.

gunas precauciones. Algunas mujeres se sentirán mucho mejor fraccionando sus comidas todavía más. Efectivamente, al crecer, el niño tiende a ocupar en el abdomen un sitio cada vez mayor, y por eso comprime el estómago.

• Los *edulcorantes no calóricos* pueden ser un paliativo para eliminar la adicción al azúcar; pero atención: a causa de un fenómeno fisiológico de compensación podrían ser responsables de aumentar la necesidad de azúcar y desarrollar el apetito.

• Los *productos light* o aligerados, son, como lo indica su nombre, menos ricos en calorías. Por ejemplo las mantequillas aligeradas resultan equivalentes, en contenido de materias grasas, a los quesos más corrientes. En todos estos casos, lo mejor es limitar la ingestión de azúcares y grasas.

Los azúcares indispensables

Los glúcidos tienen importante papel en el transcurso de la gestación (→ p. 86). Los mejores, desde el punto de vista del aporte energético para la madre y para la constitución del niño, son los *azúcares lentos* que se encuentran sobre todo en los cereales y féculas. Los *azúcares rápidos* son los provistos por el azúcar refinado, los caramelos, la miel y también las frutas y leche. Estos glúcidos aportan sólo calorías. Lo mejor es consumirlos con moderación, preferir la miel al azúcar, puesto que aquélla sólo contiene entre 70 y 72% de glúcidos. Reservar el empleo de azúcar auténtico para el café o té (no más de una o dos cucharillas por taza). Todas las golosinas deben eliminarse, al igual que las bebidas azucaradas. No azucarar el yogur natural, y reducir la cantidad de azúcar en la pastelería doméstica es una buena costumbre. Ello la ayudará a perder los kilos suplementarios de la posmaternidad.

Meteorismos frecuentes

En esta fase no faltan los úteros que presionan los conductos intestinales y provocan hinchazones y meteorismos. Se recomienda comer con frecuencia y en pequeñas cantidades, y evitar los alimentos con reputación flatulenta: judías blancas, coles, cebollas, legumbres secas...

PESO AUTORIZADO

El peso que actualmente se admite como el mínimo a aumentar en el transcurso del embarazo, es de 12 kg (16 como máximo). Entre el quinto y séptimo mes, el aumento de peso semanal ronda los 350-400 g, para alcanzar la cota de 450-500 g semanales en los últimos meses.

Algunas vitaminas de más

Por lo general, en las dietas alimenticias las embarazadas no encuentran los aportes necesarios de hierro y vitamina B9, que son causa de frecuentes anemias (→ p. 111). Por ello los médicos suelen prescribir con frecuencia esos dos elementos en forma de comprimidos. En algunos casos se agrega vitamina D y calcio. Estas prescripciones son una costumbre en ciertos países. En otros, el médico realiza una evaluación en función de los antecedentes familiares de la embarazada, y si es necesario la completa con análisis de sangre.

Yogur para beber

En la India esta bebida acompaña a la mayoría de las comidas. Aplaca la sed y es dietética. Se consume como entrada o como postre, e incluso en pequeñas meriendas a lo largo del día, natural, salado o azucarado, aromatizado con cardamomo, clavo o comino.
Preparación como bebida refrescante: mezcle una taza de yogur con igual volumen de agua, hasta que se vuelva espumoso; a continuación agregue agua y bata nuevamente. Ponga a enfriar en la nevera y bébalo bien frío, condimentado a voluntad.

PROHIBICIONES

En la India, y particularmente en Nepal, la alimentación de las embarazadas registra buen número de prohibiciones. No pueden comer carne ni huevos, y su régimen se limita esencialmente a arroz, acompañado de algunas legumbres. En los últimos meses de gestación pueden enriquecer la dieta con leche, pescado, leche cuajada y frutas. Ciertos productos quedan totalmente excluidos porque se los considera peligrosos para el niño, por ejemplo las comidas ácidas o excesivamente condimentadas, la piña y los cacahuetes que provocarían problemas respiratorios y la miel que creen causa de aborto.

Pereza intestinal

Durante el embarazo la acción de ciertas hormonas* sobre los músculos de la pared intestinal suele perturbar el tránsito digestivo y producir estreñimiento. Contra él, nada mejor que una dieta rica en fibras y legumbres verdes (→ p. 86), con ellas se pone remedio a este problema. Si persiste, se puede probar con ciruelas pasas y pan de centeno. Los laxantes no se pueden emplear sin previa consulta médica (→ p. 215). Éstos, además de los peligros mecánicos, acentúan la pesadez intestinal e irritan los intestinos, al tiempo que drenan las vitaminas y sales minerales que madre y feto necesitan.

221

1.er
mes

2.º
mes

3.er
mes

4.º
mes

5.º
mes

6.º
mes

7.º
mes

8.º
mes

9.º
mes

El
nacimiento

Los
cuidados
posteriores

Las 1eras
semanas
del bebé

Para evitar los atascos

Organice su guardarropa y la canastilla. Un niño ocupa lugar sobre todo en los armarios. Es el momento de las chapuzas inevitables: un estante por aquí, unas tablas para improvisar un guardarropa allá.

Hay que prever también un sitio para todos los productos de tocador corrientes. Según el tamaño de su casa o piso quizá resulte conveniente instalar todo en la habitación del niño, o hacerle lugar en el cuarto de baño familiar.

También es necesario pensar en la organización posparto. Cuando esté allí con el niño todavía tendrá tiempo para buscar los comercios que entregan a domicilio, para conseguir una persona que le ayude en los trabajos domésticos, o para cambiar de lavadora si la que tiene es muy pequeña, para deshacerse de los trastos inútiles, etcétera.

ORDENADOR FALSAMENTE ACUSADO

¿El trabajar durante toda la jornada frente a un ordenador comporta peligros para el embarazo? Se ha acusado a las débiles dosis de radiaciones que emite este aparato de provocar abortos y malformaciones, pero todos los estudios e investigaciones realizados acerca de ello, concluyen de la misma manera: no es verdad. Las emisiones de las pantallas no parecen capaces de producir tales efectos.

Protección gremial

La convención colectiva de las 160.000 mujeres tituladas que trabajan en la empresa estatal de correos y telégrafos de Francia, dispone que en el tercer mes del embarazo la mujer se beneficie de una hora menos de trabajo cada día, y de una hora y media a partir del sexto mes. En la región parisina las mujeres embarazadas pueden solicitar destinos menos fatigantes o un servicio más próximo a su domicilio, para recuperar después del parto su antiguo puesto. Las que amamantan tienen derecho a media hora menos de trabajo diario, hasta el noveno mes que sigue al parto.

1.er
mes

2.o
mes

3.er
mes

4.o
mes

5.o
mes

6.o
mes

7.o
mes

8.o
mes

9.o
mes

El
nacimiento

Los
cuidados
posteriores

Las 1eras
semanas
del bebé

Un merecido reposo

Se ha fijado, sea cual fuere el empleo, en seis semanas antes de la fecha prevista para el parto y en diez semanas después de éste. Pero las normas contemplan las diversas circunstancias.

En caso de embarazo patológico, por ejemplo, la licencia depende del criterio del facultativo. Si el parto ha tenido lugar antes de lo previsto, el reposo se prolonga otro tanto; si el parto se atrasa, la duración de la licencia posnatal se mantiene.

★ **Trabajo y maternidad**

— La embarazada que trabaja está protegida por la ley, no puede ser despedida a partir de la concepción y hasta el parto. El empresario, si quiere despedirla, deberá esperar hasta que pasen dieciséis semanas desde el nacimiento. No obstante esta regla tiene algunas excepciones.

— Si está en paro y busca un empleo, al empresario le está prohibido tomar en consideración su estado para negarse a emplearla. La futura mamá tampoco está obligada a informar al empresario acerca de su embarazo en el momento de la entrevista preliminar.

— Ningún cambio de empleo puede exigirse sin razones médicas, de todos modos ese cambio es provisional y sin disminución de salario.

— A causa de su embarazo, la empleada o trabajadora puede solicitar cambios en sus horarios de entrada y de salida.

— Ciertas convenciones colectivas de trabajo prevén la disminución del tiempo de trabajo de toda embarazada a partir del tercer mes y sin modificación de salarios.

223

¿A quién confiarlo?

L as guarderías colectivas, las familiares y las asistentes maternales o canguros son incapaces de hacerse cargo de los niños menores de tres años cuyos padres trabajan. En España se tiene en estudio el apoyo a los canguros como alternativa a la escasez de guarderías.

Según estudios realizados en países occidentales el 18% de los padres consideran que las guarderías colectivas son la manera más satisfactoria, pero el 30% emplea niñeras o canguros, les guste o no. El 41% de ellos desearían ver a su hijo inscrito en una guardería, pero no consiguen hacerlo.

Las nuevas investigaciones realizadas en esta materia prueban que *todas las formas de guarda son buenas*. Las condiciones para que todo vaya bien son: que la madre las acepte y que se esfuerce en no cambiarlas en el transcurso de la primera infancia. El equilibrio del niño exige una cierta estabilidad. La guarda adecuada debe elegirse en función:

— de la situación familiar (con marido o sin él);

— de los horarios de trabajo;

— de los ingresos familiares;

— de la localidad de residencia (distancia a la guardería);

— de las opciones educacionales elegidas (formación por la colectividad o relación con un adulto);

— del estado de salud del niño (frágil o no, minusválido);

— de las posibilidades locales.

★ La guardería colectiva

Es un establecimiento municipal, privado o de empresa que está dirigido por una puericultora diplomada, con una auxiliar de puericultura cada cinco niños. La guardería colectiva ofrece guarda permanente de niños de entre 2 meses y 3 años de edad, de lunes a viernes, de 7 a 19 horas. Los niños se aceptan, siempre que su mal no sea contagioso. Esta forma de guarda favorece la sociabilidad y estimula el desarrollo mediante el juego colectivo. El precio se fija en función de los ingresos familiares. El niño es alimentado, lavado,

El deseo
de un hijo

1.er mes

2.o mes

3.er mes

4.o mes

5.o mes

6.o mes

7.o mes

8.o mes

9.o mes

El
nacimiento

Los
cuidados
posteriores

Las 1eras
semanas
del bebé

vestido. Para que sea admitido en esta clase de establecimientos, sus dos padres deben trabajar, y él tener buena salud y estar vacunado de las vacunas obligatorias. Pero las plazas son limitadas y se reservan en prioridad a las madres solteras.

★ La guardería privada

Reagrupa cierto número de padres en una asociación. Para que pueda funcionar legalmente, el establecimiento debe estar bajo control de la autoridad sanitaria, y la dirección a cargo de una persona diplomada (puericultora o educadora infantil). La guardería privada asegura la guarda de los pequeños durante toda la jornada; la gestión y el mantenimiento de los locales, así como el personal. A veces reciben subvención estatal.

★ La guardería familiar

Existen ensayos en España en los que hay guarderías que están bajo jurisdicción municipal y deben encomendarse a la dirección de una puericultora. Estas instituciones agrupan a asistentes maternales a domicilio, «canguros», que una vez por semana reciben una visita de inspección de la puericultora. La niñera debe tener una cierta formación. Acuerda con los padres los horarios de guarda, el pago se realiza en la guardería familiar que a su vez remunera a la niñera domiciliaria. La tarifa es idéntica a la que cobra la guardería colectiva. Los padres están exentos de toda responsabilidad administrativa.

★ La asistente maternal

Es una mujer de al menos veintiún años de edad, con hijos. Está bajo el control de una asistente social y cuida niños durante el día y a domicilio. Sus horarios se fijan por acuerdo con los padres, de lunes a viernes (salvo que se arregle otro calendario laboral). Esta forma de guarda permite mayor elasticidad en los horarios, y ofrece al niño una relación personalizada que no se modifica en caso de enfermedad. El niño se cría en el marco doméstico. La asistente maternal recibe ayuda y asesoramiento de la administración pública (protección maternal e infantil). El salario que se debe pagar a la asistente dependerá del régimen laboral, y en ningún caso podrá ser inferior al mínimo interprofesional si se trata de jornada completa.

225

La canguro

Generalmente se trata de un o una estudiante que busca ganar algo de dinero. Para hacerse cargo de esta faena debe tener al menos 16 años de edad. Pero por razones de madurez y de seguridad, especialmente cuando se trata de guarda regular, conviene elegir a una persona mayor de 18 años. Además, por razones de índole práctica, mejor es que esté cubierta por la seguridad social.

Su función: reemplazar a la madre durante algunas horas, esporádicamente o regularmente. Puede ocuparse del baño y de las comidas del niño, y de vigilar que los mayores hagan sus deberes, etc. *Sus obligaciones y sus derechos:* darle de comer si acude durante los horarios de las comidas; permitirle libre acceso a la televisión, dejarle teléfonos donde poder llamar en caso de necesidad, eventualmente el del médico de los niños; tener que acompañarla o pagarle un taxi cuando se marcha después de las once de la noche.

Au pair (chica o chico)

Ellas o ellos vienen del extranjero por un período de tiempo limitado al de sus estudios. Deben ser alojados, alimentados, y percibir una pequeña remuneración por su tiempo de trabajo (cinco horas diarias durante seis días y dos noches por semana). Se hacen cargo de cuanto concierne a los niños, de su ropa y de la vigilancia de sus deberes.

Lo más prudente es reclutar la persona por medio de una asociación especializada. Todos los trámites administrativos se simplifican mucho de esa manera.

La adaptación a la vida en el seno de una familia y de una cultura diferente no siempre es fácil para esos jóvenes que con frecuencia abandonan sus hogares por primera vez.

La guardería de paso (Parking-niño)

Es un establecimiento municipal bajo la responsabilidad de una puericultora, enfermera o matrona. Ofrece una guarda temporal de niños de entre dos meses y seis años de edad, cuyas madres están en casa. Las madres trabajadoras pueden hacer otra clase de arreglos, por horas o por medias jornadas. Las comidas deben ser provistas por los padres. Estos establecimientos permiten que la madre cuente con algunas horas de libertad en casa, y a la vez que el niño comience a convivir con otros, todo bajo la vigilancia de personal cualificado en puericultura. Pero no sirven para salir de apuros imprevistos de última hora: hay que reservar turno, a veces con cuarenta y ocho horas de anticipación.

226

1.er mes

2.º mes

3.er mes

4.º mes

5.º mes

6.º mes

7.º mes

8.º mes

9.º mes

El
nacimiento

Los
cuidados
posteriores

Las 1eras
semanas
del bebé

Las nodrizas

Para una madre trabajadora es fundamental elegir correctamente a quien se ocupará de su hijo durante todo el día, no hay otra manera de conciliar la vida familiar con la profesional. Se ofrecen dos posibilidades: la nodriza acude a su casa, o usted lleva el niño a casa de la nodriza. En el primer caso, después de haber comprobado que la candidata está dispuesta a trabajar en los horarios y condiciones ofrecidos, es necesario tener una entrevista con ella. En esta reunión deben tratarse diversos temas: las tareas domésticas y especialmente los puntos relativos a los niños. ¿Ya ha criado a un hijo? ¿Sabe contar cuentos? ¿Qué hace cuando el niño llora? Si la familia tiene otros niños, lo mejor es que todos estén presentes en la entrevista. También resulta indispensable hacerle conocer la casa. En esta oportunidad hay que ponerla al tanto de las costumbres domésticas y de los principios educativos de la familia.

Usted podrá advertir rápidamente si el niño está contento con su «canguro». Cuando sonríe al verla, o emite grititos de alegría, significa que todo funciona bien.

¿La edad de la candidata? Una muy joven puede ser inexperta, pero también más alegre y divertida que una persona mayor. Las mayores, aunque más organizadas, también suelen resultar menos tolerantes con las dictatoriales exigencias de los pequeños o tener ideas demasiado rígidas.

Si decide convocar a una asistente maternal, procure antes entrevistarse con ella, como en el caso anterior, y sométala a una especie de entrevista. De esta manera podrá saber si ella y usted pueden entenderse o no.

Las cualidades que se deben buscar son salud, calor humano, afectividad, sensibilidad e higiene. Tal como sucede con la adaptación a la guardería (→ p. 224), la *instalación* en otra casa, en brazos que no son maternos ni paternos, *debe realizarse con suavidad*, una o dos horas el primer día, un poco más el segundo, etcétera.

En uno y otro caso, cada noche, al recuperar a su hijo, interróguela acerca del programa desarrollado en la jornada, plantee muchas preguntas aun a riesgo de ponerse pesada. La salud y el desarrollo del niño son las garantías para su adaptación a esta nueva vida.

1.er
mes

2.º
mes

3.er
mes

Octavo mes

4.º
mes

Cuando se espera un niño suele producirse un curioso fenómeno: las más torpes y reacias a las faenas de aguja se lanzan...

5.º
mes

Es necesario, es un reclamo visceral: tienen que tejer, bordar, coser. Necesitan confeccionar alguna cosa para el niño que «empollan».

6.º
mes

Cada una de ellas, con mayor o menor felicidad, recurriendo al talento individual que le ha tocado en suerte, realiza una acción, consuma un gesto común a buena parte del reino animal: fabricar el nido.

7.º
mes

Este súbito entusiasmo se enciende en muchas con el inicio de la licencia por maternidad.

8.º
mes

De golpe el ritmo de la vida cotidiana se altera, las preocupaciones profesionales o laborales han quedado lejos; la actividad diaria ahora está exclusivamente centrada en el niño por nacer. La futura mamá se acurruca, se observa, se instala muellemente en su nuevo papel.

9.º
mes

El
nacimiento

Los
cuidados
posteriores

Las 1^{eras}
semanas
del bebé

Cesárea impuesta

En casi el 50% de los casos, la cesárea se decide a manera de conclusión de la consulta médica del 8.º mes, en la cual se consideran las informaciones aportadas por la ecografía y los diversos exámenes. Los motivos de estas cesáreas están relacionados con las condiciones físicas del nacimiento: pelvis demasiado estrecha como para que pase normalmente el niño, placenta situada sobre el cuello del útero que dificulta la expulsión, o disposición transversal del feto (→ p. 305). Finalmente, según los casos, cuando la embarazada debió someterse a cesárea en el primer embarazo y el segundo niño se presenta de nalgas.

Se acuerda la cita con el quirófano, pero no con urgencia. En verdad, estas cesáreas programadas nunca se practican antes de la 38.ª semana y media de embarazo. En esta fecha la madurez pulmonar del feto ya está consumada y su respiración aérea es normal. Según los casos y la voluntad de la paciente, la cesárea puede practicarse con anestesia general, epidural o raquídea (→ p. 300).

La fiebre debe tomarse en serio

Los accesos de fiebre durante los dos últimos meses del embarazo siempre deben tomarse en serio. Con frecuencia son síntoma de un principio de infección. Pero no debemos olvidar que entre madre e hijo se interpone la placenta; esta última normalmente es capaz de operar como una barrera contra la infección; pero no siempre ocurre así. Además, en el ejercicio de esa función también la placenta puede infectarse, y ello puede acarrear un parto prematuro. Estos accesos de fiebre suelen deberse a estados gripales erróneamente tratados, puesto que dichas gripes pueden afrontarse sin riesgo alguno con tratamientos a base de antibióticos bien elegidos. De esa manera el niño nacerá sano y en la fecha prevista. Pero la mayoría de las cuando la embarazada teme a los antibióticos y tomará aspirinas, lo cual puede ser peligroso (→ p. 62). La infección urinaria de la madre también suele tener graves consecuencias en el niño (ruptura de las membranas y parto prematuro).

MADUREZ PULMONAR

En el octavo mes los alvéolos pulmonares ya están formados y recubiertos por una sustancia, el *surfactante*, que impide que los pequeños sacos de la arborescencia pulmonar se retraigan. Para verificar la madurez pulmonar se puede proceder al análisis del líquido amniótico extraído por amniocentesis. En él se encuentran los componentes grasos del surfactante.

Tercera visita obligada

E l examen médico del tercer trimestre se practica en la primera quincena del 8.° mes. Debe permitir que se establezca un pronóstico acerca de la manera en que se desarrollará el parto. El examen es bastante parecido a los anteriores (→ p. 115 y 181). El médico examina el tamaño del útero, oye los latidos del corazón del niño y procede a un tacto vaginal para examinar el cuello del útero. Además medirá la tensión arterial y pedirá un examen de orina para detectar la eventual presencia de albúmina*. Por tacto del abdomen sabrá cuál es la posición del feto. Es también en el transcurso de esta visita cuando se aborda *la opción de amamantamiento*. El médico examina su pecho, y durante el desarrollo del examen, con vistas a la continuación de la gestación, también podrá advertir los riesgos de parto prematuro que detectó y en ese caso hablará con usted acerca de esta eventualidad. ¿Las contracciones son frecuentes, resultan dolorosas? ¿Siente usted dolores pélvicos? ¿Advierte los movimientos del feto? ¿Siente ardores al orinar; no ha tenido accesos febriles en los últimos meses?

Hay que aprender a diferenciar los dolores: los que están situados en el bajo vientre, los tirones a la altura de la ingle o en el interior de los muslos... En algunas sólo aparecen los dolores fuertes cuando se ejecuta un esfuerzo físico; o bien al sentarse o volverse en la cama. Otras sufren incluso de dolores en los ligamentos, a la altura del útero, que hasta se pueden extender hasta la pared posterior del útero o bajo las costillas. Esto sólo puede remediarse con reposo, no hay otra posibilidad; casi siempre se trata de efectos puramente mecánicos provocados por el crecimiento del feto que oprime órganos y terminales nerviosas.

En esta última visita hay que comprobar que su documentación del embarazo (libreta, carnet maternal, etc.) esté correctamente al día (→ p. 75). Si por casualidad usted diera a luz en un lugar imprevisto o con un médico desconocido, ése es el único documento médico que le permitirá presentarse con una información suficiente.

Por último, en el transcurso de esta visita obligada (→ p. 120), el médico le recomendará que pida turno para otra consulta antes del parto (→ p. 259).

El deseo
de un hijo

1.er
mes

2.°
mes

3.er
mes

4.°
mes

5.°
mes

6.°
mes

7.°
mes

8.°
mes

9.°
mes

El
nacimiento

Los
cuidados
posteriores

Las 1eras
semanas
del bebé

231

Factores del parto prematuro

En veinte años las tasas de nacimientos prematuros descendieron casi a la mitad; pero cinco años después volvieron a ascender. Esos números cambiaron por la medicina perinatal que en la actualidad puede mantener con vida a niños nacidos antes de la 28.ª semana de amenorrea*. Más de la tercera parte de esos nacimientos prematuros podría evitarse. En efecto, los factores obstétricos, sociales y psicológicos constituyen sus causas principales.

⋆ Los factores obstétricos

En cierto número de casos, el parto prematuro puede ser decisión del médico; por ejemplo cuando se trata de embarazos gemelos o múltiples. Los dos niños están en un espacio excesivamente estrecho, en el interior del útero materno, y el parto antes de la fecha se vuelve forzoso (→ p. 402 y 405) ya sea en virtud de la salud materna o bien para evitar sufrimiento fetal.

De la morfología del útero pueden derivar otras dificultades: algunas mujeres los tienen excesivamente pequeños y siempre dan a luz prematuros. También pueden producirse accidentes uterinos, que reconocidos a tiempo admiten tratamiento eficaz. Tal es el caso de la abertura del cuello del útero*.

También resultan temibles los accesos febriles en el primer mes, porque pueden ocultar una infección: cuando ésta no recibe un tratamiento adecuado que le ponga rápido fin, puede provocar un nacimiento antes de plazo.

Pero no todos los partos prematuros pueden ser evitados, y algunos incluso se provocan voluntariamente, cuando existe por ejemplo placenta previa (→ p. 136) o incompatibilidad sanguínea (→ p. 43).

En general, se sabe que la lucha contra el parto prematuro exige un seguimiento regular del embarazo practicado por equipos médicos competentes. Se ha observado que las embarazadas se muestran menos atentas a la vigilancia del buen desarrollo de la gestación. Quizá porque se les ha dicho bastante que el embarazo no es una enfermedad, acaban por descuidar las consultas médicas que creen inútiles. Pero además existen factores externos.

✴ Los factores sociales

Un trabajo penoso, la carga de una familia numerosa, demasiados viajes, especialmente en coche o de pie en los transportes públicos, suelen ser causas de nacimientos prematuros. Pero en la actualidad se conoce bastante mejor el perfil de las embarazadas con riesgos. Existen cuatro categorías profesionales con riesgos acrecidos: las empleadas de comercio, el personal médico-social, las obreras especializadas y el personal doméstico. También se ha observado que los riesgos de parto prematuro se triplican entre las mujeres que trabajan más de cuarenta horas semanales, y entre aquellas que viven su maternidad mientras continúan trabajando a media jornada. Una investigación realizada por el doctor Rumeau-Rouquette revela que se registran diferencias entre las clases sociales y las regiones en el ámbito de la protección de la maternidad. Así por ejemplo, el 83 % de las diplomadas universitarias realizan cuatro consultas prenatales, en cambio entre las no diplomadas, sólo el 43 % acude a dichas consultas. La tasa de mortalidad perinatal es más alta en Córcega y en el norte de Alsacia.

✴ Los factores psicológicos

Los factores de riesgo de orden personal, médico, sociocultural y profesional no bastan para explicar los partos prematuros. Nicole Mamelle y su equipo sanitario médico de Lyon, investigaron los factores psicológicos. El análisis de los datos demuestra que las parturientas precoces suelen presentar con mayor asiduidad que las puntuales, dificultades de aceptación de la nueva imagen corporal, combinada con la ausencia del sentimiento de plenitud durante el período de embarazo, y la necesidad de hacerlo todo rápido y de preverlo todo de antemano. Además, suelen dar poca importancia al padre del niño, experimentan escasos sentimientos de filiación y de identificación parental; a veces conceden particular importancia a las supersticiones y creencias. Estos elementos se combinan para adelantar la fecha.

La acumulación de dificultades psicológicas aumenta los riesgos de parto prematuro, y ello aunque se hayan neutralizado todos los demás factores de riesgo. Cuando el cómputo del factor psicológico aumenta en 1 punto, el riesgo de nacimiento prematuro crece en 1,5 puntos.

2.º mes
3.er mes
4.º mes
5.º mes
6.º mes
7.º mes
8.º mes
9.º mes
El nacimiento
Los cuidados posteriores
Las 1^{eras} semanas del bebé

233

Escuchar con el «Tokos»

Desde hace algún tiempo se ha incorporado un nuevo sistema de vigilancia de los embarazos de riesgo, completamente original. Se trata del sistema Tokos, constituido, básicamente, por un sensor externo de las contracciones uterinas. Colocado sobre el vientre de la madre, registra dos veces por día la actividad del útero, de 120 a 200 minutos, mientras la embarazada desarrolla la actividad corriente. Las grabaciones se entregan a la comadrona o al médico, por teléfono. Este sistema todavía está poco difundido, porque es tecnología avanzada y por ello de alto coste. Se reemplaza con una autovigilancia de la embarazada, que debe prestar atención a todos los signos que perciba y contar las contracciones que puede palpar durante una hora por la mañana y otra hora por la tarde. Tal como se hace con el sistema de grabación, comunica los resultados de sus observaciones a los profesionales que la atienden.

Retraso sin consecuencias

Las investigaciones realizadas por el profesor Lezine postulan la existencia de un cierto retraso en el prematuro, en relación al niño «normal», que resulta perceptible en los dos primeros años. Y resulta tanto más visible cuanto más prematuro sea el parto y más escaso el peso. Los principales retardos conciernen al desarrollo motriz: a la adquisición de la posición sentado y la marcha. Los prematuros suelen comenzar a caminar entre los diecisiete y los diecinueve meses. También se registran retrasos en el lenguaje y en el control de esfínteres.

Más del 75 % de los prematuros nacidos al final del 7.º mes consiguieron superar todo retraso a los tres años; pero los nacidos en el 6.º mes deben esperar hasta los 4 y 6 años para que éste desaparezca. Los niños nacidos a los ocho meses de gestación no presentan ningún retraso notorio. El progreso técnico médico ha conseguido disminuir el tiempo de recuperación.

CAUSAS DEL PARTO PREMATURO

– Trabajo de pie más de seis horas diarias;

– trabajo en cadena o serie;

– trabajo con máquina que hace vibrar el cuerpo;

– transporte de cargas mayores de 10 kg;

– exceso de ruido;

– clima excesivamente frío;

– familia numerosa;

– dos horas diarias de viaje;

– traumatismo importante;

– enfermedad infecciosa.

Nacer antes de lo previsto

S e considera prematuro todo parto que sobreviene entre la 28.ª y la 37.ª semana de amenorrea*. Cuatro circunstancias lo producen. Los signos que exigen hospitalización urgente son éstos:

• *El comienzo del trabajo de parto.* La embarazada sufre contracciones dolorosas y regulares. El médico comprueba entonces la retracción del útero y la dilatación del cuello. El tratamiento consiste en reposo absoluto acompañado de la administración de medicamentos destinados a detener las contracciones.

• *La ruptura de la bolsa de agua.* Casi siempre es la consecuencia de una infección bacteriana. Se-

gún el caso, el médico adoptará la decisión de prolongar el embarazo bajo vigilancia médica estricta o bien provocar el parto por el bien de la madre y del niño.

• *Hemorragia importante.* Es resultado de un hematoma retroplacentario*. Según la abundancia de la hemorragia, sus causas y el estado de la madre y del niño, la gestación se prolongará o se procederá al parto inmediato.

• *La fiebre.* Sea cual fuere su origen, suele provocar contracciones importantes. Antes de cualquier decisión, los médicos deben buscar la causa del mal con los exámenes que hagan falta y tomar la decisión más apropiada a las circunstancias.

3.er
mes

4.°
mes

5.°
mes

6.°
mes

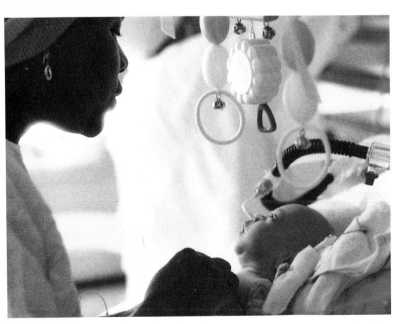

7.°
mes

8.°
mes

9.°
mes

El
nacimiento

Los
cuidados
posteriores

La seguridad social

La seguridad social asume las ecografías y los exámenes que permitan tomar las medidas indispensables para controlar el buen desenvolvimiento del niño y del embarazo en general. Generalmente se realizan la ecografía del primer trimestre y la del último. La ecografía «fina» del segundo trimestre debe ser solicitada por el médico encargado del embarazo, que debe justificar la necesidad del examen. En general, digamos que la ecografía es cara y que nunca resulta del todo gratuita. Hecho agravado por la circunstancia administrativa: la seguridad social no la asume a menos que sean necesarias.

No obstante, los ginecólogos parteros u obstetras, no coinciden acerca del número de ecografías necesarias. La del primer trimestre es la más discutida. Destinada a poner fecha cierta al embarazo, sólo podría justificarse cuando la entrevista con la paciente provoca dudas, o el examen clínico indica dificultades. La ecografía del segundo trimestre es fundamental, y así lo reconoce unánimemente el colectivo obstétrico. El mejor momento para practicarlo se sitúa entre la 20.ª y la 22.ª semana de amenorrea*. La del tercer trimestre es igualmente importante y debería situarse entre la 30.ª y la 32.ª semana. Estas dos citas con el ecografista son declaradas indispensables por muchos ginecólogos y obstetras.

Toda la luz

En esta fase del embarazo los médicos tienen la posibilidad de proceder a una amnioscopia. Dicho examen, a través del análisis del aspecto del líquido amniótico, permite deducir las condiciones de vida intrauterina del niño. Para examinar el líquido amniótico sin romper la bolsa de agua, el médico desliza un tubo a través de la vagina y el cuello del útero, y a través de él se envía luz. Normalmente, el líquido amniótico debe estar claro, con algunos copos de color (que disminuirán a medida que se acerque la fecha prevista del parto). Un líquido amniótico anormalmente coloreado significa que el feto ha expulsado meconio*, síntoma de malos intercambios entre la madre y el hijo que pueden justificar a veces el parto anticipado.

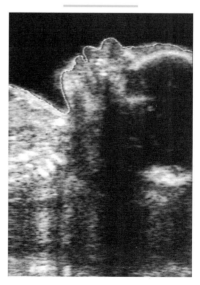

De cabeza o de pie

La última ecografía permite sobre todo controlar la posición del feto. Normalmente ya se encuentra en presentación cefálica (de cabeza), tal es lo que ocurre en la mayoría de los casos, pero también existen otras presentaciones posibles (→ p. 305). Una vez comprobada la ubicación de piernas y pies, el obstetra podrá determinar con precisión la presentación del niño, y elegir la técnica de parto más apropiada. Al igual que las ecografías del primero y del segundo trimestre, la ecografía del octavo mes también permite controlar el crecimiento del niño en función del tiempo de gestación (retraso o exceso), medir la cantidad de líquido amniótico y situar la posición de la placenta.

★ **Transformación psicológica de la pareja**

Para la embarazada esta ecografía es el principio de la preparación del parto. Es la última cita con el niño imaginario (→ p. 95 y 147). Así como la primera es el descubrimiento de la vida que habita en el interior y la segunda ahuyenta a los fantasmas, la última es el prólogo de la primera separación madre/hijo, un verdadero complemento médico y psíquico.

La ecografía ha servido para transformar las relaciones en torno al futuro niño en el seno de la pareja. Cuando asiste al examen, el padre se acerca al ser que hasta entonces no pudo conocer sino a través de ella. El embarazo se vuelve así un acontecimiento vital compartido. La visión del feto en la pantalla suele fortalecer el vínculo de la pareja; la mujer, que temía verse relegada por su falta provisional de femineidad y belleza, advierte que su cónyuge se interesa sobre todo por sus transformaciones y por el asombroso fenómeno de la creación de una vida humana. Todos los sondeos demuestran que los padres jamás viven la ecografía con angustia, al contrario, se dicen tranquilizados y valorizados como padres. El acontecimiento suele dejar buenos frutos psicológicos.

La ecografía también ayuda a soñar a dúo... Ya no es el niño de su madre, ahora es el de ambos. Por eso es bastante frecuente que después de una ecografía un padre se muestre más emprendedor en las tareas domésticas, deje de fumar o de beber. Su presencia en el parto será entonces la lógica continuación de esta bonita historia.

237

1.er mes

2.º mes

3.er mes

4.º mes

5.º mes

6.º mes

7.º mes

8.º mes

9.º mes

El nacimiento

Los cuidados posteriores

Las 1eras semanas del bebé

Nombre de pila: difícil elección

Si aún no se ha elegido un nombre, ha llegado el momento de hacerlo. Tanto más si la ecografía le ha informado acerca de su sexo, pues en tal caso elimina la mitad del problema. El nombre de pila está cargado de significación. Cuando se le adjudica a alguien también se transmiten con él parte de los proyectos imaginarios, y a veces un poco de la propia historia o de la historia familiar.

Al margen de aquellas familias –o pueblos– entre los cuales se acostumbra transmitir los mismos nombres generación tras generación, tal como ocurre en los Estados Unidos, la búsqueda puede ser motivo de discusión en la pareja. ¿Qué dirección tomar, a qué se dará prioridad, a la moda, al sonido, a la propia subjetividad? Cada cual debe resolverlo.

⋆ Una decisión importante...

Si se echa una ojeada a los libros de registro de estado civil y a los expedientes de los tribunales, puede comprobarse que la imaginación no tiene límites. Sea cual fuere, el nombre es un *vínculo simbólico*, y es además el único acto *voluntario y obligatorio a la vez*, que concierne al recién nacido. No se pueden elegir profesiones, caracteres, tallas ni colores de ojos; pero el nombre que llevará toda la vida lo eligen sus padres. Él lo identificará como ser único e irreemplazable.

Las opciones son numerosas, sin más limitaciones que las impuestas por las normas de estado civil. Conviene evitar las tentaciones cómicas u humorísticas, ya que la comicidad y el humor suelen ser cosas del momento, y el nombre dura toda la vida. También conviene estudiar la eufonía del nombre asociado con el apellido, y hasta la significación de la asociación de iniciales.

⋆ ... y para toda la vida

Evite sobre todo los nombres cuya sílaba o consonante final es idéntica a la primera sílaba o a la consonante inicial del apellido; aunque pueden hacerse excepciones. De manera general, prohíbase tanto el nombre de moda como la originalidad a cualquier precio. No olvide que las modas pasan rápidamente y que el nombre queda. Desconfíe igualmente de las ideas descabelladas. La originalidad es una excelente cualidad en otros terrenos, pero en este sólo sirve para cometer errores. Tampoco invente ortografías fantásticas; elimine de la lista incluso aquellos nombres que admiten numerosas variantes ortográficas, y los excesivamente exóticos que nadie sabe escribir ni pronunciar. De lo contrario corre el riesgo de obligar a su hijo a perder mucho tiempo futuro deletreándolo o corrigiendo las transcripciones erróneas. En general, piense en *la armonía visual y verbal del nombre y el apellido*. Un nombre corto conviene a un apellido largo y viceversa. Cuando los padres están realmente indecisos pueden recurrir a los muchos libros con infinidad de datos históricos, simbólicos, sociológicos, donde acaso encuentren lo que buscaban.

☆ **Sobre gustos**

Cuando hay conflicto entre los padres a causa del nombre, conviene que ambos establezcan sus propias listas, eliminen los que no desean realmente, y diriman sus diferencias antes de que llegue la hora de hacer la declaración frente al oficial de estado civil, ante el riesgo de acabar en comedia.

Si se pretende inducir al oficial a que acepte un nombre «original», pueden presentarse problemas insolubles. La mejor forma de hacerlos pasar es mediante asociación con un nombre clásico, para crear uno nuevo, ejemplos: María del Campo, Pedro del Mar, etc.

Cuando a pesar de todo sigue sin decidirse, siempre puede apelar a la tradición: el santoral. Allí se encuentran nombres raros de verdad e incluso algunos que quizá el niño juzgue imperdonables de mayor, como Agapito o Hermenegildo. Además están los premios Nobel en las diversas áreas del saber, los diccionarios de mitología –en tal caso conviene releer a los clásicos para no elegir el de un personaje abominable, o un destino duro de sobrellevar o presuntuoso–. También están los nombres bíblicos, los de lugares, los de personajes del cine y la literatura, de las telenovelas y de la actualidad política. Los de las constelaciones y la astrología suelen ser más poéticos y resistir mejor el paso del tiempo.

1.er mes

2.o mes

3.er mes

4.o mes

5.o mes

6.o mes

7.o mes

8.o mes

9.o mes

El
nacimiento

Los
cuidados
posteriores

Las 1eras
semanas
del bebé

239

Acerca del buen uso del biberón

El equipamiento básico para la primera infancia (los seis primeros meses), reúne seis biberones de vidrio más uno de repuesto, un calientabiberones, un aparato para la esterilización en caliente o un recipiente para esterilizar en frío y seis tetinas. Entre éstas hay modelos *antiaerofágicos*, que evitan que el niño trague demasiado aire cuando bebe. Otras se denominan *fisiológicas* porque su diseño se ha estudiado para conseguir buena adaptación a la boca del lactante. Finalmente, incluya en el equipo dos latas de leche en polvo o leche lista para su empleo. Antes de cada esterilización es necesario limpiar a fondo el biberón, la tetina y el anillo de ajuste, con un cepillo especial y un jabón líquido. A continuación se deben aclarar con abundante agua y luego colocarse en el recipiente esterilizador. Hasta los seis meses la esterilización resulta indispensable para la destrucción de las principales cepas microbianas. Las tetinas y biberones deben sumergirse completamente, tetina para abajo, en el esterilizador. La manipulación se practica con una pinza y con las manos muy limpias. Puede ejecutarse en caliente, por ebullición, o en frío, mediante productos desinfectantes antisépticos. Para que resulte totalmente eficaz se deben respetar estas consignas cronológicas: 20 minutos de ebullición o entre 60 y 90 minutos de inmersión en frío, según el producto. Puede ocurrir que el líquido para la esterilización en frío contamine biberones y tetinas con un olor que desagrada a la madre. Para eliminarlo se pueden enjuagar biberón y tetina con agua inmediatamente antes de su empleo.

Preparar las mamas

La embarazada que decidió amamantar ya puede comenzar a preparar su pecho mediante masajes, con la ayuda de una crema nutritiva. Para ello se procede a limpiarlas con *agua hervida* y *alcohol glicerinado*, para aplicar luego *aceite de almendras dulces* o *lanolina*. En tales casos se aconseja llevar almohadillas de lactancia o tapapezones, para protegerlos del sujetador, y viceversa. Para acabar esta preparación, no vacile en rociarse las mamas con agua fría al fin de la ducha matinal. Los pezones *hundidos* (aquellos que tienen el extremo retraído) no constituyen un obstáculo para amamantar. Basta estimularlos para hacer que salgan.

Aunque no se haya podido amamantar al primer hijo, quizá el segundo tenga mejor suerte. Puede intentarse, aunque la lactancia se interrumpa rápidamente luego; la bajada de la leche puede interrumpirse siete o quince días después del parto, pero mientras dure será lo mejor para el niño.

El deseo
de un hijo

1.er mes

2.º mes

3.er mes

4.º mes

5.º mes

6.º mes

7.º mes

8.º mes

9.º mes

El
nacimiento

Los
cuidados
posteriores

Las 1^{eras}
semanas
del bebé

¿Teta o biberón?

E sto debe decidirse en el transcurso del embarazo. En la actualidad, más de la mitad de las madres elige amamantar. Esta decisión se funda en razones médicas; para el neonato no hay nada mejor que la leche de su madre (→ p. 377). Los motivos afectivos también cuentan: las madres sienten deseo, y hasta experimentan la necesidad de sentir al niño, piel contra piel, en una sola carne con ella. Pero la lactancia materna no es una obligación ni tampoco la prueba irrefutable de ser «buena madre»; no hay que sacrificarse. En cualquier caso se debe hacer lo que honestamente se desee.

★ **Elegir libremente**

También ciertas razones prácticas pueden imponer el biberón, que deja a la madre en completa libertad de movimiento; y también se puede desaconsejar la lactancia materna por razones médicas, por ejemplo cuando la madre sigue ciertos tratamientos medicamentosos cuyas drogas contaminan la leche, o porque debe tomar anticonceptivos inmediatamente después del parto. También hay que considerar que la lactancia presenta ciertos inconvenientes (→ p. 319). Además, este modo de alimentación con frecuencia impide a la madre volver a sentirse plenamente mujer; huele a leche constantemente; incluso a veces, cuando tiene mucha, moja la ropa; las mamas se vuelven sensibles, llegan a doler (→ p. 318). Muchas mujeres invierten en la belleza corporal la mayor parte de su femineidad, y no pueden imaginar que sus pechos sean proveedores de alimentos, y sobre todo temen que se estropeen durante la lactancia. Si se impusieran amamantar con estas reservas, lo más seguro es que tendrán problemas.

Lo realmente importante es *decidir* la lactancia *libremente*, y esta elección depende exclusivamente de la madre, que debe prescindir tanto de las opiniones de su familia como de las que emitan los médicos. Amamantar contra la propia voluntad siempre acaba en fracaso. Por otra parte, la lactancia no es la única manera de establecer una buena relación madre/hijo: también el biberón puede darse con amor. Lo único que cuenta definitivamente es que la madre esté a disposición de su hijo.

241

La instalación del niño en su habitación

¡El niño llegará, el niño llega, el niño ya está aquí! Antes de diseñar su habitación, de elegir el papel, las cortinas y los muebles, hay que recordar que casi enseguida comenzará a moverse, que trepará, que asirá los objetos a su alcance y que intentará llevarse a la boca cuanto caiga en sus manos. Por eso la *habitación ideal es la que está desprovista de riesgos,* puede ser enteramente lavable, está bien orientada y decorada de acuerdo con el gusto de los padres.

He aquí algunos criterios generales. Los revestimientos de las paredes deben ser lavables. Aunque en los últimos años se pusieron de moda los tonos pastel, el tema del color va con el gusto de cada uno. Para la ropa de cama o cuna es preferible elegir algodón mezclado con alguna fibra sintética, para ahorrar problemas con el lavado.

★ **¿Qué habitación?**

El cuarto del niño debe tener pocos muebles, la cama o cuna, por supuesto, una cómoda destinada a la ropa infantil, y sobre la cual se pueda estirar el cambiador para una rápida maniobra, un sillón donde la madre pueda instalarse para alimentarlo, un simple cesto o canasta para los primeros juguetes y una pequeña tumbona para los períodos de vigilia. Cuando el tamaño del cuarto de baño lo permite, conviene tener la bañera y el cambiador allí. En cualquier caso, los objetos elegidos deben responder a las exigencias de *higiene y seguridad* indispensables. Elija los materiales lavables y sólidos.

★ **La buena temperatura**

La calefacción debe ser suficiente, uniforme y regular. Debe permitir que la temperatura se mantenga constante, entre los 18 y los 20 °C durante el sueño, y en 21° cuando el niño sale de la cama. No se debe olvidar la humectación de la atmósfera; así respirará mucho mejor. Si no posee un humidificador puede, simplemente, colocar un recipiente con agua sobre un radiador. En tal caso tendrá que vigilar el nivel del agua y cambiarla de tanto en tanto por razones de higiene, puesto que pueden desarrollarse hongos o moho que suelen provocar reacciones alérgicas. Renueve el aire de la ha-

1.er mes

2.º mes

3.er mes

4.º mes

5.º mes

6.º mes

7.º mes

8.º mes

9.º mes

El
nacimiento

Los
cuidados
posteriores

Las 1^{eras}
semanas
del bebé

bitación siempre que pueda, abriendo la ventana. Una atmósfera muy seca suele acarrear molestias rinofaríngeas. Los humidificadores son aparatos concebidos justamente para impedir la extrema sequedad.

La orientación de la habitación también debe considerarse, puesto que es más fácil calentar un cuarto que refrigerarlo. La posición del niño en la habitación también tiene su importancia, se ha comprobado que duerme mejor con la cabeza hacia el norte (por razones magnéticas sin duda). Asimismo se ha observado también que puede conciliar el sueño más fácilmente cuando dirige la vista hacia lo alto. De allí el interés de los *móviles.* La puerta entreabierta de la habitación también puede despertar su atención.

★ **Una habitación sólo suya**

La mayoría de los pediatras y de los psicólogos creen que un niño, aunque sea pequeño, debe tener su habitación. Aunque parezca difícil a causa de la estrechez del piso o apartamento, intente al menos crearle un rincón exclusivo. La habitación ideal debe ser vecina a la de sus padres, para que éstos puedan garantizar una buena vigilancia; pero también lo bastante alejada de los espacios o ambientes ruidosos de la casa. Con sol y adecuada ventilación, también debe ser lo mayor posible, puesto que los niños necesitan un gran volumen de aire y en un futuro nada lejano, espacio donde jugar.

243

Equipaje para dos

Ha llegado el momento de preparar equipaje y canastilla. Debe llevar una bata de casa o salto de cama;
— un maletín de baño (objetos de maquillaje ligero, rociador de agua, champú seco, colonia, etc.);
— una radio;
— pañuelos de papel;
— zapatillas o calzado ligero;
— tres camisones abiertos por delante;
— bragas desechables;
— tapapezones desechables;
— dos sujetadores de lactancia;
— papel de carta, sobres, pluma o bolígrafo;
— los utensilios de manicura;
— la libreta de familia y la de maternidad; el certificado de grupo sanguíneo o –si no es posible– las radiografías del pubis;
— algunos buenos libros;
— un vestido para ponerse cuando salga de la clínica y si hace demasiado calor, un ventilador de bolsillo.
Si da a luz en un establecimiento privado seguramente le entregarán en el momento de la inscripción o reserva, una lista de objetos para el niño. He aquí lo que suelen pedir normalmente:
— tres bragas de goma;
— tres camisetas de lana;
— productos de tocador;
— tres pijamas;
— un cambiador de tela;
— dos pares de escarpines de lana o algodón;
— seis baberos;
— un gorrito;
— un paquete de sábanas de algodón;
— seis camisetas de algodón o lana, según la estación.
Si usted tiene que alumbrar en un establecimiento público, no tendrá que ocuparse mayormente de las ropas del niño: lo envolverán en pañales y lo acostarán entre sábanas de la administración pública. En tal caso, sólo hace falta prever la ropa de salida.

PRESUPUESTO

Los españoles gastan una media de 30.000 ptas. anuales para vestir a los niños y algo menos para las niñas. Los gastos son altos sobre todo en los primeros tiempos. Sólo la canastilla oscila entre las 60.000-75.000 pesetas.

Un nidito acogedor

1.er mes

2.º mes

3.er mes

4.º mes

5.º mes

6.º mes

7.º mes

8.º mes

9.º mes

El nacimiento

Los cuidados posteriores

Las 1^{eras} semanas del bebé

Elegir la cuna del niño es una decisión importante y emocionante. La preferencia en materia de estilo o diseño, tipo, color, es al mismo tiempo un reflejo del pasado familiar y una proyección imaginaria sobre el futuro... Será cómoda, bonita, por supuesto... Ya se compre hecha o se construya en casa, debe obedecer a ciertas reglas: *estabilidad*, con sólidas patas, bien separadas, y con *suficiente profundidad* para evitar que el niño pueda pasar por encima cuando se excita. También conviene pensar en los problemas de mantenimiento. La ropa de cama –mantas incluidas– debe ser lavable.

Es conveniente que el colchón sea más bien duro, de fibra vegetal, gomaespuma o resortes. Para mayor comodidad elija sábanas inferiores con elástico, que resultan más cómodas, y deje sus fantasías estéticas para la de arriba, aunque conviene elegir las superiores de una *tela que pueda hervirse.* No necesita comprar almohada, en la actualidad se acuesta a los niños horizontalmente para evitar deformaciones de la columna vertebral.

En materia de mantas, prefiera sobre todo las de lana ligera; pero evite las de tipo angora, o pelo largo, que pueden provocar alergias. *Nada de edredones,* el niño puede echárselo sobre el rostro y tener problemas. Los neonatos turbulentos, que están constantemente destapados, dormirán mejor en un saco de dormir o enfundados en pijamas/manta, de esa manera podrán seguir ejercitándose sin enfriamientos.

Desde el principio puede elegirse instalar al niño en una *cama/ parque.* Pero si quiere que se sienta bien, protegido como en un nido, será necesario reducir el espacio con un almohadón rígido que rodee los barrotes (esta protección ofrecerá la ventaja de impedir los choques contra la protección durante el sueño). Los lactantes tienen la costumbre de instalarse en un rincón de la cama para dormir, con el objeto de limitar el espacio y sentirse más protegidos. Si quiere fabricar esa protección en una sola pieza, mida el perímetro del parque o cuna y hágalo de sección circular y 20 cm de diámetro; en cada uno de los extremos fije broches para cerrarlo sobre sí mismo. Fíjelo a los barrotes, rodeando la cama. Pero los cerramientos que obstruyen completamente a aquéllos son desaconsejables: el niño tendría la impresión de estar encerrado.

245

Novedades en puericultura

★ En materia de biberones y tetinas

El caucho de las tetinas que se oscurecía con el tiempo, ya ha caído en desuso, comienza a reemplazarse con las tetinas de elastómero siliconado, un plástico transparente y del todo liso. Además, están diseñadas para evitar que las partículas de polvo se adhieran a su superficie. Ese material tolera muy bien las esterilizaciones, es impermeable a la saliva, inodoro, insípido y versátil desde el punto de vista higiénico. Algunos modelos están equipados con una válvula anti-retorno, cuando el niño succiona la válvula se abre y la leche llena la tetina; cuando deja de sorber vuelve a cerrarse; pero puesto que queda llena de leche, el lactante puede reiniciar la succión sin el menor esfuerzo. Esta válvula imita la lactancia materna, limitando la ingestión de aire, fuente de cólicos gaseosos e hipo. La última novedad en biberones son los de policarbonato, con la transparencia del vidrio y la ligereza del plástico. Se presentan en diversos diseños, incluso con formas de animales.

★ Los esterilizadores

Los nuevos esterilizadores *eléctricos* están construidos según diversos principios de funcionamiento. Los hay que emplean vapor y son capaces de esterilizar tres biberones en ocho minutos; otros poseen termostatos de seguridad, y también se fabrican para tratar simultáneamente hasta cuatro o esterilizarlos en tiempo récord; o bien sumar las dos funciones (calentador y esterilizador), para ahorrar trabajo a las madres.

★ La ropa

Los diseñadores de ropa atacaron la mayor dificultad que presenta la operación de vestir al niño: el tener que manipularlo como si fuese un paquete. Para evitarlo se inventó el *Dorelot*, fruto de la reflexión de una psicóloga, Françoise Douez, que estudió las relaciones entre lactante y adulto en las maternidades donde ejerció su profesión. La prenda permite vestir al niño sin dejar de acariciarlo. Está formada por una sola pieza de tela y sustituye tanto la ropa interior como la exterior. Con ese mismo objetivo también existe un vestidito que se abre completamente.

EL AJUAR BÁSICO

La ropa del lactante debe ser amplia, los tejidos ligeros, permeables al aire, calientes y suaves. Hay que evitar la lana de pelo largo, tipo angora, y comprarlas más bien grandes, porque crecen deprisa.

En la canastilla hacen falta:

– siete camisones con cierre posterior;

– 2 camisas;

– tres o cuatro jerséis de lana;

– una casaca;

– cuatro pares de calcetines y dos de escarpines;

– un vestidito acolchado;

– un gorro;

– cuatro o cinco vestiditos de algodón;

– dos o tres «body»;

– siete calzones;

– algunos baberos.

El coche
o la silla

El coche debe ser adecuado al tamaño de la casa, resultar cómodo al niño y adecuado al edificio (al tamaño del ascensor, por ejemplo). Antes de comprar uno hay que tener en cuenta: la *profundidad* para que el niño, cuando sea más grande, pueda mantenerse sentado sin riesgo de caída; la *suspensión*, que puede depender de las correas de piel o de los resortes que unen el «cuco» con el chasis y que no deben ser excesivamente duros o demasiado blandos; que posea un sistema de freno importante, tanto más cuando se vive en una localidad con pendientes. El modelo llamado «inglés», que suele ser el más elegante, resulta el más incómodo por sus dimensiones. Actualmente suele reemplazárselo con un «combinado» de «cuco» o cesto intercambiable y chasis replegable, que sirve de silla de transporte. El niño lo usa hasta los seis o siete meses; pero no es indispensable. Muchas madres lo reemplazan ventajosamente por una mochila *portabebé*. Si quiere elegir uno de estos accesorios, deberá tener en cuenta el sostén de la cabeza (que no está forzosamente asegurado por un apoyacabeza). Si el niño está bien sujeto por los hombros su cabeza no se bambolea y es importante que pueda recuperar su posición fetal. Una buena mochila tiene en cuenta la curva fisiológica de la espalda del neonato, y la distribución del peso sobre el cuerpo materno, para prevenir lumbalgias.

Pañales para
alfombrar el mundo

Las europeas emplean actualmente pañales desechables, y con el desuso de los antiguos, de tela, se han quitado buena faena de encima. Al igual que las japonesas, prestan mucha atención a las novedades en este terreno, y por eso están en cabeza de la modernidad y la exigencia.

Las japonesas se llevan la palma en atenciones a sus hijos. Aseguran las estadísticas que cualquier madre japonesa cambia a su lactante una vez cada dos horas, como promedio. Estas costumbres indican la importancia que se atribuye a la higiene y a la comodidad del niño.

En los Estados Unidos las cifras indican que la mayoría de las madres siguen siendo fieles a los pañales de tela. Esta actitud se explica sobre todo por la existencia de servicios de alquiler de pañales de algodón: los sucios se retiran periódicamente a domicilio y se devuelven limpios y planchados la semana siguiente. Sea como fuere, los Procter & Gamble, la marca líder en ese país, provee a buen número de madres.

En Gran Bretaña y en los Países Bajos también persiste el empleo de pañales de algodón.

En Alemania las madres acostumbran emplear diversas pomadas y cremas para preservar la salud de la piel del niño, un hábito menos difundido en Francia o España, donde se prefiere, simplemente, lavar la piel del neonato con agua y jabón.

247

1.er mes

2.o mes

3.er mes

4.o mes

5.o mes

6.o mes

7.o mes

8.o mes

9.o mes

El nacimiento

Los cuidados posteriores

Las 1eras semanas del bebé

A cada cual su papel

Los padres «maternos» no deben alentar el menor temor en relación a su hijo. De acuerdo con las afirmaciones de todos los especialistas, el niño diferencia entre madre y padre desde las primeras semanas, aunque sea este último quien asuma las tareas hogareñas, incluida la lactancia. Hombre y mujer no cogen en brazos ni sostienen al niño de la misma manera. No obstante, haga lo que haga, el padre no podrá impedir que el papel principal sea de la madre, al menos en los primeros años. Por el contrario, tendrá la mayor importancia en la búsqueda de la autonomía del niño: el padre es el agente separador indispensable en la pareja madre-hijo.

Diversas escuelas

En algunas maternidades se enseña a los padres a atender el parto de su mujer. Con vídeos e información suministrada por profesionales, bajo el control del equipo médico ejecutan las acciones necesarias en la sala. Para ello se requiere sólo la voluntad de hacerlo. Pero hay otras maternidades que atribuyen al padre la condición de un invitado al nacimiento, lo ubican en la cabecera de la mesa de parto y le piden que aliente a su mujer; pero cuando se presente la menor complicación le pedirán que salga y espere afuera.

Objeciones

Algunas embarazadas prefieren que sus maridos no estén presentes durante el parto. ¿Por qué? A veces porque tienen profundos deseos, que suelen callar, de vivir esa experiencia en solitario, de manera egoísta. Otras en cambio sólo quieren evitar al cónyuge el espectáculo de sus cuerpos en la expulsión y la separación.

LA INCUBACIÓN

En ciertas culturas ni siquiera se plantea que el padre pueda estar presente durante el parto; pero de todas maneras tiene un importante papel en éste: debe compartir ritualmente los dolores de su mujer. Es lo que se denomina «la incubación», en la cual simula sufrir, grita, se queja. Las explicaciones de ese comportamiento se encuentran en la magia animista. El hombre grita para atraer hacia sí a los malos espíritus a los que engañará mientras su compañera puede alumbrar sin que esas entidades la molesten. También se dice que al tomar sobre sí una parte de los sufrimientos, alivia los de la parturienta. El hombre se acuesta, sufre, grita. En ello no hay sorpresas psíquicas, porque el parto despierta en él, tanto como en la mujer, la angustia de su propio nacimiento. Aunque en Europa esta costumbre no se practica, de todas maneras los padres «parturientos» evidencian síntomas reveladores: dolores de estómago, dolores en la dentadura, orzuelos de típica aparición, pesadillas, angustias, aumentos de peso... En suma, toda una serie de molestias psicosomáticas.

Los padres participan

asi el 70% de los padres asisten al nacimiento de sus hijos. Pero sólo 20% de ellos admite haberlo querido realmente. Para estos voluntarios se trata de la prolongación del acto de procreación o el acto final de la preparación del nacimiento, especialmente cuando se ha buscado conseguirla «sin violencia» (→ p. 167) o con la ayuda de la haptonomía (→ p. 209). Según parece, en la mayoría de los casos los padres aceptan estar presentes en el parto *para complacer* a sus esposas. A pesar de todo, según declaran al salir de la sala de partos, no suelen lamentarlo ni arrepentirse de ello, porque han conseguido un recuerdo imperecedero. Generalmente se asombran frente al poder y el dolor del nacimiento; nunca habían imaginado que las mujeres debiesen realizar semejante proeza física, y las admiran luego con perfecta sinceridad. También el niño los asombra, su rostro azulado a causa de la expulsión, el tamaño de su cabeza y de sus hombros, la sustancia blancuzca que lo recubre, el aspecto retorcido del cordón, su dureza o bien la velocidad con que sale tan pronto como consigue pasar la cabeza.

Algunos padres eligen *un papel activo,* son aquellos que han seguido con atención el cursillo de preparación. En tales casos ayudan a la madre a controlar la respiración, especialmente en el momento de los pujos. En las parejas que optaron por el parto sin violencia, el papel del padre es una auténtica acogida del niño: será él quien lo coloque sobre el vientre de su madre, corte el cordón umbilical y lo acune por primera vez en el agua tibia del baño. Estas operaciones, además de contribuir a la solidaridad de ambos frente al nacimiento, tienen gran importancia simbólica: constituyen una metáfora del papel o función paterna (→ p. 193).

No suele ser por indiferencia que los padres rechazan asistir al parto de sus mujeres. Lo que suele ocurrir es que temen a la sala, que les da miedo. Tampoco faltan los que creen que dar a luz «es asunto de mujeres», de dolor, de sangre, y se saben incapaces de asistir a semejante espectáculo. Además, los sexólogos afirman que ciertos padres, después de haber participado en el parto de sus esposas, ya no pueden volver a ver a éstas como amantes. La presencia o ausencia paterna es un tema que las parejas deberían tratar sin compulsiones ni falsos pudores, para luego actuar en consecuencia.

249

1.er mes

2.º mes

3.er mes

4.º mes

5.º mes

6.º mes

7.º mes

8.º mes

9.º mes

El nacimiento

Los cuidados posteriores

Las 1eras semanas del bebé

Elección definitiva

Numerosas mujeres acusan estados de cansancio psicológico: quieren alumbrar enseguida; pero muchas veces experimentan las clásicas angustias de separación y las que inspira el porvenir del ser que llevan en el vientre desde hace meses. En esa etapa debe realizarse la definitiva elección del método de parto y sobre todo si se ha de recurrir o no a la anestesia (→ p. 298). Muchas de ellas ni siquiera consideran la posibilidad de tomar medicamento alguno para calmar los dolores del parto. Quieren vivir plenamente ese momento que consideran asociado al deseo de niño, ya que se trata de una experiencia física y emocional que anhelan conocer. Ese designio es a veces tan poderoso que resulta indispensable para la transición psicológica a la condición de madre. Para otras, traer un niño al mundo es un auténtico desafío que quieren superar con comodidad. Elegir o no una anestesia completa o parcial es asunto de cada una. Mientras algunas embarazadas se sienten físicamente incapaces de asumir los dolores del parto, otras consideran que hoy «es ridículo sufrir inútilmente», puesto que existen los analgésicos. Finalmente, algunas mujeres optan por soportar la prueba sin ayuda en los primeros dolores, y recurren a la peridural en el transcurso de la dilatación, cuando ya no quieren seguir sufriendo las contracciones. Una elección que dependería del carácter de cada uno.

¡A sólo un mes!

L a imagen de la embarazada en el octavo mes es caricaturesca. El vientre y el pecho han adquirido grandes proporciones. Al llegar a este punto, la mujer encinta *se fatiga mucho físicamente* y tiene tendencia a perder fácilmente el equilibrio: su centro de gravedad. El niño sigue creciendo y aumentado de peso, claro está. Cuando se mueve, a través de los tejidos del vientre pueden reconocerse un pie, un brazo, la cabeza.

Es también en el transcurso del octavo mes cuando el niño *se da vuelta* y se coloca con la cabeza hacia abajo, es decir, se prepara para nacer. Su aspecto, su piel, rojiza hasta entonces, se vuelve rosa, el vello que lo protegía cae y se recubre de una sustancia espesa y grasa que facilitará el parto. A finales del octavo mes pesa 2,4 kg y mide 45 cm de promedio.

En este período suelen producirse ligeras contracciones; pero no se asuste, no tienen nada en común con las que acompañarán a la dilatación del útero. A veces se presentan frecuentes jaquecas que pueden tener su origen en la fatiga, un ambiente sobrecalentado o humoso. En tales casos basta un poco de calma y aire fresco. Las puntadas en las costillas también aparecen con mucha frecuencia y –desgraciadamente– son naturales: el niño cada vez ocupa más lugar, y su expansión comprime los vasos, vísceras y nervios. Es muy lógico que provoque dolores, puntadas en las costillas o el estómago cuando su volumen ha llegado a esta fase de expansión.

Las ganas de orinar resultan cada vez más acuciantes. También es un efecto del volumen creciente que ocupa, que presiona la vejiga, que se queda sin espacio para hincharse de orina o que se llena con apenas unos pocos centímetros cúbicos. Además, la embarazada suele quedarse sin aliento. Su respiración más rápida, indispensable para la eliminación del anhídrido carbónico y el aporte de oxígeno, se explica por los cambios fisiológicos que acusa su cuerpo y por los intercambios que realiza con el niño. Por su parte el útero, al aumentar de volumen comprime el diafragma y reduce el volumen del tórax.

2.º mes

3.er mes

4.º mes

5.º mes

6.º mes

7.º mes

8.º mes

9.º mes

El
nacimiento

Los
cuidados
posteriores

251

Injerto intrauterino

He aquí la historia de David: gracias a un diagnóstico prenatal se pudo advertir que padecía una grave enfermedad inmunológica: el síndrome de los linfocitos desnudos. El profesor Touraine propuso a sus padres tratarlo mediante un injerto intrauterino. Esta técnica consiste en practicar una transfusión en la vena umbilical del feto de células extraídas del hígado y del timo de un feto muerto, después de localizar el cordón umbilical por medio del ecógrafo. Al entrar en la corriente circulatoria fetal esas células emigran hacia los órganos donde se desarrollan las pertenecientes al sistema inmunológico. Una vez injertadas se desarrollan y así permiten la constitución progresiva del capital inmunitario cuya estructuración no tuviera lugar a causa de la enfermedad del feto. A pesar de todo, cuando nació, David debió ser un «niño burbuja» durante un año, y además, durante un tiempo debió someterse a perfusiones que completaron su inmunidad.

Otros dos fetos recibieron injertos intrauterinos en Lyon: uno a consecuencia de un severo déficit de inmunidad, el otro a causa de una grave enfermedad sanguínea. Pero se trata de experiencias muy recientes como para que se pueda afirmar que los resultados serán tan espectaculares como en la primera, la de David.

Diagnóstico preparto

Felizmente, entre las malformaciones, las más frecuentes son las anomalías menores, o moderadas y conciernen sobre todo al aparato urinario. En la mayoría de estos casos, gracias al diagnóstico ecográfico preparto o antenatal, se descubren y tratan de manera inmediata, a veces por medio de la cirugía.

Ciertas anomalías que antes se consideraban graves por los riesgos inmediatos en las primeras horas o días de vida del neonato, en la actualidad han dejado de merecer esta calificación a causa del diagnóstico antenatal. Cuando se ha programado el parto en una maternidad dotada con un centro de cirugía neonatal esta clase de problemas puede atacarse con mayor eficacia. Tales son los casos de malformaciones del aparato digestivo o de las paredes abdominales.

EL CORAZÓN

Las mujeres que ya han gestado un niño con una malformación cardíaca tienen embarazos singularmente con riesgos. Existen en ellos tres veces más riesgo, y sus seguimientos deben realizarse con regularidad, y empleando el control ecográfico para seguir paso a paso el desarrollo del corazón.

Curar antes del nacimiento

En el vientre materno el feto ya no es un desconocido. Médico y futura mamá están bien al tanto de su desarrollo, se ha llevado el control de su crecimiento por medio de las ecografías y en la actualidad, incluso antes de que haya nacido, se lo intenta curar. Las intervenciones más espectaculares son sin duda alguna las operaciones quirúrgicas a «útero abierto». Pero esta clase de medidas extremas son raras, y se reservan sólo para casos en que se sabe a ciencia cierta que una malformación diagnosticada frenará el desarrollo del feto en el útero, y que la vida de éste corre peligro. Por esa razón se operan la hernia de diafragma y las miopatías* congénitas. Aunque la intervención se practica a útero abierto, el feto operado sólo se extrae a medias, puesto que de otro modo las contracciones del útero no permitirían volver a ponerlo en su sitio enseguida. La operación es, de hecho, una reparación provisional por medio de una prótesis de plástico. Inmediatamente después del nacimiento se debe practicar una nueva intervención al niño.

★ Las malformaciones urinarias...

Otra operación, paliativa, pero esencial para el órgano, se practica en algunos casos de malformación urinaria con obstrucción completa de las vías urinarias que provoca una dilatación importante del riñón y su inminente destrucción. Para hacer drenar la orina del feto también se puede practicar una punción a través del vientre de la madre y del útero. Estas operaciones de apariencia tan temible en la letra impresa se han simplificado mucho con la ecografía.

★ Las malformaciones cardíacas

En un futuro próximo, la cirugía fetal debería conseguir la reparación de algunas malformaciones cardíacas detectadas por las ecografías específicas del corazón.

Paralelamente, la clínica obstétrica desarrolla tratamientos medicamentosos intrauterinos. El profesor Touraine de Lyon, consiguió injertar células fetales a un feto de 28 semanas afectado por una grave inmunodeficiencia de carácter genético.

253

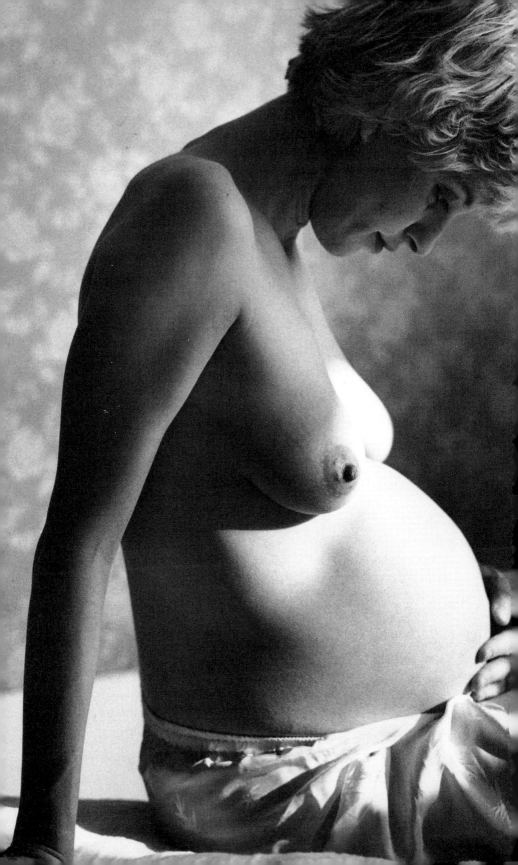

Noveno mes

El deseo
de un hijo

1.er
mes

2.º
mes

3.er
mes

4.º
mes

5.º
mes

6.º
mes

7.º
mes

8.º
mes

9.º
mes

El
nacimiento

Los
cuidados
posteriores

Las 1eras
semanas
del bebé

*R*ecta final del embarazo, el noveno mes es un período ambiguo. La inminente mamá tiene prisa, quiere acabar con el embarazo de una vez, pero al mismo tiempo le inquieta la inminencia del gran día, está excitada por los preparativos, fatigada, torpe a causa del vientre, y para colmo, obligada a pensar en todo: en los otros niños, si los hay; en los detalles prácticos de la instalación del recién llegado, sin dejar de lado, claro, el final de la preparación para el parto. Es también el lapso en que la futura mamá está a la expectativa: la menor contracción le permite esperar que sea el signo del comienzo del trabajo de parto, le atemoriza no llegar a tiempo a la maternidad.

Todas las angustias nacidas en el transcurso de los nueve meses de gestación reaparecen al final del camino. Pero cuando las contracciones se intensifiquen de verdad todos esos miedos se desvanecerán para dejar lugar a la acción y a la energía, que a su hora también desaparecerán, en apenas unos segundos, a causa de la emoción, sin duda una de las mayores que ofrece la vida.

255

Listo para nacer

En el 9.° mes ciertos órganos del niño todavía no funcionan, al tiempo que otros trabajan lentamente. El nacimiento será un duro golpe para todos esos órganos, que luego, en los primeros meses e incluso en los primeros años de vida, proseguirán una lenta maduración.

- **Su cerebro** está perfectamente constituido; tiene un tamaño considerable en relación al resto del cuerpo, y representa la décima parte del peso total del feto. Pero el sistema nervioso estar muy lejos de haberse constituido por entero. Aunque todas las células nerviosas están allí, aún las hay desprovistas de función, y las fibras nerviosas tampoco han completado el proceso de mielinización.

- **Sus pulmones** contienen la arborescencia alveolar; los alvéolos está recubiertos de una sustancia grasa que les impide retraerse, el surfactante. Cuando con la primera inspiración penetra el aire en los pulmones, esa presión desplegará completamente los alvéolos y pondrá en marcha los músculos respiratorios.

- **Su corazón** palpita a una velocidad de 120-160 pulsaciones por minuto, pero tiene una morfología muy singular; la aurícula izquierda y derecha comunican por el orificio de *Botal*, que se cerrará en el momento del nacimiento, cuando los pulmones se llenen de aire. La circulación sanguínea también es muy particular. Los aportes de oxígeno y la evacuación de la sangre se realizan a través de un intermediario, la placenta. Y la circulación es posible gracias a los vasos sanguíneos del cordón umbilical. La sangre del feto no pasa por los pulmones ni por el hígado. La circulación sanguínea se establecerá normalmente en el momento del nacimiento por el aporte de aire y por el corte del cordón umbilical.

- **El aparato urinario** está en su sitio. Los riñones han comenzado su función de filtro, pero aún tendrán que madurar para cumplir cabalmente con ella. Sobre todo tendrán que adquirir la capacidad de concentrar la orina.

- **Su aparato digestivo** es una auténtica miniatura. Tiene un esófago muy corto, y un estómago que apenas admite 30-40 cm^3. El músculo que cierra la comunicación entre esófago y estómago está poco desarrollado, lo que explica la tendencia a regurgitar del lactante. Tiene los intestinos llenos de meconio que expulsará en los primeros pañales.

El deseo
de un hijo

1.er mes

2.º mes

3.er mes

4.º mes

5.º mes

6.º mes

7.º mes

8.º mes

9.º mes

El
nacimiento

Los
cuidados
posteriores

Las 1^{eras}
semanas
del bebé

Desde el punto de vista sensorial está perfectamente equipado para entrar en la vida.

• *Su vista* es débil en general, pero clara a 20 cm de distancia. Todavía no posee la capacidad de acomodarla.

• *Su oído* funciona óptimamente. Reconoce las voces de sus padres y ya ha memorizado algunas entonaciones.

• *El equilibrio* ya existe, se encuentra «preparado» para mantenerse de pie.

• *El gusto* aún no se ha desarrollado bastante, pero diferencia lo amargo de lo azucarado. Tendrá que educar sus papilas gustativas.

• *El tacto* también está perfectamente desarrollado y funciona, es particularmente sensible en torno a la boca.

• *El olfato* ya está en funcionamiento; a partir del nacimiento preferirá el olor de su madre a cualquier otro.

Físicamente es redondeado y de color rosa, tiene la piel recubierta por una sustancia sebácea, protectora, *el sebo*. Conserva aún algo de vello en las mejillas, la espalda, los hombros y los muslos, el *lanugo* fetal. La estructura ósea está acabada. Sólo los huesos del cráneo permanecen sin soldar, con el objeto de facilitar su paso durante el parto.

• *En posición de zambullida.* En el 25% de los casos el niño ya está situado de cabeza en el transcurso de los últimos meses de embarazo. Pero también puede elegir esa posición en las semanas que preceden al parto. Nacerá de manera completamente normal, con la coronilla por delante.

Entre el 4 y el 5% de los fetos no se ponen de cabeza y nacen de nalgas. Se diferencian el *de nalgas completo* cuando salen en principio los pies y el *de nalgas incompleto* cuando las primeras en salir son las nalgas (→ p. 305). En estos casos el parto se puede realizar normalmente cuando la madre tiene una pelvis bastante amplia como para permitir el paso, o bien cuando el niño es pequeño. El diagnóstico «de nalgas» siempre se hace con cierta anticipación y muchas veces comporta la ejecución de una cesárea (→ p. 304). En cambio la cesárea se practica inexorablemente en caso de mala presentación de la cabeza (si es la cara o la frente la que se presentan en primer lugar) o cuando el niño está en posición transversal. Y no resulta posible proceder a la operación denominada «versión» (→ p. 259) que tanto puede practicar el médico como la matrona y que consiste en cambiar su posición dentro del vientre materno.

Las nalgas por delante

El parto de nalgas (→ p. 305) no obliga fatalmente a una cesárea, de hecho, todo depende del ancho de la pelvis materna. El médico partero se asegura, por medio de una ecografía o de la radiografía, que la cabeza del niño tenga amplio lugar para pasar. La *radiopelvimetría* permite conseguir las medidas exactas por medio de placas de frente y de perfil. Estas radiografías se realizan con la mínima dosis de rayos X para no someter a riesgo alguno a la madre ni al niño. El facultativo también controla la posición de la cabeza: ¿está bien flexionada, con el mentón sobre el pecho?

El buen seguimiento médico

Una entidad parasanitaria francesa realizó una encuesta entre las embarazadas de una región del sur, y con tal objeto interrogó a 800 acerca de la maternidad y del seguimiento médico del embarazo. El 85% de las entrevistadas considera satisfactorio el seguimiento médico de que fueron objeto en el transcurso de la gestación; más del 80% se declararon igualmente satisfechas por la calidad de la acogida o de la escucha de los equipos sanitarios. Por el contrario, más de la mitad de esas mujeres se quejaba por la falta de información relativa a las opciones de la maternidad. El porcentaje de descontentas alcanzaba el 60% en cuanto concierne a la insuficiencia informativa acerca de los riesgos de dar a luz un niño enfermo.

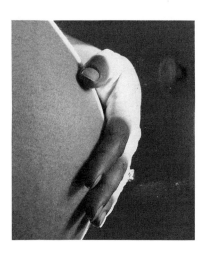

¿PARA QUÉ EL PEDIATRA?

El doctor Brazelton, célebre pedopsiquiatra norteamericano, preconiza una visita prenatal al pediatra. Para él, ello resulta el medio más seguro para que el pediatra sepa lo que determinó a los padres a concebir un hijo. Y como además sabrá de qué manera se ha desarrollado el embarazo y cuáles son los proyectos realizados en torno al niño, se encontrará en mejores condiciones para recibir al nuevo paciente.

Ayudarlo a girar

L a última visita médica no es realmente obligatoria, pero sí muy recomendable; el médico procederá a los mismos controles que realizara con ocasión de las visitas precedentes (→ p. 115, 181, 231): peso, búsqueda y medición de la albúmina, tensión arterial, tacto vaginal. Este examen ginecológico es muy importante. El médico evalúa la maduración del cuello, comprueba que se haya ablandado, que se haya acortado, y comience a situarse en el eje de la vagina. Controla la posición del niño en el abdomen, si ha girado o no.

En el 96% de los casos el niño se presenta cabeza abajo. Pero si al final del octavo mes aún no ha adoptado esta posición, el médico puede ayudarle a girar. Estas maniobras obstétricas se practican desde hace mucho tiempo y sus versiones modernas apenas difieren de las ancestrales, se trata de los mismos gestos. Pero ahora, simplemente *se practican bajo ecografía*, con vigilancia del ritmo cardíaco del feto.

El riesgo mayor es una alteración del funcionamiento del cordón umbilical (por ejemplo a causa de una tracción) o un desprendimiento de placenta. El trabajo del obstetra consiste en incitar al niño a cambiar de posición. Por masaje y mediante presión de las manos sobre el abdomen, es posible hacerle girar suavemente. Para que la embarazada ayude en la maniobra suele pedírsele respiración amplia. En la mitad de los casos se consigue persuadir al pequeño rebelde.

Los giros asistidos de última hora están contraindicados en caso de úteros malformados, con cicatrices o con placentas de inserción baja.

En esta visita el médico procederá a examinar la pelvis para asegurarse de que el niño podrá pasar cómodamente. Es el momento adecuado para confesar los temores y tomar una decisión definitiva acerca de la manera en que se ha de dar a luz. En esta hora muchas suelen cambiar de doctrina: algunas «valientes» que querían sentirlo todo, amedrentadas eligen la anestesia; y viceversa: otras que temían antes, han ganado en entusiasmo.

También es esta una oportunidad para plantear ciertas preguntas relativas a la salud postparto de la madre: futura anticoncepción, cuándo podrá regresar de la maternidad, qué precauciones exige la episiotomía, etcétera.

2.o mes

3.er mes

4.o mes

5.o mes

6.o mes

7.o mes

8.o mes

9.o mes

El
nacimiento

Los
cuidados
posteriores

Consulta antes de la epidural

Cuando se ha previsto dar a luz con anestesia epidural antes del parto (→ p. 298) ya sea por razones médicas o de mera preferencia personal, debe precederse de una *consulta preanestésica.* Este examen permite al médico explicar las precauciones que tendrán que adoptarse y los riesgos que comporta dicha operación. También detalla los cambios que producirá la anestesia en la evolución del trabajo de parto. Acabadas las explicaciones procede a examinar a su paciente para determinar el analgésico adecuado. Además, ordena una serie de análisis preanestésicos, como el control del grupo sanguíneo, la dosificación de hemoglobina* y la velocidad de la coagulación*. Finalmente debe asegurarse de que el parto se desarrolle bajo la dirección de un obstetra, puesto que los partos bajo epidural a veces exigen intervenciones que sólo un médico está autorizado a practicar. Además, en caso de accidente durante el parto bajo epidural conducido por una matrona, es el médico anestesista el que asume la responsabilidad jurídica. De todas maneras resulta evidente que anestesista y obstetra deben formar un verdadero equipo en estos casos.

Cuestión de conveniencias

A los imperativos médicos se suman a veces consideraciones personales: la madre desea alumbrar en una fecha precisa por razones de conveniencia familiar o psicológica. Aunque estas motivaciones merecen las críticas de muchos médicos, puesto que se asume un riesgo suplementario para no conseguir beneficio alguno, quizá se atiendan. Pero estas son las ventajas de la parturienta: llega a la sala en ayunas, descansada; la vigilancia fetal se establece de inmediato, las contracciones se controlan con facilidad, y hay un equipo médico movilizado a su alrededor.

Un músculo elástico

La pared uterina, que normalmente es gruesa, en el transcurso de los nueve meses de embarazo se estira mucho. Su particular fisiología le confiere gran elasticidad. Está constituida por dos estratos o capas de músculos longitudinales separados por una capa circular. Al mismo tiempo se generan nuevas células que forman haces de fibras que además de reforzar la pared del útero le permiten alargarse o retraerse con el objeto de que el feto pueda crecer y expandirse en el vientre materno. Gracias a las contracciones de este músculo hueco el niño resultará expulsado en el parto.

260

Nacer por encargo

P rovocar un parto es adelantarse a la naturaleza; interferir en una variable fundamental de la biología: el tiempo de maduración. Se trata de un acto que comporta riesgos y que debe practicarse con motivos justificables y en condiciones médicas ideales. Los médicos pueden aconsejarlo por dos géneros de razones. En primer lugar porque *está en juego la salud de la madre*, hecho que determina poner fin al embarazo. Tal puede ocurrir con una paciente hipertensa o que presenta una afección cardíaca o pulmonar (→ p. 413 y 415), por ejemplo, que resultaría agravada por la continuación del embarazo. En segundo lugar *el interés fetal*, es decir cuando se verifica sufrimiento fetal. Si el niño padece en el útero, lo mejor será ponerlo en observación en una incubadora; ello, claro está, cuando se lo considera capaz de soportar el empuje de las contracciones y el esfuerzo del nacimiento.

Existen *ciertas condiciones indispensables* para estos partos por encargo, sobre todo parámetros obstétricos ideales y la presentación clásica del niño, de cabeza. Todos esos elementos se evalúan para obtener un «puntaje» (el score de Bishop), que constituye una especie de pronóstico acerca de la mayor o menor facilidad del parto; o, es lo mismo, de sus posibilidaddes de éxito. Cuanto más alto sea el puntaje tanto mejores serán las condiciones obstétricas. Además, debe tenerse absoluta certeza acerca de la *madurez del niño*. Salvo casos patológicos, no se provoca el parto antes de 38 semanas y media de gestación o 39 semanas, por lo cual también debe haber seguridad en la fecha prevista de parto.

Existen medicamentos para acelerar la maduración del útero. El proceso se pone en marcha por goteo de una hormona*, la oxitocina, que induce la contracción del útero. La mujer es acostada sobre la mesa de parto, alrededor se instalan aparatos de vigilancia de las contracciones uterinas y del ritmo cardíaco fetal (→ p. 274). La dosis de oxitocina se aumenta progresivamente hasta que se consiguen contracciones bien regulares. Con frecuencia, el parto provocado o inducido se combina con epidural, para que la madre soporte mejor un largo trabajo. Luego se rompe la bolsa de aguas y se produce el nacimiento (→ p. 277).

1.er mes

2.º mes

3.er mes

4.º mes

5.º mes

6.º mes

7.º mes

8.º mes

9.º mes

El
nacimiento

Los
cuidados
posteriores

Prepararlo con suavidad

Hoy parece indispensable prevenir al mayor acerca de la inminente partida de su madre hacia la maternidad, y explicarle los motivos del hecho. Por el contrario, si es pequeño, informarle acerca de !a duración de esta ausencia es inútil, puesto que los pequeños carecen de la noción del tiempo. Tampoco es necesario adelantarse demasiado en el anuncio: dos o tres días de anticipación bastarán. El niño se sentirá seguro si sabe quién se ocupará de él y lo que podrá hacer en ausencia de su madre. También es posible mostrarle el sitio donde «se van a buscar los niños»; y para los más pequeños, muy apegados a sus madres por el olfato, hasta se puede dejar un «fetiche», es decir un objeto o una prenda con el olor de aquella que echará de menos.

¡Que alguien me ayude!

Cuando los abuelos viven lejos o no están disponibles, siempre se puede recurrir a los amigos. En tal caso lo mejor es que procuren instalarse en la casa del niño que tendrán que cuidar. Ello, con el objeto de no trastornar demasiado la vida habitual del pequeño y de mantenerlo junto a su padre. Cuando no se ofrece ninguna posibilidad de ayuda exterior, el padre podrá entonces solicitar algunos días de vacaciones para ocuparse de su hijo. En todo caso, nunca hay que elegir este momento para instalar al niño en un sistema de guarda desconocido, pues la separación y el extrañamiento podrían resultar para él un abandono que le inspiraría un profundo resentimiento propicio a la instalación de los celos, que podrían ser duraderos.

El deseo
de un hijo

1.er
mes

2.º
mes

3.er
mes

4.º
mes

¿Quién cuidará a los mayores?

En el 90% de los casos el cuidado de los mayores, cuando su madre está en la maternidad, recae en los abuelos. Ésta es una excelente ocasión para que se produzca un auténtico, mutuo descubrimiento, y el establecimiento de una real complicidad. Este período resulta duro para el mayor; le han quitado a su madre y sabe que tendrá que enfrentarse con una nueva vida donde tendrá que compartir espacio y afectos. La ternura, la paciencia y la disponibilidad de sus abuelos le resultarán entonces una gran seguridad.

★ **Crecer es difícil**

Además es esencial que los abuelos estén allí en el momento en que cambia la estructura de la familia. El recién nacido representa el futuro, ellos el pasado. Son una referencia viva de éste; y al evocar sus recuerdos para los nietos, enseñan a éstos que también ellos fueron una vez niños, como les sucedió también a sus padres. Una historia de alto valor imaginario y formativo para los pequeños, que acaban por comprender la natural y dura transición del estado de hijo único al de mayor. Además, esta convivencia forzosa con los abuelos ayuda a los niños a comprender el mecanismo de la filiación y del parentesco al tiempo que los pone en contacto por primera vez con los fenómenos del tiempo, como la vejez. Para que esas jornadas resulten enriquecedoras no hay que alejar al niño de su marco familiar. Lo mejor es que viajen los abuelos y que él o los mayores mantengan la vida cotidiana, el espacio, los amigos, y que sobre todo estén junto a su padre. Necesitan sentir que siguen perteneciendo a la familia y que la llegada del recién nacido no comporta su exclusión. Por otra parte, en la mayoría de las maternidades se autoriza actualmente la visita de los niños a su madre y hermana o hermano. Pero si la prohibición de visitas infantiles es terminante, siempre se puede mantener una relación diaria a través del teléfono.

También el mayor puede participar en la instalación del recién nacido en la vida: puede acompañar a su padre cuando vaya a inscribirlo al registro civil, hacer algunas compras destinadas a la recepción de su madre y el hermanito que regresan de la maternidad, y por supuesto, asistir a la fiesta que celebra el nacimiento, y recibir un regalo, testimonio de afecto de sus padres.

5.º
mes

6.º
mes

7.º
mes

8.º
mes

9.º
mes

El
nacimiento

Los
cuidados
posteriores

Las 1^{eras}
semanas
del bebé

263

Ayudamemoria

Antes de partir hacia la maternidad verifique no haber olvidado nada importante. Prepárese bien y haga lo mismo con la canastilla del niño, así tendrá garantías de un regreso más fácil, sin miedos ni angustia, y también de una mayor disponibilidad para el recién nacido.

★ Para el niño

Si aún no lo ha hecho, lo mejor es que elija el nombre ahora (→ p. 238) y que lo comunique al padrino y a la madrina si quiere bautizarlo inmediatamente. Si decidió trabajar después del nacimiento del niño, confirme su modo de guarda (→ p. 224).

Revise la lista de equipamiento que debe comprar o pedir prestado: cuco o cuna de recién nacido, sillón de relajación, calientabiberón, coche, bañera, mueble o armario para guardar su ropa, colchón, manta, seis sábanas, dos cambiadores, termómetro de baño, balanza (en alquiler). Si decidió cambiarlo en el cuarto de baño, tendrá que introducir allí las adaptaciones y arreglos necesarios. Considere además si no necesitará calefacción para ello. Si amamanta, reflexione acerca de su comodidad. Busque el asiento o la poltrona que instalará en su habitación.

Acábe de arreglar su habitación y verifique su canastilla (→ p. 246); compre los productos de limpieza que necesitará al regresar: productos para la piel, suero fisiológico en cápsulas, un frasco de eosina acuosa, un paquete de pañales desechables, bragas de plástico si fuera necesario, agua mineral especial para biberones si no lo amamantará (al menos un paquete de seis botellas), un aparato para esterilizar en caliente o en frío, una caja de compresas estériles, seis biberones y tetinas, un champú suave para recién nacidos, una pomada para el eritema de las nalgas, un cepillo de pelo muy suave, una bata de baño con capucha, un frasco de aceite de almendra dulce, tijeras de uñas para neonatos, un termómetro médico.

★ Para usted

Tómese el tiempo para perfeccionar la preparación para el parto, especialmente trabajando las técnicas de respiración (→ p. 158). Evite todo medicamento; impóngase un paseo cotidiano; no lleve

El deseo
de un hijo

1.er mes

2.º mes

3.er mes

4.º mes

5.º mes

6.º mes

7.º mes

8.º mes

9.º mes

El
nacimiento

Los
cuidados
posteriores

Las 1^{eras}
semanas
del bebé

nada pesado; evite las compras en los grandes centros y las multitudes en general; aproveche sus últimos días de libertad para visitar la peluquería, el cine o el teatro; revise el equipaje que ha preparado para ir a la maternidad; repase la lista de participaciones de nacimiento que enviará y en consecuencia compre las tarjetas que hagan falta, o encárguelas al taller de impresión; busque un pediatra que le inspire confianza y tenga la consulta cerca de su domicilio y también a un kinesiólogo para que la ayude a recuperar la forma física en el postparto (los farmacéuticos suelen dar buenos consejos). Tenga a mano el teléfono de una empresa de radiotaxis o de un servicio de ambulancias.

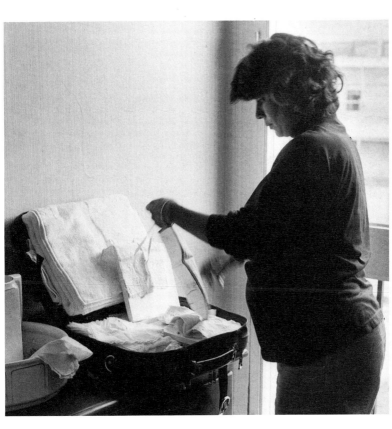

La ruptura de la bolsa de agua

S e trata del derrame de abundante líquido claro. El «agua» es el líquido amniótico que bañaba al feto.
A una primera «pérdida» sigue otra, más suave, pero constante. Ha llegado la hora de partir hacia la maternidad. En algunos casos, no se sabe por qué razón, la bolsa de agua no se rompe espontáneamente. Entonces forma otra bolsa delante de la cabeza y así atrasa el trabajo de parto. En tales circunstancias la matrona o el médico deciden romperla con la ayuda de un instrumento de cirugía. La maniobra, que se ejecuta con 7 u 8 cm de dilatación, es totalmente indolora.

... y del tapón mucoso

C uando el cuello del útero está a punto de abrirse, el tapón mucoso que lo obstruye es expulsado. Es la señal del comienzo del parto. Esta pérdida se produce a veces con anterioridad a las contracciones más dolorosas, puesto que éstas comienzan suavemente y al principio no se hacen sentir. La expulsión del tapón mucoso puede adelantar el parto algunos días (tres días como promedio) o sólo algunas horas. Y algunas mujeres ni siquiera lo advierten.

Decisión compartida

¿Q uién decide el momento del parto, la madre o el niño? Se sabe que en las últimas semanas la tasa de estrógenos* de la madre aumenta, y la de progesterona* disminuye. En el momento del parto su sistema hormonal produce prostaglandinas* placentarias que estimulan las fibras musculares del útero y provocan contracciones. Además, se sabe que el feto produce una sustancia que estimula la producción de hormonas maternales.

NO OLVIDAR

– La libreta de maternidad;

– el libro de familia;

– la tarjeta de la seguridad social;

– el certificado de grupo sanguíneo.

¿Voy ahora mismo?

A l final del embarazo muchas mujeres se sienten angustiadas por el carácter imprevisible del parto. No obstante, las estadísticas demuestran que generalmente tienen tiempo suficiente para llegar porque el trabajo de parto dura varias horas. Pero si han tenido dificultades en embarazos precedentes y han elegido un servicio hospitalario especial, a veces alejado de sus domicilios, lo mejor es que lleguen con un poco de anticipación.

En cualquier caso, a partir del momento en que *las contracciones se hacen regulares* (cada cinco minutos en las últimas dos horas), habrá que partir hacia la maternidad. Es cierto que la mayoría de las parturientas acuden demasiado pronto. De acuerdo con el nivel de «atascos» del establecimiento, y la hora, se las alojará o se les pedirá que regresen a casa. De todas maneras la matrona les dará instrucciones precisas para que puedan evaluar con mejor criterio cuando llegue el momento: una contracción cada quince minutos, cuando la parturienta vive cerca de la maternidad. Lo mejor es *no comer ni beber nada* en las horas inmediatas anteriores, puesto que estará en mejores condiciones en caso de anestesia.

Una buena información y conocimiento corporal, elementos que aportan los cursos de preparación (→ p. 204), suele prevenir las alarmas imaginarias.

Asimismo, es preferible vaciar los intestinos antes del parto, con la ayuda, si fuera preciso, de un supositorio de glicerina. *Un baño o una ducha* pueden ayudar a la relajación, siempre que la embarazada aún conserve intacta la bolsa de agua.

Un segundo parto, un parto de nalgas, un parto de gemelos, la prescripción de cesárea, exigen un *viaje bastante rápido* a la maternidad. En el primer caso porque en general, el trabajo de parto de un segundo hijo es mucho más rápido que el del primero; en todos los demás, porque se impone una estricta vigilancia del último tramo del proceso y una buena preparación para una intervención quirúrgica, ya sea por decisión de último momento, o porque se haya previsto antes. Casi siempre estos nacimientos se programan cuidadosamente con el médico de manera que el interrogante rara vez llega a plantearse.

1.er mes

2.º mes

3.er mes

4.º mes

5.º mes

6.º mes

7.º mes

8.º mes

9.º mes

El nacimiento

Los cuidados posteriores

Las 1eras semanas del bebé

267

Referencias básicas

La duración del embarazo es de nueve meses, o de doscientos setenta y cinco días a partir de la fecundación, fecha que no siempre se puede determinar con exactitud y que consiente un error de varios días. Los ingleses la calculan sumando cuarenta semanas a la fecha de la última menstruación. Otro método consiste en acercarse al momento de la fecundación mediante la determinación de la fecha de ovulación (concuerda con ésta y admite un error máximo posible de 24 horas), a esa fecha se suman doscientos setenta y cinco días, o nueve meses.

Pero la fecha del parto nunca puede determinarse con una precisión de uno o dos días (salvo cuando se trata de un parto provocado). En esta materia no hay que olvidar que ciertos acontecimientos pueden adelantar el nacimiento: una emoción, un viaje fatigoso, y hasta una simple gripe que a causa de la fiebre que provoca induce contracciones.

El embarazo se denomina anormalmente *prolongado* o *retardado*, cuando supera los doscientos noventa y cinco días de amenorrea. Pero la mayoría de las gestaciones demasiado largas suelen deberse a un cálculo erróneo del día de la concepción, y sólo se consideran graves cuando comportan sufrimiento fetal. Los niños que nacen ''tarde'' sin haber sufrido, generalmente son más grandes y pesados que los demás.

LA MATERNIDAD EN EL MUNDO ANIMAL

El mayor bebé de la Tierra es el de la ballena rorcual, que pesa 8 Tm y mide 7 m de largo. La gestación de una ballena dura dieciséis meses y sólo pare un vástago cada tres años.

Las elefantas paren cada cuatro años, o cada ocho en caso de superpoblación, y sus embarazos duran entre veinte y veintidós meses.

La madre más despreocupada es la jirafa que pare de pie, y después de 14 meses de gestación. Su hijito, que nace con 1,80 m de estatura, cae a tierra desde las alturas.

La osa, que se toma entre seis y nueve meses para parir, tiene una curiosa gestación que se llama diferida, puesto que la fecundación ha tenido lugar varios meses antes. Hay dos especies animales que emplean algo muy semejante a las matronas: los delfines y los elefantes emplean a las hembras más viejas en la asistencia de la parturienta.

En el reino animal los padres suelen tener importantes funciones. Entre los hipocampos es el macho el que cría a los vástagos que lleva en la bolsa ventral. La hembra los deposita allí en el momento del parto y ya no vuelve a ocuparse. El pájaro bobo incuba el huevo que le confía su hembra, en una bolsa incubatoria, y no come durante la incubación que dura 60 días. Por su parte el leipa construye un túmulo de abono donde deshova la hembra. El macho controla la temperatura durante la incubación, agregando material a las paredes del nido.

Cuando se venció el plazo

L a Organización Mundial de la Salud (OMS) considera que se puede hablar de superación del término del embarazo cuando este se prolonga *más allá de los 294 días o las 42 semanas de amenorrea.* El 45% de los niños nacidos «con retardo» en relación a la fecha prevista, no difieren de los otros en nada. En general reciben la calificación de hipermaduros, y se aprovechan de las comodidades uterinas. Sólo el 10% de los niños nacidos después de plazo tienen verdaderos problemas. Suelen tener cuerpos largos, y piel seca y arrugada, carecen de barniz protector (vernix caseosa) sobre la piel. Sus cabellos y uñas son largos, el cráneo está bien osificado. Nacen en estado de sufrimiento a causa de insuficiencias neurológicas que se suman a dificultades respiratorias graves. Por ello tienen un escéptico pronóstico, una vida frágil. Estos problemas sin duda se deben al envejecimiento de la placenta, incapaz de proseguir su labor más allá de la fecha para la que fue «programada».

★ **Parto provocado**

El diagnóstico de superación del plazo de parto no es de fácil determinación. Con mucha frecuencia el «retraso» no es más que un error en la fecha de la última menstruación. El médico debe determinar si hay sufrimiento fetal. Si comprueba que tal es el caso, después de realizar diversos exámenes para controlar la operación, provoca el parto, en interés del niño. Tres de cada cuatro mujeres embarazadas dan a luz de esa manera en la fecha en que se acaba la gestación, las demás son sometidas a vigilancia especial a partir de la 41.ª semana, con especial atención al ritmo cardíaco y el estado del líquido amniótico por amnioscopia (→ p. 236) o amniocentesis (→ p. 105).

En general se vigila atentamente al niño y se controlan sus pulsaciones cada dos días. Si el retraso supera los dos días, entonces se provoca el parto. Y todo se prepara como para acoger un recién nacido «con riesgos».

La única manera de datar con precisión (de aproximadamente tres días) un embarazo sigue siendo la ecografía del primer trimestre (→ p. 93). La precisión en la fecha es esencial, cuando cambia el médico que se ocupa del seguimiento de la gestación.

1.er mes

2.º mes

3.er mes

4.º mes

5.º mes

6.º mes

7.º mes

8.º mes

9.º mes

El nacimiento

Los cuidados posteriores

Las 1eras semanas del bebé

269

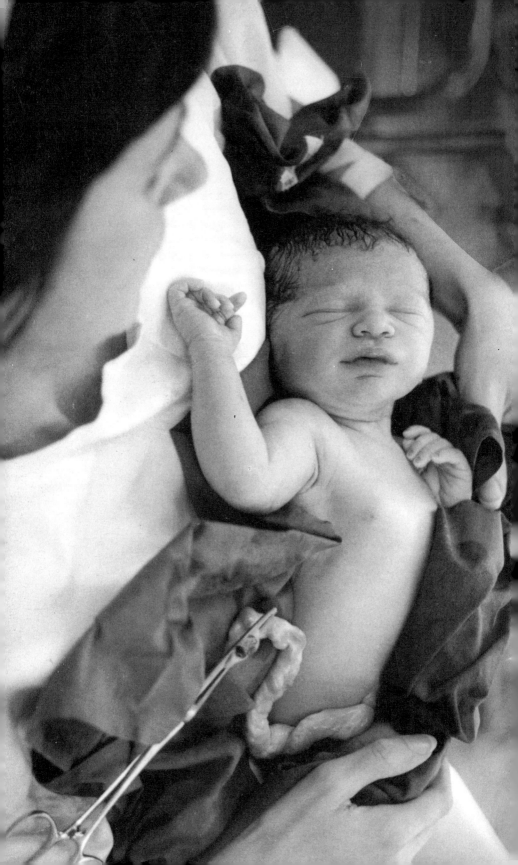

El nacimiento

*D*ar a luz es probarse a sí misma toda su femineidad, es prolongar en el tiempo la propia vida y ejecutar por fin la hazaña que ha estado preparando entre bastidores durante nueve meses. Muchos sentimientos acosan entonces a la embarazada. ¿Sabrá dominar su cuerpo y sobreponerse al dolor? ¿Será capaz de expulsar la preciosa carga fuera de sí? ¿Ese niño será el mismo que ha esperado durante toda la gestación? La familia estará allí, junto al padre del niño, para apoyarla y compartir sus sentimientos, el equipo médico está allí para ayudarla «materialmente» en el trabajo. Seguridad, comodidad física y moral hacen del operativo sanitario del parto uno de los más seguros. De todas maneras, la violencia de las contracciones siempre asombra, y las proezas del cuerpo femenino admiran. Y con todo, la experiencia es siempre única, aunque no se trate del primer niño que se trae al mundo.

El deseo
de un hijo

1.er
mes

2.º
mes

3.er
mes

4.º
mes

5.º
mes

6.º
mes

7.º
mes

8.º
mes

9.º
mes

El
nacimiento

Los
cuidados
posteriores

Las 1eras
semanas
del bebé

¿Quién es la matrona?

En la mayoría de las maternidades es la matrona la que permanece junto a la parturienta a la hora del nacimiento. Se ocupa de controlar el estado de salud de la madre y el niño y el buen desarrollo del trabajo de parto. En principio dedica a la tarea simples y tradicionales gestos, como oír el ritmo cardíaco del niño por medio de una trompetilla, operación que practica cada hora, luego con mayor frecuencia, a medida que el trabajo progresa. Entonces controla la tensión arterial de la madre. Mediante toques vaginales regulares lleva el control de la dilatación del cuello y la posición de la cabeza (o de las nalgas del niño) al igual que su rotación. También dispone de otros aparatos de avanzada técnica que le permiten un control más estricto del proceso (→ p. 274). En muchos casos, si no se presenta complicación alguna, será ella quien traiga el niño al mundo y vigile luego la expulsión de la placenta (→ p. 293). Sólo exige la presencia del tocólogo cuando la intervención de éste se hace necesaria. Cuando la embarazada desea ser asistida por su médico, la matrona previene a éste en el momento de la expulsión. Y también será ella quien dirija la respiración de la parturienta, le aconseje relajarse, la ayude a recuperar la calma y la estimule a empujar. Luego transcribirá sus observaciones en un informe, el *partograma* (→ p. 307).

¿Quiénes la rodean?

En la maternidad se encontrará con diferentes miembros del personal sanitario y hospitalario, cada uno tiene una función. El personal hospitalario reúne matronas, enfermeras, puericultoras, auxiliares de puericultura y asistentes de enfermería. A ellos hay que sumar el personal de limpieza, de cocina, y otros servicios de los pacientes. El personal hospitalario trabaja en equipo con el personal médico, y bajo el control de éste. Los primeros actores de la sala de partos son los tocólogos y los pediatras. El profesor, jefe de servicio, suele estar secundado por uno o dos catedráticos adjuntos. Los jefes de clínica, médicos especializados (ginecólogos, tocólogos, pediatras, anestesistas, etc.), tienen la responsabilidad de una parte del servicio. Junto a ellos trabajan los médicos residentes agregados que acuden una o dos veces por semana para atender a determinadas pacientes en ginecología obstétrica o en pediatría, por ejemplo. Y finalmente están los médicos residentes que en general se ocupan de asegurar el servicio de guardia.

La llegada a la maternidad

L a parturienta ya está inscrita en la maternidad, salvo que haya cometido el error de imprevisión de postergar el trámite hasta el último momento. Tan pronto llega es examinada por una matrona o por el médico de guardia que procede a un somero y preciso estudio:
— mide la tensión arterial;
— busca albúmina* en la orina;
— mide la temperatura de la paciente;
— controla sus pulsaciones;
— palpa su vientre para determinar la posición del niño y la intensidad de las contracciones;
— oye los latidos del corazón del niño;
— practica un tacto vaginal para evaluar la apertura del cuello del útero y la elasticidad del perineo y de la vulva.

Conforme avanza el trabajo, se la instala en su habitación o en una sala de reposo, o –cuando el nacimiento se anuncia inminente– en la sala de partos.

Cuando las contracciones son muy espaciadas la parturienta puede pasear, distraerse. En la actualidad se sabe que la *posición vertical* resulta particularmente beneficiosa para el desarrollo del parto.

Cuando las contracciones se hacen más frecuentes (cada 3 o 4 minutos) y duran entre 30 segundos y un minuto, y la dilatación ha alcanzado la cota de 2 o 3 cm, ha llegado la hora de dirigirse a la sala de partos.

Mediante monitoring o simple audición a través de la pared abdominal, se verifican los latidos del corazón del niño y su reacción a las contracciones; luego se vuelve a medir la temperatura de la parturienta al igual que su tensión arterial y tasa de albúmina en orina. Si es preciso, y siempre que la bolsa de agua no se haya roto, podrá recurrirse a una amnioscopia (→ p. 236) para asegurarse la ausencia de sufrimiento fetal.

En la mayoría de las maternidades la parturienta se instala en una mesa de parto, se estira de espaldas y apoya las piernas en unos estribos, que le resultarán útiles para asirse en el momento de la expulsión del niño.

273

El deseo
de un hijo

1.er
mes

2.º
mes

3.er
mes

4.º
mes

5.º
mes

6.º
mes

7.º
mes

8.º
mes

9.º
mes

El
nacimiento

Los
cuidados
posteriores

Las 1eras
semanas
del bebé

La seguridad pasa
por la vigilancia

La práctica totalidad de los partos que tienen lugar en clínicas u hospitales, se realizan bajo el control de aparatos que permiten evaluar la potencia de las contracciones y saber si el niño soporta bien los pujos.

Gracias a un pequeño instrumento, *el monitoring*, se puede grabar y controlar sobre un gráfico el ritmo de los latidos cardíacos del niño. Para ello basta con colocar un microsensor sobre el vientre de la embarazada, contra el útero. Este dispositivo será tanto más valioso cuanto más difícil se presente el parto.

Otro control, el *de las contracciones*, tiene como objetivo proveer informaciones precisas acerca de su intensidad, duración y frecuencia. Se las graba, de la misma manera que se procede con el monitoring, colocando un sensor sobre el vientre de la madre. Un grabador gráfico recibe la información y dibuja una curva que representa la aparición de la contracción, intensidad, duración y luego el retorno a la calma.

★ **La prevención del sufrimiento fetal**

La comparación de la curva de las contracciones y la del ritmo cardíaco del feto permite evaluar el comportamiento de éste en el útero. Es normal advertir una desaceleración moderada y breve de las pulsaciones en el momento de la contracción, al final de la dilatación y en el momento de la expulsión. Una desaceleración larga y significativa de dichos latidos puede indicar sufrimiento fetal que exige otros exámenes y llegado el caso, la anticipación del parto, por vías naturales o por cesárea.

Pero la medición del ritmo cardíaco también se puede conseguir por grabación directa en el niño. En tal caso, en el transcurso de un tacto vaginal, el médico o la matrona coloca sobre el cráneo del niño un pequeño electrodo que registra su electrocardiograma. Y además, con un sensor instalado entre la cabeza del niño y el cuello del útero, puede medirse la intensidad de las contracciones. En algunas maternidades se han puesto en servicio grabadores sin hilo que permiten a la madre moverse o andar en el intervalo entre contracciones. En dicho sistema la grabación se realiza automáticamente, con un aparato instalado en la sala de partos o en otra habitación anexa, bajo la atenta mirada de la matrona.

También es posible, *extrayendo una gota de sangre del cráneo del niño*, controlar el sufrimiento fetal en el transcurso del parto. Un aparato instalado en la propia sala permite un rápido análisis que sobre todo indica los grados de oxigenación y acidez. Esas informaciones son preciosas, puesto que se sabe que uno de los primeros signos de sufrimiento fetal es el aumento de la acidez de la sangre. Los facultativos ordenan que se practique este examen cuando el monitoring detecta modificaciones en las pulsaciones cardíacas del feto. Entonces el médico decide proseguir el parto o proceder a la intervención.

★ **Apoyo medicamentoso**

En la mayoría de los casos se administra a la embarazada una *perfusión de suero glucosado* que le aporta agua y azúcar con el objeto de permitirle sostener un prolongado esfuerzo. Es una medida que no se adopta siempre, sistemáticamente, puesto que hay médicos que la consideran inútil. Para muchos facultativos la mejor prevención es la colocación de un catéter blando en una vena, útil cuando hace falta una intervención de apoyo medicamentoso. Así pueden administrarse, por ejemplo, un *antiespasmódico** que ayuda a tolerar el dolor, *oxitocina* para estimular las contracciones, *calcio o magnesio* para prevenir una tetanización... El catéter se vuelve indispensable siempre que surgen complicaciones.

Los accidentes debidos al cordón umbilical son muy raros felizmente, y pueden evitarse gracias a la vigilancia del niño por monitoring. Los estrangulamientos sobrevienen cuando el cordón es más largo que de costumbre y el niño se mueve mucho. En el transcurso de los últimos meses de gestación, al volverse en el útero materno, el niño enrolla el cordón en torno al cuello. En el momento del parto, cuando desciende, tira del cordón y corre riesgos de estrangulamiento: un simple gesto de la matrona o del médico lo liberará. Otra complicación más grave: la «prociddencia del cordón»*, se produce cuando un trozo de éste sale antes que la cabeza del niño. Fuertemente comprimido, ya no aporta al niño el oxígeno que éste necesita. En tal caso hay que recurrir a la cesárea o al fórceps para eliminar con la mayor celeridad posible un sufrimiento que puede acarrear lesiones irreparables.

1.er mes

2.º mes

3.er mes

4.º mes

5.º mes

6.º mes

7.º mes

8.º mes

9.º mes

El nacimiento

Los cuidados posteriores

Las 1eras semanas del bebé

Una prueba agotadora

Es frecuente comparar el parto con una prueba deportiva, pues al igual que ésta, aquél exige esfuerzos y una resistencia que varían de uno a otro caso. Por ello, tanto le cabe la comparación con los 100 m lisos como con una carrera de fondo de muchos kilómetros. Son numerosos los factores en concurso. Por ejemplo cuando la madre es primípara*, o primeriza, el nacimiento será más lento. Las estadísticas aseguran que la duración media de un primer parto es de ocho a nueve horas. En tal caso el siguiente no durará más de cinco o seis, a causa de la dilatación más rápida y fácil del cuello del útero. Esa duración media con frecuencia resulta acortada por el empleo de medicamentos en perfusión (goteo) destinados a regularizar las contracciones y ablandar el cuello del útero (→ p. 275). Pero la fatiga derivada del parto puede agravarse por el tamaño del niño o su presentación (la de nalgas exige con frecuencia un esfuerzo mayor de la madre). La energía de las contracciones y la intensidad del dolor también varían mucho de una mujer a otra. Ello sin contar la fatiga general debida al embarazo.

Dar una mano

El tocólogo debe ayudar al niño a venir al mundo en ciertos casos. El empleo de fórceps o de una ventosa le facilitará el trabajo (→ p. 290). Aunque con frecuencia estos utensilios se relacionan con espantosas fantasmagorías ligadas con el parto, no se trata de instrumentos agresivos; al contrario, bien empleados alivian a la madre y al niño puesto que nunca se emplean para forzar el paso.

En general, el fórceps tiene el aspecto de dos cucharas con empuñaduras paralelas y sirve para orientar correctamente la cabeza del niño. Se emplean con suavidad, y también con anestesia local. La *ventosa* obstétrica sirve para el mismo cometido y se fija al cuero cabelludo por un sistema de bomba de vacío.

Cabeza de huevo

Los huesos del cráneo del niño aún no están soldados para que la cabeza se adapte al canal natural de parto en la pelvis materna. Esta capacidad confiere a veces a la cabeza de los recién nacidos una forma ovoidal característica. En las horas que siguen al alumbramiento el cráneo recupera la forma normal.

LAS MEDIDAS DEL CUELLO

Antes no se medía la dilatación en centímetros, los tocólogos y las matronas empleaban metáforas, hablaban de un palmo pequeño o grande e incluso de monedas: «Está del tamaño de una moneda de cinco duros», solían decir.

1.er
mes

2.o
mes

3.er
mes

4.o
mes

5.o
mes

6.o
mes

7.o
mes

8.o
mes

9.o
mes

El
nacimiento

Los
cuidados
posteriores

Las 1eras
semanas
del bebé

El parto paso a paso

Suele comenzar muchas horas antes del nacimiento y se compone de dos fases claramente diferenciadas. La primera se denomina *dilatación*, la segunda se llama *expulsión*, *expulsiva* (fase) o *expulsivo*. En el transcurso del trabajo, la embarazada sentirá en principio las contracciones (→ p. 283). Aparecen de forma intermitente y son más o menos frecuentes y dolorosas. Luego comienzan a alargarse. Al final del trabajo se renuevan cada dos o tres minutos. Tienen la doble función de abrir el cuello del útero y empujar al niño hacia el exterior.

La dilatación del cuello debe operarse de manera regular y progresiva. La partera mide la apertura en centímetros. Para que pueda pasar la cabeza del niño la dilatación se debe completar, esto significa que la apertura debe alcanzar los 10 cm.

Entre las primíparas* o primerizas, la desaparición del cuello se consuma generalmente en el transcurso del «pretrabajo» de parto. No ocurre siempre igual en las multíparas* ni en caso de embarazo múltiple, casos donde la desaparición del cuello y la dilatación pueden llegar simultáneamente.

Bajo el efecto de las contracciones el niño es empujado hacia el exterior. Su salida se descompone en tres momentos: el *encaje*, el *descenso* en la pelvis y la *expulsión,* separación o liberación que es el paso por la vagina.

Para atravesar la barrera hueca que forma la pelvis, el niño debe presentar el menor diámetro craneal; por ello debe flexionar la cabeza y apoyar el mentón contra el pecho. El diámetro más pequeño de la cabeza del niño es normalmente de 9,5 cm y las dimensiones del conducto pelviano de unos 12 cm.

Es la cabeza del niño al tocar la base pélvica* el fenómeno que provoca las ganas de expulsarlo. La madre está activa en ese momento, controlando su respiración; en cada contracción empujará al niño hacia el exterior. La cabeza dilata la vulva.

La función del médico o de la matrona es fundamental: debe ayudar al nacimiento y al mismo tiempo evitar desgarramientos a su madre. Con frecuencia en ese momento se decide practicar una episiotomía (→ p. 291).

Preludio del
nacimiento

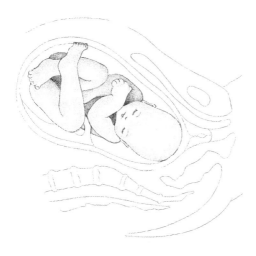

El niño ya está listo para nacer. Las contracciones, al principio irregulares, se vuelven cada vez más próximas. Comienza el trabajo de parto.

Bajo los efectos de las contracciones el niño es empujado hacia adelante y poco a poco hace desaparecer el cuello del útero.

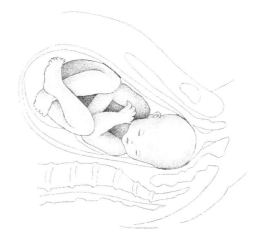

El deseo
de un hijo

1.er
mes

2.º
mes

3.er
mes

4.º
mes

5.º
mes

6.º
mes

7.º
mes

8.º
mes

9.º
mes

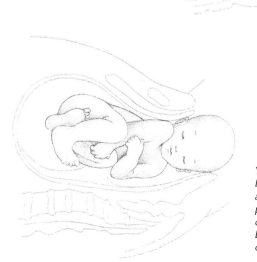

*El cuello está completamente
dilatado. Entonces asoma
la coronilla o testuz.*

*Es el momento
de empujar.
La cabeza del niño
distiende la vulva
y comienza la separación.*

*Ya ha pasado la cabeza.
El médico o la matrona
acomoda al niño
para facilitar la liberación
de los hombros.
El resto del cuerpo saldrá
con facilidad, rápidamente.*

279

La buena postura durante el parto

El tema es objeto de un debate médico. En principio están aquellos partidarios fervientes de la posición decúbito dorsal o supino, es decir acostada de espaldas con las piernas levantadas. Para estos facultativos sólo esta posición permite al médico controlar el buen desarrollo y ofrecer todas las posibilidades de intervención rápida cuando se plantea esa necesidad.

Otros médicos consideran que la posición «más natural» es en cuclillas, y por ello han dirigido el diseño de sillas de parto que permiten a la mujer instalarse en esa posición cómodamente. Estos médicos consideran que así los pujos de la fase expulsiva resultan más eficaces y el peso de todo el cuerpo ayuda al nacimiento. Por último, en ciertas maternidades se propone a las embarazadas dar a luz sentadas en sillas de parto, con el objeto de facilitar la expulsión.

En cambio todos los médicos parecen de acuerdo en permitir a las parturientas moverse y caminar hasta el último momento. Por ejemplo, caminar diez o quince minutos ayuda al niño a situar la cabeza en el eje adecuado para encajarse en la pelvis. El doctor Seguy, obstetra, aconseja a sus pacientes permanecer de pie el mayor tiempo posible en el momento de la dilatación y acuclillarse durante la fase de descenso, para luego adoptar una postura semisentada sobre la mesa de parto para la expulsión.

Las virtudes del agua

Aunque no practiquen los partos en el agua, algunas maternidades ofrecen a sus pacientes aliviar sus dolores bañándose en una piscina de agua tibia. En ciertos casos hasta ponen a disposición de las embarazadas bañeras equipadas con chorros de masaje hidráulico. El baño, según parece, ayuda a la dilatación, alivia el dolor y acelera el proceso de parto. En Inglaterra el doctor Michel Odent (→ p. 166) propone a sus pacientes esta ayuda en el parto a domicilio, para lo cual le basta alquilar piscinas desmontables en ciertas maternidades. Algunas cuentan con cuarenta de ellas, a disposición de las parturientas.

Todas aquellas que no tengan una bañera a mano, pueden calmar los dolores de las contracciones con duchas de agua tibia combinadas con masajes suaves.

Dolores lumbares

En el transcurso del parto la madre puede sufrir dolores lumbares, es lo que se denomina «parir por la cintura» en la jerga popular. Este mal suele originarse en la presión de la cabeza del niño sobre la base de la columna vertebral de la madre. El masaje que realiza el padre puede aliviarlos: la parturienta se acuesta de lado y su compañero le da un masaje en la columna vertebral durante el transcurso de la contracción.

El control mediante la respiración

¿Por qué para dar a luz bien es necesario aprender a respirar? Porque una buena respiración favorece la adecuada irrigación de los tejidos, y sobre todo la de los tejidos musculares. En el transcurso del parto el músculo que trabaja más es el del útero. Éste, bajo los efectos de las contracciones, produce una sustancia, el *ácido láctico*, que es responsable de dolores localizados muy fuertes –los calambres del deportista tienen la misma causa– a menos que sea eliminado por la circulación. Sólo una respiración rápida y regular asegura una irrigación perfecta. Además, controlar la respiración también significa gobernar mentalmente el propio cuerpo y no dejarse abrumar por éste.

Al **principio del trabajo de parto**, cuando las contracciones son débiles y cortas, las parteras o matronas aconsejan una respiración **profunda y lenta** mientras dura el fenómeno. La **respiración superficial** tiene como objetivo evitar la presión del diafragma sobre el útero, que es causa de dolor al final del trabajo. Pero esta clase de respiración deberá ser de corta duración para evitar toda fatiga inútil. En el momento de la expulsión hay una buena respiración apropiada: la **respiración bloqueada**. Cuando la parturienta siente llegar la contracción, debe inspirar a fondo y espirar profundamente para vaciar del todo los pulmones y volver a llenarlos al máximo, y bloquearlos mientras se acompaña al pujo. Al final de la contracción se espira e inspira profundamente y se recupera la respiración normal. A las embarazadas se les aconseja contener la respiración aproximadamente 10 segundos, para no fatigar demasiado el corazón.

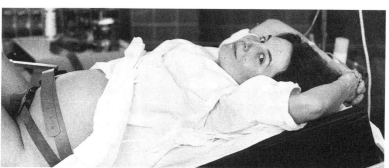

1.er mes

2.º mes

3.er mes

4.º mes

5.º mes

6.º mes

7.º mes

8.º mes

9.º mes

El nacimiento

Los cuidados posteriores

Las 1^{eras} semanas del bebé

281

Sentada, con el mentón sobre el pecho,
las manos en los pliegues
de las rodillas.
En el momento de la contracción
haga fuerza con las
manos hacia atrás;
acabada ésta, descanse
sobre las almohadas.

De rodillas sobre una almohada,
con la parte alta del cuerpo
descansando sobre un
plano elevado.

En el momento de la expulsión,
puede ponerse en cuclillas,
con la parte alta del cuerpo sostenida
por su compañero.
Esta postura facilita
el descenso del niño
puesto que el dorso
está en posición vertical.

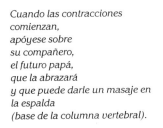

Cuando las contracciones
comienzan,
apóyese sobre
su compañero,
el futuro papá,
que la abrazará
y que puede darle un masaje en
la espalda
(base de la columna vertebral).

El deseo
de un hijo

1.er
mes

2.º
mes

3.er
mes

4.º
mes

5.º
mes

6.º
mes

7.º
mes

8.º
mes

9.º
mes

El ritmo de las contracciones

E l útero es un músculo hueco cuyas fibras están distribuidas en tres capas superpuestas en direcciones contrarias. Esta anatomía es ideal para producir el mayor número de pujos en el momento de la expulsión. Las contracciones de los músculos del útero *generalmente resultan dolorosas* y aumentan en el transcurso del parto. Su intensidad varía con la progresión del niño, en función de su posición; pero también de acuerdo con la sensibilidad de la madre, el estado de sus nervios y su grado de fatiga. Y son fuente de temor en las primerizas.

Las contracciones son independientes de la voluntad de la madre. El útero se contrae automáticamente como el músculo cardíaco. «La orden» de funcionamiento proviene de un centro nervioso que estaría situado en las capas profundas del cerebro. Pero la corteza cerebral superficial, sede de la consciencia y de la voluntad, tiene un papel esencial en la respuesta frente al dolor. Por eso la preparación del parto tiene gran importancia.

Algunas madres sienten las contracciones como una simple crispación, otras como un ardor o un cólico y las hay que experimentan algo semejante a una fuerte presión exterior. Ciertas mujeres sienten el dolor en la cintura (→ p. 280), a la altura de los riñones. A causa de la presión del cráneo fetal sobre la base de la columna.

Según las embarazadas, las contracciones duelen inmediatamente o llegan a doler a medida que avanza el trabajo de parto. Por el contrario *su ritmo es igual para todas las mujeres*: cada vez resultan más próximas, regulares e intensas. Al principio se suceden con intervalos de veinte o venticinco minutos, luego cada quince, y finalmente, son del todo regulares, cada cinco minutos, y duran sólo uno. En el transcurso de la dilatación se prolongan entre cuarenta y sesenta segundos, y llegarán a producirse cada dos minutos, en el apogeo del trabajo.

Después del nacimiento del niño, en el momento de la expulsión de la placenta o alumbramiento, resultan menos dolorosas y más cortas. Pero pueden producirse hasta el comienzo de la lactancia. Son ellas las que permiten al útero la recuperación de su volumen inicial.

283

Los
cuidados
posteriores

Las 1^{eras}
semanas
del bebé

El estrés y el inconsciente

Se sabe que el estrés aumenta el dolor. ¿Pero de qué manera lo hace? Se sabe que estimula la producción de adrenalina* en el organismo y que esta sustancia disminuye la producción de endorfinas* que ayudan a soportar el dolor, acelera el ritmo cardíaco y respiratorio e inhibe la acción de la oxitocina* sobre el músculo uterino. Por eso el estrés puede interrumpir totalmente el trabajo de parto. La dilatación recomenzará una vez que la parturienta se haya calmado y tranquilizado.

El inconsciente también tiene un papel de primera importancia en el momento del parto. Según la historia de cada mujer, volverán a la memoria recuerdos más o menos felices que tendrán influencia en el trance vivido. Según la calidad de las reminiscencias, éstas ayudarán a superar el dolor y la fatiga, o por el contrario, aumentarán el estrés y la angustia. Además, la preparación del parto y el personal sanitario disponible deberían permitirle expresar sus temores y angustias antes del día del nacimiento.

Un mal positivo

Muchas embarazadas consideran que los dolores de parto son normales y por ello soportables. Para éstas, es un obstáculo a salvar para llegar a madre. El niño que tardaron nueve meses en fabricar, les impone una última prueba para venir al mundo, y ellas deben ser capaces de superarla. Viven el rigor de las contracciones como un dolor natural, «positivo». Ello explica que esas mujeres no recuerden lo que han sufrido.

Por el contrario, hay otras que no pueden superar esos dolores y que hasta salen de la sala de partos con dificultades para relacionarse con el recién nacido, o con problemas de pareja, o decididas a no repetir la experiencia.

El dolor a pesar de todo

Parto y dolor están íntimamente relacionados. No obstante, de acuerdo con las mujeres, las circunstancias o la tensión nerviosa, el dolor es más o menos fuerte, más o menos soportable, también en este ámbito la psicología tiene enorme influencia. Se estima entre 5 y 10% el número de partos espontáneos en los cuales las madres aseguran no haber sufrido.

★ Intermitentes y continuas

En la fase de *dilatación* el dolor *depende de las contracciones*, y como éstas, resultará intermitente y de duración variable. El fenómeno se explica por la distensión de los músculos del cuello del útero y por el propio trabajo del útero. Este músculo es muy inervado y todas las modificaciones que sufre durante la gestación resultan dolorosas. El útero se comporta como todo músculo sometido a un esfuerzo: consume oxígeno y libera toxinas y desechos, causa de los dolores.

En la fase de *expulsión*, el dolor es *continuo* y tiene su origen en la distensión de los músculos del perineo y de la vagina. A ello se suma en ciertos casos una compresión de las terminaciones nerviosas de la médula espinal en aquellos partos llamados «por la cintura». En esas circunstancias es la cabeza del niño la causante, al presionar sobre la columna vertebral donde se originan numerosas terminaciones nerviosas que reaccionan frente a dicha acción mecánica con el dolor.

★ Numerosos factores causales

La única manera de hacer desaparecer el dolor radicalmente es la analgesia epidural (→ p. 298). No obstante se sabe que existen numerosos factores que acentúan la intensidad del dolor y lo vuelven menos soportable. Por ejemplo la energía de las contracciones, la rigidez del cuello, la fatiga física, el volumen del niño, la ansiedad –importante cuando se trata del primer parto– al igual que la falta de apoyo afectivo familiar o más simplemente la impresión de una cierta indiferencia por parte del equipo médico.

El dolor no siempre se expresa de la misma manera. Las mujeres del sur suelen exteriorizarlo de manera más ruidosa que las del norte. El comportamiento de ciertos animales domésticos asombra por la superioridad que revela: las gatas, por ejemplo, suelen parir ronroneando.

1.er mes

2.º mes

3.er mes

4.º mes

5.º mes

6.º mes

7.º mes

8.º mes

9.º mes

El nacimiento

Los cuidados posteriores

Las 1eras semanas del bebé

Las expresiones del dolor

No existe la igualdad ante el dolor: algunos lo sienten más que otros. En verdad, en principio, la diferencia deriva del «equipamiento» nervioso de cada individuo. Las personas particularmente sensibles al dolor o bien poseen unas terminales nerviosas singularmente sensibles, o bien disponen de un centro nervioso hiperreceptivo de informaciones.

El miedo, uno de los factores del dolor, está relacionado sobre todo con el desconocimiento del fenómeno físico del parto. Por esa razón, la primera forma de luchar contra este sufrimiento del parto consiste en conocer su mecánica física (→ p. 204 y 277).

Anne-Marie Bonnel, una investigadora del CNRS, estudió el dolor y su expresión durante el trabajo de parto. Después de haber observado centenares de mujeres comprobó la existencia de una constante en la manera de expresarlo (al margen del lenguaje) y un orden de aparición idéntico en todas las manifestaciones, sea cual fuere el origen social o la edad de la madre. Y estableció una escala.

En la fase I, la parturienta, bajo los efectos del dolor de las primeras contracciones, modifica la respiración. *En la fase II,* las manos de la madre se cierran sobre sí mismas cada vez que hay contracción. *En la fase III* la contracción de las manos es permanente. *En la fase IV* se observa agitación, movimientos bruscos y descontrolados. No todas las parturientas expresan los signos de las dos últimas fases; además, la duración de éstas cambia de una mujer a otra.

Sin embargo, cuando se analizan las declaraciones de éstas en función de la escala precedente, puede advertirse que suelen sobreestimar siempre el dolor sufrido; y en cambio en aquellas que siguieron un curso de preparación para el parto las apreciaciones resultan más realistas.

Anestesia por inhalación

Se puede recurrir a ella cuando en la madre se ha establecido un adecuado ritmo de contracciones. Treinta segundos antes de la contracción dolorosa se aplica una máscara que cubre nariz y boca, que suministra una mezcla de productos analgésicos* (protóxido de nitrógeno mezclado con oxígeno). Las contracciones se vuelven de esta manera menos dolorosas. La anestesia puede continuarse hasta la expulsión, con interrupciones para empujar. Este método puede resultar muy eficaz en caso de episiotomía (→ p. 291).

286

La tensterapia

E xiste un pequeño aparato, el *Tens,* apenas mayor que una caja de cerillas. Su funcionamiento se basa en las investigaciones realizadas en torno a la transmisión del dolor, y consiste en la estimulación eléctrica de ciertas fibras nerviosas (sólo las fibras gruesas), a través de la piel, con una corriente de frecuencia inferior a los 100 Hz. Los electrodos del Tens, que se emplea para combatir los dolores lumbares, se instalan en la espalda de la paciente, en el sitio donde se manifiestan. Como esta clase de dolor es bastante superficial, la estimulación eléctrica resulta muy eficaz. El método parece más adecuado para las mujeres que no son primerizas. En el segundo nacimiento éstas ya conocen su cuerpo, saben cómo reaccionará y pueden graduar la ayuda que ofrece el aparato. Afirman los médicos que la eficacia de esta técnica aumenta cuando se ayuda a la paciente a regular la amplitud del impulso eléctrico. Aunque ella misma puede controlar el funcionamiento del aparato cuando las contracciones todavía resultan soportables, será mejor que luego la matrona, el anestesista, el médico o incluso el marido se hagan cargo de ello. De hecho, las parturientas ya no pueden controlarse bien con las contracciones más fuertes, y por ello no son capaces de manipular el aparato con destreza.

Agreguemos que si el parto, por razones técnicas, no puede hacerse naturalmente, la electroestimulación se puede detener cuando se quiera.

La reflexoterapia lumbar

R esulta eficaz especialmente para aquellas mujeres que «paren por la cintura». El método consiste en inyectar agua destilada mezclada con un analgésico de acción local, junto al borde inferior de la última costilla, entre ésta y la masa muscular lumbar. La inyección no entorpece las contracciones, que siguen siendo dolorosas; pero en cambio desaparecen los dolores lumbares, al menos durante una hora. La inyección puede repetirse si hace falta.

El anesthelec

S e basa en la producción de endorfinas* a nivel cerebral, a través de la disminución de la producción de adrenalina*, a su vez estimulada por el estrés. Por ello, en puntos definidos de la cabeza se colocan tres electrodos que serán alimentados por una corriente eléctrica de baja frecuencia, y por ello imperceptible. Así se atenúa el dolor y se produce cierta somnolencia mezclada con euforia. Algunos médicos atribuyen a este método la reducción de la duración del parto; pero otros médicos lo niegan rotundamente.

1.er mes

2.o mes

3.er mes

4.o mes

5.o mes

6.o mes

7.o mes

8.o mes

9.o mes

El nacimiento

Los cuidados posteriores

Las 1eras semanas del bebé

287

A mejor respiración, mejores pujos

El médico o la matrona piden a la parturienta que participe en el nacimiento del niño empujando. Ese esfuerzo de expulsión, practicado en el momento de la contracción, debe ser lo más largo e intenso posible.

Para ello basta un poco de entrenamiento (generalmente adquirido en el transcurso de la preparación para el parto). Consiste en inspirar profundamente desde el principio de la contracción, luego en bloquear el aire en los pulmones. Éstos, colmados de aire, presionan sobre el diafragma que a su vez transmite el pujo hasta la pared posterior del útero, contrayendo los abdominales y distendiendo el perineo. Para aumentar la eficacia de esta técnica se recomienda agarrar con ambas manos los estribos de la mesa de parto y plantar el mentón sobre el pecho. También es posible ejercer la tracción sobre las piernas, es incluso más eficaz. De ese modo la pelvis está perfectamente en su sitio. El esfuerzo debe ejecutarse de una sola vez, en lo posible. Si no ocurre, hay que insistir rápidamente después de una amplia inspiración. Al final de la contracción se recupera el aliento con algunas inspiraciones profundas seguidas de respiración normal.

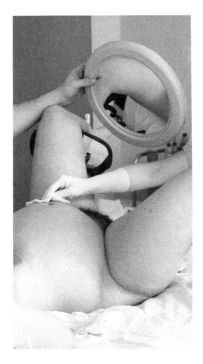

La expulsión

La expulsión es siempre un momento importante para la parturienta. Cuando lo pida, puede colocársele un espejo enfrente para que pueda asistir al espectáculo del nacimiento. La aparición de la coronilla cubierta de pelo es un momento de auténtica dicha. Pero también es, para muchas, el de un gran dolor. A veces la sensación de separación es difícil de soportar en el primer parto.

CANTO NATAL

Todos los polluelos de una misma incubación rompen juntos el cascarón, dirigidos por el canto de su madre que con él da la orden de «parto».

288

El deseo
de un hijo

1.er mes

2.º mes

3.er mes

4.º mes

5.º mes

6.º mes

7.º mes

8.º mes

9.º mes

El
nacimiento

Los
cuidados
posteriores

Las 1^{eras}
semanas
del bebé

Los treinta últimos minutos

Después de la total dilatación del cuello del útero, el paso o el diámetro del canal natural de parto es de 10 cm, aproximadamente. La cabeza del niño se encaja en la vagina. Es el momento del *pujo* bajo control del médico o de la matrona. Entonces el niño tendrá que franquear la última puerta modificando la posición de la cabeza para deslizarse por la parte más ancha del embudo formado por la pelvis. Y desciende, literalmente empujado por las contracciones uterinas, ayudado por la respiración bloqueada y los pujos de su madre. Atraviesa la vagina y su coronilla sale al aire libre. Entonces debe flexionar la cabeza sobre el pecho. De ese modo podrá deslizarse todo su cuerpo.

El tocólogo (o la matrona) vigila entonces la separación del niño, ayudando cuando hace falta. Se pide a la madre que deje de pujar con el objeto de no provocar una brusca irrupción de la criatura que comportaría el riesgo de desgarramientos del perineo (→ p. 291).

A continuación se separa al neonato milímetro a milímetro, con gran suavidad, mientras se lo sostiene. Cuando ha salido la cabeza, el médico ayuda al paso del resto del cuerpo, especialmente los hombros y brazos. Dirige la cabeza del niño hacia abajo para liberar un hombro, luego hacia arriba para sacar el otro. El resto del cuerpo sale fácilmente en apenas unos segundos. La maniobra comienza con dificultades que se allanan en la etapa final.

Con frecuencia el niño suele colocarse sobre el vientre de su madre, para el delicioso momento del primer encuentro. La expulsión de un primer hijo dura aproximadamente treinta minutos, la del segundo mucho menos, puesto que aprovecha el camino abierto por su hermano «mayor».

El esfuerzo del trabajo de parto y de la expulsión, al igual que el dolor comportan modificaciones del ritmo cardíaco. También en esto se asemeja bastante al esfuerzo deportivo: el ritmo cardíaco se acelera al principio del trabajo, para permanecer constante en el transcurso de la dilatación y las contracciones. La frecuencia de las pulsaciones aumenta todavía más con ocasión de la expulsión para recuperar la completa normalidad diez minutos después del nacimiento.

El buen momento

La episiotomía debe ser practicada en el momento justo, ni antes ni después. Demasiado temprano puede provocar un desgarramiento que es justo lo que se quiere evitar, demasiado tarde ya no puede evitar las lesiones de los músculos y del perineo que no siempre resultan fácilmente visibles. La incisión se practica con tijeras o bisturí.

La hay de dos clases. La episiotomía *mediana* aumenta el diámetro antero-posterior de la vulva. Es fácil de reparar y escasamente hemorrágica; pero puede acarrear importantes complicaciones en caso de desgarramientos. La episiotomía *mediolateral* libera bien el paso y tiene la ventaja de poder agrandarse cuando revela ser insuficiente; aunque es de costura algo más delicada, puesto que es más hemorrágica, y puede dejar algunos dolores después de la cicatrización.

La reparación de la episiotomía se ejecuta recosiendo la mucosa de la vagina, luego los músculos y las fibras del perineo, y finalmente la piel.

Predisposiciones

Esta operación puede ser completamente previsible cuando la embarazada ha sufrido problemas de incontinencia antes de la gestación, al realizar un esfuerzo físico o toser. Además parece que algunas hernias durante la infancia indican una cierta fragilidad.

No obstante, toda mujer embarazada que haya tenido en su familia a una afectada de prolapso* deberá recordárselo al tocólogo.

Las episiotomías son más frecuentes cuando hay epidural, empleo de fórceps y nacimientos prematuros; y también en las frágiles pieles de las rubias y pelirrojas; en los duros músculos de las deportistas y en los de las embarazadas que han levantado muchos pesos; al igual que en las mujeres con escasa actividad física, obligadas a la inmovilidad por el oficio.

Para facilitar su salida

Los *fórceps* se emplean para ayudar la salida de un niño que sufre falta de oxígeno, o para facilitar el avance de su cabeza cuando los esfuerzos expulsivos no tienen efecto, o incluso cuando el estado de salud de la parturienta desaconseja grandes esfuerzos expulsivos. Su función consiste en agrandar el paso: las dos cucharas, deslizadas sobre las sienes del niño, separarán progresivamente las paredes de la vagina y de la vulva. Los fórceps se retiran cuando la cabeza está a punto de salir. Algunas madres tendrán dificultades para sentarse o caminar después del parto. Es consecuencia del empleo del fórceps –raro en la actualidad– y también de la episiotomía, casi de uso general. Todo vuelve a la normalidad aproximadamente en una semana.

El deseo
de un hijo

1.er
mes

2.º
mes

3.er
mes

4.º
mes

5.º
mes

6.º
mes

7.º
mes

8.º
mes

9.º
mes

El
nacimiento

Los
cuidados
posteriores

Las 1^{eras}
semanas
del bebé

La episiotomía: un paso casi obligatorio

La episiotomía es una incisión voluntaria del anillo vulvar sobre el perineo, último obstáculo que debe franquear el niño. El perineo es una región muscular que se extiende entre la vagina y el ano y forma un triángulo en la entrepierna. Es la base de la cavidad pelviana que contiene los órganos genitourinarios y el recto.

Durante el parto, el paso de la cabeza del niño por la cavidad genital siempre distiende los músculos del perineo. La episiotomía se practica en el mismo momento de la salida del neonato, cuando *el orificio vulvar se revela demasiado estrecho*, con el objeto de evitar un desgarramiento de los tejidos, siempre más difícil de reparar que un corte regular.

También se puede practicar cuando el anillo vulvar está contraído: facilita la expulsión y evita todo sufrimiento fetal. La experiencia del médico suele discernir el momento oportuno.

★ Bajo anestesia local

No es una acción médica sistemática, pero en cambio es muy frecuente, especialmente con ocasión de un primer parto. Es casi obligatoria cuando el obstetra emplea fórceps, cuando el niño no se presenta de cabeza y a veces cuando el parto es prematuro. En este último caso el objeto de la operación consiste en reducir el tiempo de la expulsión para que el niño, frágil, no experimente daño alguno a causa de la presión ejercida por el músculo uterino.

El médico o la matrona secciona lateralmente el perineo 3 o 4 cm en el momento de una contracción o de un esfuerzo expulsivo, en un gesto que exige destreza.

Después del alumbramiento, bajo anestesia local en la mayoría de los casos, o anestesia general cuando el parto ha resultado particularmente duro para la madre, el médico cose en principio la vagina y el tejido muscular con hilo reabsorbible a veces, y más frecuentemente con hilo de cirugía corriente o grapas que luego habrá que retirar cuando se produzca la cicatrización (proceso que dura cinco o seis días), antes de la salida de la maternidad. Esta intervención final no es dolorosa, a lo sumo resulta desagradable, y a veces con picores.

291

La magia de la placenta

En nuestra civilización la placenta se considera un desecho. A lo sumo se evalúa y examina para poner término al parto. Según la maternidad, la placenta es destruida o congelada para su empleo en la elaboración de la placenta productos de belleza. No obstante, en el pasado y en numerosas culturas, la placenta se consideró y todavía se considera vinculada con el futuro o el destino del niño.

Así por ejemplo, en el sudeste de Francia, la placenta se echaba en un pozo o en las tranquilas aguas de un arroyo, porque se creía que así se favorecía la lactancia, una creencia que aún perdura en otras partes del mundo.

En Nueva Guinea se entierra al pie de un cocotero. Se cree firmemente que niño y árbol quedan así vinculados y que crecerán a dúo. En Anatolia también se la entierra y se la considera gemelo del niño. Suele elegirse como sepultura un lugar protegido donde la tierra no haya sido pisoteada ni visitada por animales.

En el Tibet la placenta se entierra en un sitio considerado secreto con el fin de que no la roben, puesto que se conocen sus virtudes curativas. Es la madre fundamentalmente quien debe ignorar dónde se halla. En Mauritania se entierra en la casa familiar, o frente a ella.

El cordón umbilical también esta cargado de sentido: simboliza la cadena que vincula al recién nacido con sus antepasados. En Dalmacia se entierra al pie de un rosal para que el niño tenga mejillas sonrosadas.

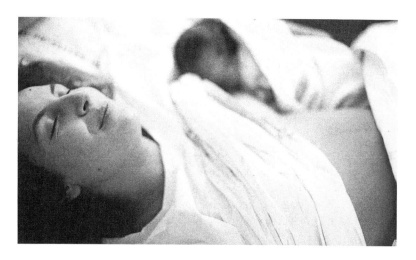

El deseo
de un hijo

1.er mes

2.° mes

3.er mes

4.° mes

5.° mes

6.° mes

7.° mes

8.° mes

9.° mes

El
nacimiento

Los
cuidados
posteriores

Las 1^{eras}
semanas
del bebé

El alumbramiento: acto final

Quince o veinte minutos después del nacimiento, la placenta, que ya no tiene función alguna, se desprende de la pared posterior del útero donde estaba inserta. Un hilillo de sangre que proviene de la pared uterina se desliza entre ésta y la placenta para despegarla, y otro tanto sucede con las membranas que rodeaban al niño. Algunas contracciones, mucho más suaves que las que condujeron al nacimiento, aceleran el proceso.

★ **Contracciones finales**

Para expulsar la placenta, la parturienta tendrá que ejecutar aún algunos pujos. En ciertos casos la persona que conduce el parto ejercerá una leve presión sobre el útero de la madre. La maniobra es bastante dolorosa y sólo se practica en caso de necesidad. Placenta, membrana y cordón se someten a examen. La matrona o el tocólogo verifican entonces que estén completos y que no haya quedado fragmento alguno de tejido placentario adherido a las paredes del útero. La placenta pesa entonces entre 500 y 700 g. El útero, al contraerse, detiene la hemorragia de los pequeños vasos sanguíneos proveedores alimentarios de la placenta obliterando sus terminales de descarga.

★ **Alumbramiento artificial**

Si el examen revela que el «alumbramiento» no es completo, y cuando la hemorragia, normal al principio, persiste más de lo necesario, el médico (o la matrona) procede a una *revisión uterina*. Desliza la mano protegida por un guante estéril en el útero de la madre y comprueba que no queden membranas ni fragmentos de placenta adheridos a la pared. Esta intervención, que dura a lo sumo cinco minutos, se hace bajo anestesia general o epidural si es que el parto se realizó bajo alguna de estas formas. Cuando después de treinta o cuarenta y cinco minutos la placenta parece no haber sido expulsada naturalmente, se procede de la misma manera. A esta práctica se la denomina *alumbramiento artificial*. Dos causas pueden explicar este fenómeno: que la placenta se haya desprendido de manera incompleta, o que el útero haya adelantado el proceso de retracción y la retenga.

293

El corte del cordón

En el momento del nacimiento el niño sigue unido a la placenta por el cordón umbilical. Éste se corta cuando la criatura ha salido enteramente. De acuerdo con la práctica médica, la sección se practica con mayor o menor velocidad después del nacimiento. En verdad, deja de funcionar tan pronto como el niño pone en marcha sus pulmones con la primera inspiración. Bajo los efectos del aumento de presión del oxígeno, se cierra y así corta la circulación sanguínea.

Para seccionar el cordón umbilical el médico o la matrona coloca dos pinzas en la parte más próxima al abdomen del niño. El objeto de esos utensilios quirúrgicos es evitar toda hemorragia de las arterias y de la vena umbilical después del corte. Luego, con los cuidados que siguen al nacimiento, el cordón será cortado una vez más, a 1 cm del ombligo, y el médico (o la matrona o la puericultora) se ocupará de la cicatriz con el empleo de una pinza especial.

¿Quién se ocupa del niño?

● *Las puericultoras.* Son enfermeras especializadas. Vigilan el desarrollo del lactante cuya historia clínica redactan. Además, vigilan el establecimiento de su régimen, o en su caso, la buena puesta en marcha de la lactancia materna. Si necesitase reanimación o instalación en incubadora, también serán ellas las encargadas de la atención del neonato.

● *Auxiliares puericultoras.* Son asistentes de las puericultoras y se ocupan sobre todo de los cuidados cotidianos de los niños: comidas, higiene.

● *Auxiliares de enfermería.* Secundan a las enfermeras en los cuidados del neonato y las atenciones higiénicas de las madres que exigen varias visitas cotidianas. Todas estas profesionales actúan cumpliendo directrices del pediatra.

Los gestos vitales

En las maternidades hay un espacio reservado a las atenciones del neonato: mesas con calefacción, aparatos de *oxigenación*, utensilios de *aspiración* para limpiar las vías respiratorias obstaculizadas por líquido y mucosidades, y una mesa de *reanimación*. Lo primero es someterlo al test *de Apgar**. El *examen corporal* permite el balance médico inicial. Luego se procede a la *aspiración de la nariz, la boca, la garganta y los cuidados del ombligo*, que se limpia y desinfecta. En cada ojo se aplica una *gota de colirio antibiótico* para prevenir infecciones; a continuación *la pesada y la medición*, seguidas del *aseo*. Para estas operaciones, antes se procede a la atribución de una pulsera de identificación que lleva su apellido, nombre y sexo.

Primeros momentos...

En pocos minutos el recién nacido tendrá que adaptarse a su nueva vida. Las primeras funciones indispensables para la supervivencia, la *respiración y circulación sanguínea*, se instalarán después de la expulsión. Algunas horas más tarde llegarán la *función metabólica* y posteriormente las funciones *urinaria y digestiva*.

Con el **primer grito** aparecen las funciones respiratoria y cardíaca, indispensables para los adecuados intercambios gaseosos en los pulmones y la irrigación sanguínea de la totalidad del cuerpo. El útero, la tráquea, los bronquios, bronquiolos y alvéolos pulmonares están llenos de líquido secretado por las células de las paredes alveolares. En constante renovación, éste es expulsado por la faringe y se mezcla con el líquido amniótico –la glotis permanece constantemente cerrada con el objeto de evitar que se inunde el aparato respiratorio–. En el momento del nacimiento, bajo los efectos de la compresión del tórax cuando se opera el paso a través del canal de parto materno, buena parte de ese líquido resulta expulsado (el resto lo será por aspiración, con los primeros cuidados). En contacto con la atmósfera, la glotis se entreabre en un movimiento reflejo, y los músculos inspiratorios se contraen violentamente provocando una depresión en el interior del tórax; *entonces el aire se abisma en el árbol respiratorio.*

Bajo su efecto, los alvéolos pulmonares se despliegan. La primera espiración se asemeja a un reflejo y deja un poco de aire en los alvéolos. Éste resulta indispensable para una adecuada continuación de los intercambios gaseosos vitales, y para permitir la reapertura de los alvéolos con la segunda inspiración.

La primera inspiración y el pinzamiento del cordón umbilical transformarán profundamente la circulación sanguínea del niño; *el orificio de Botal* (que aseguraba la comunicación entre las dos aurículas del corazón del feto) queda obstruido por una membrana que como una válvula se fija contra el agujero a causa de una diferencia de presión sanguínea. La mayor presión de oxígeno en la sangre provoca además la contracción del canal arterial que en el feto mezclaba la circulación pulmonar con la circulación general del resto del cuerpo. Se establece así la **doble circulación** indispensable para la vida aérea.

295

El deseo
de un hijo

1.er
mes

2.º
mes

3.er
mes

4.º
mes

5.º
mes

6.º
mes

7.º
mes

8.º
mes

9.º
mes

El
nacimiento

Los
cuidados
posteriores

Las 1eras
semanas
del bebé

El niño sobre el vientre

Para evitar que el neonato sufra frío suele colocársele encima una tela tibia o una pequeña manta. Poco a poco ensaya la respiración aérea e hincha progresivamente los pulmones. Después de algunos minutos de ternura, el médico o la matrona lo liberan del cordón umbilical (→ p. 294). Este acto tiene alto valor simbólico. Además, en ciertas maternidades, de acuerdo con los equipos, esta tarea suele ser realizada por la madre o por el padre.

Si la parturienta decidió amamantar, la mayoría de las maternidades recomiendan actualmente *la lactancia precoz*. Esta primera mamada tiene dos virtudes: suele ser la garantía de un buen comienzo de la lactancia y además provoca contracciones que ayudan al desprendimiento de la placenta.

La suavidad del agua

Aunque el baño no tenga la función de «transición» que le atribuyen los adeptos al parto sin violencia (→ p. 167), para el niño será un momento de calma y de ternura. Según parece, la mayoría de los niños disfrutan con la caricia del agua tibia en la piel. Por primera vez pueden extender cómodamente brazos y piernas; y en esos momentos se les ve en el rostro un evidente reflejo de placer.

Pero el baño del recién nacido no es sólo el recuerdo de la comodidad amniótica. Para F. Leboyer (→ p. 167), se trata del aprendizaje del movimiento con apoyo. El niño está sostenido por el adulto bajo la nuca y las nalgas. Esta tarea suele asignarse al padre. Entonces éste podrá contemplar a su hijo a voluntad, lo verá moverse, mirarle cuando le habla.

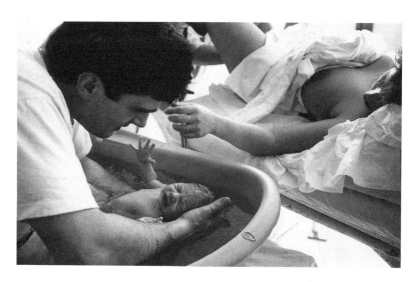

El deseo
de un hijo

1.er
mes

2.o
mes

3.er
mes

4.o
mes

5.o
mes

6.o
mes

7.o
mes

8.o
mes

9.o
mes

Primer encuentro

odos los niños están cubiertos de una sustancia grasa, blanca llamada *vernix caseosa*. Se cree que esa materia está allí para proteger la piel del feto de los elementos salinos del líquido amniótico. En cuanto a la importancia de esta protección natural, existen dos teorías enfrentadas. Para algunos, el niño debe ser liberado de esa materia en el momento del baño; hay otros médicos que sostienen que lo mejor es esperar un poco, para que la piel del neonato pueda beneficiarse del aporte vitamínico de dicha sustancia. Además suele encontrarse aún en los hombros, la espalda, las sienes y la frente un vello ligero, el *lanugo*, que en general suele desaparecer en el transcurso de la primera semana. Tampoco es extraño que la piel del niño se escame.

Casi siempre el neonato tiene la piel opaca. Y algunos de ellos, dos o tres días después del nacimiento acusan *una ligera tonalidad amarilla* (ictericia del neonato), producida por la brusca eliminación de los glóbulos rojos que son más numerosos en la sangre del feto que en la del niño recién nacido. Esa ictericia, frecuente y sin gravedad, se atenúa en el transcurso de los diez días que siguen a su aparición.

También suele advertirse en los párpados, la frente y el cuello la formación de manchas rosas tanto más notables cuando el niño llora. Esos *angiomas*, pequeños tumores vasculares provocados por una dilatación de los vasos superficiales, desaparecen poco a poco en el transcurso del primer año.

En cuanto al cuerpo del recién nacido, posee una morfología particular. Tiene un abdomen voluminoso, la espalda recta y la columna vertebral rectilínea. Pero el tórax es estrecho porque el niño aún no ha tenido ocasión de hacer trabajar sus pulmones. Además, el tórax no se eleva regularmente porque la respiración de un neonato es irregular, tanto en frecuencia como en amplitud. Se trata de una respiración esencialmente abdominal que se realiza únicamente por la nariz.

Las piernas son curvas y los pies pueden estar torcidos hacia el interior o el exterior de manera asombrosa. Ello se debe a la postura incómoda del feto en los últimos meses de vida intrauterina. Las manos y los pies suelen presentar con frecuencia un aspecto arrugado.

297

El parto bajo epidural

Generalmente la analgesia epidural se administra cuando la dilatación del cuello del útero alcanza la proximidad a los 3 cm. Entonces el médico anestesista pide a la parturienta que se siente, curve la espalda y baje los hombros, o bien que se acueste de lado, acurrucada. Estas dos posiciones tienen la ventaja de separar las vértebras, y por lo tanto de facilitar la inyección del producto anestésico. En cualquier caso, el facultativo pedirá a su paciente que mantenga total inmovilidad durante algunos minutos. Por razones de comodidad la intervención se realiza entre dos contracciones.

★ **Bajo control permanente**
El anestesista practica en principio una anestesia local. Después de haberse asegurado de que ésta produjo efecto, estudia la zona epidural (→ p. 162), y según el caso, instala un catéter o coloca directamente una inyección de producto anestésico. Mientras esta última limita la anestesia a cuatro horas, aproximadamente, la instalación de un catéter permite prolongar la anestesia cuando resulta necesario y, llegado el caso, practicar una cesárea bajo epidural. La elección de uno u otro método estará en función del diagnóstico y pronóstico.

La epidural exige un control permanente de la tensión, que suele reducirse justamente por la acción de los analgésicos. Por ello se instala un aparato de control sobre uno de los brazos de la embarazada, mientras que en el otro se conecta una perfusión (goteo). Con ello se asegurará la regularidad de las contracciones y la intervención rápida en caso de caída de la tensión.

Las manipulaciones en la columna vertebral son indoloras. La inyección del líquido anestésico crea una sensación de distensión sin dolor alguno. Aproximadamente cinco minutos después de la instalación de la epidural, la parturienta ya no sufre más, las contracciones dolorosas acaban seis minutos después... A lo sumo sentirá hormigueos y una sensación de calor en las piernas. Son esas virtudes de la anestesia las que entusiasman a las medrosas y fortalecen la oposición de aquellas que creen que dar a luz bien es hacerlo según la naturaleza manda.

El buen desarrollo del trabajo y de la energía de las contracciones

El deseo
de un hijo

1.er mes

2.º mes

3.er mes

4.º mes

5.º mes

6.º mes

7.º mes

8.º mes

9.º mes

El
nacimiento

Los
cuidados
posteriores

Las 1^{eras}
semanas
del bebé

están bajo el control del equipo médico que se sirve de un aparato de grabación (el monitoring).

★ Insensible al dolor

En la mayoría de los partos la duración del trabajo se reduce por el efecto de la epidural. En verdad, la ausencia de dolor evita los espasmos del cuello del útero y la resistencia del perineo. Tal como sucede en el parto sin anestesia, la parturienta se instala en postura ginecológica de parto cuando el cuello del útero ha completado la dilatación. Los dolores de la expulsión no existen bajo epidural; a lo sumo perduran –muy débilmente– las ganas de pujar. El pujo se realiza bajo la conducción de la matrona o el tocólogo en la mayoría de los casos. Aunque se emplee este sistema es preferible que la paciente haya seguido un curso de preparación para el parto (→ p. 158), puesto que se le exigirá un esfuerzo y en cualquier caso las técnicas respiratorias le resultarán una gran ayuda. Bien guiada, totalmente insensible al dolor, dará a luz casi con una sonrisa en los labios.

La anestesia epidural se mantiene hasta el momento del alumbramiento. Si éste debe realizarse con la intervención de la matrona o del tocólogo, no será necesario recurrir a la anestesia general (→ p. 306). Bastará con enviar una nueva dosis de mezcla analgésica por el catéter.

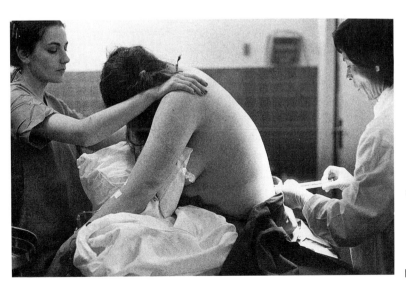

Cesárea bajo epidural

La administración de anestesia epidural para un parto por cesárea no difiere de la que se practica en un parto simple. Pero los productos analgésicos y las dosis que se emplearán en uno u otro caso difieren. Cuando se trata de una cesárea, a la acción rápida de la sustancia anestésica se sumará un efecto constante durante una hora y media. La embarazada está consciente en el transcurso del desarrollo de la intervención; pero por razones psicológicas se oculta a su mirada el campo operatorio. Antes de operar, el cirujano se asegura la total insensibilidad de su paciente. El niño se extrae rápidamente y se le presenta a la madre que podrá reconocerlo y acariciarlo un momento. A continuación el cirujano cose la herida. Muchas veces, en ese punto resulta indispensable aplicar una inyección suplementaria: esta fase de la operación en muchos casos es la más molesta, aunque también suele ocurrir que la paciente no pase por ello a causa de algún calmante suplementario. Sin embargo no todas las cesáreas pueden realizarse bajo anestesia epidural. Esta técnica debe estar programada y no puede practicarse de urgencia. También debe saberse que induce un proceso más largo que la cesárea bajo anestesia clásica y que exige una paciente en perfecto estado de salud. La cesárea programada bajo epidural puede acabarse bajo anestesia general.

Prescripción recomendada

A las mujeres hipertensas o cardíacas se les recomienda dar a luz bajo epidural. En el primer caso, la anestesia hace bajar la tensión, lo cual es perfecto; en el segundo, reduce el tiempo y el esfuerzo necesarios para el parto. También se puede emplear la epidural para facilitar el nacimiento de un niño prematuro.

Además, se evitan las malas consecuencias de la anestesia general; la recuperación es mucho más rápida después de la intervención; la madre asiste al nacimiento y ve a su hijo inmediatamente; el comienzo de la lactancia precoz se hace posible.

Otra técnica

La raquianestesia es una variante de la epidural que se practica en el transcurso del parto cuando el médico ya no tiene tiempo para instalar una epidural. Consiste en inyectar en el canal raquídeo un líquido que provoca la anestesia de la zona pélvica a través de la acción química directa sobre la médula espinal.

Otra de las ventajas de este sistema es que permite intervenir sin dolor en caso de empleo de fórceps, desgarramiento o episiotomía.

¿Sus desventajas? Tiene fama de provocar dolores de cabeza y saltos de tensión que a veces resultan de difícil control.

Contraindicaciones

N o todas las embarazadas que desean la epidural pueden conseguirla, lamentablemente. En principio por razones *prácticas*; en segundo lugar, por motivos *económicos*, porque siempre exige la presencia de un médico anestesista.

Para ciertas mujeres existen también contraindicaciones *médicas* generalmente diagnosticadas en el transcurso de las diversas visitas de seguimiento. Y para mayor seguridad, un médico anestesista realiza una investigación antes de la decisión de su empleo (→ p. 260).

Algunas embarazadas son alérgicas a los productos anestésicos. Se impone por lo tanto que el anestesista compruebe que los componentes de la inyección o perfusión no estén en el catálogo de los alergizantes. Igualmente ciertas *deformaciones de la columna vertebral* constituyen contraindicación de la epidural, puesto que el mal impide determinar exactamente la situación de las terminaciones nerviosas que resultarán insensibilizadas por la mezcla analgésica. En tal caso se correrían demasiados riesgos de lesionar otro nervio que aquellos que se desea anestesiar.

Los problemas de coagulación también constituyen contraindicaciones posibles. La medición del tiempo de coagulación debe formar parte del balance sanguíneo obligatorio practicado antes de toda epidural.

Ciertos *problemas dermatológicos* también deben examinarse particularmente, sobre todo los que tienen carácter infeccioso y están localizados en la zona donde se colocará la inyección. Y por último *todo acceso febril* excluye el uso de epidural.

Los médicos rara vez aceptan que una mujer que ya ha sufrido una cesárea o una intervención quirúrgica en el útero, alumbre naturalmente bajo epidural. El útero, frágil, podría desgarrarse en el transcurso del parto y la anestesia ocultaría el dolor y la importante lesión. Si la parturienta quiere anestesia a cualquier precio, se le aconsejará dar a luz nuevamente por cesárea (→ p. 300).

1.er mes

2.o mes

3.er mes

4.o mes

5.o mes

6.o mes

7.o mes

8.o mes

9.o mes

El nacimiento

Los cuidados posteriores

Las 1eras semanas del bebé

301

Seguridad ante todo

Durante mucho tiempo la cesárea se practicó para la seguridad de la madre. En la actualidad también se la utiliza para garantizar la del niño. Los progresos de la medicina la han convertido en una de las intervenciones quirúrgicas más triviales. La incisión horizontal que se practica actualmente ya no deja la fea cicatriz a la vista. A las mujeres que han dado a luz por cesárea suele aconsejárseles seguir empleándola en los partos siguientes, puesto que la cicatriz puede sufrir a causa de la violencia de una expulsión normal. En tales casos también se aconseja limitar el número de gestaciones.

La cesárea no tiene inconvenientes para el niño que está a cubierto del riesgo de sufrimiento fetal. Y la madre, apenas podrá sentir algunos dolores debidos a la cicatrización. Algunas madres nodrizas se quejan también de las contracciones que provoca la lactancia, que –por supuesto– no encuentra en la cesárea obstáculo alguno. Esos dolores suelen ser fuertes porque se deben a la tracción operada sobre un músculo en proceso de cicatrización.

La intervención se practica en todos los países, desarrollados o no, y no supone, inexorablemente, que los partos siguientes deban hacerse también por cesárea.

Hechos y cifras

En Occidente en la actualidad, casi el 13% de los nacimientos se producen por cesárea, una proporción que ha crecido en los últimos veinte años. La razón de esta difusión debe buscarse en el progreso de la vigilancia del embarazo y del parto. Normalmente se aconseja en los nacimientos complicados por la presencia de obstáculos que vedan el canal del parto para la salida (niño excesivamente grande para una pelvis estrecha, inserción baja o desprendimiento brusco de la placenta, presentación* transversal del feto o incluso procidencia del cordón*). A esos cuadros se suman las detecciones de sufrimientos fetales (gracias al monitoring) y los partos previstos como más delicados: presentación de nalgas, embarazos múltiples, de prematuros, hipertensión maternal o problemas cardíacos.

CESÁREA BAJO ACUPUNTURA

La mayoría de las cesáreas se practican en China bajo acupuntura, mediante una anestesia local más «potente». Así parece probado que las chinas tengan un umbral de tolerancia al dolor más elevado.

El deseo
de un hijo

1.er
mes

2.º
mes

3.er
mes

4.º
mes

5.º
mes

6.º
mes

7.º
mes

8.º
mes

9.º
mes

El
nacimiento

Los
cuidados
posteriores

Las 1^{eras}
semanas
del bebé

¿Por qué prescribir una cesárea?

Esta intervención quirúrgica consiste en cortar la pared abdominal. Puede practicarse tanto bajo anestesia general como bajo epidural, y se ordena por diferentes razones: la presentación del niño *de nalgas u hombros*, cuando la forma y las medidas de la pelvis materna permiten prever dificultades; en caso de *parto muy largo*; cuando el *útero tiene cicatrices* debidas, por ejemplo, a la ablación de un fibroma* o a una perforación uterina anterior al embarazo, o a veces a causa de un aborto voluntario*; también en caso de *toxemia de gravidez* acompañada de tensión arterial cada vez más elevada, con presencia de albúmina* en la orina, elevada tasa de ácido úrico en la sangre, asociados con edemas*; en caso de *herpes genital*, donde se convierte en medio para evitar el contagio del niño difícil de conjurar en un parto por vías naturales; cuando la madre tiene *diabetes*, afección que suele aumentar el tamaño del neonato a veces hasta superar las posibilidades del canal de parto; la *incompatibilidad del RH* (→ p. 42), cuando se comprueba un ascenso de la tasa de los anticuerpos* producidos por la madre en rechazo del niño; y finalmente cuando el médico toma la decisión a causa de *un desarrollo anormal del niño*, o porque el medio se le hace hostil.

La cesárea puede practicarse en todo momento en el transcurso de un parto que comienza de una manera completamente normal; sobre todo en caso de hemorragia, cuando se detiene la dilatación del cuello del útero, o cuando el trabajo de parto comporta el sufrimiento del niño o se ha producido procidencia del cordón*. En general, cuando no puede continuarse por la vía natural por posibles riesgos.

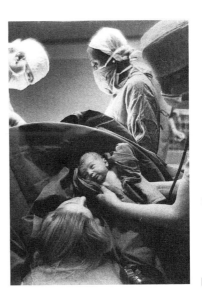

303

Antes del parto

Todo caso excepcional necesita un examen particular: la *pelvimetría* se reserva a las mujeres que tienen pelvis pequeña y estrecha o un feto que se insinúa en mala presentación. Este examen radiográfico permite evaluar las dimensiones de la pelvis de la madre y de la cabeza del niño con el objetivo de determinar si la cesárea se necesita o no. El *escáner* también tiene su parte en el mundo de la obstetricia. Más raro aún, se emplea también para medir la pelvis de la embarazada. Con un nivel de radiación más bajo que el radiógrafo, posee además la ventaja de tener mayor precisión.

Riesgos de luxación

Debemos observar que las presentaciones de nalga son más frecuentes en caso de gemelos (→ p. 403 a 407), cuando existe placenta previa* o en caso de útero malformado.

Las presentaciones *de nalga incompleta de piernas* o *de pies* a veces traen secuelas para el niño, la descolocación de las caderas, o la luxación, que obligará a practicarle un vendaje con entablillado en las piernas. En dos o tres meses vuelve a la normalidad. Esta práctica resulta indispensable para evitar toda cojera que sólo podría repararse con una intervención quirúrgica.

Presentación de cara

Presentación transversal

De nalgas incompleta o de nalgas

De nalgas completa o de pies

304

El deseo
de un hijo

1.er mes

2.º mes

3.er mes

4.º mes

5.º mes

6.º mes

7.º mes

8.º mes

9.º mes

El
nacimiento

Los
cuidados
posteriores

Las 1^{eras}
semanas
del bebé

El parto de nalgas

Todas las presentaciones de nalgas no comportan fatalmente una cesárea. Es posible alumbrar por las vías naturales con dos condiciones: la primera es que la pelvis de la madre sea lo bastante ancha como para permitir la salida al niño; la segunda, que el niño tenga una posición de cabeza ideal, es decir el mentón contra el pecho. Todas esas informaciones son suministradas por la ecografía y diversas radiografías de la pelvis (→ p. 258 y 304), porque resulta indispensable asegurarse de que la cabeza del niño (que saldrá en último término) podrá atravesar la pelvis materna. Además, el paso de la cabeza resultará dificultoso puesto que ésta no habrá experimentado ninguna de las clásicas deformaciones «en huevo», sino que estará bien redonda y con su diámetro máximo. Todo esto es muy importante, tanto más por cuanto la cesárea ya no podrá realizarse a partir del momento en que el niño haya comenzado a salir.

Un parto de nalgas es siempre muy impresionante y más largo que lo normal. El niño que nace de esta manera puede haber adoptado dos posiciones: ya sea sentado sobre los talones, lo que se llama *completa de nalgas o de pies*; ya con las piernas a la altura del rostro: *incompleta de nalgas* , o *de nalgas solas*. Cada una de éstas, a su vez, puede presentar numerosas variantes posicionales.

La bolsa de agua* se conserva el mayor tiempo posible porque resulta útil para ayudar a la dilatación completa con ocasión del pujo de nalgas o de pies. Mientras las nalgas del niño no aparezcan, la parturienta no tendrá que empujar: el niño debe descender solo, el médico o la matrona no intervendrán porque temerán que el niño, estimulado por el toque, comience a respirar antes de encontrarse al aire libre. Cuando aparecen las nalgas la embarazada empuja con todas sus fuerzas. Entonces, poco a poco, aparece el niño; cuando haya salido hasta la cintura, el tocólogo controlará la buena postura de la espalda y continuará la expulsión.

Existen ciertas maniobras para acelerar el descenso del niño, como la que consiste en hacer presión sobre la pared del útero, de manera acordada con esfuerzos de expulsión de la madre. Cuando sea necesario, el tocólogo o matrona ayudará a la separación del neonato sosteniéndole una pierna o liberando un brazo.

305

La anestesia general

Esta forma de anestesia se practica cuando la extracción debe realizarse rápidamente mediante fórceps, cuando la madre está rígida o tetanizada por el dolor y pierde el control de sí misma, y cuando es necesario practicar un alumbramiento artificial. El médico inyecta por vía intravenosa un producto que hace perder la consciencia a la paciente rápidamente. Los productos empleados en la actualidad resultan inofensivos para el niño. Por el contrario, la anestesia general es siempre un acto médico que com-porta riesgos para la madre, y que se practica al final del trabajo.

De todas maneras la parturienta siente las primeras contracciones; pero éstas no son del todo dolorosas. Al igual que en el caso de la anestesia epidural, es necesario administrar un producto que estimule las contracciones. La duración del parto se acorta y el empleo de instrumentos de expulsión (los fórceps o la ventosa) resulta necesario. A veces ocurre que el niño nace ligeramente dormido y hay que esperar algunos segundos para que despierte.

Niño grande o pequeño

Los niños cuyo peso de nacimiento es inferior a los 2,5 kg son llamados *hipotrópicos*. Es el caso del 6,5% de los neonatos. Son criaturas más frágiles que las demás, con frecuencia enfermas, y que a veces acusan retardos posteriores en el plano del desarrollo psicomotriz. Esto último se debe al hecho de que durante las últimas semanas de vida fetal es cuando más crece el niño, cuando acaba de constituirse el sistema nervioso y cuando se desarrolla el cerebro. Por el contrario se consideran niños particularmente grandes aquellos que superan los 3.800 g al nacer. Con frecuencia suelen ser rojizos y con un hígado más desarrollado que lo normal. No siempre se los incorpora a la vida fácilmente, a veces padecen déficit de azúcar en la sangre, por eso se los alimenta en los primeros días con leches enriquecidas o se les practican perfusiones de sangre glucosada.

Pueden surgir dificultades

Aunque el 99% de los partos ocurren sin problemas, nunca puede decirse que un parto esté totalmente desprovisto de riesgos. El control médico del embarazo, las ecografías y todos los exámenes, desde los más simples hasta los más complejos, realizados en el transcurso de los nueve meses de gestación no ponen a cubierto de todos los accidentes. Aunque se pueden diagnosticar ciertas infecciones, no siempre resulta fácil tratarlas o prevenirlas en el transcurso del embarazo y con garantía de buenos resultados. Además, la ecografía o la fetoscopía* no permiten todas las previsiones.

Los accidentes maternos habitualmente se deben a problemas vasculares y hemorrágicos. En el niño, en la mayoría de los casos se trata de infecciones o malformaciones. Finalmente, el parto puede tener mal desarrollo a causa de un diagnóstico anterior erróneo, o de una maniobra obstétrica peligrosa. El comportamiento de la madre en el transcurso del embarazo también tiene importancia.

Entre los accidentes postparto que padece la madre se debe citar la embolia amniótica* (que puede evitarse y tratarse cuando se diagnostica a tiempo), las hemorragias del alumbramiento o retroplacentarias al principio del trabajo, el desgarramiento del útero y accidentes graves de imposible previsión como la hemorragia cerebral.

En cuanto al niño resultan temibles la procidencia del cordón*, la hipoxia (asfixia) que se debe prevenir con una adecuada vigilancia del ritmo cardíaco, la distocia ósea* en los casos de pelvis demasiado estrecha, las infecciones graves y las malformaciones.

✴ Balance

En cualquier caso, el desarrollo del parto se debe consignar en un documento llamado **partograma**. Todas las observaciones y los gestos realizados durante la dilatación deben escribirse allí. La expulsión se narra detalladamente, y desde el principio. También debe incluirse el informe del estado de la madre y del niño después del nacimiento, y la manera en que se desarrolló el alumbramiento. El médico o la matrona pueden aportar sus impresiones al documento, y también el pronóstico de la madre y del niño.

307

El deseo
de un hijo

1.er mes

2.o mes

3.er mes

4.o mes

5.o mes

6.o mes

7.o mes

8.o mes

9.o mes

El nacimiento

Los cuidados posteriores

Las 1eras semanas del bebé

Yoga

No es posible convertirse en yogui en el momento del parto, será la práctica del yoga durante el transcurso del embarazo lo que ayudará a la madre a superar la prueba de la maternidad. Esta disciplina, gracias a la flexibilización de los músculos y las articulaciones, permite combatir el dolor por sus virtudes relajantes. La técnica ofrece a la parturienta la posibilidad de inspirarse a sí misma sensaciones «derivadas», como producir imágenes de descanso y calma y hacer que en ellas intervenga el olfato, el oído y el gusto; también puede recurrir al masaje practicado por un tercero o al automasaje, que asociará con ciertas posturas. También puede atender sólo a sus contracciones para hacerlas más eficaces u optar por una relajación profunda que distienda todo su sistema muscular. Los ejercicios de respiración y relajación permitirán a la embarazada vencer o poner coto a la angustia, y al mismo tiempo aplacar los dolores de la lactancia. La respiración amplia, calma y lenta actúa en profundidad y elimina las tensiones corporales. La relajación muscular bien dominada auspicia una muy clara flexibilidad del perineo que reduce el tiempo de dilatación y conduce a la expulsión con unos pocos pujos. Cuando la mujer está bien entrenada hasta se puede conseguir una auténtica analgesia* gracias a la técnica denominada de «sofrosustitución sensorial» que consiste en tomar consciencia de una sensación experimentada de manera espontánea (como el calor), en estado de relajación profunda, para reemplazarla luego por otra (la frescura) (→ p. 164). El método facilita intervenciones tales como la episiotomía o el empleo de fórceps.

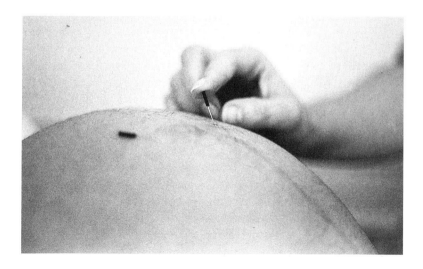

Dar a luz bajo acupuntura

El parto bajo anestesia con acupuntura es la continuación lógica de la técnica yoga (→ p. 169). Ello exige cierta experiencia en el acupuntor y una adecuada preparación de la paciente. En verdad se trata de un arte delicado que exige un rápido y preciso diagnóstico acerca de los desequilibrios energéticos. Los puntos elegidos para colocar las agujas varían de acupuntor en acupuntor. Los «puls» (agujas) generalmente se plantan en las muñecas y en los pies para estimular dos principios: «yin» (dominio del reposo, el silencio, el frío y la humedad del principio femenino) o «yang» (dominio de la firmeza enérgica, el dinamismo, el movimiento, el calor, la sequedad, y el vacío del principio masculino).

El acupuntor verifica el efecto de las agujas en el trabajo obstétrico una vez por hora. Se comprueba el efecto analgésico*, una aceleración del trabajo y una *reducción del tiempo de expulsión*. A los puntos de relajación se suman aquellos que aumentan la regularidad de las contracciones y su eficacia sin incrementar el dolor. En el momento en que se completa la dilatación, los puntos de analgesia ayudarán a la distensión del perineo. Después del parto, el acupuntor estimula ciertos puntos para ayudar al desprendimiento de la placenta (→ p. 293).

El mecanismo de la acción analgésica de la acupuntura aún no ha sido bien explicado. Se cree que los puntos de acupuntura provocan un traumatismo en la piel que obtiene respuestas reflejas del organismo. De acuerdo con recientes descubrimientos, la técnica serviría para estimular la producción de ciertas sustancias específicas del sistema nervioso: *las endorfinas*. Éstas intervienen en la transmisión del dolor desde las células periféricas hacia las células nerviosas del cerebro. Aunque se desconocen los fundamentos de esta técnica, se aprovechan sus resultados puesto que con ella se practican incluso intervenciones quirúrgicas.

La *auriculoterapia* (→ p. 168), emparentada con la acupuntura, determina tres puntos principales en la oreja: uno con efecto sobre la intensidad y el número de las contracciones, otro para disminuir los dolores lumbares, y el último gobierna la distensión de los tejidos. Después del parto se estimula un cuarto punto para facilitar el alumbramiento. La determinación de estos sitios precisos de puntura exige la elaboración de un mapa de la oreja de cada cual.

1.er mes

2.º mes

3.er mes

4.º mes

5.º mes

6.º mes

7.º mes

8.º mes

9.º mes

El nacimiento

Los cuidados posteriores

Las 1eras semanas del bebé

309

Más contracciones aún

El útero es un órgano contráctil perfecto, se retrae en el momento del parto, y ello provoca contracciones. Se contrae luego para recuperar su tamaño normal. Esas últimas contracciones también se denominan *entuertos*, y producen un dolor semejante al que se manifiesta durante un cólico.

Suelen aparecer dos o tres días después del parto, es la norma estadística; pero no es imposible que sobrevengan entre el 6.º y el 15º día.

Gracias a los entuertos, el útero cicatriza las brechas vasculares provocadas por el parto y las hemorragias se detienen. Si el parto ha sido provocado y las contracciones se estimularon con una inyección de hormonas oxitócicas*, los entuertos pueden resultar aún más fuertes que en el parto natural. Asimismo, cuando la madre amamanta, puede experimentar contracciones en el momento de «enganchar a la teta», en el inicio de la lactancia. Éstas se deben a la oxitocina*, una hormona secretada por la hipófisis*. Señalemos además que cuanto más embarazos haya tenido una mujer tanto más intensas serán sus contracciones. En caso de dolores muy fuertes, se pueden prescribir medicamentos. Estas últimas contracciones son en verdad la expresión sensible del útero que vuelve a su lugar en la pelvis, y recupera sus dimensiones normales, «involuciona», dicen los médicos.

Aprender a cuidarlos

Las primeras atenciones suelen estar a cargo de la puericultora o de su auxiliar. Durante dos o tres días la madre asiste como espectadora, antes de tomar el relevo. Los buenos gestos para ejecutar la crianza pueden aprenderse. En la mayoría de las maternidades los niños son atendidos en la propia habitación de la parturienta, o en otra contigua y común a dos madres. Para perfeccionar el aprendizaje algunos establecimientos obstétricos ofrecen películas en vídeo, muy útiles para las inexpertas primíparas. Las proyecciones suelen realizarse en la habitación de la parturienta.

Las madres que tengan dificultades pueden pedir ayuda a los servicios sociales del ayuntamiento. También existen empresas privadas especializadas en este servicio.

RATONES TAIS

Los niños tais, en el sudeste asiático, deben tener un mes para recibir nombre. Mientras tanto se los denomina «nu», que significa ratón. El nombre siempre se elige en función del día del nacimiento. En Cachemira los niños sólo reciben nombre de pila a los cuatro o cinco años.

310

El deseo
de un hijo

1.er mes

2.º mes

3.er mes

4.º mes

5.º mes

6.º mes

7.º mes

8.º mes

9.º mes

El
nacimiento

Los
cuidados
posteriores

Las 1^{eras}
semanas
del bebé

Salida precoz

E n algunas maternidades se propone actualmente a las embarazadas regresar a casa *tres días* después del parto. Pero ese regreso precoz no se realiza de cualquier manera. Las condiciones para que pueda tener lugar se informan a la embarazada ya en el transcurso de las visitas prenatales a la maternidad, y a su llegada para la internación correspondiente al parto. El día del regreso a la casa familiar se prevé *una visita de acogida a domicilio* que realiza una enfermera, una partera o una puericultora que regresará los cuatro días siguientes. Dichas visitas se pueden prolongar cuando resulta necesario. También el médico o el pediatra del establecimiento pueden visitar la casa si sobrevienen complicaciones, y también se ponen a disposición de la madre y del niño el resto de los servicios, exámenes, laboratorios.

Las maternidades que ofrecen este servicio de hospitalización a domicilio ponen a disposición de la madre una *asistente familiar* (una hora y media diaria) o participan en la financiación de una empleada doméstica. Detrás de esta interesante modalidad también alienta la intención de reservar los centros hospitalarios para los casos más difíciles; y descongestionarlos.

Los tres días de residencia en la maternidad se emplean muy bien: se pone en marcha la lactancia, se enseñan los rudimentos de puericultura, se dispensan atenciones ginecológicas a la madre, se somete al niño a vigilancia médica y se le practica el *test de Guthrie**. Entre ocho y diez días después del parto, la madre y el niño regresan a la maternidad para una *consulta-balance*.

Parece que estas estadías de corta duración, *reservadas a madres voluntarias* que gocen, al igual que el niño, de buena salud, tienen efectos positivos en la lactancia: son muchas más las que amamantan y menos las que se quejan de dificultades para ello. Además, parece que así los niños encuentran más fácilmente un ritmo equilibrado de vela y sueño. Todas las madres que han realizado esta experiencia sobre todo han apreciado particularmente no haber sido separadas mucho tiempo del niño, especialmente las primerizas psicológicamente frágiles. Además, los padres y los niños mayores *no se sintieron excluidos del acontecimiento* y se vieron más involucrados en la atención del neonato.

311

Cosa de predilección

Los campeones europeos del parto en casa son los holandeses. El seguimiento del embarazo es cuidadoso, pero se pone especial énfasis en evitar los medicamentos. Cerca del 37% de los partos se realizan a domicilio. Durante los exámenes que se practican a las embarazadas se establece una selección rigurosa de las gestaciones con riesgo. Las mujeres incluidas en ese grupo tienen cita con el médico cada doce o quince días, durante todo el proceso, con la matrona que atenderá el parto. Cuando el embarazo y el parto se diagnostican difíciles no se puede parir en casa. Los partos en casa tienen lugar bajo la responsabilidad de una matrona asistida por una enfermera obstétrica.

Homeopatía y medicina alternativa

La homeopatía puede facilitar el parto, y sobre todo reducir considerablemente su duración. Estudios realizados en la maternidad des Lilas, en París, demuestran que con la homeopatía puede reducirse el trabajo tres horas. No obstante el tratamiento debe emprenderse algunas semanas antes de la fecha prevista para el nacimiento. El médico homeópata o la matrona prescriben la asociación de dos medicamentos: el *caulophyllum* para favorecer la apertura del cuello y la *árnica* para evitar o para disminuir el traumatismo físico y psíquico. Las mujeres que tienen mucho miedo al parto pueden tomar a su vez *actaea racemosa*. La posología es asunto del especialista, claro está.

El deseo
de un hijo

1.er mes

2.º mes

3.er mes

4.º mes

5.º mes

6.º mes

7.º mes

8.º mes

9.º mes

El
nacimiento

Los
cuidados
posteriores

Las 1^{eras}
semanas
del bebé

Dar a luz en casa

El parto en casa es poco corriente en Francia (1%, aproximadamente), y menos aún en España. A veces se lo organiza con vigilancia médica y dispositivo de traslado urgente al hospital en caso de sobrevenir dificultades. Permite a la madre vivir el nacimiento de su hijo como *un asunto de familia*, rodeada por los suyos. Generalmente es el cuestionamiento de la falta de calor humano y la despersonalización del parto en el hospital el factor que conduce a la elección de este sistema.

En Francia este tipo de partos es práctica de unos sesenta profesionales, treinta y siete de los cuales son matronas. Su remuneración se factura de acuerdo con un baremo que incluye el seguimiento del embarazo, la conducción del parto, su presencia obligatoria durante dos horas después del nacimiento, y la vigilancia postparto (doce días para la madre y treinta para el niño). En Francia, los departamentos más tradicionalistas (la Vendée, por ejemplo) son los más apegados a esta práctica. También las doctrinas naturistas, partidarias de medicinas alternativas y reacias a los tratamientos medicamentosos y a los excesos hospitalarios, preconizan los partos en familia.

La asociación «Nacer en casa» ha elaborado un retrato robot de las madres que quieren permanecer en casa para dar a luz. Son mujeres de entre 25 y 35 años, de las cuales el 75% vive en pareja; el 50% de ellas han tenido otra experiencia de pareja; el 40% elige este sistema para un primer nacimiento, 30% para el segundo, 20% a partir del tercer hijo. Pero 99% del total permanecen partidarias del parto en casa después de la primera experiencia.

En sus parejas las relaciones mujeres-hombres se establecen generalmente sobre criterios de igualdad. Esas parejas siempre buscan médicos o matronas propicios a esta práctica y cuyas filosofías de la vida sean semejantes a las propias.

A una doctrina naturista del nacimiento suelen asociar la crítica global de la sanidad y medicina tradicionales, las pautas de la sociedad consumista y de la medicina tradicional y el rechazo de la alimentación «industrial». A veces son entusiastas militantes que eligen su casa para vivir la aventura del parto y realizar cabalmente el deseo de hijo desde la concepción hasta el nacimiento.

313

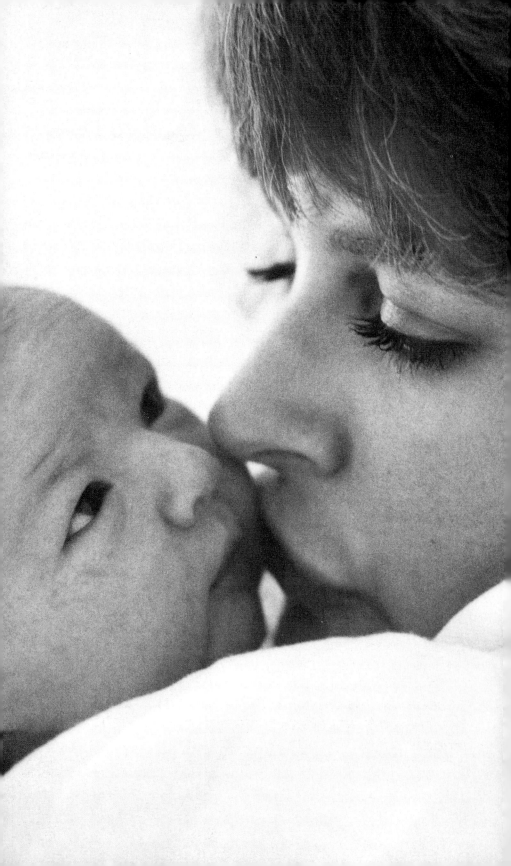

El deseo
de un hijo

1.er
mes

2.º
mes

3.er
mes

4.º
mes

5.º
mes

6.º
mes

7.º
mes

8.º
mes

9.º
mes

El
nacimiento

Los
cuidados
posteriores

Las 1^{eras}
semanas
del bebé

Los días del postparto

*M*adre e hijo intercambian las primeras miradas, y como por arte de magia nace la palabra materna rápidamente seguida de las primeras caricias. A partir del nacimiento toda madre siente la necesidad de tocar a ese niño con el cual estuvo en íntimo contacto durante tantos meses, y que ha llegado a considerar una parte de sí misma; pero que ahora descubre como un ser con vida propia.

La llegada de un niño a una familia es al mismo tiempo el resultado de una historia de amor y el comienzo de otra nueva. Las emociones son profundas, conmovedoras, y también promueven un retorno natural hacia sí, hacia el propio pasado, para instalarse mejor en el porvenir. Felicidad y angustia se confunden, convertirse en madre, o en padre, comporta una asombrosa evolución para la pareja. ¡Cuánta responsabilidad! ¡Qué apasionante aventura! Nada volverá a ser como era antes. Comienza una nueva vida que posee toda la riqueza que implica el ser humano.

315

Episiotomía y cesárea: las atenciones

L a episiotomía (→ p. 291) y la cesárea (→ p. 303) exigen atenciones postoperatorias, como toda intervención quirúrgica, que se acompañan con ejercicios apropiados para hacer trabajar sobre todo los músculos perineales y los abdominales. Así se acelera el restablecimiento muscular de la madre.

⋆ La episiotomía

Aunque no es un paso sistemático, se practica con mucha frecuencia, sobre todo cuando se trata del primer parto. Después del alumbramiento el médico cose en principio la vagina y el tejido muscular con hilo reabsorbible. La piel, en cambio, se cose con hilo corriente o se sujeta con grapas que habrá que quitar después de la cicatrización. Ésta suele ser rápida (cinco o seis días de media).

Una buena cicatrización necesita una higiene rigurosa. La herida debe mantenerse limpia y seca, lo cual no siempre resulta fácil a causa de su localización. Cada vez que se va al lavabo, a cada cambio de vendaje, hay que limpiar, enjugar y secar la herida con éter o mercurocromo (también puede emplearse aire caliente de un secador de pelo). Cuando el hilo o las grapas se retiran, la cicatriz queda normalmente cerrada y no requiere ninguna atención específica, sólo la higiene normal. Como en toda intervención quirúrgica, pueden formarse pequeños abscesos en los puntos de inserción de los hilos, es la única complicación posible, que bien tratada suele desaparecer antes de la salida de la maternidad.

⋆ La cesárea

Los primeros días que siguen a la intervención a veces resultan difíciles. La cicatriz cutánea es bastante dolorosa durante las primeras cuarenta y ocho horas y se necesitan entre tres y cinco días para olvidarse de ella, el tiempo en que se cierra; aproximadamente en una semana ya habrá cicatrizado.

Después de la operación la posición sedente no resulta nada agradable y los primeros pasos en la habitación se hacen difíciles. El punto culminante de este fastidio suele situarse en el segundo o tercer día, cuando los intestinos vuelven a su sitio y sobrevienen las últimas contracciones del útero, los entuertos.

También en este caso lo mejor es pasar la etapa lo más rápido que se pueda, practicando ejercicios antidolor, *sin forzar* claro está, y siguiendo minuciosamente los consejos de los especialistas. Los músculos del vientre deben comenzar a trabajar rápido, con el objeto de acelerar la cicatrización y recuperar progresivamente la fuerza. Los primeros movimientos se realizan en la cama. De esa manera se ejecuta un ensayo del primer paseo alrededor de la cama y se evitan los «pasos en falso».

• Es necesario comenzar con movimientos de los pies, con las piernas rectas o levemente sobreelevadas para prevenir eventuales complicaciones circulatorias. Poco a poco hay que extender los miembros, luego trazar pequeños círculos concéntricos con uno o los dos pies; pero ¡cuidado! no se trata de gimnasia abdominal, sólo de una recuperación que debe practicarse suavemente: en esta etapa no se puede abusar del esfuerzo con el abdomen, sólo se trata de facilitar la recuperación del tono muscular.

• Siempre decúbito supino, con las piernas estiradas, los tobillos cruzados o no, contraer los músculos de las piernas: plegar y desplegar las rodillas, endurecer los músculos de los muslos, apretar las nalgas, mantenerlas firmes algunos segundos y relajarlas.

• Estirada en la cama, flexionar y extender las rodillas alternativamente, deslizando el talón sobre la sábana hacia los pies de la cama, para luego recogerlos progresivamente hacia los muslos. El ejercicio se debe terminar flexionando ambas piernas a la vez.

• Se consigue cierto alivio con el decúbito lateral y las rodillas plegadas sobre el pecho. En esa posición, mover suavemente la pelvis de adelante hacia atrás, empleando los abdominales y las nalgas.

• Semiacostada, con almohadas sosteniendo la parte superior de la espalda, bajar el mentón hacia el pecho y aplastar la pelvis contra el colchón para reducir la curva de la columna, incorporarse para tocar las rodillas con las manos, reposar la cabeza y los hombros para relajarse.

• Para levantarse, es necesario flexionar las rodillas y deslizar un pie hacia el borde de la cama, luego girar los hombros hacia ese mismo lado apoyando en el brazo replegado y colocando la mano sobre la cicatriz. Sentada al borde de la cama, hay que recuperar el aliento balanceando los pies arriba y abajo e incorporarse lentamente sirviéndose del contrapeso de las piernas.

317

Obstrucción

El pezón, ampliamente inervado, es muy sensible y el niño ejerce una fuerte presión que lo volverá singularmente doloroso, sobre todo durante tres o cuatro días. Es necesario pasar por ello, lamentablemente. Al final de un cierto período el pezón «se hace»; sólo entonces las amamantadas resultan agradables. Esta hipersensibilidad puede ser causa de obstrucción. Cuando el inicio de la lactancia resulta desagradable y la madre amamanta a su hijo con menor frecuencia y durante menos tiempo, hecho que además se convierte en fuente de angustia para ella, disminuye la dosificación de *oxitocina*, hormona* responsable de la excreción de leche, En tal caso se han combinado todos los factores para que haya obstrucción.

La madre nodriza debe saber reconocer la *obstrucción mamaria* con los primeros signos: los senos se tensan, se endurecen y se vuelven dolorosos. La mejor manera de prevenirla será darle siempre de mamar con frecuencia en el transcurso de los primeros días. En efecto, con la bajada de la leche, los senos pueden obstruirse rápidamente. Si el niño no los vacía completamente en cada toma es preciso hacerlo manualmente, apoyando suavemente las manos extendidas sobre cada uno de los senos alternativamente, y presionando desde el tórax hacia el pezón. Si eso no basta para extraer la leche, puede repetirse bajo una ducha caliente.

Muchas obstrucciones mamarias se deben a una contrariedad o angustia. Distiéndase lo más posible en la siguiente posición: acostada de lado, con la cabeza ligeramente elevada por la almohada, con la pierna que apoya flexionada y la otra extendida.

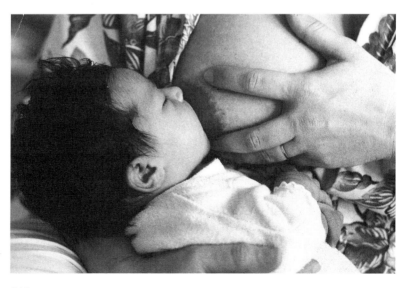

Amamantar no siempre resulta fácil

L a mayoría de las madres amamantan al menos durante las primeras semanas que siguen al nacimiento. Sólo un 15% de las madres padecen hipogalactia primaria, es decir incapacidad para producir leche. Los problemas de lactancia son relativamente frecuentes, es cierto; pero en la actualidad todos ellos tienen explicación. Así, el «enganche» tardío que suele ser la causa, ya no se practica y la primera amamantada tiene lugar en los minutos que siguen al nacimiento, el niño es el mejor estímulo para la bajada (o subida) de la leche (→ p. 296).

★ **No hay que esforzarse**

La producción insuficiente de leche puede deberse a la pereza del niño que no chupa lo bastante fuerte o incluso a su mala posición. Para que la succión resulte totalmente eficaz, es necesario que el niño mame con toda la boca hasta la areola (parte oscura del pezón).

La lactancia nada tiene que ver con el tamaño de las mamas, lo que cuenta es la capacidad de la glándula mamaria, el espesor del tejido adiposo que la rodea no tiene ningún papel en esta función.

Otra vieja creencia: temer que la leche sea «demasiado clara». De hecho, la leche materna definitiva se produce aproximadamente veinte días después del comienzo de la lactancia. La primera leche es clara, generalmente azulada, y tiene un sabor levemente azucarado que se adapta perfectamente a las necesidades del niño.

También existen problemas de orden psicológico. Así por ejemplo, ciertas madres se niegan a amamantar porque han hecho de sus senos símbolos de su sexualidad y temen que las sucesivas amamantadas del niño los estropeen. Para otras puede tratarse de la aceptación del niño: suelen tener la impresión de ser devoradas por éste. En verdad los fracasos que sobrevienen durante la lactancia están conectados con el psiquismo de la madre, aunque deben tomarse en cuenta, igualmente, las reacciones de quienes la rodean, en primer lugar las de su marido. De todas maneras, no hay razón alguna para imponerse la lactancia a la fuerza. Se puede ser una buena madre «amamantando» con biberón.

319

La prevención de las grietas

El comienzo de la lactancia no exige ningún cuidado particular, apenas la higiene normal. Pero se debe evitar cuidadosamente que el pezón no esté muy húmedo, y por ello conviene secarlo con una compresa limpia, puesto que es la humedad la causante de las grietas. El mejor medio para prevenirlas es no prolongar demasiado las amamantadas los primeros días de lactancia. Se debe esperar que los pezones se curtan. También en esto el niño ayudará a la madre. Cuando ésta le dé de mamar, el niño excitará las glándulas sebáceas, los tubérculos de Morgan que secretan un líquido lubricante en la areola, que impedirá la aparición de grietas. Cuando a pesar de todas las precauciones aparecen grietas, hay que tratarlas inmediatamente para evitar que se abran.

Se recomienda la aplicación de pomadas ricas en vitaminas A y E, que son eficaces y no comportan peligro alguno para el niño.

El abceso en la mama es uno de los raros casos en que el médico pide a la madre que deje de amamantar, puesto que su leche, al menos la proveniente de la mama afectada, contendrá gérmenes patógenos peligrosos para el niño. La otra mama puede bastar para alimentarlo. Si la madre puede y desea reiniciar la lactancia después de curarse, deberá extraer la leche cada día hasta la reabsorción del abceso. De esta manera se mantiene el mecanismo de la lactancia.

IMPEDIR LA BAJADA DE LA LECHE

Esta operación se puede realizar fácil y rápidamente después del parto, incluso antes de que el niño haya sido estimulado para la lactancia por la amamantación. El medicamento utilizado corrientemente es la «bromocriptina», que actúa sobre la hipófisis* y el hipotálamo* para inhibir la producción de prolactina*. La posología habitual es de dos comprimidos diarios durante tres semanas. Si el tratamiento se revela insuficiente, habrá que prolongarlo diez días más. Sus únicos efectos secundarios son vértigos y náuseas, que pueden desaparecer cuando se fraccionan las dosis.

La lactancia por las dos mamas

Una buena lactancia es también una cuestión de equilibrio.

Mientras la lactancia no se haya instalado correctamente, se aconseja amamantar con ambas mamas en cada sesión. Ello se recomienda particularmente a las mujeres que tienen mucha leche, con el objeto de prevenir toda obstrucción (→ p. 318).

Hay que dejar que el niño vacíe completamente una mama antes de darle de la otra. Y en la siguiente amamantada, invertir el orden.

1.er mes

2.º mes

3.er mes

4.º mes

5.º mes

6.º mes

7.º mes

8.º mes

9.º mes

El
nacimiento

Los
cuidados
posteriores

El sujetador adecuado

Es indispensable llevar sujetador durante todo el período de lactancia. Sin él, el peso suplementario de las mamas rompería las fibras elásticas de la piel y produciría estrías y más tarde, una ptosis (caída) de los senos. Cuando son excesivamente pesadas, las mamas deben sujetarse noche y día.

Los modelos de sujetadores más cómodos son los que se abren por delante con un cierre de corredera. A veces este sistema resulta incómodo, en tal caso puede sustituírselo con un sujetador deportivo, cuya parte posterior elástica y sus tirantes permiten deslizarlo hacia arriba o los lados para amamantar. También existen sujetadores cuyos cierres o broches están situados entre ambos conos.

En cuanto a la tela, conviene emplear sólo modelos de algodón, más suaves al tacto y de lavado fácil.

A cada cual su comodidad

Cuando el niño mama su nodriza debe procurarle la mayor comodidad posible. Debe estar cómodo para poder mamar como le plazca, lenta o ávidamente, según las ganas.

Enseguida madre y niño encontrarán la posición ideal: el rostro frente al seno, el lactante tiene la boca a la altura del pezón; su cuerpo está paralelo al de su madre, sentado si ella está sentada y acostado cuando su madre se haya echado.

Lo mejor es instalarse en una silla bastante recta y provista de apoyabrazos, con los pies ligeramente sobreelevados, apoyados en un escabel o sobre una pila de voluminosos libros.

El pezón debe sujetarse entre los dedos índice y mayor de la madre, de modo que quede libre la nariz del niño mientras mama. Una leve presión puede facilitar la llegada de la leche. En cualquier caso, hágalo en un sitio tranquilo.

Pezones malformados

Unos pezones poco desarrollados no significan que la madre no podrá amamantar. Para beber bien el niño debe meterse toda la areola en la boca. Será él quien dé forma a los pezones con la succión. Pero la mayor influencia es de las hormonas* puesto que desarrollan todo el pecho materno para auspiciar la lactancia. No obstante pueden existir malformaciones, como el pezón hundido que se mete en el interior de la mama cuando se presiona la areola. En los demás casos se debe hablar de pezones poco turgentes o retráctiles. Cuando la madre tiene auténticas dificultades para amamantar, puede recurrir al *sacaleches*, que es una especie de pezón de vidrio o de plástico, y al trasvase de su leche a un biberón.

321

Favorecer la lactancia

El primer excitante de la glándula mamaria es la amamantación, que favorece la lactancia. Pero puede ocurrir que la fatiga, la emoción y hasta el estrés, produzcan un descenso de la lactancia. Ello suele darse con frecuencia en el momento del regreso a casa. A veces la joven madre se inquieta y hasta se deprime a causa de los problemas materiales y de las nuevas responsabilidades que debe asumir (→ p. 329). Para recuperar el ritmo normal hay un solo remedio: poner al niño en el seno con la mayor frecuencia posible, con el objeto de estimular la glándula mamaria. Tampoco vacile en vaciar regularmente los senos.

Beber mucho y reposar lo más que se pueda son los mejores auxiliares de la mujer que sufre escasez de leche. No obstante existe toda una gama de medicamentos para favorecer la lactancia. El más corriente es el Galactogyl, resultado de la asociación de tres plantas (galega, comino e hinojo) y de una sustancia química, el dipliosfato tricálcico. También la homeopatía ofrece remedios para una insuficiente bajada de leche. Los gránulos Ricinus communis 4CH (cuya posología dependerá del criterio del homeópata) también permiten enfrentar el problema. Los *masajes* estimulan igualmente la producción de leche y resultan imprescindibles en caso de que haya obstrucción (→ p. 318): con la mano bien extendida hay que frotar el seno en círculos; luego, adaptando la mano a su forma se procede a un masaje más enérgico que se aligerará al final de la sesión.

Regímenes alimenticios

Una mujer que amamanta puede perfectamente someterse a régimen alimenticio, siempre que no caiga en el ascetismo. Su alimentación tiene que ser muy equilibrada, rica en proteínas y en calcio.

Las reservas de grasa que se formaron en el transcurso del embarazo de hecho se destinan a compensar los gastos de energía que representará la lactancia. La joven madre puede perder entonces algunos kilos limitando el menú esencialmente a proteínas y lácteos desgrasados. No obstante, en ningún caso la dieta diaria puede aportarle menos de 1.500 calorías. Por debajo de esa cota corre el riesgo de no poder continuar la lactancia de manera normal.

He aquí las raciones alimenticias cotidianas medias de una mujer que amamanta y que no tiene problemas de sobrepeso. En el transcurso de la jornada podrá comer:
— 250 g de carne asada
— o 300 g de pescado asado
— o dos huevos;
— 50 g de queso;
— 400 g de legumbres verdes frescas;
— 400 g de frutas;
— 1/3 de litro de leche.

322

1.er
mes

2.º
mes

3.er
mes

4.º
mes

5.º
mes

6.º
mes

7.º
mes

8.º
mes

9.º
mes

El
nacimiento

Los
cuidados
posteriores

Las 1eras
semanas
del bebé

Régimen para amamantar

Durante la lactancia no hay ningún alimento prohibido. Simplemente se debe saber que algunos de ellos pueden transmitir *gusto a la leche*. Tales son, por ejemplo, el pescado o la carne sazonada, las coles, el ajo, la cebolla, los espárragos. Pero el niño en principio no se opone.

La mujer que amamanta no debe inquietarse a causa de la composición de sus comidas, sólo debe procurar que sean *un poco más ricas que lo habitual*. Leche, yogur y quesos proveen abundantes proteínas y calcio, indispensables para la producción de leche materna. Lo ideal es consumir entre 750 centímetros cúbicos y un 1 litro diario de leche descremada. Las proteínas también abundan en los huevos, las carnes rojas y el pescado. Las carnes magras no saturadas (que no tienen mucha materia grasa) resultan indispensables. Y también lo son los aceites y margarinas de origen vegetal, a base de girasol, de maíz, de colza o de oliva, que no poseen lípidos saturados como los aceites o margarinas animales. Estos alimentos aportan «ácidos grasos» a la leche que *son esenciales para la constitución del sistema nervioso* del neonato.

Durante la lactancia la madre debe beber entre 1,5 y 2 l de agua cada día. Ese volumen debe incluir todas las bebidas acuosas: zumos de fruta, cerveza sin alcohol, leche, sopa. Además, no hay que olvidar que una mujer que quiere mantener el equilibrio corporal necesita 2.000 calorías diarias (y en ningún caso menos de 1.500), y durante la lactancia la dieta puede ascender hasta 2.500 calorías.

★ **Alcohol y tabaco prohibidos**

Un vaso de vino, cerveza o cava de tanto en tanto están tolerados; pero el consumo regular de bebidas alcohólicas está prohibido. Ello se debe a que el alcohol pasa a la leche, es ingerido por el niño y éste sufre por dicha causa retardos de crecimiento, y hasta traumatismos.

La misma prohibición alcanza al tabaco, cuya nicotina pasa a la leche. Así, una mujer que fuma entre diez y veinte cigarrillos diarios produce una leche que contiene aproximadamente 0,4 mg de nicotina por litro. Además, deben evitarse todos los abusos medicamentosos (→ p. 325) y las drogas.

323

El difícil momento del destete

nterrumpir la lactancia no siempre es fácil, sobre todo cuando el destete se realiza en plena bajada de la leche, en las semanas que siguen al parto. Este paso consiste en la progresiva sustitución del seno materno por el biberón, lo cual no es fácil para el niño ni para su madre. Para detener la lactancia existen diversas técnicas. Pero ninguna de ellas es realmente buena. Algunas incluso están cuestionadas por los médicos a causa de su ineficacia y de los riesgos que imponen a las madres nodrizas, como la compresión de las glándulas mamarias por medio de un vendaje de los senos; o beber lo menos posible... Se trata de recetas arcaicas que perduran en las costumbres pero que pueden y deben ser reemplazadas por prescripciones eficaces.

Hay algunas técnicas «de alta tecnología» como la absorción de estrógenos* sintéticos en forma de comprimidos que también son desaconsejables porque crean problemas y comportan riesgos de flebitis, náuseas, vértigos, etc. Por ello, cuando la madre ya no pueda o no quiera continuar la lactancia, debe consultar al médico que seguirá paso a paso el proceso del destete.

Píldora autorizada

os anticonceptivos orales asustan mucho a las madres que temen que las hormonas* absorbidas con la píldora pasen a la leche, puesto que tendrían nefasta influencia en el desarrollo del niño. No obstante, todos los estudios realizados hasta hoy llegan a la misma conclusión: la tasa de hormonas que pasa a la leche de una madre nodriza que toma píldoras anticonceptivas no supera el 1%, es decir mucho menos de lo que recibe el feto a través de la placenta. Pero las hormonas de estos productos (los estrógenos-progestógenos) tendrían acción directa sobre la composición de la leche y su riqueza en proteínas, lactosa, grasas, calcio y fósforo. Según ciertos estudios científicos recientes es preferible aconsejar el empleo de «mini o micro píldoras» que no tienen efecto inhibitorio alguno. Sin embargo presentan un inconveniente: exigen disciplina en su empleo, incluso una regularidad de casi una minidosis por hora.

LECHE Y CONTAMINACIÓN

La leche de las madres inuits, tribu indígena de la bahía del Hudson, en el norte de Canadá, se cuenta entre las más contaminadas del mundo. Contiene cinco veces más bifenilo policlorado (sustancia muy tóxica) que la de las madres de Quebec. Esa sustancia, residuo de la industria, contamina los sedimentos marinos y luego se concentra en la carne de peces y mariscos; éstos constituyen el alimento de las focas y los narvales que a su vez garantizan el 60% de la alimentación de esa nación autóctona. El BPC se encuentra en la sangre de los lactantes en la misma proporción que en la leche materna, ¡a partir de los ocho meses de edad!

Un frágil equilibrio

Los tratamientos medicamentosos durante la lactancia deben ser estrictamente controlados porque a medida que aumenta la dosis el riesgo de contaminación resulta más elevado para el niño. Los medicamentos (o los tóxicos) presentes en la sangre materna pueden detectarse en la leche en concentraciones variables. Los efectos nocivos de las sustancias absorbidas dependen de diversos factores vinculados con el tipo de producto, la dosis y el momento en que fueron ingeridos. Cuando hay infección el producto pasa más velozmente a la leche materna si se ha recibido por vía oral.

Existen algunos medicamentos *formalmente prohibidos* durante la lactancia: numerosos antibióticos, las sulfamidas, los laxantes químicos y todos los productos que contengan yodo. Otros, con el empleo prolongado, pueden resultar peligrosos a medio y largo plazo.

La leche materna no está al abrigo de la contaminación, todo lo contrario. Como la sangre, sirve de vehículo para todos los venenos del planeta. Si el organismo de la madre protege bien al niño de las agresiones exteriores, también puede transmitirle toda clase de tóxicos. Es necesario desconfiar sobre todo de los insecticidas y los pesticidas: el DDT y el hexaclorofeno pueden resultar muy peligrosos. Algunos estudios han demostrado que los residuos de los pesticidas eran por lo menos cinco veces más elevados en la leche de mujer que en la de vaca. La leche del *primer mes de lactancia es más sensible a la contaminación* que la producida en los meses siguientes, como si en el organismo materno se organizara algún tipo de inmunidad contra las agresiones externas. El organismo humano almacena estos productos y luego los concentra en las grasas y tejidos antes de drenarlos en la leche, incluso suelen encontrarse vestigios de insecticidas provenientes de aerosoles y polvos o líquidos empleados en la casa.

Pero también se sabe que la leche de las madres más jóvenes está menos contaminada que la de las multíparas* de más edad. ¿La inmunidad dependerá entonces de la juventud? Sí, en lo que se refiere a la resistencia a las poluciones; sin embargo todas las mujeres resultan especialmente vulnerables en el transcurso de los primeros meses de lactancia. Se ha descubierto además que existe una cierta relación entre el grado de contaminación y el tipo de alimentación de la madre.

1.er
mes

2.º
mes

3.er
mes

4.º
mes

5.º
mes

6.º
mes

7.º
mes

8.º
mes

9.º
mes

El
nacimiento

Los
cuidados
posteriores

Las 1eras
semanas
del bebé

325

Cóctel de hormonas

La producción de leche y su «bajada» (o «subida») a las glándulas mamarias fue un misterio durante mucho tiempo. El descubrimiento de las hormonas* en el siglo XX y el estudio de sus propiedades permitió explicar el fenómeno de la lactancia.

Las hormonas son sustancias secretadas por una glándula endocrina, que se vehiculizan en la sangre y que tienen la función de excitar el funcionamiento de un órgano. En el caso de la lactancia concurren la *prolactina*, que secreta el lóbulo anterior de la hipófisis*. Ella es la que estimula la producción de la glándula mamaria que contiene los racimos de ácinos glandulares. La acción de la prolactina se combina con la de otras hormonas secretadas por la placenta, los ovarios y las glándulas suprarrenales. De ese cóctel saldrá el estímulo para la producción de leche materna.

Al mismo tiempo, el lóbulo posterior de la hipófisis produce la *oxitocina*, hormona compañera de la prolactina, que desencadena las contracciones musculares y de esa manera favorece la migración de la leche desde los ácinos hacia los canales galactóforos*. Estos últimos se multiplican hasta los poros galactóforos situados en el pezón.

Se sabe que la lactancia se mantiene a causa del niño amamantado. La succión de éste ejerce una presión sobre el pezón que vacía los alvéolos llenos de leche que vuelven a llenarse. Paralelamente, la excitación nerviosa del pezón se transmite al cerebro, y luego a la hipófisis. Ésta, en respuesta, produce más o menos prolactina y oxitocina. El mecanismo parece simple, pero las dosificaciones hormonales son, por el contrario, tan complejas que a veces el equilibrio se rompe por el menor factor imprevisto.

La lactancia: ¿método anticonceptivo?

La «tregua» de ovulación dura aproximadamente de cinco a seis semanas para la mujer que amamanta después del parto. Por eso la lactancia no es en verdad un buen método anticonceptivo, en principio porque resulta imposible determinar la fecha exacta de la primera ovulación después del parto, tanto más por cuanto siempre precede a la menstruación. Por ello es preciso esperar las primeras reglas para poner nuevamente al día el calendario menstrual. Recientes estudios han puesto a la luz el papel de la frecuencia de las succiones que favorecen la secreción de prolactina* (hormona de la lactancia) y su dosificación en sangre. Esa hormona bloquea la ovulación. Cuanto más alto sea el número de succiones, mayor será la tasa de prolactina. Ello explica el reinicio de la ovulación en el momento en que se comienza a cambiar la alimentación del niño reduciendo considerablemente el aporte de leche materna.

326

1.er mes

2.º mes

3.er mes

4.º mes

5.º mes

6.º mes

7.º mes

8.º mes

9.º mes

El
nacimiento

Los
cuidados
posteriores

Las 1^{eras}
semanas
del bebé

Del pecho al biberón

La lactancia mixta, con pecho y biberón alternándose, es posible; y frecuente. Las madres que se reincorporan al trabajo después de la licencia de maternidad suelen recurrir a esta solución para reservarse el placer de amamantar al menos por la mañana y por la noche. Pero aunque la lactancia sea estimulada por la succión, de todas maneras la leche se acaba poco a poco. Además, es necesario vigilar atentamente que el niño no resulte perturbado y que conserve un buen equilibrio alimenticio. Pero cuando la lactancia materna no puede proseguirse hasta el comienzo del destete (cuarto mes), el paso de la leche materna a la leche de la primera edad debe realizarse de manera progresiva en un plazo de 10-15 días.

Para un lactante que mama cinco veces por día:

— los tres primeros días: cuatro tomas de pecho y una de biberón;

— los tres siguientes: tres tomas de pecho y dos biberones;

— los tres siguientes: dos tomas de pecho y tres biberones;

— los tres siguientes: una toma de pecho y cuatro biberones;

— los tres siguientes: cinco biberones.

Demasiada leche

Ciertas madres que amamantan se sorprenden al comprobar que en el momento en que el niño se «prende» o «engancha al seno» se produce un importante derrame de leche por el otro. Ello se debe a una lactancia excesiva. La cantidad de leche producida varía de una a otra y está en relación con el tamaño de la glándula mamaria.

Esas madres deben prestar atención especial a la obstrucción que podría afectarlas. Pueden vaciar los senos bajo la ducha tibia u ofrecer la leche al lactario (banco de leche materna), este organismo les dará todas las instrucciones para la extracción y recolección en condiciones de higiene ideales.

Esa leche suele resultar indispensable para la supervivencia de ciertos niños, especialmente los muy prematuros.

OCULTA ESE SENO

Amamantar en público o no, es cuestión de pudor. Puestas al margen las circunstancias excepcionales, tales como el viaje en tren o en avión, la madre nodriza siempre puede aislarse. De todas maneras, los problemas de pudor se plantean siempre a una joven madre primeriza, especialmente en el transcurso de las primeras semanas de lactancia.

327

Déficit vitamínico

lgunas anemias, al igual que las espasmofilias, pueden cargarse en la cuenta del embarazo. Suelen originarse en la fatiga persistente, especialmente cuando la joven madre no se ha tomado bastante tiempo para descansar después del parto. La anemia por carencia de hierro es la más común y produce astenia (disminución de fuerza física) y reduce la resistencia a las infecciones. Las investigaciones clínicas llegaron a esta conclusión: una madre joven necesita tres años para recuperar las pérdidas de hierro provocadas por el embarazo. Con el objeto de restablecer el equilibrio a las prescripciones de hierro y de ácido fólico* se asocia la de vitamina C que favorece la asimilación de los compuestos ferro-sos contenidos en la alimentación. El *baby blues* es muy real: el 66% de las mujeres se dicen fatigadas después del parto y la tercera parte de ellas lo está mucho más de cuanto se previera, asegura una investigación realizada por un laboratorio farmacéutico sobre 200 parturientas atendidas en un gran hospital parisino.

Según parece, a las razones psicológicas de esta pequeña depresión se suman también otras de índole fisiológica. Este desequilibrio se puede compensar con un aporte de micronutrientes en forma de «cóctel» de hierro, ácido fólico, calcio, selenio, magnesio, cinc, cobre, más vitaminas B1 y B2 que deberán tomarse en el transcurso del embarazo y en los tres meses que siguen al nacimiento.

Los signos precoces

l doctor M. Sokolowski estudió particularmente la depresión «post-parto», mal que padecen una de cada diez madres, y que suele resultar grave en la tercera parte de los casos. Alcanza a las mujeres que acusan tendencias depresivas previas, madres muy jóvenes o con dificultades de relación familiares o conyugales. Los síntomas aparecen unos diez días después del parto, y se caracterizan por insomnio, crisis de angustia y anorexia. La indiferencia o una desmesurada inquietud por el niño suelen ser los signos que per-miten al equipo médico establecer un tratamiento preventivo.

EN ITALIA

La tradición italiana aconsejaba a las flamantes madres «recuperarse» con un pastel llamado Tirami-su, que se prepara con bizcochos ligeros, crema de queso mascarpone, huevos y azúcar, con una pizca de café o chocolate, de apariencia semejante a la «leche de gallina» que servían a los de débil apariencia en las zonas rurales francesas.

328

El inevitable «baby blues»

E l vacío anímico es más frecuente después del parto de lo que suele creerse. Se expresa en los días siguientes, a veces una o dos semanas después del regreso al hogar, y puede conducir a la depresión. ¡Nada grave! Pero esta ligera depresión en la actualidad está reconocida por la medicina, y hasta tiene un nombre: «baby blues».

La prueba física que es el parto necesita un reposo indispensable para la recuperación que no siempre la madre puede tomarse. La fatiga que deriva de esa falta es natural y se suma a la caída de los progestativos, hormonas* del embarazo. A ello se suman las conmociones, tanto en la vida cotidiana como en el terreno afectivo, que comporta la llegada del recién nacido. La joven madre pierde su condición de niña transformándose en madre. Inconscientemente o no, pasa por un período de introspección más o menos agradable acerca de su propia infancia. Entonces puede invadirla una cierta nostalgia, a veces teñida de ansiedad o hasta de angustia frente a la responsabilidad parental. Ello sin olvidar el nuevo equilibrio que tendrá que procurarse en la vida conyugal y familiar y los problemas de índole financiero como la necesidad de cambiar de casa, por ejemplo.

★ **Depresión muy corta**
A todos estos problemas psicológicos se suman muchas veces dificultades materiales: la búsqueda de un sistema de guarda si la madre trabaja, o la estrechez del apartamento que obliga a la mudanza. Frente a todas estas dificultades es natural «quebrantarse». Algunas lágrimas servirán de alivio muchas veces y todo volverá al orden dos o tres días más tarde gracias a la alegría de la maternidad, puesto que debe saberse que la depresión «postparto» no tiene por qué mantenerse.

Pero puede ocurrir sin embargo que se prolongue varios días, y hasta varias semanas en el peor de los casos. Entonces habrá que buscar las causas profundas, que pueden ser de *orden físico* (déficit de oligoelementos, calcio y magnesio, que produce cierta fatiga) o *fisiológico*, como un inadecuado equilibrio hormonal en el postparto.

En cualquier caso habrá que consultar al médico, y si fuere necesario, a un psicoterapeuta.

2.º mes

3.er mes

4.º mes

5.º mes

6.º mes

7.º mes

8.º mes

9.º mes

El nacimiento

Los cuidados posteriores

El amor materno

Durante siglos se habló de instinto maternal, en el cual casi nadie parece creer realmente en nuestros días. De hecho, el amor que nace entre madre e hijo tiene raíces muy complejas. El nacimiento es una etapa importante, claro está, pero *no es del todo fundamental.*

En el momento del encuentro, el vínculo madre-niño ya tiene una vieja historia. Entre el deseo de niño y el amor al niño que ha llevado durante nueve meses, la madre ha cristalizado sentimientos que ya eran poderosos antes de la gestación.

★ Bajo el encanto

El desarrollo del parto es, por supuesto, una etapa primordial; pero aún lo es más el encuentro del niño imaginado con el niño real. Cuanto más se superpongan ambas imágenes tanto mejor se instalará la relación afectiva (→ p. 145 y 147). El nacimiento se debe vivir como la continuación del embarazo. El gesto cada vez más difundido de colocar al niño sobre el vientre de su madre durante algunos minutos después de la expulsión, es un factor desencadenante. La parturienta podrá entonces mirar a su hijo/a a gusto y tomar consciencia de la realidad de su cuerpo. Le hablará con afecto y suavidad de manera espontánea, y también lo acariciará. Entonces se consumará lo más asombroso: el *niño seducirá a su madre.*

El ser que le ha sido dado también expresa sus propios sentimientos: llora, sonríe, la mira rectamente a los ojos, y la madre recibe el flechazo, lo abraza cada vez más y mejor. Para los psicoanalistas que han estudiado este primer encuentro, el amor se establece sobre un malentendido: el niño ejecuta gestos más o menos instintivos que su madre lee como afectivos. El niño tiene una necesidad innata de apego, la elección del objeto de apego, la madre en el 70% de los casos, es fruto de un aprendizaje más o menos largo. El niño no crea en solitario el «objeto de apego»: ese amor singular cristalizará después de numerosos intercambios con ella y con todos cuantos les rodean.

★ Problemas de relación

Para ciertas madres las cosas no son tan sencillas. Sienten el parto como una ruptura y ello comporta dificultades de relación con su

1.er
mes

2.o
mes

3.er
mes

4.o
mes

5.o
mes

6.o
mes

7.o
mes

8.o
mes

9.o
mes

El
nacimiento

Los
cuidados
posteriores

Las 1eras
semanas
del bebé

hijo. La manera en que se ha desarrollado el nacimiento tiene importancia, por supuesto. Hay algunas mujeres que no pueden «perdonar fácilmente» a sus hijos que las hicieran sufrir; otras aceptan de mala manera la diferencia entre el niño soñado y el niño real, tanto más cuando nace prematuramente o con algún defecto físico. Además, la relación suele resultar de difícil establecimiento cuando se ha alumbrado por cesárea o bajo anestesia general, y ella no lo ha «visto» ni «sentido» nacer.

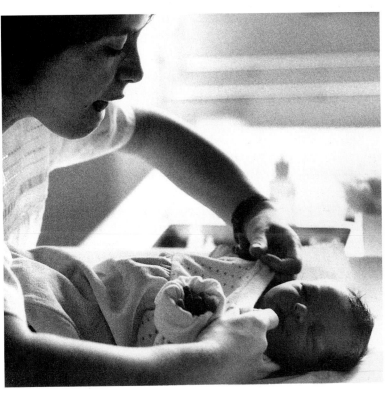

Convertirse en padre

Padre y madre tienen diferentes papeles que cumplir frente al niño. A partir del nacimiento, el niño sabe cuál es uno y otro, los reconoce por el olor, por el aspecto físico y por el sonido de las voces. Observaciones realizadas en los Estados Unidos demostraron que el niño reacciona de diferente manera según se le acerque uno u otro. Al oír la voz paterna, el niño arquea los hombros, levanta las cejas, entreabre la boca y se le iluminan los ojos: ya está dispuesto a jugar. Estas observaciones también han demostrado que el padre no se comporta de la misma manera con un niño que con una niña. En el primer caso las relaciones son físicas, en el segundo de índole más bien protectora.

Estas relaciones dependerán del espacio que dejará libre la madre. La función del padre consiste en atenuar la relación madre-hijo con el objeto de que este último adquiera independencia. El adecuado equilibrio pasa sin duda por compartir todas las tareas, desde las más gratificantes a las puramente hogareñas.

⭑ Un difícil papel

Algunos hombres se sienten torpes en este nuevo papel y necesitan saber que el oficio de padre, como el de madre, se aprende con la práctica, con los ensayos, y al precio de numerosos errores. Lo más difícil para ello es sin duda introducir este nuevo «trabajo» entre las ocupaciones laborales y las sociales.

En la actualidad se ven muchos padres «maternales» que cuidan a sus hijos y que en lo cotidiano parecen más próximos a ellos que sus madres. En tales casos lo importante es que las *funciones o papeles respectivos de cada uno de los padres* en cuanto respecta a la atención del niño, *se diferencien adecuadamente en los gestos*, de manera que el niño pueda establecer con naturalidad la diferenciación sexual. Ello nada tiene que ver con la ternura, que jamás hace daño.

⭑ Evolución de los sentimientos

Durante la primera infancia el sentimiento paterno se traduce en una forma de neutralidad bienhechora y –por supuesto– un positivo interés en relación a las diferentes necesidades del hijo. El sentimiento paterno se aleja progresivamente de su carácter narcisístico inicial para volverse más altruista; el padre se siente dispuesto a satisfacer las necesidades de su pequeño en detrimento de las suyas propias. Cuando el niño crece, cada progreso psicomotriz constituye un lazo suplementario en la trama de comunicación que día tras día se teje entre ambos.

★ **Actor del desarrollo**
Un investigador francés estudió la influencia de la paternidad en el desarrollo del niño. Así comprobó que los niños cuyos padres estaban cotidianamente presentes tenían un cociente más alto de coordinación vista-prensión, utilizaban mejor sus piernas y brazos para resolver problemas concretos y parecían tener mayor capacidad de imitación de los actos simples. En cuanto al desarrollo social, se comprobó que el niño con una estrecha relación paterna podía establecer relaciones equilibradas con los demás y presentar «conductas de apego» más elaboradas. Finalmente, parecía alcanzar cierta madurez social precoz, notable, especialmente en ocasión de la integración a la guardería o la escuela.

3.er
mes

4.º
mes

5.º
mes

6.º
mes

7.º
mes

8.º
mes

9.º
mes

333

Solo contra dos

Los celos son sentimientos naturales, tanto más fuertes cuanto más pequeño sea el celoso, es decir en peores condiciones para razonar. Para muchos psicólogos los celos infantiles, cuando se expresan claramente, previenen los celos de la edad adulta.

No obstante, el nacimiento de gemelos puede resultar del todo perturbador para el hijo mayor, sobre todo si no se ha preparado para el acontecimiento (fenómeno cada vez más raro gracias a la ecografía). En tal caso corre el riesgo de sentirse solo contra dos. Por otra parte los gemelos ocupan mucho más a sus padres, y hasta mayor espacio, de lo cual obtendrá la impresión de no tener ya bastante para sí. En tal caso resultará indispensable incorporar a una persona que se ocupe de los pequeños con el objeto de atender más al mayor. El padre tiene un importante papel en esas circunstancias, puede mantener una relación privilegiada con el «mayor» y ayudarle a compartir su madre.

NIÑO CELOSO

En ciertas etnias, cuando la madre no ha alumbrado en muchos años, suele adoptar momentáneamente un niño de la vecindad, al que puede amamantar, mimar tanto o más que al propio, y concederle toda la atención con el objeto de volver celoso al hijo propio. Es parte de la educación que ha extraído de esa costumbre esta norma: «el grande siempre debe ceder».

1.er
mes

2.º
mes

3.er
mes

4.º
mes

5.º
mes

6.º
mes

7.º
mes

8.º
mes

9.º
mes

El
nacimiento

Los
cuidados
posteriores

Las 1eras
semanas
del bebé

La vuelta a casa

Cuando nazca su hermana o hermano el mayor se sentirá feliz gracias a las fotos tomadas en la maternidad, o al hecho de haber conocido al neonato (→ p. 263). Muchos niños aprovechan la ausencia de su madre para intentar instalarse en el lecho conyugal. Dormir con el padre puede resultar un gran consuelo durante una noche, pero más valdrá explicarle al despertar que esta experiencia no es más que una excepción. Si las noches del mayor son agitadas durante la ausencia de su madre, el padre podrá compensarlo con un poco más de mimo en el momento de acostarlo. No obstante las cosas podrían complicarse a partir de la vuelta a casa. Buen número de niños mayores experimentan regresiones, juegan a ser lactantes, sólo quieren beber biberones. Pero rápidamente el mayor advertirá que ese no es su papel, sobre todo cuando sus padres presten a este tema la debida atención.

★ La importancia de valorizarle

El amor entre hermanos nacerá de los gestos cotidianos, y en función del espacio que dejen sus padres a la expresión de los celos del mayor. No obstante participará con placer en las atenciones del pequeño.

Sin embargo, en la relación con su hermanito se presentarán momentos particularmente tensos, por ejemplo el de las comidas, que casi siempre resulta ingrato para el mayor. ¿Por qué no pedirle que participe para que no se sienta excluido? Si no lo hace forzosamente imaginará alguna tontería para monopolizar la atención. Bien acomodado en un sillón, y bajo la atenta mirada de sus padres, puede dar el biberón al pequeño, o ayudar a la madre o al padre cuando le cambien los pañales, ir a buscar el pañal limpio, o la ropa, etcétera.

Asimismo, es importante que se le reserven momentos exclusivos y que en ellos recupere el afecto de otros tiempos. Nunca debe sentirse excluido o abandonado. Las visitas de tíos, parientes, amigos, lo pondrán a prueba: el recién llegado aparecerá a sus ojos como demasiado interesante, el mayor se sentirá desvalorizado. Conviene pensar en una gratificación, alguna nueva modalidad de ternura, un pequeño halago.

335

Tonificar suavemente

En las semanas que siguen al parto se puede practicar alguna gimnasia suave; pero nunca debe olvidarse que la mejor manera de recuperar la forma física consiste, en principio, en descansar... Los ejercicios pueden ejecutarse incluso acostada en la cama.

Movimiento de manos: unir las manos a la altura de la barbilla, dar palmas sin separar las puntas de los dedos. Repetir el ejercicio diez o quince veces seguidas.

Movimiento de brazos: cruzar los antebrazos sobre el abdomen, de manera que la cara interior de las muñecas quede en contacto; elevar los brazos así unidos lo más alto posible, tras la cabeza, una muñeca ejerciendo presión sobre la otra, alternarlas al fin de cada ciclo de diez movimientos.

● El trabajo de los abdominales

Los ejercicios con la musculatura abdominal en los días que siguen al parto pueden resultar duros sobre todo si ha habido intervención quirúrgica, aunque esta fuere tan benigna como la episiotomía (→ p. 291). En tal caso el vientre siempre puede volverse a su antiguo estado mediante masajes. El abdomen debe rozarse ligeramente con la punta de los dedos a partir del pubis, y elevándolos hasta los pechos, luego se continúa progresivamente desde el centro del vientre hacia las caderas. Estos masajes resultan aún más eficaces cuando se apliquen con una crema o un aceite corporal.

Si el parto se ha desarrollado sin incidentes, la parturienta puede comenzar rápidamente con el trabajo de abdominales, aunque de forma suave. Este primer ejercicio es fácil y puede practicarse decúbito supino sobre la propia cama:

— flexionar las piernas levantándolas hacia el dorso, juntar talones y rodillas y luego contraer los músculos de las nalgas y los del perineo metiendo el vientre.

El ejercicio siguiente es algo más violento, por ello conviene practicarlo por lo menos cinco o seis días después del parto:

— decúbito supino, las manos cruzadas detrás de la nuca, elevar ligeramente el dorso; realizar pedaleo amplio, despegando bien los muslos del suelo. Este ejercicio puede variarse con torsiones de cuerpo, llevar el codo derecho a la rodilla izquierda y viceversa.

Las nalgas y los muslos

De vuelta en casa, he aquí un recurso de masajista para hacer que las nalgas trabajen y los muslos lo sientan. Coloque en sus tobillos pequeñas ajorcas de halterofilia de 500 g y realice las tareas domésticas lastrada de esa manera, durante una o dos horas cada día. Puede complementar caminando en puntillas siempre que pueda.

El trabajo de las piernas

Es fundamental que una parturienta procure activar la circulación de las piernas en el postparto. Los masajes son los ejercicios más simples y menos cansados, sin duda; pero también en este caso debería acompañar la acción mecánica con una crema o aceite «antifatiga».

— Ascienda simultáneamente por cada lado de la pierna ambas manos, rozando la piel. El gesto es semejante al que realiza al ponerse las medias.

— Asimismo, es útil dar masaje a los pies: estimule suavemente el arco plantar y frotar los tobillos con los dedos. También se puede trabajar el arco haciendo rodar bajo los pies, alternativamente, una botella o una barra circular.

— Por último, adquiera el hábito de hacer trabajar los tobillos imprimiéndoles un amplio movimiento de rotación e invirtiendo el sentido de ésta cada cinco vueltas. Este ejercicio se realiza con las piernas extendidas, ligeramente separadas del suelo, y los pies hacia adelante, en puntillas.

Atención: todos estos ejercicios exigen una amplia apertura de piernas y por ello no se deben hacer en los quince primeros días que siguen al parto, sobre todo si hubo episiotomía. Antes de lanzarse a la maratón gimnástica hay que esperar la cicatrización de la herida.

La respiración

El último detalle para completar esta gimnasia suave es el trabajo respiratorio. Retomar los ejercicios de respiración abdominal aprendidos en los cursos de preparación (→ p. 158). Hinchar el vientre de aire, conducir el aire hacia el pecho y espirar ahuecando el vientre. Vigilar que la inspiración y la espiración sean de igual amplitud, y si es posible aumentarlas correlativamente.

Gimnasia suave

Para reforzar los músculos del vientre

Acostada de espaldas, con las piernas flexionadas,
brazos cruzados sobre el vientre,
inspire presionando el vientre,
al tiempo que levanta la cabeza y los hombros.

Sentada, con las piernas
flexionadas y abiertas,
cruce los brazos,
inspire...

... luego descienda
la espalda
balanceando
la pelvis
hacia adelante.
Contraiga
los músculos
del vientre
al tiempo
que espire.

El deseo
de un hijo

1.er mes

2.º mes

3.er mes

4.º mes

5.º mes

6.º mes

7.º mes

8.º mes

9.º mes

El
nacimiento

Los
cuidados
posteriores

Las 1^{eras}
semanas
del bebé

Para tonificar el pecho

De pie, con los
hombros bajos y
la espalda recta,
las nalgas
entradas, estire los
brazos hacia atrás.

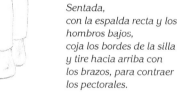

Sentada,
con la espalda recta y los
hombros bajos,
coja los bordes de la silla
y tire hacia arriba con
los brazos, para contraer
los pectorales.

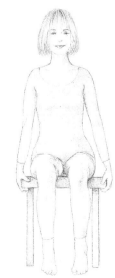

Piernas abiertas, brazos
flexionados a la altura de los
hombros, oprima fuertemente
una pequeña pelota de
caucho en cada mano.

339

¿Qué anticonceptivo elegir?

Después del parto se pueden emplear todas las formas de anticoncepción, salvo el diafragma.

● **Las píldoras.** No hay píldora perfecta, sino diferentes marcas más o menos recomendables según los casos. Su principio de funcionamiento es siempre el mismo y su tasa de eficacia es de 100%. La píldora estroprogestativa modifica el funcionamiento de la hipófisis*, glándula reguladora del sistema hormonal. Los espermatozoides* se neutralizan en el terreno y el tejido uterino se vuelve inadecuado para la implantación del huevo fecundado. Doble garantía que explica su éxito y la simplicidad de su empleo.

● **Los dispositivos intrauterinos.** En la actualidad se llaman activos, es decir que destruyen a los espermatozoides y actúan sobre el moco cervical* secretado por el cuello del útero. Su vida útil varía entre los dos y cuatro años según el tipo de aparato. En ciertos casos el médico puede colocar el DIU en la segunda semana que sigue al parto; pero en general se prefiere aguardar seis semanas.

● **Los métodos naturales.** El más reciente se basa en la observación del moco cervical, cuya función consiste en crear un medio acogedor para los espermatozoides. El método de Billings (el nombre de su inventor australiano), consiste en revisar diariamente el moco con el dedo, en la entrada de la vagina, para tomar nota de la observación. Este moco cambia de aspecto muchas veces en el transcurso del ciclo. Cuando se vuelve más fluido señala el comienzo de la ovulación que impone la abstinencia hasta la reaparición de un moco grumoso, espeso, después de la ovulación. Se puede aumentar la eficacia de este método combinándolo con la *medición de la temperatura* (→ p. 37). Por lo menos se necesitan dos o tres ciclos de observación antes de poder interpretar el estado del moco de manera satisfactoria.

● **La vacuna anticonceptiva.** Perfeccionado recientemente, este método consiste en inocular la hormona del embarazo HCG a las mujeres que lo desean, en tres inyecciones con un mes de intervalo entre cada una. Protege a las mujeres durante todo un año y permite un embarazo al año siguiente. No se le reprochan efectos secundarios de ninguna clase; es un método aún de escasa difusión.

PARA ELLOS TAMBIÉN HAY

La píldora para hombres está científicamente a punto y en curso de experimentación. Su principio de funcionamiento reposa en la administración de hormonas que producen una disminución de la espermogénesis y por lo tanto del número de espermatozoides en el esperma. Aún tiene un inconveniente: antes de hacer efecto exige un tratamiento de entre 2 y 4 meses. Y el mismo plazo después de la detención de la anticoncepción, para que el hombre recupere su fertilidad. La píldora masculina se administra por vía oral, asociada con un gel de testosterona, o en inyecciones semanales.

Retomar la anticoncepción

E n el período de postparto, antes del retorno de las ovulaciones se deben evitar casi todos los anticonceptivos. La mayoría de los médicos desaconseja al menos el empleo de la píldora y del dispositivo intrauterino o DIU. Este último mo puede lesionar los tejidos del aparato genital a causa de los movimientos eventuales de la masa muscular uterina. Lo mejor será esperar diez días hasta que el útero haya recuperado su tamaño, con el fin de evitar que descienda o se desplace, con el riesgo de perforación uterina que ello comporta. Finalmente, el contacto entre la vagina y la cavidad uterina por la intermediación del hilo del DIU puede provocar la inflamación del endometrio (mucosa del útero).

★ **La píldora: no, pero...**

A veces la píldora se prescribe entre el segundo y el décimo día que sigue al parto. Se la recomienda sobre todo a las mujeres que han tenido muchos hijos y que llevan una intensa vida sexual. Pero en todos los demás casos debería evitarse, porque amenaza resistir la reinstalación de las funciones hormonales y por ende alterar el ciclo menstrual. También puede ocultar el retorno de la ovulación porque desata hemorragias «por encargo»; y sobre todo porque aumenta los riesgos de flebitis. Además, también puede tener consecuencias en la lactancia (→ p. 325).

El método llamado «de las temperaturas» también es de difícil empleo puesto que una fatiga, un problema vinculado con la lactancia como la obstrucción mamaria, una mastitis o sólo una leve infección pueden alterar la curva de la temperatura y así falsear el resultado.

Los médicos generalmente aconsejan que antes del retorno de la ovulación se emplee una anticoncepción local, excepto el diafragma, que sólo podrá utilizarse a partir de la recuperación de la tonicidad normal de los tejidos perineales, fenómeno que se produce generalmente a los dos o tres meses después del parto y que necesitará la previa medición del cuello del útero que generalmente se agranda y exige un diafragma de mayor diámetro. Por lo tanto no quedan otras posibilidades que los óvulos, las cremas, los geles o las esponjas espermicidas.

A menos que pida a su pareja usar preservativos o «experimentar» la píldora masculina... (→ p. 340).

El cuidado de los pechos

Sólo la atención constante y regular puede preservar e incluso mejorar el estado de las mamas. Cuidados de higiene, pero también el vendaje ayuda a que los senos recuperen la forma inicial después de dos o tres meses.

Una simple *ducha* y *masajes ligeros* pueden obrar maravillas siempre que no se emplee agua muy caliente. El agua fría es la ideal. Ésta es también una buena ocasión para el chorro rotativo, que somete al pezón a un auténtico masaje. Los productos de belleza especialmente recomendados para el busto tienen preferencia, claro está. El vendaje de los senos puede practicarse inmediatamente después del parto si la madre no amamanta, o después del destete. Aunque pueda parecer arcaico es uno de los mejores medios para conservar la belleza de los senos, siempre que se haga bien: el vendaje no debe aplastar el pecho. Para mayor comodidad se ejecuta sobre el sujetador con una ancha banda de tela adhesiva, luego se forran los dos bonetes del sujetador con una capa de algodón duro por el interior, sobre el seno, y con otra de algodón blando por encima. El vendaje debe comenzar a la altura del estómago, para luego cruzar la espalda y redescender a través del pecho por ambos lados. Tiene que llevarse durante dos semanas para asegurar una perfecta sujeción de las mamas. Pero no es de fácil ejecución; lo mejor será pedir ayuda diestra que enseñe a ejecutarlo y elegir un buen sujetador que no marque la piel.

Retorno a lo normal

El aparato genital recupera la actividad normal mucho antes del retorno de la ovulación. La lactancia ayuda a la recuperación del organismo de la madre: con ocasión de dar de mamar los músculos del útero trabajan. Es un período de involución uterina que se caracteriza por un drenaje vaginal constituido por *loquios**, sangre no coagulada. Hacia el duodécimo día ese drenaje puede ser algo mayor. Es el *prerretorno de la ovulación*, que nada tiene que ver con la vuelta de las reglas.

Sexualidad postparto

La mayoría de los médicos aconsejan esperar dos o tres semanas antes de la normal recuperación de las relaciones sexuales. Si hubo intervención quirúrgica –episiotomía o cesárea– dicho plazo puede extenderse entre ocho y quince días. Siempre habrá que esperar que cesen las hemorragias, que la sensibilidad uterina se atenúe y que el músculo perineal haya recuperado algo su tonalidad, que sólo conseguirá totalmente después de algunas semanas. Pero atención: tres semanas después del parto puede producirse una ovulación. Por eso es importante pensar en la anticoncepción (→ p. 341).

★ **Problemas funcionales...**

Muchas mujeres sufren dispareunia (ausencia de lubricación vaginal) en las semanas que siguen al parto, lo cual puede comportar dolores con ocasión de las relaciones sexuales. Existen muchas explicaciones para este fenómeno. La prolactina*, hormona* que permite la producción de leche, inhibiría a las demás hormonas. De ello derivaría una suerte de atrofia vaginal, origen de la total interrupción de la lubricación. Además, la tonicidad de la vagina es diferente; puede permanecer entreabierta, tiene las paredes dilatadas y la vulva, especialmente después de varios embarazos, puede estar reblandecida. Pero aún pueden señalarse otros motivos. Por ejemplo, después de una cesárea la cicatriz puede doler durante mucho tiempo durante las relaciones sexuales. La episiotomía también es con frecuencia la causa de dolores semejantes. A veces deja una cicatriz que se retrae en forma de tejido fibroso, o bien se trata de episiotomías con malas costuras que pueden provocar sufrimientos hasta varios años después del parto. Por eso, todo signo de episiotomía sensible debe atenderse lo más rápido que se pueda.

★ **y psicológicos...**

Para ciertas parejas las dificultades son de orden psicológico. Para muchos maridos es difícil aceptar la nueva condición de su esposa: la seductora que fue, ahora es una madre. Por su parte, ciertas mujeres se sienten perturbadas por esta transformación. A veces ya no saben realmente qué desean ser y expresan el malestar a través de la agresividad. Según los célebres sexólogos Master y Johnson, el 47% de las mujeres padecerían un período de frigidez después del parto.

343

1.er mes

2.o mes

3.er mes

4.o mes

5.o mes

6.o mes

7.o mes

8.o mes

9.o mes

El nacimiento

Los cuidados posteriores

Las 1eras semanas del bebé

Una cita con la salud

Después del embarazo y el parto el organismo de la mujer, en bloque, debe recuperar progresivamente tonalidad y equilibrio. Los músculos del vientre están vencidos a causa de la progesterona* y de los estrógenos*; las articulaciones de la pelvis se han distendido ligeramente por el paso del niño. En suma, se impone recuperar la forma física y para ello los ejercicios gimnásticos resultan especialmente recomendables. Existen cursillos gimnásticos con masoterapia adecuados para post-maternidad.

Los controles médicos son casi obligatorios, especialmente cuando se experimenta fatiga. Es necesario consultar al ginecólogo un mes después del nacimiento, para que compruebe la correcta involución del útero, el estado de la vagina, etcétera. Dos meses más tarde tendrá lugar una segunda visita destinada a confirmar las informaciones del primer balance.

Otro niño

Si usted desea tener otro niño inmediatamente, está en el momento adecuado para hablar de ello con el médico. En función de su estado general, del desarrollo de su embarazo y parto podrá sacar algunas conclusiones y darle buenos consejos. Si ha tenido dificultades le prescribirá exámenes médicos complementarios, como radiografías que no habría podido realizar en el transcurso de los primeros cinco meses de embarazo.

Podrá programar algunas vacunas, especialmente contra la rubéola, si usted no está aún inmunizada, naturalmente. También podrá confiarle sus temores en relación a las varices que no se absorben naturalmente y que aparecieron en el transcurso del embarazo (→ p. 355).

Finalmente, por razones de fatiga y de anemia, es preferible esperar un año antes de intentar un nuevo embarazo.

Posibles perturbaciones

Un parto acompañado de importante hemorragia suele perturbar el sistema hormonal y entorpecer totalmente el ciclo* ovárico. Las reglas incluso pueden desaparecer momentáneamente. Esas ausencias, llamadas «amenorreas» a veces también aparecen a consecuencia de una cesárea.

Pero el ciclo menstrual resulta igualmente perturbado por el uso de tranquilizantes o antidepresivos prescritos durante el postparto, período de entre seis y ocho semanas, entre el parto y el retorno de la ovulación.

En cuanto a las amenorreas secundarias, suelen ser de orden psíquico y expresan dificultades en las relaciones.

344

Visita postparto

El retorno de las ovulaciones significa el retorno de las menstruaciones, que se produce generalmente entre seis y ocho semanas después del parto cuando la madre no amamanta, y en caso contrario, entre dos y seis semanas después del destete. El útero disminuye de volumen y se sitúa en la pelvis para recuperar las dimensiones normales en unos dos o tres meses.

Los tejidos que se «ablandaron» para ayudar el paso del niño recuperan su tonalidad, especialmente los de la vagina y la vulva, en unos pocos días. Por el contrario el endometrio, mucosa que tapiza el interior de la cavidad uterina, se regenera en un plazo de entre veinte y cuarenta y cinco días.

★ **Balance ginecológico**

Entonces ha llegado el momento de visitar al ginecólogo para un examen completo. El primero de ellos se realiza con espéculo con el objeto de observar el interior de la vagina y el cuello del útero. El facultativo evaluará de esa manera el estado de las mucosas y su coloración, luego procederá a un examen profundo del cuello del útero, con una lupa binocular.

También resulta indispensable el tacto vaginal, combinado con una *palpación del vientre*. El médico controlará la anteversión del útero, su forma, sensibilidad y el estado general de los otros órganos genitales (las trompas y los ovarios).

Quizá el ginecólogo solicite un frotis vaginal. En tal caso procederá a recoger las células desescamadas del cuello del útero o de la vagina. Según sea el caso prescribirá una nueva extracción para asegurarse de que no existe ningún foco infeccioso y detectar eventuales células cancerosas. Amamante usted o no, de todas maneras procederá a un *examen de los pechos*, comprometidos siempre por el nuevo equilibrio hormonal.

Estos simples controles pueden ir acompañados de toda una serie de exámenes específicos para otras investigaciones, tales como la ecografía para examinar los ovarios y el útero, y sobre todo verificar que no haya retención de placenta. El médico también querrá precisiones acerca de su tonicidad perineal y prescribirá, si lo cree necesario, una reeducación apropiada (→ p. 347).

345

El deseo
de un hijo

1.er mes

2.o mes

3.er mes

4.o mes

5.o mes

6.o mes

7.o mes

8.o mes

9.o mes

El nacimiento

Los cuidados posteriores

Las 1eras semanas del bebé

Thalasoterapia

Es casi una moda; de manera creciente, los centros de cura termal proponen tratamientos específicos para recuperar la forma después del parto. La thalasoterapia emplea las virtudes del agua de mar enriquecida con yodo. Masajes, baños burbujeantes, ducha a chorros, gimnasia acuática, duchas submarinas... ayudan a eliminar las toxinas y favorecen el buen funcionamiento de todo el organismo. La mayoría de estas curas comprenden algunas sesiones de relajación, gimnasia suave e incluso de reeducación perineal; un programa dietético eventual y opcional para perder los kilos superfluos inevitables después de un embarazo. En la mayoría de estos centros especializados es posible dejar en guarda al niño durante las sesiones de baños. No obstante, para resultar eficaces estos tratamientos deben realizarse dentro de los tres meses que siguen al nacimiento, y durar al menos seis días.

Recuperación de la forma

La seguridad social reembolsa ciertas atenciones de recuperación de la forma física después del parto. En la mayoría de los casos este tratamiento postnatal consiste en diez sesiones de kinesiología en las cuales un profesional ayuda a la parturienta a recuperar el vigor de los músculos del vientre mediante ejercicios gimnásticos y masajes de dos clases, unos para facilitar el trabajo de los músculos de la espalda sometidos a dura prueba durante el embarazo (→ p. 187), y los otros para mejorar la circulación de los miembros inferiores. Ciertas maternidades también ofrecen en la actualidad auténticos minitratamientos de balneoterapia, con baño de burbujas, masaje hidráulico y masajes. Por último, la mayoría de los centros de thalasoterapia organizan curas postparto con una duración de entre ocho y diez días. En algunos establecimientos se ha previsto la guarda de los niños, tal como sucede con las sesiones de kinesiología.

LA INCONTINENCIA URINARIA

Puede manifestarse inmediatamente después del parto o algunas semanas más tarde. Para medir la calidad de las contracciones de los músculos perineales se emplea una sonda vaginal conectada a un aparato registrador que mide la potencia de la contracción. Esta técnica permite emprender una auténtica reeducación perineal. No obstante conviene que ésta comience algunas semanas –seis, aproximadamente– después del parto.

346

Reeducación perineal

E l perineo es un conjunto de músculos que semejan una red que une el ano con el pubis, y que está atravesado por la vagina, la uretra y el recto. Su músculo principal es el «elevador del ano», que se distiende para orinar o defecar, y que durante la práctica de la cópula se contrae. En la gestación, el peso del niño y los anexos ha descansado sobre el perineo (→ p. 183). Además, la distensión de la vagina en el momento del parto lo ha sometido a una dura prueba. Por eso la reeducación del perineo comienza no antes de *cuatro o cinco semanas después del parto*. Suele ser necesaria cuando ha habido episiotomía, y también para prevenir toda incontinencia, durante la ejecución de un esfuerzo físico, sobre todo.

★ **Técnicas suaves**

El doctor Pierre Velay perfeccionó una técnica muy simple. En posición ginecológica (decúbito supino, con las piernas abiertas) la mujer contrae los músculos. Algunos tubos de pírex estériles de tamaño variable, se introducen en la cavidad vaginal y se mueven suavemente, en pistón. La reeducación del perineo debe realizarse progresivamente, desde atrás hacia adelante, es decir desde la parte media de la cavidad vaginal (a la altura de los músculos elevadores) hacia la región perineal. Al principio los tubos tienen un diámetro de tres o cuatro centímetros, según el estado del perineo y de la vagina. En el final de una buena reeducación, su diámetro disminuirá hasta 1 cm. Cuando se consigue un buen nivel de recuperación, el ejercicio puede realizarse de pie. La paciente también puede emplear un vibromasaje. Este aparato permite tomar consciencia del músculo al mismo tiempo que se lo estimula.

Existen también otros ejercicios que no necesitan material alguno, por ejemplo detener la micción antes de vaciar la vejiga, para fortalecer los músculos situados en torno a la vejiga (→ p. 183). Se puede igualmente practicar la técnica denominada «cascanueces»: acostada de espaldas o sentada, se pliegan las piernas y se juntan fuertemente las rodillas. Por último, es bueno adquirir el hábito de contraer los músculos del perineo y del esfínter anal en cualquier momento del día.

El deseo
de un hijo

1.er mes

2.º mes

3.er mes

4.º mes

5.º mes

6.º mes

7.º mes

8.º mes

9.º mes

El nacimiento

Los cuidados posteriores

Las 1^{eras} semanas del bebé

347

¿Qué comer?

Alimentos aconsejados
- *Carnes*: buey magro, ternera, pollo (sin piel), conejo, pavo, caballo, cordero, oveja y todos los despojos.
- *Pescados*: todos, excepto atún, caballa y sardina.
- *Huevos*: fritos no.
- *Todas las legumbres verdes.*
- *Lácteos*: a voluntad si tienen 0% de materia grasa, y el mínimo posible a partir del 20% de materia grasa.
- *Frutas*: no más de 300 g diarios.
- *Bebidas*: agua, té y café (sin azúcar o con edulcorante no calórico), en pequeñas dosis, porque estas bebidas que contienen cafeína y teína son excitantes; tisanas, leche descremada, caldo de legumbres, zumo de tomate, de limón o de pomelo.

Alimentos prohibidos
- *Charcutería*: todas salvo el jamón magro.
- *Legumbres secas*: lentejas, judías, garbanzos, etc.
- *Féculas*: patatas, arroz, pastas, pan, bizcochos.
- *Materias grasas*: mantequilla, aceites, tocino, margarinas.
- *Azúcares*: azúcar, mermeladas, miel, chocolate, pastas.
- *Lácteos*: yogur no natural (aunque tenga 0% de materia grasa), queso blanco de 40%, todos los quesos con más de 45%, tales como el gruyère, el manchego, el cabrales, el azul y el de cabra.
- *Bebidas*: alcohólicas, gaseosas, jarabes, zumos de fruta en conserva.

El pecho

Es necesario recuperar las formas del busto después del parto, y mantenerlas durante la lactancia. Por otra parte no se trata de recuperar la forma anterior sino de fortificar el gran músculo del cuello que sostiene los pechos. Para devolverle un poco de tonalidad no es necesario empeñarse en largos y complicados ejercicios, sino en una gimnasia simple practicada regularmente. He aquí algunos apropiados para practicar a lo largo del día:

— tonificar el gran cutáneo del cuello que mantiene los pechos por medio de este ejercicio: «crispar» una sonrisa de manera que se eleven todos los músculos del cuello. Para que resulte útil, debe repetirse unas veinte veces;

— con los brazos flexionados a la altura del pecho, apretar fuertemente las palmas, una contra otra; repetir diez veces;

— de pie frente a una pared, con los brazos flexionados, manos extendidas contra la superficie de la pared; empujar con toda la fuerza posible; repetir diez veces;

— levantar los brazos a la altura del pecho, juntar las palmas y entrelazar los dedos, hacer fuerza con una palma contra la otra, entre diez y quince veces, alternándolas;

— estirar los brazos horizontalmente. Replegar los antebrazos contra el pecho, después llevarlos a los lados con las palmas hacia arriba, repetir también diez o quince veces. Los ejercicios son recomendables; pero es mejor aún sumar a ellos duchas de agua fría, la aplicación de productos de belleza específicos para el busto, y algún deporte como la natación o el tenis.

Recuperar la forma

1.er
mes

2.º
mes

3.er
mes

4.º
mes

5.º
mes

6.º
mes

7.º
mes

8.º
mes

9.º
mes

E l tiempo necesario para recuperar el peso normal depende esencialmente del número de kilos ganados durante el embarazo y de la voluntad de cada una. El sobrepeso habitual después del parto es de aproximadamente dos o tres kilos, que habrá que perder en los meses siguientes.

En principio conviene alimentarse con productos que llenen sin aportar calorías excesivas. ¿Cuáles? Aquéllos pobres en materias grasas y en calorías. Lo importante es hacer funcionar el sistema gástrico con alimentos sanos, de fácil digestión y ricos en vitaminas y sales minerales.

En un régimen, el *modo de cocción* es tan importante como los alimentos que se ingieren. Las sartenes con revestimiento antiadherente permiten cocer carne, huevos, pescado sin emplear aceite ni otra sustancia grasa, o al menos con una porción ínfima de ellas. Un secreto: para evitar que ciertos alimentos se peguen se puede echar en la sartén una cucharilla de agua. La olla a presión y la cacerola para cocer al vapor permiten preparar cualquier alimento. La primera ahorra tiempo, la segunda consigue que los alimentos conserven un incomparable sabor natural.

Para condimentar, emplee todas las hierbas, cebolla y ajo. Lo mejor es mantener bajo el consumo de sal puesto que ésta estimula el apetito. Las salsas y las ensaladas se pueden preparar con aceite no calórico (de parafina), yogur, salsa de tomate, zumo de limón... Las aficionadas al vinagre deben acostumbrarse a diluirlo generosamente con agua, o a sustituirlo por el limón.

Todo régimen exige *la absorción de mucho líquido*: agua, té caliente o frío, caldo de verduras (sin las verduras), tisanas. La gran variedad de bebidas existente permite absorber fácilmente los dos litros de agua indispensables para la recuperación del peso normal.

Muchas madres desayunan en solitario. En tal caso resulta indispensable hacer de él una auténtica comida, para evitar las meriendas espontáneas realizadas a lo largo de todo el día.

Por último, no parece razonable someterse a un régimen riguroso. Ocuparse de la atención cotidiana de un niño resulta cansado, y consume calorías. Además, en cualquier caso, el régimen debe comenzarse seis semanas después del parto. Sólo entonces puede realizarse un auténtico balance del sobrepeso debido al embarazo.

El
nacimiento

Los
cuidados
posteriores

Las 1eras
semanas
del bebé

349

El trabajo muscular

El embarazo se ha ensañado sobre todo con la columna vertebral y la zona lumbar. El peso del niño y de sus anexos ha desequilibrado el cuerpo de su madre, su centro de gravedad se ha desplazado. Para conservar el equilibrio ha tenido que forzar las vértebras y los músculos dorsales, lo cual puede provocar irritaciones en las raíces de los nervios que emergen de las vértebras. Por ello algunas parturientas padecen *puzadas en la espalda* más o menos dolorosas, al igual que *ciáticas* muy dolorosas en ciertas ocasiones y anunciadoras de problemas dorsales. Pero generalmente esas afecciones desaparecen después del parto.

Para tener una buena espalda en principio conviene adoptar algunas precauciones: evitar los movimientos bruscos y la rotación del busto, mantener la espalda recta y distribuir los esfuerzos entre las caderas y ambas piernas. Dos grupos musculares actúan sobre la columna vertebral: los abdominales y los paravertebrales, que mantienen íntegra su eficacia cuando son lo bastante poderosos. Pero de todas maneras, ¿por qué no reforzar esos músculos de la espalda con algunos ejercicios gimnásticos? Para ello se recomiendan ciertos deportes en particular, y sobre todo la natación.

¿Cuándo comenzar la práctica deportiva?

Lo más rápido posible, a partir del momento en que el médico se lo permita y la familia pueda contribuir a sus escapadas, comience con ello. La única contraindicación es la fatiga. Los mejores deportes, porque hacen trabajar todos los músculos del cuerpo y especialmente los abdominales, son la natación y el patinaje.

Gracias a la *natación* trabajan todos los músculos. Este deporte también se recomienda particularmente a las mujeres que sufren de la espalda o que tienen problemas circulatorios. El *patinaje* sobre hielo o ruedas reforzará especialmente los músculos del vientre, de las nalgas y de las piernas.

Tampoco hay que olvidar la *bicicleta* que desarrolla toda la musculatura, ni mucho menos la *marcha*, deporte completo que se puede dosificar en función de la fatiga, la disponibilidad y el humor.

En los primeros meses que siguen a la maternidad hay que *evitar los deportes violentos*, aquellos que «sacuden» el organismo, como el automovilismo o la equitación.

★ Restauración del vientre

Nada mejor para los famosos abdominales que los cotidianos movimientos de piernas, apoyada sobre los codos, con el dorso elevado. Pero no hay que encarnizarse. Hay que aprender a hacer gimnasia de manera que sea poca pero eficaz. Con diez minutos diarios habrá bastante. Al principio producirá dolor de todos modos; pero en adelante se convertirá en cuestión de costumbre y de voluntad. Si se emplea acompañamiento musical aún resultará más fácil... En cualquier momento del día contraiga las nalgas y entre el vientre; manténgase en esa postura el mayor tiempo posible. También trabaje la cintura. Estará un tanto expandida, quizá gorda. Algunos ejercicios le permitirán recuperar más rápidamente sus medidas habituales: de rodillas, haga descender las nalgas alternativamente a derecha e izquierda, procurando que las rodillas no se despeguen del suelo.

Después del baño o la ducha, puede aplicarse un masaje suave con una crema adelgazante. Su acción también favorece la circulación sanguínea.

351

La lucha contra la celulitis

La *mesoterapia* de aplicación local parece ser un tratamiento que da buenos resultados, y que consiste en micro-inyecciones simultáneas con un instrumento denominado multi-inyector. Se emplean agujas cortas (4 mm) o largas (6 mm), con el objeto de modificar el tipo de estímulo y de ese modo evitar el acostumbramiento, tradicional factor de ineficacia terapéutica. La mesoterapia concentra la acción en los muslos, el vientre y las caras interiores de rodillas y tobillos. El médico emplea numerosas mezclas diferentes de productos según la clase de celulitis que presente la paciente.

La electroterapia y las *ionizaciones* también se pueden emplear; estas técnicas han experimentado una reciente renovación con la incorporación de un nuevo método: la aplicación sobre los electrodos de «la hormona que devora la celulitis», llamada TA3. Esta técnica consiste en colocar dos electrodos en los pies, los tobillos, las pantorrillas, las rodillas, los muslos y la parte alta de éstos, para ejecutar un drenaje eléctrico. Para eliminar «las cartucheras», esos depósitos de grasa que se acumulan en los muslos, se acaba de introducir una nueva técnica quirúrgica que consiste en la aspiración de los tejidos grasos previamente disueltos con una solución isotónica que produce la destrucción de los adipocitos (células grasas). La nueva técnica permite aspirar aproximadamente un litro de líquido mediante una sonda que se introduce en una incisión de aproximadamente dos centímetros, practicada a la altura del pliegue subnalgar.

La *electrolipoforesis* ataca los tejidos adiposos o celulíticos que se localizan en ciertos puntos del cuerpo: parte alta de los muslos, vientre, tobillos, mediante la introducción, a uno o dos centímetros bajo la piel, de dos agujas muy finas y largas. Por éstas, que son conductoras de la electricidad, se hace circular una corriente eléctrica de naturaleza especial que provoca un drenaje de células que se vacían de agua y de sal y acaban por destruirse.

Un vientre liso

En las semanas que siguen al parto es normal que el vientre no esté totalmente liso: el útero necesita tiempo para recuperar su volumen anterior. Antes del embarazo ese músculo hueco no es de mayor tamaño que una pera y pesa entre 50 y 100 g. En el transcurso de la gestación es capaz de expandirse y distenderse hasta el punto de albergar un niño de 3 kg o más. En esas circunstancias pesa 1 kg, y sus paredes se han engrosado considerablemente.

352

El deseo
de un hijo

1.er mes

2.º mes

3.er mes

4.º mes

5.º mes

6.º mes

7.º mes

8.º mes

9.º mes

El
nacimiento

Los
cuidados
posteriores

Las 1^{eras}
semanas
del bebé

Gorduras inútiles

C uanto más peso haya ganado la parturienta durante el embarazo, tanto más deberá temer la celulitis. Este fenómeno no está forzosamente ligado a la obesidad, pero el exceso de peso favorece su aparición. Por ello, un sobrepeso de 10 kg en el noveno mes parece el máximo aconsejable. Entre las numerosas modificaciones fisiológicas del embarazo, suele comprobarse con frecuencia la aparición o el agravamiento de la celulitis. La presencia de este fenómeno suele vincularse con problemas de naturaleza circulatoria. Pero aunque sea síntoma de esas insuficiencias, también es capaz de agravarlas.

★ **Numerosos factores coadyuvantes**
El origen de la celulitis ha dado lugar a diferentes teorías médicas:
— la celulitis sería un fenómeno alérgico producido en cascada;
— provendría de un desequilibrio nutricional;
— traduciría una enfermedad general, postula la teoría de «la floculación»;
— sería el resultado de una influencia venosa, sostiene la teoría «vascular».

De todos modos, se sabe a ciencia cierta que el embarazo, la píldora, el abuso de azúcares, los problemas circulatorios y la falta de ejercicios o la ansiedad constituyen *factores muy favorables* para su aparición.

Actualmente se diferencian dos modalidades de celulitis (que también pueden afectar a los hombres): la *forma generalizada*, difusa, que provoca una obesidad celulítica predominante en los miembros, la espalda y la cara interior de las rodillas. El signo que la anuncia es el aspecto «piel de naranja», dolores espontáneos o que sobrevienen durante el tacto, una cierta fatigabilidad, hipotonía muscular y síntomas de capilaridad como las equimosis. Y la *forma localizada*, con mayor frecuencia en la nuca, las corvas y las zonas de inserción de los miembros. Tiene la apariencia de una placa de consistencia blanda, recubierta de «piel de naranja». Aunque fue tradicionalmente de difícil tratamiento, en los últimos años se han conseguido importantes progresos. Casi siempre las terapias incluyen régimen alimenticio.

Contrarrestar las estrías

No es necesario creer en los milagros: las estrías nunca desaparecen del todo, puesto que son síntoma del aflojamiento, de la ruptura del tejido elástico de la dermis. Dejan huellas imborrables, más o menos largas, de entre algunos milímetros hasta 1 cm de ancho, y de tonalidad que oscila entre el violáceo o rosa y el blanco nacarado. Se deben a los efectos de la cortisona secretada por las glándulas suprarrenales en el transcurso del tercer mes de embarazo. Casi siempre se localizan en el vientre, las caderas, la parte alta de los muslos y a veces en los senos. Las pieles jóvenes parecen ser más proclives que las otras a este mal, y también lo son las mujeres que han adquirido un importante e inútil sobrepeso durante el embarazo.

Muy visibles en las primeras semanas que siguen al parto, se atenúan naturalmente luego, y su ancho disminuye.

El retorno al peso normal y la musculación de las zonas afectadas favorece su adelgazamiento. El tratamiento local está particularmente aconsejado: la piel debe tratarse con productos exfoliantes corporales; debe exponerse al sol, aplicársele un aceite corporal y una crema a base de extracto de hiedra y de cola de caballo que estimulan las fibras colágenas de la piel.

Debe saberse que las estrías de al menos medio centímetro pueden ser operadas. Se retira la piel delgada y se sutura el tejido por los bordes sanos, así quedará una delgada cicatriz lineal por cada estría.

La última marca

La línea marrón que surca el vientre verticalmente puede considerarse en cierto modo la continuación de la máscara de embarazo (→ p. 118). Como aquélla, se debe sin duda a la modificación del equilibrio hormonal, y desaparecerá con el retorno de la ovulación y la recuperación del ciclo ovárico. También puede atenuarse con ejercicios de musculación abdominal. Con ellos la piel recuperará elasticidad y se contendrá, ayudando a la desaparición de la línea que de todos modos puede resistir un tiempo.

Primer baño

Después del parto el baño no es aconsejable, puesto que hay hemorragias y existen riesgos de infección. En efecto, durante el baño el agua penetra en la vagina y con ella deja la vía libre a la entrada de impurezas y microorganismos. Antes de pensar en la inmersión conviene que pasen entre diez y doce días, desde el parto. Las duchas, por el contrario, pueden tomarse inmediatamente después del nacimiento. Pero en general, ni baño de inmersión ni ducha serán demasiado calientes ni excesivamente prolongados.

Piernas ligeras

Las varices* sobre todo se localizan en los miembros inferiores. Con frecuencia, después de un embarazo sólo las subcutáneas están dilatadas, lo cual acarrea un edema* de piernas y sensación de pesadez. Ello generalmente no exige tratamiento médico: bastará para remediarlo la costumbre de elevar las piernas en las posiciones acostada o sentada, un poco de marcha o de natación y llegado el caso, baños de agua salada y masajes en las piernas.

Sin embargo los kilos de más, las predisposiciones hereditarias o las costumbres poco saludables (tacones altos en exceso, abuso de excitantes, calzado apretado, calefacción de suelo) pueden convertir en definitivas esas varices normalmente transitorias de la gestación. Así es lo que ocurre con aquéllas que no han sido reabsorbidas en los dos meses que siguen al parto. De acuerdo con su importancia y localización, se pueden tratar por medios medicamentosos o necesitarán una intervención quirúrgica.

El flebólogo cuenta con muchos medios de acción sobre la vena afectada. Puede tratar con una sola inyección toda la zona varicosa para provocar la esclerosis u obliteración de las venas dilatadas. De esa manera se obliga a la sangre a circular por las otras venas. También puede practicar el «stripping», que consiste en extraer la vena enferma cuando las varices han estropeado un tramo venoso. Esta última intervención exigirá por lo menos tres días de internación.

La caída del pelo

No hay que inquietarse por la caída del cabello, puesto que se trata de un fenómeno corriente después de un embarazo. Se debe a los cambios hormonales, y todo tendría que volver a la normalidad a partir del retorno de las ovulaciones. De todas maneras es posible ayudar a la recuperación del cabello. Los tratamientos a base de biotina y bepanthen resultan eficaces para favorecer su crecimiento. También se aconsejan los lavados frecuentes con un champú suave. Pregunte en la farmacia cuáles son los productos simples, no iónicos y sin detergentes, y lávese la cabeza tanto como quiera. Evite también las decoloraciones y las tinturas.

Elija un corte cómodo que permita una atención más fácil y el secado natural después de la ducha. Nunca emplee el secador de pelo con aire caliente: los excesos térmicos del aparato tienden a provocar seborrea, y este mal suele ser a su vez la causa de muchas alopecias (caídas del cabello). Si transcurridos varios meses el pelo sigue cayendo, lo mejor será pedir consulta a un dermatólogo.

Recuperar los senos

Los senos son glándulas recubiertas de grasa y sólo sostenidas por una envoltura de piel. Cuanto más grande sea la glándula, tanto mayor será su tendencia a adquirir volumen en el transcurso del embarazo, y otro tanto la piel estará sometida a dura prueba. Después del embarazo ésta será más o menos capaz de retraerse alrededor de una glándula mamaria que disminuirá su volumen. No obstante, en el 10 o 15 % de los casos, la piel no se retrae, o lo hace de manera insuficiente, y los senos caen.

En algunos casos, sobre todo cuando se trata de grandes senos, si hay un sobrepeso considerable, seguirán pesados y voluminosos a causa del exceso de grasa corporal.

Existen numerosas técnicas de reparación en cirugía plástica, que consisten siempre en reducir el volumen glandular y remodelar la envoltura cutánea con la colocación de la areola en buena posición.

La calidad de la glándula mamaria y la de la piel tienen un importante papel en el resultado de la intervención, que sólo podrá evaluarse seis meses después de ejecutada. Sin embargo algunas cicatrices no se pueden evitar; pero un buen cirujano procurará inferirlas con gran discreción. Esta operación se aconseja a las mujeres que ya no quieren tener más niños. El embarazo no está contraindicado, pero es posible que reproduzca una vez más los efectos que borró la cirugía.

Después de una cesárea

La mayoría de las mujeres que han alumbrado por cesárea creen que en adelante ya no podrán dar a luz por las vías naturales. Es preciso aclarar que si la cesárea fue prescrita a causa de un incidente acaecido en el transcurso del embarazo (por ejemplo una hemorragia o una toxemia*), el parto siguiente puede desarrollarse normalmente. En efecto, la cicatrización de los tejidos es suficientemente sólida como para soportar la gestación y el parto. Por el contrario, si la cesárea fue motivada por una particularidad

anatómica de la madre (pelvis demasiado estrecha, por ejemplo), todos los partos siguientes tendrán que desarrollarse de la misma manera. El número de cesáreas que puede tolerar una mujer depende sobre todo de la calidad de sus tejidos. No obstante, la mayoría de los médicos no aconsejan más de tres o cuatro.

La cicatriz se atiende como cualquier otra: siempre debe estar seca (lo ideal sería dejarla al aire el mayor tiempo posible); se limpia con un antiséptico y se seca con eosina o éter.

Cirugía estética
y vientre liso

E n el transcurso del embarazo el vientre sufre una distensión cutánea considerable que a veces puede provocar el reblandecimiento de los músculos abdominales. También suelen aparecer estrías de origen mecánico y hormonal a la vez (→ p. 138 y 354).

Además, después del parto puede quedar un anillo cutáneo más o menos importante. El vientre está fofo, especialmente cuando el sobrepeso adquirido es importante y el músculo permanece débil. En el caso de un embarazo múltiple, la distensión se sitúa de diferente manera, según las mujeres: tanto en la región del ombligo como inmediatamente debajo, o bien en la región púbica.

★ **No más de una semana de internación**

Es posible enfrentar ese problema recurriendo a la cirugía plástica. La intervención consiste en eliminar las grasas inútiles y retensar la piel.

La incisión principal se practica lo más bajo que sea posible, cerca de la base del triángulo que dibujan los pelos del pubis; y será más o menos larga de acuerdo con el estado del vientre. Se despega la piel y los tejidos grasos hasta las costillas inferiores y el apéndice xifoides; la piel y la grasa superfluas se eliminan.

Se abre un «ojal» en el sitio del ombligo, puesto que el original quedará cosido. Cuando es necesario, los músculos dextroanteriores se vuelven a tensar, con lo cual se puede afinar la cintura.

La intervención se practica bajo anestesia general y la internación postoperatoria se prolonga entre cuatro y siete días. La cicatriz, que se sitúa generalmente muy baja, forma una fina línea blanca. Los males postoperatorios son leves: el vientre se hincha un poco inmediatamente después de la operación. Los hilos se retiran quince días después, cuando la cicatriz ya está sólida. Esta operación también puede practicarse después de una cesárea, para hacer desaparecer la cicatriz de ésta. En tal caso, la paciente debe tener tejidos apropiados y la cicatriz de la cesárea ser resultado de una buena costura. Esta clase de operaciones obligan a evitar nuevos embarazos al menos durante dos años, y lo ideal es no repetirlos en absoluto.

357

1.er mes

2.o mes

3.er mes

4.o mes

5.o mes

6.o mes

7.o mes

8.o mes

9.o mes

El nacimiento

Los cuidados posteriores

Las 1eras semanas del bebé

Horarios flexibles pero sobrecargados

n casi todo el mundo las empresas y los gobiernos comienzan a pensar en las madres. En Estados Unidos, por ejemplo, más de dos mil compañías se han adaptado a las necesidades de las madres; y un movimiento semejante se insinúa en Japón, sin que nadie parezca oponerse al proceso. Hasta el momento, en Francia sólo dos empresas parecen haberse hecho cargo del problema: los laboratorios Boiron y la fábrica de perfumes Nina Ricci (→ p. 176).

Según una reciente investigación del instituto de estadísticas y sondeos, las madres de niños pequeños que ejercen una profesión o trabajan, distribuyen las 24 horas del día de la siguiente manera: 10 h 45 m se dedican a dormir, comer, practicar la higiene y el arreglo personal, 4 h 50 m al ejercicio de la actividad profesional, incluidas las actividades conexas como los viajes al centro del trabajo (contando sábados y domingos, suman 34 h semanales), dedican 6 h a los trabajos hogareños y 2 h 20 m al ocio. Si se suman todos los tiempos dedicados a la faena, tanto laboral como doméstica, se advierte que las madres trabajadoras invierten unas 77 h semanales. Los nuevos padres, aquéllos que comparten las tareas domésticas, parecen –si se cree en estas cifras– joyas raras. El empleo del tiempo de los hombres sigue dominado por las actividades profesionales, y la llegada de un niño tiene escasa influencia en sus vidas cotidianas.

Desigualdad

a incorporación de las madres al mundo laboral y profesional no es como la de los padres. El nacimiento de un primer hijo no cambia prácticamente nada la vida profesional de estos últimos. El padre de dos niños dedica el 71% del tiempo al trabajo, y el 29% a su familia, mientras que la madre laboralmente activa, ya tenga uno o dos niños, se reparte a diario entre ambas ocupaciones, y no quiere sacrificar el trabajo ni los hijos. Las mujeres suelen reducir la actividad profesional al 75% cuando tienen un niño, al 65% con el segundo, y a sólo un 35% con el tercero.

EL DURO OFICIO DE MADRE

Desde hace algún tiempo, las embarazadas con inquietudes concernientes a su futuro oficio de madres pueden buscar ayuda en la consulta de los Centros de Planificación Familiar. Pertenecientes a un centro de protección materno-infantil, viajan para ayudar a la preparación de las mujeres desde el punto de vista material (elección entre el seno o el biberón, aprendizaje de la higiene del neonato, instalación de la habitación del niño). También pueden intervenir en el campo psicológico, sobre todo cuando la embarazada necesita consejos o quiere ser oída. La puericultora suele realizar varias visitas.

Primera separación: con suavidad

odas las cosas buenas se terminan y ha llegado el momento de pensar en el final de la licencia por maternidad. La buena separación madre/niño se debe preparar con cuidado y ejecutar con suavidad. Antes de instalarlo en una guardería un día entero, o en la casa de una niñera, el pequeño debe *realizar algunas visitas de toma de contacto.* Lo ideal es que esos primeros encuentros tengan lugar en presencia de su madre, y luego solo; al principio durante media jornada, después el día entero. La práctica totalidad de las guarderías colectivas lo organizan de ese modo, y cabe aplicarlo igualmente en las guarderías parentales y cuando se trata de canguro a domicilio.

La madre, el niño y la persona que cuidará de él tienen que conocerse previamente. Para la madre ésta será una oportunidad para hablar de su hijo con la profesional que se encargará de la guarda. Tendrá que informarle acerca de los particulares de su hijo y deberá formular el catálogo de juegos, plantear todas sus exigencias educativas. No deje de formular todas las preguntas; exponga todos sus temores. Su interlocutora explicará la organización de la jornada, los gestos de atención, que rara vez son iguales de una mujer a otra, y por supuesto las «obligaciones» a respetar para que cada cual pueda cumplir bien su papel. Y el niño por su parte, descubrirá un medio diferente, nuevos adultos, y sobre todo, si acude a una guardería, el mundo de los niños de su edad. Todo ello lo enriquecerá y no le acarreará la menor perturbación. Esta primera separación, en verdad resulta más *difícil para la madre* que para su hijo. Y suelen ser ellas las primeras en sentir celos.

En general es raro que un niño no se adapte al modo de guarda que haya elegido su madre. Suele ocurrir que sea ella quien no soporta la separación y así transmite al niño su propia tensión. Experimentará además ciertos celos hacia la mujer que compartirá las mismas emociones que ella, y a la cual se apegará el niño.

Una buena dosis de mimos por la noche, al volver a casa, pondrá remedio al «despecho amoroso». Además, aunque su profesión le apasione, seguramente trabajará menos durante el primer año.

3.er
mes

4.º
mes

5.º
mes

6.º
mes

7.º
mes

8.º
mes

9.º
mes

El
nacimiento

Los
cuidados
posteriores

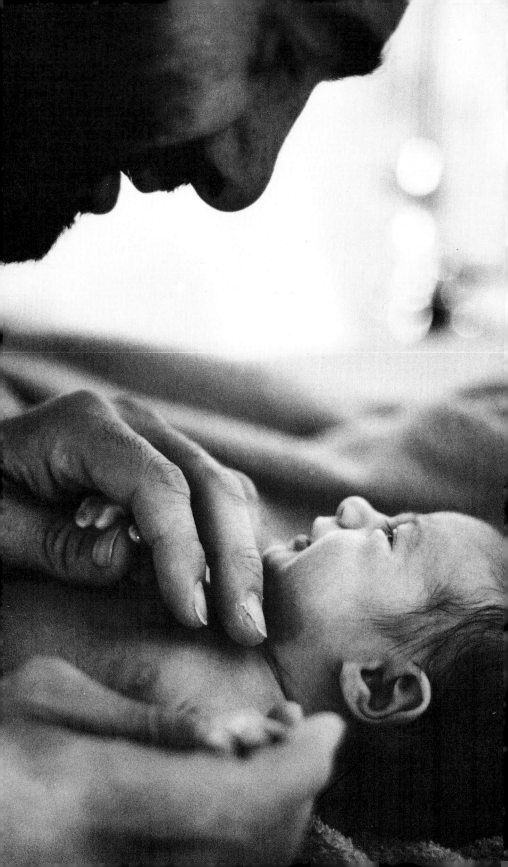

El deseo
de un hijo

1.ᵉʳ
mes

2.º
mes

3.ᵉʳ
mes

4.º
mes

5.º
mes

6.º
mes

7.º
mes

8.º
mes

9.º
mes

El
nacimiento

Los
cuidados
posteriores

Las 1ᵉʳᵃˢ
semanas
del bebé

Las primeras semanas de maternidad

Él ya está aquí, esperado e imaginado durante nueve meses; aunque pequeño, demuestra extraordinaria vitalidad y ya ha ofrecido algunas muestras de su carácter. Necesita estar en contacto con sus padres a través del tacto, de la mirada, del oído. Lo hará todo para seducirlos, y sabrá responder positivamente a todas las ternuras, que pedirá repetir una y otra vez. Aún lejos de las preocupaciones de la primera infancia, esas primeras semanas serán las de los grandes descubrimientos: el gusto de la leche, el olor de la madre, la voz del padre, las primeras cosquillas de los otros niños de la casa. Placeres y disgustos ponen ritmo a sus días. Sucesivamente llorón, hambriento, harto, dormido, impone su ley a todos, y satisfecho, los gratifica con las primeras sonrisas.

En apariencia es indefenso, frágil, luce pequeñísimo en la cuna; pero flecha los corazones con desconcertante facilidad.

361

Una salida exitosa

Ha llegado el momento y el recién nacido abandona la maternidad. Todo ha salido bien, podrá regresar a casa con su madre. Los prematuros tienen menos suerte, generalmente sus padres deben regresar a la maternidad a buscarlos... Pero en cualquier caso *el recién nacido sólo puede salir después de un examen médico completo*, que tiene como objetivo verificar el correcto funcionamiento de su sistema nervioso y diagnosticar precozmente ciertas enfermedades. En principio el pediatra comprueba que una serie de reflejos denominados «arcaicos» están presentes en el niño. Al estudio neurológico sigue siempre otro de naturaleza clínica.

• *El reflejo de succión*: el pediatra acerca un dedo a la boca del bebé, y éste mueve espontáneamente la boca y la lengua.

• *El reflejo de agarre o «grasping»*: el médico toca la planta de los pies del niño para verificar que los dedos primero se separan y luego se repliegan hacia el estímulo como para agarrarlo.

• *La prensión o «grasping» de manos*: el niño cierra automáticamente las manos sobre el dedo que se pone en contacto con su palma, y se agarra con fuerza, tanta que el médico lo puede elevar levantando las suyas.

• *La marcha automática*: el pediatra sostiene al bebé por las axilas, y se inclina hacia adelante como para obligarlo a caminar; cuando los pies del niño toman contacto con la mesa da uno o dos pasos. Una simulación instintiva que es sólo apariencia, puesto que cuando se coloca un objeto duro contra la pierna del niño, éste levanta el pie como para sortear el obstáculo.

• *El reflejo de Moro*: es una reacción desmesurada del niño a un estímulo auditivo (ruido) o a un brusco cambio de posición. Se toma al niño desmañadamente y se finge dejarlo caer. Él levanta de inmediato brazos y piernas y abre los dedos como para cogerse, luego lleva los brazos contra el pecho en gesto de autoprotección como si abrazara y llora. Esta manera enfática de expresarse desaparece poco a poco. Luego el médico controla ciertas capacidades como el arrastre: el bebé, decúbito prono, intenta reptar.

• *Los cuatro puntos cardinales*: el pediatra toca el rostro del niño alrededor de los labios, el recién nacido vuelve la cabeza y coloca la boca como para tomar contacto con el estímulo.

● *El sostenimiento de la cabeza*: se sienta al bebé ligeramente inclinado hacia atrás, y no consigue mantener la cabeza erguida.
Después del control de los reflejos el pediatra procede a todos los
exámenes necesarios para una adecuada introducción en el mundo
exterior.

● *El corazón y las arterias:* en reposo, el corazón debe latir regularmente, entre 120 y 170 veces por minuto, mientras que en el adulto
se limita a 60-80 pulsaciones.

● *Los ojos*: el pediatra coloca algunas gotas de antibiótico en los
ojos del niño y comprueba que reaccione adecuadamente al des-
lumbrarse frente a una fuente de luz.

● *El cráneo*: el médico mide el perímetro del cráneo, y examina las
fontanelas*.

● *El abdomen y los órganos genitales:* se palpa el hígado, el bazo y

los riñones. Se ausculta la eventual presencia de una hernia: la umbilical, que no es grave, o la inguinal (de la ingle, como indica su
nombre), fastidiosa en las niñas pues podría lesionar un ovario.
También se palpan los órganos genitales.

● *El ombligo*: debe estar perfectamente cicatrizado.

● *Las caderas*: el pediatra hace girar las piernas del niño según las
articulaciones, para comprobar que no haya crujidos sospechosos
ni cojeras emergentes. También verifica la simetría de los pliegues
de los muslos.

● *Las clavículas*: el facultativo
comprueba que las clavículas
no hayan resultado lesionadas
durante el parto.

● *La piel*: ciertas anomalías benignas pueden detectarse en
esta revisión: millo (pequeños
granos blancos en la nariz), eritema tóxico (manchas rojas en
torno a un punto blanco) o angiomas (con frecuencia congé-
nitos, que aparecen como malformaciones provocadas por
una proliferación de vasos sanguíneos).

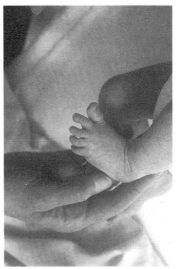

363

Una personalidad sólo suya

Hay numerosos tests para examinar el estado neurológico del recién nacido. El del doctor Brazelton emplea especialmente las competencias precoces del neonato. Este facultativo ha ideado una escala de desarrollo muy empleada en todo el mundo.

Las preguntas a las que trata de responder el examen son éstas: ¿Cuál es la manera de interacción del niño con el mundo que le rodea? ¿Cómo se adapta? ¿Intenta protegerse naturalmente frente a estímulos excesivos de naturaleza lumínica o auditiva? ¿Encuentra la paz con espontaneidad chupándose el pulgar o volviendo la cabeza en dirección a la tranquilizadora voz de su madre? ¿Coopera de buena gana en las diversas manipulaciones practicadas en el transcurso del test? (Se tira de sus brazos para colocarlos en posición sedente, se lo coge en brazos y se lo mantiene vertical, en posición de marcha.) ¿Sabe hacerse comprender por sus padres cuando éstos lo colocan en una postura incómoda, o no? ¿Qué medios emplea para demostrar que ve y oye y que los estímulos visuales y auditivos que registra le gustan o disgustan? En suma: ¿Este neonato es apto para participar plenamente en las actividades que le ofrece el adulto atento, y de extraer enseñanzas de ello?

★ ¿Cómo reacciona?

Después de haber verificado que el recién nacido ve y oye muy bien, se controla su capacidad para protegerse de las perturbaciones del medio durante el sueño. El examen se practica con una pequeña lámpara cuyo haz se sitúa sobre los párpados cerrados. La primera reacción del niño es un sobresalto. Luego, con la repetición de la acción, el niño se sobresaltará cada vez menos, hasta que se acostumbre y ya no se mueva. Este proceso de acostumbramiento prueba la buena salud del neonato y la existencia de un sistema nervioso perfecto. El mismo test se ejecuta en el ámbito del sentido auditivo, con la ayuda de una campanilla.

Otro fenómeno que suele examinarse con frecuencia es el llanto y la capacidad de calmarlo. Cuando un recién nacido llora, intenta colocarse de lado, extender un brazo, replegarlo para llevárselo a la boca. Generalmente el niño consigue alcanzar esta posición calmante por sí mismo. Pero algunos necesitan ser asistidos. Se proba-

El deseo
de un hijo

1.er
mes

2.º
mes

3.er
mes

4.º
mes

5.º
mes

6.º
mes

7.º
mes

8.º
mes

9.º
mes

El
nacimiento

Los
cuidados
posteriores

Las 1^{eras}
semanas
del bebé

rán gestos que lo ayudan a recuperar la calma. Se comenzará por murmurar insistentemente palabras tranquilizadoras en sus oídos. Después de su audición, el niño se llevará la mano a la boca. Si la voz no resulta suficiente el médico cogerá el brazo del neonato cruzado sobre el pecho, para interrumpir el ciclo de llantos-suspiros; la presión física, acompañada de la exhortación vocal muchas veces conseguirá frenar el acceso de llanto. El médico cuenta además con otra maniobra: toma al niño en brazos y lo acaricia suavemente para guiarle la mano a la boca. La manera en que el neonato reacciona a estos exámenes permite establecer una escala de grados de la asistencia que necesitará para superar los ataques de llanto.

★ Responder a sus necesidades

El test de Brazelton es un examen prolijo de aptitud psicomotriz que también incluye veintiocho puntos para evaluar la tonicidad muscular y la calidad de las respuestas del niño a los estímulos físicos. Son los reflejos de marcha automática, la estimulación del arco plantar del pie, el acompañamiento de la cabeza en el movimiento acostado-sentado. En primer lugar se observa si el neonato participa vigorosamente, y si pasa con facilidad del sueño a la vigilia y viceversa. Estos datos resultan de enorme importancia para el diagnóstico de eventuales desequilibrios nerviosos que interesa tratar precozmente. Y se acaba el examen con un balance importante: el ritmo de su fatiga. Además, todos estos datos reunidos y evaluados proveen informaciones certeras, dignas de crédito, acerca del tipo de niño que el neonato será en los primeros meses de vida. Los padres, bien informados, sabrán responder mejor a sus necesidades tanto en el terreno físico como en el afectivo.

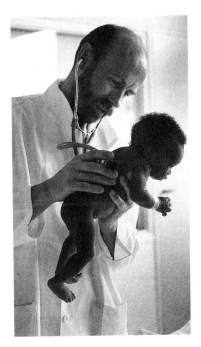

365

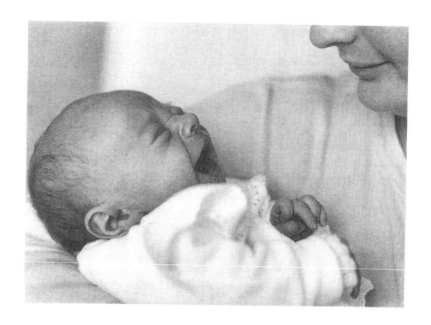

Los efectos de la lactancia

Pasaporte para la vida

Al final de una lactancia maternal o de un biberón, quizá la asombre comprobar que su hijo tiene el rostro bañado en sudor. Nada más normal, la succión resulta un gran esfuerzo físico y muscular para el pequeño. Además, la absorción de un líquido caliente provoca un momentáneo ascenso de la temperatura interna, y la sudoración es entonces el medio normal de luchar contra el calor.

Por otra parte, tanto la mamada como el baño y el cambio de pañales suelen inspirarle leves temblores en el mentón o los miembros. Son meras manifestaciones de la inmadurez de su sistema nervioso.

La libreta de salud es un instrumento de control para vigilar la salud del niño. Se entrega a los padres después del nacimiento y puede ser precioso cuando el niño recibe atención médica regular. Los padres pueden anotar las informaciones sanitarias de manera detallada (tratamientos en caso de rinofaringitis, fechas de las infectocontagiosas infantiles...). Ese documento es confidencial, y no debe circular libremente. Es prudente que acompañe al niño cuando éste queda sometido a guarda. Si se presentara alguna urgencia el facultativo que lo atendiese encontraría allí un adecuado resumen de su estado de salud general.

Detalles que asombran

- **Los estornudos**: los neonatos estornudan mucho pero no están resfriados; para ellos, el estornudo es un medio de expulsar fragmentos de mocos solidificados que obstruyen sus orificios nasales.

- **El llanto sin lágrimas**: nada más normal, puesto que en los tres primeros días de vida los conductos lacrimales todavía no están abiertos.

- **La lengua siempre blanca:** todavía dispone de una limitada producción de saliva, lo cual no le permite una limpieza normal de la cavidad bucal. Las glándulas salivales sólo funcionan realmente a partir de los tres meses. No hay que confundir esto con el muguete, que es una micosis.

- **Los labios ampollados:** ciertos neonatos tienen «ampollas» en los labios (inferior y superior); son resultado de la succión y así se llaman. No molestan al niño y no se deben perforar.

- **Los pechos hinchados:** la glándula mamaria está ligeramente hinchada y hasta puede producir leche. El fenómeno se explica por la transmisión de las hormonas maternales al niño. Se recomienda muy especialmente no presionarle los pechos para extraer la leche. Este asombroso fenómeno desaparece en unos 10 o 15 días. Pero si hay inflamación debe informarse al médico. En las niñas pequeñas muchas veces se advierten secreciones vaginales blancuzcas debidas a esas mismas hormonas maternas.

- **El cráneo deformado**: a consecuencia del parto la cabeza del niño puede presentar una deformación del cráneo (en terrón de azúcar, u ovoidal) e incluso a veces una bolsa (llamada sero-sanguínea). Todo volverá a la normalidad en algunos días.

- **Las primeras cacas oscuras**: de hecho son resultado de su última comida intrauterina. Poco a poco los excrementos se volverán de color amarillo claro, mientras mantenga la alimentación láctea. El ritmo normal de defecación es de 4 a 5 diarias. El lactante materno tiene un tránsito intestinal más rápido.

- **Una mancha en la parte inferior de la espalda**: los niños de color y los de origen mediterráneo, suelen presentar una mancha congénita muy singular, la mancha «mongoloide», que es gris azulada, y generalmente situada en la parte inferior de la espalda o sobre las nalgas, que normalmente se atenúa en el transcurso de los años.

367

1.er
mes

2.o
mes

3.er
mes

4.o
mes

5.o
mes

6.o
mes

7.o
mes

8.o
mes

9.o
mes

El
nacimiento

Los
cuidados
posteriores

Las 1eras
semanas
del bebé

Todos los sentidos despiertos

★ La vista: de la foto fija al descubrimiento

Tan pronto como comienza a vivir en la luz, el niño orienta los ojos en relación con el espacio y mantiene la mirada sobre la horizontal cuando mueve la cabeza. No obstante, a pesar del coordinado desplazamiento de sus ojos, todavía es incapaz de una adecuada convergencia ocular. Además, tiene una mala acomodación: todavía su sistema visual se encuentra bloqueado, y sólo permite la visión clara de aquellos objetos situados a una distancia del ojo de entre 15 y 20 cm.

El niño ve la luz y consigue distinguir pequeñas diferencias de intensidad. Y desde que nace es capaz de dirigir la vista hacia un determinado punto. Asombra comprobar que tiene una necesidad innata de exploración.

A partir de la 2.ª semana el neonato reacciona cuando se le acerca un objeto. Por lo tanto ya posee una primera consciencia de la profundidad del espacio que lo rodea. Como promedio, alrededor de la 4.ª semana se vuelve capaz de fijar la vista en un objeto, esté próximo o lejano; pero todavía no puede detener la mirada mucho tiempo. Hasta los dos meses de edad comenzará a perseguir los objetos en movimiento con la mirada, anticipándose a los desplazamientos.

★ El tacto

Se sabe que mucho antes de nacer el niño es sensible a las caricias. Reacciona a los estímulos táctiles que llegan a través de la pared abdominal de su madre (→ p. 209).

Cuando nace, el tacto del niño está perfectamente equipado, y su piel es capaz de percibir diversas sensaciones. Todas esas informaciones son transmitidas al cerebro por terminaciones nerviosas, algunas de las cuales señalan el contacto, otras miden la presión y otra evalúan el calor, el frío o el dolor.

Calor y suavidad, asociados con el olor, son sin duda alguna las *sensaciones preferidas* de los niños. Una atracción que se comprueba a partir del nacimiento, cuando el lactante se hunde en el pecho de su madre para la primera mamada, y que también se pone de manifiesto cuando se arrellana o se acurruca entre sus brazos.

El deseo
de un hijo

1.er
mes

2.º
mes

3.er
mes

4.º
mes

5.º
mes

6.º
mes

7.º
mes

8.º
mes

9.º
mes

★ El olfato sutil

Es imposible saber si el olor existe antes del nacimiento. Pero en cambio puede probarse que funciona a partir del 2.º día. Este sentido es importante, sobre todo a la hora de buscar los pechos en la lactancia. Un investigador danés ha realizado la siguiente experiencia con recién nacidos: a uno y otro lado de la nariz del niño colocó dos trozos de algodón, uno impregnado con el olor del seno materno, el segundo con el de otra madre. Las repeticiones estadísticas muestran que a partir del 6.º día los niños se vuelven con mayor facilidad hacia el algodón impregnado con el olor familiar. El lactante posee un olfato bastante fino como para reconocer a su madre.

★ El oído

Cuando nace, el niño oye bien (→ p. 153-155). Hasta se dice que un neonato que haya oído ciertas melodías durante la gestación puede reconocerlas después de nacer y que éstas tendrían efecto tranquilizante sin duda por estar asociadas con la comodidad uterina. Todas las madres han observado que un ruido fuerte despierta al niño. Por el contrario, otros sonidos consiguen calmarlo y cuando tienen un ritmo regular pueden poner fin al llanto. El niño oye muy precozmente. La voz humana, la de sus padres en particular, le hace reaccionar de manera asombrosa, como por ejemplo inspirarle una sonrisa. El examen corriente de la buena audición del niño se practica con ayuda de una campanilla. El flamante paciente dirige los ojos o la cabeza hacia la fuente sonora.

★ El gusto: lo dulce es lo primero

De acuerdo con los trabajos del profesor Matty Chiva, el niño es capaz de reconocer las cuatro sensaciones gustativas elementales: salado, dulce, ácido y amargo, a partir del nacimiento. Las experiencias realizadas demuestran incluso que sabe expresar claramente su preferencia por los sabores azucarados y su aversión por todo lo amargo. El sabor azucarado del líquido amniótico explicaría esa elección precoz.

El neonato está programado para alimentarse, y por ende para aceptar de buena gana la leche materna, por eso es sensible a la galactosa (azúcar de la leche de mujer) y la lactosa (de la leche de vaca). Para él son sabores dulces. Pero también en esto se advierten diferencias entre uno y otro, cada neonato percibirá más rápida, fuerte y distintamente algunos sabores, otros no le «dirán» nada.

369

Una historia de amor

El amor madre-hijo es una larga historia. Coger al niño en brazos, amamantarlo, bañarlo, ponerle los pañales y jugar con él suele ser fácil. Muchas madres experimentan entonces las primeras rachas de amor maternal. Pero este amor debe ahondar las raíces más aún, para conseguir una auténtica expansión. El amor del niño hacia la madre no tiene los mismos fundamentos. Ese vínculo ya es una «vieja historia» para la mujer. Desde el momento en que desea ser madre, deseará al niño. Embarazada, comienza a cristalizar su amor a él. Reconoce en sí misma las disposiciones de su acogida, y las relaciones que en otros tiempos mantuviera con su madre adquieren gran importancia.

★ A partir del nacimiento

En cuanto al niño, espera que su madre le enseñe a amar y lo dará todo por conseguirlo. Sus relaciones privilegiadas se establecerán a partir del nacimiento (→ p. 330).

El éxito del parto es una etapa esencial, pero aún lo es más el encuentro del niño imaginado con el real. Cuanto más semejantes resulten ambas imágenes, tanto mejor resultará la relación afectiva. Y entonces se consumará lo más asombroso: el niño seducirá a su madre. Berreará, sonreirá, fijará la mirada en ella, así llegará el flechazo. Ella se deshará en ternura, no dejará de mirarle y remirarle, adquirirá cabal consciencia de la realidad de su hijo.

★ Niño seductor

Pero no es sino el principio del idilio. El niño, a su tiempo, comenzará a emitir sonidos e intentará sonreír. Los medios de comunicación de un lactante con el mundo son limitados, y la sonrisa es uno de los primeros a su alcance. Se cree que muchos de los reflejos arcaicos (el de prensión, por ejemplo) pueden ser manifestaciones del vínculo primordial del neonato con su madre. Para persuadirse de ello, basta ver al niño sobre el vientre de aquélla algunos segundos después del nacimiento: se arrastrará sobre su piel para hundir la nariz en sus senos, o trepar a su rostro.

★ Comunicación gestual

Desde que nace, el niño responde a su manera: mediante gritos y

El deseo
de un hijo

1.er
mes

2.º
mes

3.er
mes

4.º
mes

5.º
mes

6.º
mes

7.º
mes

8.º
mes

9.º
mes

El
nacimiento

Los
cuidados
posteriores

Las 1^{eras}
semanas
del bebé

movimientos expresa placer, aprobación, disgusto y oposición. Mueve frenéticamente las manos o las piernas para decir «¡Cógeme en brazos!», ríe para atraer las miradas de los adultos; y por el contrario, también es capaz, aún muy pequeño, de rehuir una mirada o de volverse cuando no se le comprende.

La relación madre-hijo, padre-hijo, se mantiene fundamentalmente a través del lenguaje; de las palabras, pero también de los gestos, del cuerpo, de la música. «Todo es lenguaje», escribió Françoise Dolto.

Aunque la necesidad de apego es innata, la elección del objeto de dicho apego, la madre en el 70% de los casos, es fruto de un aprendizaje más o menos largo. El niño no crea en solitario ese «objeto de apego», en el largo proceso de intercambio con ella cristalizará ese amor singular; y también en el intercambio con el resto de la familia.

Cuando un niño mira a su madre, la mira en plan de contemplarla, y a la madre le ocurre otro tanto. Se produce entonces un efecto de espejo infinito.

371

Profunda complicidad

Para el profesor **Hubert Montagner**, el niño percibe el mundo exterior a través de la madre. Establecen una complicidad tan profunda como biológica, es la relación. Con resultados de laboratorio en la mano, H. Montagner demuestra que las tasas hormonales de uno y otro son semejantes cuando están juntos. Y esta armonía resulta esencial para la buena evolución física y psíquica del niño.

Paralelamente, las psicoterapias madre-niño demuestran que hay una transmisión del inconsciente materno al neonato. Tanto es así que se cree que muchos problemas psicológicos y psicosomáticos pueden deberse a un fallo en el sistema de apego*.

BEBÉ TRAVESTI

Las madres egipcias, tal como suelen hacer las de otros países musulmanes, ocultan al padre y al resto del vecindario el sexo del neonato para evitar el *mal de ojo*, sobre todo cuando se trata de un varón. En tal caso se lo disfraza de niña hasta el destete, y a veces hasta los dos años. También suele colgársele del cuello, engastado junto a una gema o abalorio azul, un trozo de su cordón umbilical cuidadosamente desecado para servir como amuleto contra el ojo envidioso.

Primeros placeres: la fase oral

Desde su nacimiento y hasta el año de edad, se habla de *la fase oral* del desarrollo del niño. Esta teoría es obra de **Sigmund Freud**. Para él, esa fase representa el primer tramo en el desarrollo de la sexualidad. Todos los placeres se reciben esencialmente por la boca y la succión, a los que se sumarán, poco a poco, otros placeres sensoriales (tacto, vista, oído), también vueltos hacia la madre. La boca, y especialmente los labios, son fantásticas zonas erógenas, la succión y la satisfacción del hambre aportan el colmo del placer.

Otro psicoanalista, **Karl Abraham**, distingue dos etapas en la fase oral, que denominó *fase oral precoz*, entre 0 y 6 meses, en la cual todo el placer es la succión; y luego *la fase sádica oral* que comienza con la aparición de los dientes y el deseo de morder.

Una vieja historia

Para **Françoise Dolto** el vínculo madre-hijo es ya en el momento del nacimiento, casi una vieja historia. Ya en el vientre de su madre está en perfecta comunicación con ella por los intercambios a través del cordón umbilical y del líquido amniótico; pero también por lo que oye y percibe del mundo exterior a través de la pared uterina.

Fundamentos del apego

La relación madre-hijo es única y privilegiada. ¿Amor total o contrato para un desarrollo perfecto? Las respuestas de los especialistas (psicólogos, psiquiatras o etnólogos) divergen según la disciplina y polemizan por ello; pero no obstante todos coinciden en un punto: *el poder del vínculo madre-hijo* resulta indispensable para la evolución del último y para el cabal desarrollo de la primera.

La clave del mito del «apego» recíproco fue establecida por *Sigmund Freud*, fundador del psicoanálisis, como una fuerza interior que empuja al niño a satisfacer su libido en principio, mamando del seno de su madre. En cierto modo: «Te amo porque me alimentas».

★ Afección específica

Para el psicólogo *Bolby*, por el contrario, este vínculo no está sometido a las exigencias de las circunstancias, se trata de una relación de afecto específico entre dos individuos.

Los psicólogos conductistas comparan siempre al cachorro humano con los de otras especies animales. Investigaciones de gran interés para la raza dominante, muy minusválida en el momento de nacer, comparada con el polluelo de la oca que nada detrás de su madre, con el potrillo que mama de pie, o el mono neonato que se columpia en los sobacos de su madre.

El recién nacido «homo sapiens» es incapaz de moverse, no controla sus gestos, y apenas intenta hacerse comprender mediante gritos, miradas, sonrisas y suspiros.

★ Perfección de los intercambios

Para *René Zazzo*, psicólogo francés, de la armonía de los intercambios madre-hijo resultará un buen ajuste de sus relaciones. La relación amorosa está construida sobre el intercambio, por lo tanto sobre el bienestar. Éste impulsa al recién nacido a unirse al cuerpo materno. La madre responde mediante el abrazo que perfecciona día a día. Y el niño, por su parte, influye en el comportamiento de su madre, y de esa manera sus reacciones-intercambios ganan en frecuencia y en profundidad.

373

Lo innato y lo adquirido

Genética y entorno, un debate en el que los especialistas del Consejo Nacional de Investigaciones Científicas francés aportaron un germen de esclarecimiento. Su objeto de estudio fueron los niños adoptados y la comparación de su CI (coeficiente intelectual) con el de los padres biológicos y el de los padres adoptivos.

El CI de los niños adoptados por padres de un medio socioeconómico elevado tiene un promedio superior en 12 puntos al de los niños adoptados en un medio socioeconómico bajo, con independencia de la extracción sociocultural de los padres biológicos.

El CI de los niños nacidos de padres biológicos de un estrato socioeconómico elevado tiene un promedio 15 puntos superior al de los niños hijos de padres biológicos de niveles socioeconómicos bajos, con independencia del nivel socioeconómico de los padres adoptivos. Estos investigadores han destacado los efectos del medio ambiente sociocultural postnatal, que puede aumentar o disminuir el CI. Asimismo, se ha probado la influencia del medio socioeconómico de los padres biológicos; pero la interpretación del hecho no es nada fácil y es motivo de controversias ¿Se tratará de un problema genético? ¿O será la influencia –hoy reconocida– de las condiciones en que se desarrolló el embarazo? ¿O de una combinación de ambas?

NO A LOS DIMINUTIVOS

En el s. XVIII los moralistas aconsejaban a los padres evitar los diminutivos afectuosos con sus hijos. Se consideraba hábito vulgar y ridículo.

1.er
mes

2.º
mes

3.er
mes

4.º
mes

5.º
mes

6.º
mes

7.º
mes

8.º
mes

9.º
mes

El
nacimiento

Los
cuidados
posteriores

Las 1^{eras}
semanas
del bebé

El ambiente familiar fundamental

E
l recién nacido está dotado de inmensa sensibilidad. Puede aprender a adaptarse mucho más rápidamente de lo que se pueda creer. No es sólo «competente», además es un «seductor nato». Por ello el medio ambiente familiar tiene una importancia crucial en su porvenir.

★ **El rostro de la madre**

Cuando nace, el neonato depende por entero de quienes le rodean para sobrevivir, y en particular *de su madre*. Ahora bien, se observa que además lo hará todo para instalarse en una vida familiar confortable. En la actualidad se sabe por ejemplo que *le apasionan los rostros humanos*. Los busca con la mirada desde las primeras horas de vida, acercando sus ojos a los del adulto, agarrándose a ellos para provocar «el intercambio». Las investigaciones han demostrado que frente a dos dibujos, uno geométrico y el otro de un rostro humano, buscará al segundo. Y cuando se coloca este último en competencia con el rostro de su madre, se vuelve hacia la imagen materna.

El niño reconoce la respiración de su madre. Hasta es capaz, recién nacido, de diferenciar algunas voces y distinguir con facilidad la de su madre de la de otra mujer (→ p. 368). Además, si su madre lo mira inexpresivamente, con la mirada en el vacío y el rostro frío, el niño se acurruca, echa a llorar y trata de atraer su atención. Por lo tanto sabe muy rápido quién es su madre, intenta amarla y hacerse amar por ella. Ese niño de pocos días no acaba jamás de maravillar a los pediatras que cada día hacen nuevos descubrimientos.

★ **Sutil complicidad**

Y lo más fantástico es que la madre reacciona físicamente de manera automática frente a los estímulos producidos por el niño. Así por ejemplo, cuando grita el pequeño los senos de su madre se hinchan y aumentan su temperatura, y en algunas la leche comienza a brotar antes de que hayan cogido al niño en brazos. Así, entre madre e hijo se tejen los vínculos fisiológicos que a su vez abren camino a los psicológicos. Después de todo, esta complicidad comenzó nueve meses antes del nacimiento...

Formidables anticuerpos

La leche materna sobre todo posee una originalidad que ninguna sucedánea podrá lograr nunca: sus factores inmunitarios. Este sistema de protección se debe a ciertas proteínas. El profesor escocés Peter Howie estudió en particular la función de la lactancia materna en la prevención de infecciones. Sus conclusiones fueron claras: la leche materna es una excelente protección contra las infecciones gastrointestinales en el transcurso del primer año si los lactantes son alimentados al menos 13 semanas. Si no consiguen esta duración, sólo estarán protegidos mientras dure la lactancia. Por el contrario, la leche materna parece mucho menos eficaz contra las infecciones respiratorias que sólo disminuirían ligeramente entre los niños criados a pecho. El calostro*, leche de los primeros días, tiene un papel esencial en la protección inmunitaria. En efecto, se trata de un auténtico concentrado de anticuerpos* que en sólo unos días cubre todas las mucosas de la boca y del tubo digestivo. La leche de los días siguientes no es menos importante ya que el glúcido que contiene, la *ginolactosa*, es esencial para el desarrollo de la flora microbiana de fermentación que se opone a la flora putrefactora debida a la digestión. Es fácil imaginar la importancia de este fenómeno.

La primera leche

El *calostro* es un líquido amarillo anaranjado, espeso y abundante. Es muy rico en proteínas, sales minerales y elementos inmunitarios.
Tiene acción antiinfecciosa de primera importancia y virtudes laxantes, porque ayuda al lactante a evacuar el *meconio*, materia verdosa que obstruye su aparato digestivo durante la vida intrauterina. En el tercer día de lactancia el calostro se reemplaza con una leche de «transición», seguida finalmente por la «natural» cuya composición se fija en el vigésimo día de lactancia (→ p. 377).

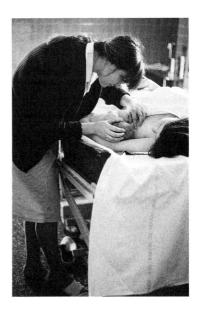

Leche materna, leche ideal

L a composición de la leche materna no sólo es ideal sino que puede adaptarse a las necesidades esenciales del recién nacido. Pero también puede cambiar día a día, y hasta de hora en hora, cuando no en el transcurso de una sola mamada... Así por ejemplo, la tasa de lípidos (grasas) puede multiplicarse de uno a cuatro en el curso de una sola sesión. En los primeros días que siguen al parto, la madre nodriza produce la leche primitiva, pobre en grasas y en lactosa a pesar de su densidad aparente. Pero contiene otros jugos esenciales que se asimilan con mayor facilidad, y muchas proteínas entre las cuales se cuentan las famosas inmunoglobulinas* que aseguran protección contra los agentes microbianos. Dos semanas después la leche materna madurará y alcanzará una composición definitiva, estable.

★ Un delicado equilibrio

Puesto que existe en función de la vida del recién nacido, la leche materna está compuesta por un 85% de agua, ácidos grasos muy solubles, perfectamente asimilables por el aparato digestivo del niño, proteínas y sales minerales en cantidad suficiente como para ser tratadas por el hígado y los riñones aún inmaduros del recién nacido, y además un glúcido, la galactosa, que favorece la constitución del tejido cerebral. En suma, una mezcla nutritiva ideal para el crecimiento. Pero también muy sensible a las influencias. Así por ejemplo, se cree que la naturaleza de ciertos ácidos aminados tiene gran importancia en el desarrollo del niño. La *taurina*, abundante en la leche humana, sería factor de primer orden en dicho proceso. Estos recientes descubrimientos han incitado a los fabricantes de leches artificiales a mejorar la dosificación de taurina en sus productos.

★ Muralla antimicrobiana

La leche materna tiene una virtud exclusiva que ninguna otra podrá ofrecer nunca: es un factor de inmunidad*, una auténtica muralla contra los microbios. En efecto, este sistema de protección se basa en células especializadas que funcionan en presencia de ciertas proteínas. Es tan buena la coordinación de éste que puede aumentar automáticamente la tasa de los anticuerpos (los soldados que se enfrentan a los microbios) en presencia de enfermedades contagiosas (→ p. 376). Algunos estudiosos afirman incluso que dicha tasa es premonitoria y que aumenta antes del comienzo de la enfermedad.

El deseo de un hijo

1.er mes

2.o mes

3.er mes

4.o mes

5.o mes

6.o mes

7.o mes

8.o mes

9.o mes

El nacimiento

Los cuidados posteriores

Las 1eras semanas del bebé

377

Otras leches

L a leche maternizada quiere acercarse lo más posible a la materna, con una baja tasa de proteínas, adaptada al trabajo de los riñones y del hígado. Las sales minerales están igualmente presentes en pequeña cantidad, especialmente el sodio. El único glúcido es la lactosa, los lípidos se componen de un 40% de grasas lácticas y el resto grasas de origen vegetal. El contenido en ácido linoleico es, por el contrario, más alto. Y algunas de estas leches están enriquecidas con taurina, que ayuda a la absorción de las grasas.

● Las alergias

Los investigadores y fabricantes pensaron en los niños alérgicos a las proteínas de la leche de vaca, y produjeron la *leche antialergénica para la primera edad*. Se trata de un alimento lácteo cuya composición protídica reposa exclusivamente en proteínas solubles hidrolizadas y cuya inocuidad alergizante se halla rigurosamente controlada. Este alimento lácteo asegura al niño un adecuado equilibrio nutritivo con glúcidos mezclados (lactosa + dextrinamaltosa) y un suplemento en ácido linoleico, hierro y vitaminas, como manda la reglamentación sanitaria.

● Los cólicos

Las leches maternizadas son objeto de acusaciones por parte de los pediatras, que les achacan intolerancias digestivas, meteorismos y cólicos. Para remediar estos problemas, los industriales concibieron las leches «modificadas» o «adaptadas» que tienen un contenido en proteínas levemente mayor, y diferentes proporciones de azúcares.

Intolerancia

S ólo existen dos casos de completa intolerancia a la leche en polvo. Algunos niños son alérgicos a la proteína de la leche de vaca, y desde el nacimiento (o bien entre quince días y un mes después) experimentan malestares diversos. Los más comunes son de orden digestivo, con diarreas a veces acompañadas de hemorragias y vómitos.

En algunos casos graves pueden desarrollarse reacciones más importantes, con urticarias, dificultades respiratorias y edema que puede provocar pérdida del conocimiento y exigir una urgente hospitalización. Para esos niños el médico prevé ya una leche hipoalergénica, o bien leche de soja.

Otros en cambio no toleran la sacarosa habitualmente agregada a las leches en polvo. En tal caso bastará alimentar al niño con otra azucarada con lactosa o dextrinomaltosa, y todo volverá a la normalidad.

El deseo
de un hijo

1.er
mes

2.º
mes

3.er
mes

4.º
mes

5.º
mes

6.º
mes

7.º
mes

8.º
mes

9.º
mes

El
nacimiento

Los
cuidados
posteriores

Las 1eras
semanas
del bebé

Biberón y leche primera edad

El niño que acaba de nacer se alimenta con leche primera edad, que aporta a la criatura de menos de 5 meses todos los principios nutritivos que necesita para el crecimiento y la maduración. Prótidos, glúcidos y lípidos que han sido estudiados también en función de las exigencias energéticas, y de las capacidades digestivas del lactante. Es el *pediatra* quien prescribe la primera leche artificial y la cantidad que debe suministrársele, que no está en relación con su edad sino con su peso. En general, el ritmo de las mamadas –los biberones– es de seis, regularmente distribuidos en veinticuatro horas. Pero ciertos días tiene más apetito y bebe cuanto se le dé, y otros en que deja leche en el fondo del biberón en todas las comidas. Sólo cuando se produce una auténtica pérdida de peso en un lapso de varios días se posee una causa justificada de preocupación.

La reconstitución de la leche se ejecuta tal como mandan las instrucciones: una medida al ras de polvo para 30 ml de agua. Para obtener 120 ml de leche se necesitan entonces 4 medidas al ras de polvo y 120 ml de agua. Para aquellos y aquellas que no quieren medir ni preparar, se fabrican leches maternizadas líquidas, listas para usar, y que sirven para niños de 0 a 1 año (→ p. 381). Además, los fabricantes de leche infantil ofrecen biberones descartables listos para ser usados, que se emplean en muchas maternidades y que se comercializan de manera creciente.

Para reconstituir la leche conviene usar *agua mineral*, pero no cualquiera. Lo mejor es que sea pura, escasamente mineralizada y de pH* neutro. Las botellas deben mantenerse en la nevera o en un sitio seco, deben ser cerradas después de usarse y terminarse en 48 horas. Pero también puede emplearse agua del grifo, siempre que se la hierva durante 25 minutos y luego, ya fría, se la agite, para restituirle la dosis de aire que la vuelve digestiva.

Todas las leches de primera edad, aunque se asemejan a la leche materna, son inferiores a ésta a causa de sus propiedades alergénicas debidas a las proteínas de leche de vaca, y por su falta de cualidades antimicrobianas.

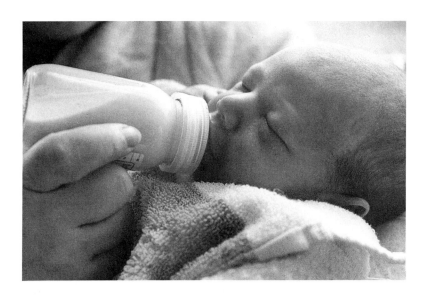

El biberón a temperatura ideal

La temperatura ideal del biberón es de 35ºC. La leche materna está permanentemente a 32º. Muchos servicios de maternidad utilizan biberones desechables que suministran a la temperatura ambiente (de 25º) para evitar que la leche demasiado caliente provoque regurgitación. Por lo tanto no se presenta ningún problema cuando, por ejemplo durante un viaje, se da al niño un biberón frío, siempre y cuando no esté helado. Para prepararlo es necesario calentar agua sola, agregar la leche en polvo, mezclar agitando, medir la temperatura (tibia) derramando algunas gotas sobre el dorso de la mano. También se puede emplear un calientabiberón y la técnica del baño maría, pero en este último caso se controla mal la fuente de calor y no hay que olvidar que *por encima de 40 ºC las vitaminas resultan destruidas.*

El horno de microondas es peligroso, sus pregonadas virtudes resultan peligrosas en este caso; el líquido se calienta velozmente al tiempo que el calor no se transmite al envase: el vidrio parece frío o tibio aunque el líquido esté muy caliente. Además este método de calentamiento funde ciertos biberones de material plástico.

PROBLEMAS DE CONSERVACIÓN

Teóricamente, un biberón nunca debe prepararse con anticipación. Pero si no hay más remedio que hacerlo así, habrá que mantenerlo en el refrigerador, con la tetina bien protegida por la tapa. Durante los viajes es preferible llevar en un recipiente isotérmico el agua sola, y preparar la mezcla con el polvo de leche cuando llegue la hora de dárselo.

1.er
mes

2.º
mes

3.er
mes

4.º
mes

5.º
mes

6.º
mes

7.º
mes

8.º
mes

9.º
mes

Las leches líquidas

L a leche líquida, envasada, está a punto de desplazar a las clásicas en polvo a causa del entusiasmo de las madres. No se trata del producto en polvo diluido en agua y luego envasado, sino del resultado de un proceso diferente de fabricación, específico y complejo, con parámetros sometidos a un estricto control en las operaciones de mezcla, homogeneización, enfriamiento, esterilización UHT y envasado aséptico. En su preparación participan no menos de 40 materias primas, y las dosis que contiene cada unidad envasada corresponden a lo que manda la reglamentación en vigencia.

Pero la variedad que ofrece el mercado hasta el momento no es tan grande como en las leches en polvo. Las dos marcas actualmente en el comercio diversificaron sus productos. Una de ellas ofrece una leche «para cualquier edad» para niños de entre 0 y 12 meses, la otra, de manera más clásica, se reparte en leches para la primera y la segunda edad infantil. También producen una leche hipoalergénica que está libre de proteínas de origen vacuno, y que se reserva sobre todo para el uso de hospitales y maternidades.

Las principales ventajas de estas leches son *su facilidad de empleo* y la *eliminación de todos los errores de reconstitución y dosificación*. La preparación es homogénea y resulta particularmente digestiva. Pueden emplearse regularmente o alternándose con las leches en polvo, puesto que tienen idéntica constitución. Se las recomienda sobre todo para los viajes, para el biberón de la noche, cuando se llama a una canguro, y desde luego, para las madres muy atareadas.

★ **Algunas precisiones**

— Un recipiente abierto debe conservarse en la nevera y consumirse antes de las 24 h.

— Hay que limpiar la parte superior del envase antes de abrirlo; y emplear para ello unas tijeras limpias.

— No agregar en ningún caso ni agua ni azúcar.

— No calentar jamás en horno de microondas.

— Es más cara que las otras.

381

Biberones nocturnos

En la actualidad, un biberón nocturno hasta los tres meses de edad ya no se considera un signo de debilidad frente a un niño caprichoso. Por el contrario, es necesario para el desarrollo del neonato cuyo apetito se adapta a las exigencias del organismo. Los psicólogos creen que es dañino para el niño, y por lo tanto para sus padres, dejarlo llorar durante la noche sin el consuelo de un adulto. El lactante de sólo unos meses no parará nunca de gritar aunque haya «comprendido» que no se satisfará su petición. Si vuelve a dormirse es porque la cólera lo ha llevado al borde de la extenuación y puede temerse que atenazado por el hambre se despierte durante la primera fase del sueño, todavía muy ligero. Si no se presta atención, la angustia vinculada con la insatisfacción del hambre puede resultar asociada poco a poco con la oscuridad que lo rodea, y de esa manera podría darle muy malas noches a sus padres en los meses siguientes. Desgraciadamente, esto hay que admitirlo, todas las maniobras destinadas a evitar el biberón o la mamada nocturna resultan poco eficaces.

Eructo y regurgitación

Eructar después del biberón no es obligatorio, no haga de ello una obsesión. Ciertos lactantes eructan y otros no. Pero tome la precaución de no acostar al niño inmediatamente después de la comida. La regurgitación es mucho más frecuente en aquellos alimentados con biberón. Suele deberse al hecho de beber a mayor velocidad porque la tetina tiene un orificio de salida demasiado grande. Ciertos niños son más sensibles que otros y sus estómagos echan fuera todo lo que sobra. La devolución se produce generalmente en el momento del eructo, puede resultar abundante y siempre tiene un desagradable olor a leche cuajada. Hecho del todo lógico, puesto que la digestión de la leche comienza apenas llega al estómago.

Un fenómeno frecuente en el transcurso de la lactancia, que desaparecerá con la absorción de alimentos sólidos y la madurez del aparato digestivo infantil, que en los primeros días de vida tiende a vaciarse con facilidad.

LECHE DE YEGUA

En Europa Oriental la leche de yegua se considera la panacea. Carole Drogoul, bióloga del INRA, sometió este producto milagroso a diversos análisis. «La leche de yegua se asemeja mucho a la de mujer», comprobó. Contiene 50% de lactosa (azúcar), 20% de proteínas y poca grasa. Además, es más rica en ácido linoleico que regula el colesterol, en vitamina C y en calcio.

382

El deseo
de un hijo

1.er mes

2.º mes

3.er mes

4.º mes

5.º mes

6.º mes

7.º mes

8.º mes

9.º mes

El nacimiento

Los cuidados posteriores

Las 1eras semanas del bebé

A la carta

En la actualidad, la mayoría de los pediatras aconsejan una mamada cuando el niño lo pide. Se ha observado que después de algunos días en que el pequeño se entrega a la «fantasía», acaba por establecer intervalos bastante regulares. Lo ideal es que el lactante aguarde por lo menos dos horas entre mamadas, tiempo necesario para la digestión de la leche, y que emplee a lo sumo un cuarto de hora para cada sesión. He aquí, a manera de ejemplo, el ritmo de la alimentación con biberón. Seis biberones por día, cada tres horas, con una hora más o menos según la exigencia del niño: 6 h 30/7 h; 10 h/10h 30; 13 h/13 h 30; 16 h/16 h 30; 19 h/19 h 30; 22 h/22 h 30.

La cantidad estará en relación con la edad y el peso del niño. 2.ª semana: 75 ml de agua, 2,5 medidas; 3.ª semana: 90 ml de agua, 3 medidas; 4.ª semana: 105 ml de agua, 3,5 medidas.

Atención: un niño cuyo peso de nacimiento es de 2,5 kg no tiene las mismas necesidades que otro de 3,5 kg. Además se ha podido comprobar que los niños de la misma edad y el mismo peso tienen necesidades energéticas que oscilan entre la simple y la doble ración.

EL HIPO

Es producto del aire que traga el lactante en la mamada. Para que pase conviene acostar al niño boca abajo.

Asombrosas alergias

Ciertos niños son alérgicos a la leche materna. Es un fenómeno muy raro, pero merece que se señale su existencia. Se cree que pueda deberse al fuerte consumo de leche vacuna y sus derivados, crema, yogur, queso, etc., por parte de la madre. Las proteínas de éstos pasan a la leche materna. Pero también, junto a las razones físicas se señalan otras, de orden psíquico. En suma, esta reacción podría ser síntoma de una perturbación en las relaciones madre-hijo.

La esterilización

Ante todo hay que someter el biberón a una limpieza cuidadosa. En principio se lo cepillará y lavará con detergente con ayuda de un utensilio que sólo se empleará en esta función. La tetina y el aro de ajuste también deben someterse a cepillado y lavado. Es importante asegurar que no queden restos de leche, especialmente en el aro que fija la tetina y en esta última. Las partículas aún invisibles de leche pueden fermentar y desarrollar floras microbianas que son factor corriente de gastroenteritis. Una vez esterilizado, el biberón se coloca boca abajo a cubierto del polvo y toda suciedad o cuidadosamente cerrado, en el refrigerador. La esterilización es indispensable hasta los seis meses, para la destrucción de los gérmenes microbianos.

383

¿Por qué llora el niño?

Siempre tienen una buena razón para llorar, por eso hay que averiguar el motivo sin perder tiempo, casi siempre es trivial.

- *Está mojado*: la mayoría de los niños detestan tener los pañales mojados y sucios. Sólo hay una solución: cambiárselos.
- *Tiene calor*: accidente frecuente por mala evaluación de la temperatura de su habitación, por ello no podrá conciliar el sueño.
- *A las cinco o a las seis de la tarde*, o luego en verano, ciertos lactantes dan en la melancolía (→ p. 385). Un día los médicos descubrirán cuáles son las razones biológicas de este fenómeno tan curioso, por el momento no lo han hecho.
- *Tiene sed*: generalmente, cuando grita o llora sin razón aparente entre dos comidas, un poco de agua lo calmará. Emplee agua mineral común, con escasas sales, y no le agregue azúcar porque es inútil.
- *Cuando se le sumerge en el agua, grita*: en tal caso hay que tranquilizarlo, hablarle, mojarlo con la mano suavemente. Si aún no se calma, báñelo al día siguiente y quizá entonces tenga éxito.

☆ Las mejores soluciones

Cuando un niño llora lo mejor es no dejarlo solo con sus dolores o angustias. He aquí los primeros gestos para calmarlo:
En principio pruebe la técnica del masaje. Mientras le habla acaricie sus manos, pies, rostro, y colóquele la palma sobre el vientre masajeándole suavemente. Si no se calma cójalo en brazos. El doctor Brazelton tiene su propia técnica: se acuesta al lactante, y se le cruzan los brazos sobre el pecho. Esta leve compresión, acompañada de palabras tiernas, suele resultar eficaz.

También se le puede *acostar sobre el hombro*, con el vientre apoyado sobre la curva, y sostenerlo firmemente por la cintura; o instalarlo *a horcajadas en el antebrazo*, con la cabeza apoyada en el hueco del codo, y cogido entre las piernas con la otra mano. En esa posición balancéelo levemente y paséelo por la casa.

Finalmente, puede *sentarlo en las rodillas*, cara al frente; mientras le sostiene la espalda con una mano, deslice la otra bajo sus antebrazos. Pero sobre todo *no deje de hablarle suavemente*; explíquele que lo ama y que pronto se tranquilizará y que su dolor se esfumará. También un baño puede resultar eficaz.

DE LA CUNA A LOS BRAZOS

A partir de su nacimiento el niño necesita contactos «cuerpo a cuerpo». El nacimiento lo ha separado del cuerpo de su madre, pero aún no tiene consciencia. Poco a poco advertirá y recuperará con placer el calor y el olor de los adultos. El gesto de coger al niño de la cuna y mantenerlo en brazos siempre comienza por una toma de contacto verbal. Algunas palabras previas evitarán sorpresas, reconocerá a su madre, a su padre o bien a la persona que se ocupa de él. Todos los gestos deben ejecutarse sin brusquedad.

El deseo
de un hijo

1.er
mes

2.º
mes

3.er
mes

4.º
mes

5.º
mes

6.º
mes

7.º
mes

8.º
mes

9.º
mes

El
nacimiento

Los
cuidados
posteriores

Las 1eras
semanas
del bebé

Los gritos como todo lenguaje

Un niño llora mucho porque para él se trata del primer signo lingüístico, la primicia de la palabra. Aprender su significado es soportar mejor sus gritos y mejorar la comunicación con él. El doctor Alain Lazartigues observó cinco clases diferentes de llanto: el del hambre, el de la cólera, el de dolor, el de contrariedad y finalmente el de placer. A estos gritos se suman, hacia las tres semanas, sonidos destinados a llamar la atención.

El grito del hambre se caracteriza por un sonido estridente, seguido de una inspiración acompañada de un corto grito sibilante, seguido por un lapso de silencio. En el *ataque de cólera*, algunos niños disponen de varios tonos, todo dependerá de la presión del aire que envíen a través de las cuerdas vocales. Se los reconoce siempre: agudísimos, difíciles de soportar para el oído adulto. El *grito de dolor* suele ser reconocido por las madres, muchas veces. Se compone de un primer sonido, seguido de un silencio, luego una inspiración profunda que da lugar a una serie de gritos espiratorios. El *grito de contrariedad* es una variante del doloroso. Se manifiesta por un sonido estridente seguido de una larga inspiración sibilante, que se repite. Lo provoca por ejemplo el quitarle el biberón o el chupete.

También existe *una melancolía del lactante*; con el crepúsculo vespertino ciertos niños dan en melancolía. Lloran como si les diese pena acabar el día, quizá teman el negro manto que se cierne sobre el mundo y los envuelve poco a poco. Por eso hay niños que lloran con una suave melodía semejante a la música. No suelen necesitar que se los coja en brazos, les bastará la mera presencia de su madre. Otros experimentan auténticas crisis lacrimosas como si no encontraran consuelo. Esos signos indican la existencia de una angustia incontrolada.

No obstante tranquilícese, hacia los tres o cuatro meses perderá esa costumbre. *Responda siempre a los gritos de su hijo*, es indispensable: háblele, acaríciele, cójale las manos o póngale firmemente la palma sobre el abdomen. Si ello no basta cójalo en brazos y acúnelo sujeto contra el hombro, con la cabeza anidada en su codo. Recuperará la calma con perfecta naturalidad.

Las diminutas desgracias

Primeras erupciones

Sobre el torso y la espalda del niño pueden aparecer pequeños granos rojos que confieren a su piel aspecto granuloso. Son consecuencia de las «sudaminas» provocadas por la transpiración, e indican que el niño está demasiado abrigado. Desaparecerán de manera espontánea cuando tenga menos calor. Un incidente casi inevitable en las primerizas obsesionadas con el «frío».

Las cortezas

Situadas sobre el cráneo del lactante, son resultado de una secreción grasa que se elimina aplicando vaselina o aceite de almendra dulce sobre su cuero cabelludo, por las noches. A la mañana siguiente retírele las escamas frotando levemente la cabeza con un trozo de algodón, agua y un jabón ácido.

El eritema de las nalgas

Es provocado por la presencia de ciertas enzimas combinadas con la acidez de la orina del neonato. La mezcla constituye una auténtica agresión a la piel semejante a la de un producto químico irritante. Se suma a ello la aparición de hongos llamados cándidas. Aunque este mal puede deberse a múltiples causas, la más frecuente es que los cambios de pañales no se realicen tal como lo impone el ritmo de las defecciones, o bien que los pañales no dejen circular el aire. Para tratarlo, lávele el trasero con agua y jabón neutro, luego seque bien su piel y sumérjalo de nalgas en un baño de eosina u otro antiséptico apropiado. Si hace calor, deje al niño con las nalgas al aire, en caso contrario sujétele el pañal flojamente para que circule el aire y el eritema pueda secarse.

El pediatra, consejero y cómplice

Durante los primeros meses que siguen al nacimiento, es preferible consultar a un especialista. El pediatra sabrá responder a todas las preguntas que usted le plantee: problemas particulares como la lactancia, la frecuencia y el contenido de los biberones, las diversas alergias o hasta los problemas de somnolencia, etcétera. Sobre todo, sabrá controlar regularmente la salud de su hijo. Para los otros pequeños fastidios cotidianos, como las múltiples e inevitables rinofaringitis, otitis, etcétera, un clínico consultado regularmente que oficie de médico de la familia podrá tomar el relevo y alertar al pediatra si se presenta alguna dificultad.

También será posible realizar el seguimiento del niño en un centro de protección materno-infantil, pero sólo se hacen cargo de la vigilancia de los niños con buena salud.

Sepa también que ciertos pediatras atienden de buena gana miniconsultas telefónicas, lo cual permite tratar rápidamente los pequeños problemas desprovistos de gravedad.

1.er
mes

2.º
mes

3.er
mes

4.º
mes

5.º
mes

6.º
mes

7.º
mes

8.º
mes

9.º
mes

El
nacimiento

Los
cuidados
posteriores

Las 1^{eras}
semanas
del bebé

Los cólicos de los primeros meses

Es uno de los clásicos problemas del niño de menos de tres meses. Al final de la jornada casi siempre, echa a llorar con un grito estridente, su rostro enrojecido se deforma en muecas de dolor, su vientre está hinchado, suelta gases, se acurruca apretando las piernas sobre el vientre que sin duda le duele. Puede pasarse así varias horas, y los padres se sentirán impotentes y angustiados por ello.

⋆ **Males del cuerpo, males del corazón**
La interpretación de estos cólicos ha dado lugar a diversas polémicas pediátricas. En principio se pensó en dificultades de orden intestinal. En la actualidad, las teorías en boga señalan un problema psicológico. También en el ámbito psíquico se enfrentan las teorías: para unos el niño expresaría una dificultad para relacionarse con el ambiente que le rodea, quizá por torpeza de quienes lo cuidan, por falta de cariño, o una vida demasiado agitada. Para los otros los cólicos serían la manifestación diferida de un sufrimiento materno en el transcurso del embarazo, de este modo el pequeño expresaría el malestar psíquico de su madre.

Sea cual fuere la causa real de este mal, está probado que desaparece como por encanto al final del tercer mes.

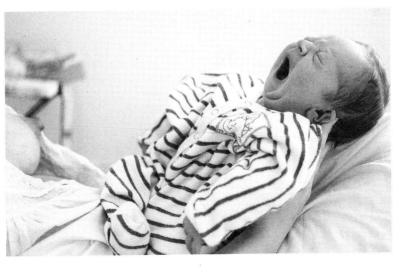

387

Sus noches son más largas que sus días

Observe a su hijo inmediatamente después de mamar. Y verá que se relaja, se le cierran los ojos y los labios se entreabren de manera angelical, aunque antes se mostrara muy chillón y nervioso. Se siente bien, está satisfecho, físicamente saciado, ahora puede gozar mejor su plenitud afectiva. Allí está, acurrucado en el hueco de un brazo tibio, inmerso en el olor materno, entrañable y tranquilizador. Todos esos placeres se acumulan, y a ello se suma la fatiga provocada por la succión que exige un cierto esfuerzo. Como un sibarita de parodia que se duerme sobre la mesa al final del festín, se entrega al sueño. El neonato duerme una media de 19 horas por día las primeras semanas. Pasa del estado de vigilia al de sueño casi sin darse cuenta.

★ Ligero y profundo

Al final del primer mes aún duerme el 70% del tiempo, pero no lo hace constantemente de la misma forma: sus días y noches se reparten entre *sueño profundo* y *sueño ligero*. En el primero tiene los ojos bien cerrados, respira con mucha regularidad, y sólo se advierte movimiento en los dedos y labios. En cambio el sueño ligero se caracteriza por numerosos movimientos oculares bajo los párpados, muecas, movimientos de brazos y piernas, y hasta del cuerpo entero. Por último existe un estado intermedio entre vigilia y sueño: el niño dormita, y hasta puede hacerlo con los ojos del todo abiertos.

¿Pero por qué dormirá tanto? Simplemente para **completar su maduración cerebral**. Se ha comprobado que es en el transcurso del sueño cuando el organismo produce la máxima cantidad de hormona del crecimiento, indispensable para el buen desarrollo físico.

Además, los neonatos de esta edad aún ignoran la diferencia entre el día y la noche. Todavía necesitan varias semanas para comenzar a diferenciar; mientras tanto sus lapsos de sueño diurno y nocturno son numerosos y sus despertares azarosos. En la tercera o cuarta semana comienza a adaptarse al ritmo de las 24 h. Este pequeño durmiente en general odia ser molestado. Un despertar intempestivo casi siempre provoca llanto. No obstante, a partir de los primeros días se puede distinguir al «gran dormilón» de los nerviosos.

Despertarse y llorar a mitad de la noche es un acto completamente *normal* en un neonato, que no indica anormalidad ni afección alguna, generalmente lo hace por hambre o porque está sucio. Una mamada suplementaria, un biberón o un pañal limpio bastarán para devolverlo al sueño apacible (→ p. 382). Tranquilícese, esa «comida suplementaria» no comporta sobrealimentación.

Las noches agitadas felizmente no se prolongan mucho tiempo; casi siempre el biberón nocturno desaparece naturalmente hacia los dos meses de edad.

La vigilancia a distancia

Ciertos aparatitos permitirán a los padres vigilar el sueño del niño dormido a algunos metros de distancia. Existen numerosos ingenios de toda índole. Los más corrientes parecen una toma triple y se enchufan en el tomacorriente de la habitación del niño: son receptores que captan el menor ruido y lo transmiten a un transistor FM que debe estar sintonizado en la frecuencia del transmisor de llantos. Tiene unos 100 m de radio de acción.

También se venden microtransmisores electrónicos sin hilo que funcionan evidentemente con el mismo principio: permiten oír a 20 o 50 m de distancia.

Finalmente hay otros semejantes a los intercomunicadores, que se componen de receptor y transmisor, y que tienen unos 600 m de alcance.

Al receptor original pueden sumarse muchos otros y de esa manera equipar dos o tres habitaciones de la casa.

Duérmase mi niño

Desde tiempos inmemoriales, para que los pequeños se duerman, se les cantan nanas o canciones de cuna. En todas partes del mundo estas cancioncillas de la primera edad tienen parecidas composiciones e idéntico efecto: duermen al niño. Siempre se trata de melodías lentas y recurrentes que pronuncian palabras tiernas. Tranquilizan simplemente porque al oírlas, el niño copia su ritmo con las pulsaciones cardíacas que se vuelven más lentas. Técnicamente, el fenómeno resulta de fácil explicación: el bebé regula el ritmo de su respiración al vaivén del acunamiento, que debe ser lento y bien marcado.

De todas maneras no hay riesgos de viciarse, siempre que el acunamiento no se vuelva sistemático y se reserve a los momentos de tensión y gritos.

Masaje tranquilizante

El masaje es un método suave y eficaz para inducirlo al sueño. Usted puede practicarlo a partir de los tres meses y hasta los tres o cuatro años.

Instálese en un lugar tranquilo y con buena calefacción, y en penumbra si es posible, con las manos untadas de aceite de almendra dulce dé masaje al niño suavemente, por rozamiento, no por presión. Una a esos gestos un leve acunamiento y él no podrá resistir el sentimiento de seguridad y de plenitud que lo invadirá. Con cinco o diez minutos basta cuando se trata de un recién nacido. A continuación, sólo quedará acostarlo en la cuna. Otro método suave, capaz de dormir a los más resistentes, consiste en llevarlo encima en la mochila portabebé, abrigado, tranquilo y pegado al vientre de su madre.

390

¿Sobre la espalda o el vientre?

¿Cómo debe acostarse al niño? De espaldas, boca abajo, del lado izquierdo, del derecho... Sea un problema
de escuelas o de sentido común, hay algo cierto: no
hay que acostarlo de espaldas, porque cuando regurgita podría ahogarse. Por eso durante algún tiempo se recomendó a
las madres acostarlo boca abajo, con la cabeza vuelta hacia la izquierda o la derecha.

★ **Atención a las deformaciones**

En la actualidad investigaciones realizadas en Estados Unidos y en
Francia cuestionan la bondad de esa postura. Los trabajos del doctor
Hal Huggins revelan que los niños acostados de ese modo suelen tener el mentón huidizo o estrecho y los dientes demasiado juntos en la
mandíbula. Por su parte, la doctora Christine Franco estableció un in-
ventario de las diversas malformaciones que sufren los neonatos que
han pasado mucho tiempo acostados en esa posición. Entre los qui-
nientos lactantes revisados cada año, aproximadamente el 10% presenta las siguientes características: rostro estrecho, mentón alargado,
frente alta y vertical, bóveda del paladar pequeña y permeabilidad na-
sal disminuida. En cuanto a las deformaciones del tronco, dependen
más del carácter prematuro del parto que de la posición ventral.

Ello se puede contrarrestar haciendo que el niño duerma de espaldas y fortalezca los músculos del vientre y de la espalda. A las deformaciones señaladas se suman las de los miembros inferiores: cuando se acuesta a un niño sobre el vientre sus pies están vueltos ya
hacia el interior, ya hacia el exterior, y cualquiera de esas dos posiciones comporta deformaciones del pie.

★ **Cambiarlo frecuentemente de postura**

¿Cómo acostar al niño entonces? Sin duda hay que temer menos
la posición dorsal cuando ya tiene algunos meses. En verdad lo que
ocurre es que se ha cargado a la cuenta de esta postura ciertas
muertes súbitas del lactante que hasta la fecha siguen sin tener explicación clara.

Un niño de pocos días debe acostarse sin almohada, sea cual fuere su postura, a los efectos de evitar deformaciones del cráneo debidas al uso prolongado de ese apoyo. Pero muy pronto elegirá su posición preferida sin consultarlo con nadie.

1.er
mes

2.º
mes

3.er
mes

4.º
mes

5.º
mes

6.º
mes

7.º
mes

8.º
mes

9.º
mes

El
nacimiento

Los
cuidados
posteriores

Las 1eras
semanas
del bebé

391

El primer baño

También en este tema se enfrentan dos escuelas en torno a una pregunta: ¿Cuándo se le debe dar el primer baño? De acuerdo con algunos médicos, pueden tomarlo desde los primeros días; otros en cambio creen que se debe esperar hasta la completa cicatrización del ombligo. En cambio no existe consigna médica alguna en cuanto a la hora del baño: se adapta a las conveniencias de la familia. El baño vespertino tiene propiedades sedantes, siempre que se adopte la precaución de bañarlo antes de las comidas; con posterioridad, puede dificultarse su digestión.

Higiene y baño resultan indispensables en el neonato. La capa subcutánea de la piel es delgada, tiene un poder absorbente importante y la circulación sanguínea es muy superficial. Además, la piel de un niño respira dos veces más que la de un adulto. Por ello es fundamental lavar regularmente los poros de ese frágil tejido epitelial.

El agua debe estar a 37 °C y el cuarto de baño, como mínimo, a 22 °C. Antes de proceder al baño prepare todo cuanto necesitará: la ropa para cambiarlo, toalla, jabón. Lávese las manos minuciosamente, desvista al niño y límpiele cuidadosamente el trasero. Luego proceda a la limpieza de todo el cuerpo, con agua y jabón. Comience por el cuello, preste atención a los repliegues, luego frote brazos, tórax, vientre, nalgas y piernas. Una mano bajo la nuca, la otra bajo los muslos, deslícelo por el agua. Si usted está relajada, él la imitará. Hasta los tres o cuatro meses lávele la cabeza a fondo, porque en los primeros tiempos sudan mucho y su cuero cabelludo suele ser graso. El baño de un niño no debe superar los cinco minutos.

Suave y perfumado

Las leches corporales pueden emplearse en todo el cuerpo, salvo en las nalgas donde pueden dejar una película grasa capaz de originar eritema. Si el agua y el jabón no le parecen lo bastante eficaces, emplee toallitas limpiadoras desechables, que son prácticas y asépticas. Las *aguas de colonia* están de moda. Y siempre resulta más agradable un niño que huele bien; pero no deben contener alcohol para que no se altere el pH de la piel. Emplee el talco en pequeñas cantidades y no se lo aplique sobre las nalgas. Debe extenderlo bien para suavizar los pliegues de la piel.

VIEJA COSTUMBRE

El baño del neonato es una costumbre ancestral que nada tiene que ver con el método Leboyer; se pueden encontrar evocaciones en los textos de Montaigne y de Cervantes: sería una costumbre de origen gitano.

El deseo
de un hijo

1.er
mes

2.º
mes

3.er
mes

4.º
mes

5.º
mes

6.º
mes

7.º
mes

8.º
mes

9.º
mes

El
nacimiento

Los
cuidados
posteriores

Las 1^{eras}
semanas
del bebé

¡Limpieza general!

- **La nariz**: introduzca suavemente en su nariz un trozo de algodón enrollado y humedecido con suero fisiológico. Al estornudar el niño expelerá mocos.

- **Las orejas**: proceda siempre con un trozo de algodón enrollado y seco para hundirlo en el interior del conducto auditivo, una o dos veces por semana. No olvide el reverso de la oreja, y sobre todo *no emplee bastoncillos jamás*.

- **Los ojos**: tome un trozo de algodón hidrófilo, mójelo con suero fisiológico y páselo desde la comisura interior del ojo hacia el exterior.

- **Las uñas**: más vale no tocárselas durante el primer mes, porque se corre el riesgo de provocar un trauma en la matriz de la uña. Para redondear las uñas agudas que pueden herirlo cuando se toca el rostro, córtelas con mucha delicadeza y no demasiado entusiasmo, respetando minuciosamente la curva.

- **La piel**: en verdad la mejor manera de lavar la piel de un niño con suavidad es un jabón natural tipo «de Marsella» que se enjuaga con agua. El empleo reiterado de leches de baño a la larga altera el equilibrio de la piel.

- **Los órganos genitales**: se limpian con una compresa simplemente mojada con agua. A las niñas se les deben abrir los labios menores y lavarlos en el sentido meato urinario-ano; a los niños no hay que correrles el prepucio al menos antes de los cuatro meses. Y eso no es obligatorio; para prevenir infecciones basta con una buena higiene. Esa operación puede ser dolorosa e inútil cuando se ejecuta precozmente. Es preferible esperar a que suceda naturalmente. Los médicos creen que la cubierta del glande por el prepucio protegería de infecciones debidas a la orina durante el período en que el niño aún no controla sus esfínteres. Aconsejan retirar el «smego», secreción seborreica que podría convertirse en foco de infección, pero a partir de los seis meses.

- **El ombligo**: limpie el ombligo dos veces por día con alcohol de 60° y luego aplique un poco de eosina u otro antiséptico semejante. Proteja el ombligo con una compresa estéril sostenida por una banda, una red umbilical o más simplemente, con un trozo de esparadrapo hipoalergénico.

393

Cambiarlo con seguridad

E l buen momento para el cambio oportuno de los pañales es antes o después de las comidas, en el primer caso se evita toda perturbación de su digestión. Pero si está hambriento puede no resultar cómodo y además debe tenerse en cuenta que los lactantes poseen un reflejo llamado «gastro-cólico» que los lleva a defecar justo en el momento de la comida. Dicho fenómeno se verifica particularmente en los niños criados a pecho. Si tal es el caso, será mejor cambiarlo después, para así asegurarle un buen descanso durante la digestión y evitarse la repetición de la acción. Lave al niño, seque bien su piel que si es necesario podrá proteger con una crema especial para prevenir el eritema de las nalgas. Es fundamental cambiarlos entre seis y siete veces diarias, aproximadamente.

★ La mesas de aseo

Tienen mala fama, y son –efectivamente– causa de muchas caídas. Cuando el niño tiene un mes de edad cuenta ya con bastante capacidad de movimiento, y en apenas unos segundos puede girar, arrastrarse y acabar en el suelo. Aunque existen mesas equipadas con un sistema de «seguridad», el lactante debe estar *permanentemente sujeto* a ellas cuando se lo cambia.

Para imponer a los fabricantes algunas normas, se están probando nuevos diseños con bordes o pretiles de seguridad ajustables que al menos deben tener un ancho igual o superior a los 25 mm. El conjunto del dispositivo de plegado de las mesas se debe probar muchas veces antes de fabricarse en gran escala y ponerse en venta. Las bañeras adaptables sobre las mesas de limpieza deben resistir los cambios de temperatura del agua y los golpes. Todas estas precauciones ilustran acerca del peligro que comporta dejar a un niño solo en una de estas mesas.

Si no posee este accesorio adquiera *un cambiador equipado con un cinturón*, que permite sujetar al niño. La correa de sujeción está fijada al colchón sólidamente, y la superficie antideslizante corresponde al reverso con el objeto de impedir el deslizamiento del accesorio a causa de las maniobras que el neonato realiza con la cintura. El soporte de seguridad del colchón impide que el niño ruede gracias a sus laterales rígidos, y como está provisto de un colchón de

El deseo
de un hijo

1.er
mes

2.º
mes

3.er
mes

4.º
mes

5.º
mes

6.º
mes

7.º
mes

8.º
mes

9.º
mes

El
nacimiento

Los
cuidados
posteriores

Las 1^{eras}
semanas
del bebé

gomaespuma puede colocarse sobre la superficie superior de un mueble o sobre una mesa cualquiera a la que se adherirá gracias al poliestireno que forma su cubierta exterior. También existen otros diseños como el hinchable de polivinilo de doble espesor, con rebordes sobreelevados. Se ha probado en las maternidades y así se han podido verificar las virtudes de este material liso que facilita la limpieza y está provisto de una válvula de seguridad para retener el aire en caso de que la tapa se abra accidentalmente (Tubby de WS-seguridad).

★ **Los accesorios de seguridad**

Para el baño: un simple equipamiento asegurará la comodidad y seguridad del niño. Puede elegirse una bañera hinchable de seguridad, apta entre cero y seis meses, que se fija mediante un sistema de ventosas al fondo de la bañera de la casa. También hay sillas con revestimientos amortiguadores que sostienen la cabeza y la espalda del pequeño, de doble grosor y fácil limpieza, que pueden emplearse desde el primer día hasta los seis meses, e instalarse tanto en la bañera de los adultos como en la del niño.

Para los viajes en coche hay que equiparse, inexorablemente, con una silla cama provista de soportes de seguridad que evitan el desplazamiento en caso de frenado brusco. Este dispositivo se fija al asiento posterior y suele aprovechar los cinturones de seguridad del vehículo.

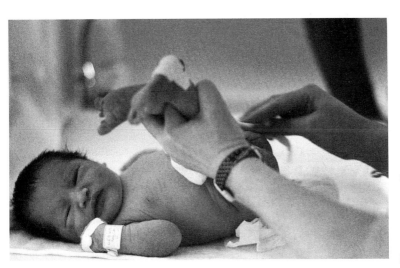

Los embarazos diferentes

*L*a mayoría de las enfermedades que en otros tiempos eran fuente de inquietud durante el embarazo, en la actualidad resultan controlables. Las mujeres cardíacas, hipertensas, diabéticas, hoy son capaces de parir un niño en perfecto estado de salud.

En estos tiempos son las enfermedades «modernas» las que plantean los problemas más graves. Por ejemplo la fatiga de las embarazadas, sometidas al ritmo agotador que impone la vida profesional, tanto al cuerpo como a la psique, y que por ello no pueden conducir el embarazo hasta el final; o el temible virus del Sida.

E incluso los formidables progresos en la lucha contra la esterilidad, que –lamentable reverso de la moneda– aumentan notablemente los riesgos de embarazo múltiple. Dar a luz tres, cuatro y hasta cinco hijos es sin duda colmar las esperanzas más allá de los límites razonables, y también poner en peligro el futuro de todos esos niños.

También algún mimo

En los últimos diez años la atención del niño prematuro ha experimentado considerables progresos, y según parece se ha alcanzado el máximo de rendimiento. En la actualidad es posible salvar la vida de neonatos de 750 g y aún menos. Ello se debe fundamentalmente a dos grandes descubrimientos: *la ventilación asistida* con el cálculo de la tasa de oxígeno en la sangre y *la nutrición parenteral* continua que consiste en enviar directamente al estómago una mezcla de nutrientes exactamente calculados en función de las necesidades del niño. El prematuro se instala en una incubadora para asegurarle el calor necesario para la supervivencia y mantenerlo al abrigo de los microbios. No debe sufrir ninguna pérdida de calor, y con frecuencia vive en la incubadora con un gorrito de lana y escarpines. A veces en el interior de la incubadora se lo recubre con plexiglás y hasta con una fina película plástica que se extiende directamente sobre su cuerpo. En la actualidad se vigila, en primer lugar, su desarrollo psíquico. Se sabe que las visitas de sus padres tienen gran influencia en sus deseos de vivir. También se ha observado que la atención de una enfermera estrictamente sanitaria puede ser causa de angustia, por ello suele pedirse a estas auxiliares que además de las atenciones profesionales les hablen con dulzura y les concedan mimos.

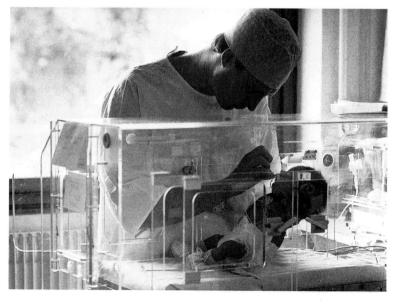

El niño prematuro

No debe ser confundido con un niño de poco peso. Entre los niños de escaso peso en el momento de nacer, se distinguen dos clases: los que han nacido en término y no fueron suficientemente alimentados en el útero materno y los que nacen antes de que se complete el período de gestación, a los seis o siete meses de vida uterina. El niño generalmente se desarrolla muy bien hasta el día del nacimiento, pero nace «no acabado», porque la formación de sus órganos ha sido programada el mismo día de su concepción y necesita nueve meses para completarse. El cerebro sigue desarrollándose en la incubadora al mismo ritmo que en el interior del útero, y los pulmones también. Aunque estén programados para ponerse en marcha nueve meses después de la concepción, en la atmósfera, con o sin ayuda, ciertos neonatos consiguen vivir a partir de los seis meses de gestación.

★ **¡Prematuros de cinco meses y medio!**

Ciertas partes del cuerpo «maduran» con mayor velocidad que otras. El aparato digestivo, por ejemplo, se pone en marcha enseguida al igual que cierto número de enzimas* necesarias para la vida. Los grandes órganos prosiguen su evolución de manera completamente inmutable. Aunque de manera excepcional y al precio de secuelas, se ha conseguido salvar la vida de prematuros de cinco meses y medio, es decir de veintiséis semanas (el 60% de los prematuros de entre 28 y 30 semanas, consigue vivir; el 75% cuando alcanza la 32.ª semana, y el 95% cuando se supera ese tiempo de gestación). Pero la mayor dificultad en la atención de estos pacientes es que no hay dos iguales, aunque tengan el mismo tiempo de gestación e igual peso.

★ **Retardos sin secuelas**

Los problemas vinculados con la supervivencia son *muy diversos*. Cuando el niño ha salido ya de la incubadora y es entregado a sus padres, ya es un lactante como los demás, y ni siquiera es más frágil. Pero durante el primer año, especialmente cuando ha nacido con seis meses de gestación, la madre debe evitar toda comparación con un niño nacido en término. A partir del año o los quince meses de edad, las diferencias comienzan a borrarse. Pero siempre hay que corregir su edad en relación con la fecha del nacimiento.

399

Las madres canguro

Colombia es un país con graves problemas sociales, donde la medicina debe hacer frente a desafíos muy diferentes a los que padecen las economías más desarrolladas. Esto resulta singularmente notable en cuanto concierne a los niños prematuros colombianos, cuya tasa alcanza el 17%. Hace algunos años los médicos comprobaron que los niños que quedan a cargo de sus madres por falta de incubadoras en la maternidad tenían más posibilidades de supervivencia que los «afortunados» en internación, y que entre éstos solían aflorar problemas de relación madre-hijo. Con el fin de enfrentarse a este problema se inventaron las «madres canguro». La técnica consiste en instalar al niño prematuro contra el pecho de su madre, piel contra piel, a partir del nacimiento.

El lactante, que se sostiene mediante un sistema de vendaje, queda oculto bajo los vestidos de su madre-canguro y de esa manera vive constantemente a 37 °C de temperatura ambiente, acunado por el ritmo cardíaco del corazón aledaño de su madre, y a cubierto de los ruidos del mundo circundante. Su adecuado desarrollo se refuerza con el efecto de las caricias y las palabras de ella.

Desde el punto de vista psicológico no hay la menor duda: allí está mejor que en una incubadora; pero debe vivir todo el tiempo adosado, dormir con su madre, levantarse con ella, y participar en la vida familiar siempre atado, seguirla vaya donde vaya y estar presente en cualquier circunstancia. Es una solución muy cansada para la madre, que suele pedir la ayuda de la familia para conseguir relevo: hermanos mayores, tías, abuelas y por qué no, los hombres canguro de la casa.

En las primeras semanas las *madres canguro* deben consultarse a diario, acudir al hospital o maternidad cada día; y luego, hasta el final del proceso, una vez por semana. Con este método se han salvado niños de hasta 700 g.

Menú adaptado

Después de los cuidados neonatales indispensables para la supervivencia, el prematuro debe quedar sometido a estricta vigilancia en el terreno alimentario. La lactancia materna suele no bastarle.

El pediatra prescribe aportes suplementarios de fósforo, proteínas y vitaminas. Debe crecer a razón de 18 a 20 g diarios. Cuando no es amamantado por su madre, se lo alimenta con leche adaptada a sus circunstancias, enriquecida sobre todo con calcio y compuesta por grasas de fácil digestión para un aparato digestivo aún inmaduro. En ambos casos, se le suministran complementos de hierro.

400

El niño que nos toca en suerte

iertas dificultades en la relación madre-hijo pueden deberse a falta de contacto en el momento del nacimiento. Desde hace algunos años, diversos equipos médicos se interesan especialmente en los problemas de relación suscitados entre el hijo prematuro y su madre. El sentimiento de tener «un hijo caído en suerte» antes que fabricado suele acosar a muchas madres prematuras. En principio se debe a la interrupción del desarrollo del embarazo, puesto que los nueve meses de gestación también resultan indispensables para la preparación psicológica de la futura mamá. Los últimos meses resultan particularmente ricos en proyectos, en lucubraciones estimuladas por el peso y por los movimientos del niño. El parto ya no es el acontecimiento feliz que se esperaba: muchas parturientas no consiguen asociar en el tiempo parto y nacimiento, porque casi siempre apenas tienen tiempo de entrever al niño antes de que lo instalen en la incubadora. Es justamente entonces cuando el padre suele asumir su nuevo papel. En la mayoría de los casos será él quien informe a la madre. Si ésta se siente extraña a ese niño que no supo mantener en el vientre hasta el final, el padre puede relevarla y «amadrarse» levemente.

¿Cuáles son las lesiones posibles?

as lesiones de los prematuros son raras, y esencialmente cerebrales: afecciones motrices tipo hemiplejía*, paraplejía*, atetosis*, a las que se suman a veces las secuelas de hemorragias cerebrales. Las repercusiones en el aspecto intelectual suelen ser escasas y a los cuatro o cinco años la media de los cocientes intelectuales de los prematuros es semejante a la del resto de los niños. Aquellos que debieron someterse a ventilación a veces necesitan uno o dos años para recuperar cabalmente el aparato respiratorio, puesto que el oxígeno resulta muy agresivo para los pulmones. Pero lo esencial de estos órganos se construye entre el nacimiento y los ocho años de edad. También se ha observado, sin saber por qué, que entre prematuros el estrabismo es más corriente.

ALTA TECNOLOGÍA

Un grupo de investigadores canadienses acaba de perfeccionar un nuevo sistema de ventilación que permite atender a prematuros de escaso peso, sobre todo aquellos que acusan menos de 1 kg en la balanza. Este sistema ha permitido salvar niños que no habrían sobrevivido con el sistema clásico de ventilación.

401

Embarazo vigilado

La detección de dos bolsas gestatorias (envolturas del embrión*) no siempre acaba en el nacimiento de dos niños, pues suele ocurrir que en el transcurso del primer trimestre del embarazo uno de los embriones se reduzca espontáneamente, y que el otro se desarrolle normalmente para que nazca un solo niño. En el caso de los gemelos bicigotos (→ p. 404), el niño vive y se desarrolla normalmente; en el caso de los gemelos monocigotos (→ p. 404), el pronóstico es más reservado y depende sobre todo de la edad intrauterina del superviviente. Los embarazos gemelares suelen dar lugar al parto precoz. Los médicos tienen dos teorías para explicarlo: *la mayor tensión del útero* (a las treinta y dos semanas de embarazo, el útero de una embarazada que espera gemelos es semejante al de una mujer en término que espera un solo niño) a causa del contenido mayor, y de *la insuficiencia de los intercambios placentarios*. Los partos prematuros suelen ser más frecuentes aun cuando el embarazo gemelar corresponda a una primeriza, cuando la futura mamá tiene menos de 25 años y cuando los gemelos son de sexo diferente. Cuanto menos precoz sea el diagnóstico mayores serán los riesgos de parto prematuro.

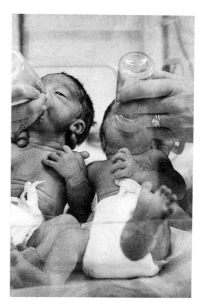

ESPECIALIZACIÓN

Ciertos países anglosajones crearon los «twins clinics», consultas especializadas en nacimientos múltiples. Tienen numerosas ventajas: la embarazada no se siente sola ni excepcional, puesto que allí convive con madres que tienen sus mismas dificultades; además, el personal es muy especializado y tiene gran experiencia en esta clase de embarazos.

Cada uno a su ritmo

Los gemelos rara vez crecen de manera idéntica, e incluso suelen registrarse diferencias de peso y de maduración. No obstante el feto con dificultades desarrolla más velozmente su aparato respiratorio y a veces se adelanta al otro: en caso de nacimiento prematuro no será fatalmente el más vulnerable.

402

Dos niños ¡o más!

Casi siempre los embarazos múltiples se detectan en el transcurso de la primera ecografía (→ p. 93). Una vez establecido el diagnóstico, suele prescribirse una *atención muy particular*: controles médicos cada tres semanas hasta la 18.ª semana de amenorrea, y a continuación cada quince días, hasta la 34.ª semana, para seguir con una consulta semanal. En la mayoría de los casos resultaría conveniente que las últimas visitas fueran del médico o la matrona al domicilio de la embarazada (→ p. 116). Mucho más frecuentes que las usuales en una gestación normal, esas asíduas consultas permiten prevenir problemas de hipertensión (tres o cuatro veces más frecuentes en tales embarazos) y también hidramnios (exceso de líquido amniótico). También se han observado riesgos acrecidos de retardos en el crecimiento de los fetos y anomalías en la inserción de la placenta.

A estos controles médicos debe sumarse una ecografía mensual a partir de la 28.ª semana de amenorrea*. Este examen resulta indispensable para asegurar el adecuado crecimiento de los fetos.

El embarazo gemelar *exige más reposo* de la embarazada; si trabaja, se le aconseja parar la actividad profesional a partir de la 24.ª semana de amenorrea. Todas estas precauciones resultan indispensables sobre todo para evitar un nacimiento prematuro (entre el 20 y el 30% de los embarazos gemelares no superan la 32.ª semana de amenorrea).

El parto se desarrolla habitualmente de manera prematura y los dos (o tres) niños son de escaso peso. La mitad de los «gemelos» que nacen pesan menos de 2,500 kg, y además, ya por la presentación, ya por la posición de los miembros o de uno de los cordones umbilicales, plantean partos más complicados que también suelen conducir a la cesárea. Además, los trabajos de parto suelen resultar más largos; y cuando llega el momento del alumbramiento, la expulsión de la placenta, a veces muy voluminosa, exige al médico o a la matrona prestar particular atención a las hemorragias debidas a la distensión del útero.

El preferido

studios realizados en Canadá y en los Estados Unidos han puesto en evidencia una clara preferencia de la madre, y a veces de ambos padres, por uno de los gemelos. En el 80% de los casos el elegido es el más guapo, aquel que parece más saludable y que se convierte en el «preferido». El fenómeno aparece a partir de las primeras semanas que siguen al nacimiento. Un investigador norteamericano realizó una encuesta a partir de las fotografías de familia que muestran a los dos niños juntos. Entonces se advierte de inmediato al depositario de preferencias y privilegios: suele ser el mejor vestido, el mejor encuadrado por la cámara, muchas veces en primer plano con relación a su hermano o hermana. Se ha intentado saber si la solicitud se multiplicaba por dos en presencia de gemelos. Las cifras demuestran que los padres están algo más disponibles, pero no hasta duplicar la cuota. Por ello se ha advertido que los gemelos prematuros reciben la visita de sus padres con mayor frecuencia que el único prematuro, y que éstas suelen ser más largas. Estos estudios también enseñan que la preferencia por uno u otro puede cambiar con el tiempo y que felizmente tiende a desaparecer a medida que los niños crecen.

Establecimiento especializado

l especialista mundial en gemelos se llama Luigi Gedda y es un pediatra italiano. Este facultativo fundó en Roma un centro único en el mundo, el instituto Georgio Mendel.

Allí se estudian y curan gratuitamente los gemelos cuyos padres lo soliciten. La única condición es que realicen la consulta a dúo, aunque el enfermo sea sólo uno. Casi siempre la enfermedad de uno permite prevenir la del otro.

LA EXCEPCIÓN

Los embarazos múltiples son excepcionales en la especie humana. Una de cada cuatro gestaciones es gemelar, y se registra un nacimiento triple de cada cien nacimientos gemelares, y uno cuádruple cada noventa y cinco triples.

Hay dos tipos de gemelos, los *falsos* (bicigotos), también llamados *mellizos*, resultado de la fecundación de dos óvulos por dos espermatozoides, que no tienen forzosamente el mismo sexo y se asemejan sólo como hermano y hermana, y los *verdaderos* (o monocigotos), originados en un solo huevo que se ha dividido en dos. En tal caso los niños son del mismo sexo y se parecen hasta resultar casi idénticos.

En la tercera parte de estos embarazos cada gemelo cuenta con su propia placenta; en las otras dos terceras partes hay dos amnios* y una sola placenta, y por último, en los casos muy raros, existe una sola placenta y el corion* se divide en dos.

404

Nacimiento de gemelos

E l nacimiento de gemelos, o de una partida aún más numerosa, plantea con más rigor que el parto ordinario, la elección de un establecimiento hospitalario o una clínica de calidad. Siempre será preferible garantizar la presencia de un tocólogo, la de un pediatra neonatólogo y la de un anestesista.

Esos partos pueden hacerse bajo epidural (→ p. 162 y 298) pero no todos los médicos parteros lo aceptan, puesto que hay importantes regiones médicas que aumentan los riesgos de este método. El empleo de la oxitocina* puede favorecer las contracciones y ello se juzga arriesgado para los niños prematuros o de escaso peso, que es el caso de la mayoría de los gemelos. La vigilancia del parto se realiza por monitoring (→ p. 274), mediante la instalación de un electrodo en el útero para controlar el ritmo cardíaco del primer niño, y en el exterior, sobre el vientre de la madre, para vigilar el del segundo.

Tal como se hace para el parto de un solo niño, la madre recibe una perfusión de glucosa, como refuerzo. Cuando el médico decide ayudar a la dilatación por goteo de oxitocina, esta operación se detendrá a partir del nacimiento del primer niño. Aunque no se haya practicado episiotomía (→ p. 291) para que saliera el primero, generalmente se la practica para ayudar al segundo. Después del primer nacimiento el médico instala un electrodo en el interior del útero para controlar el ritmo cardíaco del segundo y comprobar su presentación. Normalmente su nacimiento es rápido.

El empleo de la cesárea sólo es forzoso cuando existe sufrimiento fetal, presentación no craneal cefálica del primer niño, o cuando se presentan anomalías de dilatación, hecho bastante frecuente. La cesárea puede practicarse entre uno y otro nacimiento; pero es un hecho muy raro y pocas veces visto que uno nazca naturalmente y el otro por cesárea.

En algunas maternidades se prefiere *programar el nacimiento* de los gemelos. En tales casos se fija entre la 38.ª y la 39.ª semana de amenorrea. A esa altura los niños ya no corren riesgos de nacimiento prematuro.

405

Auténticos o falsos gemelos

Gracias a la ecografía en la actualidad se puede diagnosticar precozmente un embarazo gemelar: a partir de la 5.ª semana de amenorrea, observando las bolsas o sacos gestatorios; y en la 7.ª por observación directa de los embriones* que ya una después, en la 8.ª comienzan a mostrar los primeros movimientos. Casi siempre ese diagnóstico precoz se establece cuando el médico interroga acerca de manifestaciones tales como un volumen uterino mayor que el normal o vómitos difíciles de detener. A estos signos se suman informaciones relativas a los antecedentes familiares o la presencia de un embarazo conseguido por procreación asistida. En general, es importante saber si los fetos son auténticos gemelos (homocigotos, monocigotos) o falsos gemelos (mellizos, bicigotos, o heterocigotos) [→ p. 404]. Ese diagnóstico sólo es posible mediante ecografía antes del final del primer trimestre de embarazo. Más tarde ya no se podría averiguar. Verdaderos y falsos gemelos no se desarrollan del mismo modo. Los verdaderos tienden a plantear más problemas médicos que los falsos.

Posibles complicaciones

El cuarenta y cinco por ciento de los gemelos nacen antes de tiempo, muchas veces con anterioridad al séptimo mes, e incluso antes, en cuyo caso resultan muy prematuros. Además, a veces se observa un cierto sufrimiento del segundo gemelo «que espera nacer» después que su hermano. Si el parto se hace bajo epidural, entonces el médico puede prever una cesárea para él; pero no obligatoriamente, puesto que nacerá mucho más rápido que el primero, porque se beneficia del paso abierto por éste.

Las cosas tampoco resultan fáciles para la madre, puesto que en los nacimientos de gemelos se han observado más hemorragias en el momento del alumbramiento, a causa de la presencia de dos placentas, o una sola de gran tamaño, y de dos bolsas amnióticas.

FECUNDACIÓN IN VITRO

Recientemente, en el hospital Tenon, en Francia, se produjo un nacimiento de trillizos debidos a un óvulo trasplantado. Como sucede en todas las fecundaciones in vitro*, las que se realizan a partir de óvulos donados exigen la implantación de numerosos embriones para garantizar al menos una gestación. Pero en muchos casos la múltiple implantación genera embarazo múltiple, es decir nuevos problemas a resolver.

Cada vez más numerosos

La tasa de nacimiento gemelar en Europa ha ascendido del 9,4 por mil en 1970 al 10,5 por mil en 1986 y la tasa de trillizos se ha multiplicado por tres, fenómeno que se reproduce igualmente en los Estados Unidos, Australia y Japón.

¿Cuáles son las causas de los embarazos múltiples? Ciertos factores causales se conocen desde hace mucho tiempo. La más alta cuota corresponde a las madres cuyas edades oscilan entre los 35 y 40 años. Y también suelen ocurrir cuando la concepción sobreviene en los meses que siguen a la detención en el consumo de píldoras anticonceptivas. Para muchos también pesan los antecedentes genéticos.

A todas estas razones, en los últimos años se ha sumado la estimulación ovárica por medicación en ciertos casos de esterilidad y por supuesto la fecundación in vitro* que para obtener más posibilidades de éxito emplea la implantación de numerosos huevos (→ p. 423). Por eso, sobre un total de 865 embarazos conducidos a término en un gran centro de fecundación in vitro, ciento cincuenta y cinco desembocaron en el nacimiento de gemelos y treinta y cinco en el de trillizos o cuatrillizos.

Más de dos...

Un embarazo de tres o cuatro niños, e incluso más, suele ser resultado de la procreación médicamente asistida (PMA).

Para tener la seguridad de conseguir un embarazo con esta técnica, los médicos implantan siempre numerosos huevos en la cavidad uterina. La naturaleza por sí sola decide qué número de éstos desarrollará. No obstante es posible ponerles límites. En efecto, si un embarazo triplicado puede considerarse como un embarazo gemelar agravado, más allá de los pronósticos de aborto o de nacimiento muy prematuro, comportan dificultades vitales y hasta importantes lesiones para los niños, que son de temer.

¿Existe uno mayor?

En teoría sí: en el registro civil se considera mayor al que nació primero. Con eso basta: ya tendrá bastante como para cuidar a su hermano pequeño y darle buenos ejemplos.

NACIMIENTO DIFERIDO

Extraordinario: una joven mujer embarazada de trillizos parió al primero, y después los dos siguientes con once días de intervalo. Puesto que quedó hospitalizada entre parto y parto, el reposo permitió que los dos últimos fuesen menos prematuros que el apresurado mayor.

407

La maternidad a los catorce

El embarazo en el caso de una adolescente se considera de riesgo, no porque deba desarrollarse mal forzosamente, sino porque exige una vigilancia particular. Los motivos son esencialmente de orden médico: el cuerpo no siempre ha acabado su maduración. Esas jóvenes madres suelen presentar problemas de hipertensión, y la albúmina en la orina aparece con mayor frecuencia que en las mayores. Por el contrario, suelen no tener problemas en el parto. Pero el mayor riesgo de estos embarazos es *de orden social*. Estas muchachas suelen tener relaciones difíciles con su medio social lo cual las conduce a disimular el embarazo durante el mayor tiempo posible, y por lo tanto a no gozar de los beneficios de un seguimiento médico normal. Desde el punto de vista psíquico, el embarazo produce grandes conmociones. Estas jóvenes se convierten en madres cuando aún son niñas y la maternidad muchas veces significa el abandono de sus estudios o de una formación profesional. Además, la responsabilidad de criar un hijo –casi siempre solas– no siempre es bien asumida por ellas. Estos embarazos suelen necesitar un apoyo psicológico y afectivo importante.

Los radiantes cuarenta

Los embarazos que sobrevienen después de los cuarenta años suelen ser los más deseados porque en general resultan la conclusión de un proceso de maduración psicológica. Esas mujeres normalmente tienen dos motivaciones: la de concebir un niño rápidamente, mientras estén a tiempo, y el sentirse seguras en el terreno profesional, o en el afectivo, a causa de un cambio sentimental (matrimonio tardío o nuevo matrimonio, etc.). Los niños «de los cuarenta» suelen ser los sobreprotegidos y mimados por excelencia, a los cuales la madre dedica mucho más que a los mayores, y en los que descubre con alegría todas las capacidades y seducciones.

DIAGNÓSTICO PRECOZ DE LA TRISOMÍA 21

La trisomía 21 es una perturbación en el número de cromosomas (47 en vez de 46), y en particular el que lleva el número 21 está en número de tres, en vez de ser un par. El resultado de esta anomalía genética es el mongolismo. El diagnóstico de esta enfermedad generalmente se establece en la 17.ª semana de amenorrea mediante el análisis del líquido amniótico (→ p. 130). Todos estos exámenes están a cargo de la Seguridad Social en determinadas condiciones: siempre que la futura mamá sea mayor de treinta y ocho años, presente los signos característicos de un embarazo con riesgo o tenga antecedentes familiares de mongolismo.

408

Alumbrar después de los treinta y cinco

El 9% de los niños que nacen en Francia tienen madres mayores de treinta y cinco años. En la actualidad los progresos de la obstetricia permiten afirmar que es posible tener niños tardíamente sin correr riesgos suplementarios. No obstante en la misma medida en que aumenta la edad de la embarazada se acrecientan los *riesgos de hipertensión y de diabetes*, los ginecológicos y sobre todo los de *nacimiento prematuro*. En efecto, de acuerdo con las estadísticas, la tasa de prematuros pasa de 6 a 16% cuando la madre tiene más de cuarenta años.

Un embarazo «tardío» debe ser bien vigilado y se recomienda un análisis del líquido amniótico (→ p. 105) y una ecografía con el objeto de diagnosticar con bastante anticipación toda malformación, y en especial la trisomía 21, responsable del mongolismo, que se presenta con una frecuenta del 1% a partir de los 40 años (cuando es el 1 cada dos mil para la población en general). Estas dificultades pueden deberse al envejecimiento de los ovocitos*. En efecto, la mujer nace con un potencial de 300.000 óvulos*, aproximadamente. Y cuando llega a los treinta y cinco años produce óvulos que tienen su misma edad.

También se ha observado que quedar embarazada puede exigir diferentes lapsos de tiempo de acuerdo con la edad de la mujer. Entre los quince y diecinueve años se necesitan aproximadamente dos meses para quedar encinta; entre los treinta y los treinta y cuatro años, seis; y después de los treinta y cinco, unos diez meses.

Además se trata de embarazos amenazados: los abortos en el primer trimestre son mucho más numerosos (más del 30% de ellos no superan la fase del segundo mes). Finalmente, en el dominio de la fecundación asistida se registra una tasa de fracasos muy alta, hasta el punto que muchos equipos médicos disuaden a las candidatas de más de treinta y siete años.

El parto es también un momento delicado, las mujeres de más de cuarenta años paren por cesárea dos veces más que las otras madres; las hemorragias se presentan con frecuencia, ya a causa de los embarazos anteriores, ya por una placenta previa (→ p. 136). Y por último, sus hijos tienden a ser mayores que lo normal.

409

Posesividad extrema

El mayor miedo de las madres solteras es resultar excesivamente posesivas y sobreprotectoras. El riesgo existe, puesto que el niño es para ellas una forma de compensación que frecuentemente funciona como un paliativo de la falta de amor. Por lo tanto, él recibirá todo el afecto, pero ellas esperarán también recibir mucho a cambio; quizá demasiado. El niño es un medio de recomenzar su propia vida. Todo ello conduce con frecuencia al nacimiento de una relación asfixiante. La pareja madre-niño debe abrirse al exterior, asumir las separaciones y las experiencias independientes, para que cada uno encuentre su propia condición.

El papel de «padre»

Los psicólogos afirman tradicionalmente que, para que madre e hijo tengan una relación normal, es necesario que en la pareja se inserte una tercera persona, papel que se reserva al padre. En el caso de una madre soltera y su hijo, será por ello deseable encontrar un padre sustituto. Un familiar o amigo puede asumir esa función perfectamente, siempre que sea una persona estable y con la condición de ejercerla de manera regular, junto al niño.

Centros de acogida

Los establecimientos *maternales* alojan a jóvenes madres con dificultades durante los tres primeros meses que siguen al parto; la *residencia maternal* toma el relevo cuando resulta necesario, y ofrece a las madres solteras un alojamiento muy económico y formación profesional. Los *centros maternales* tienden a sustituir a esas dos instituciones, acumulando ambos servicios para evitar la interrupción de la asistencia directa.

Tener un hijo sola

En la actualidad, la anticoncepción y la interrupción voluntaria del embarazo* permiten a la mayoría de las madres solteras serlo voluntariamente. El deseo de maternidad descansa esencialmente sobre la necesidad de prolongarse y de no basar su vida únicamente en el éxito social y profesional, y con mucha frecuencia también, para no vivir sola.

Todas las investigaciones demuestran que las *madres solteras viven bien el embarazo*, en su gran mayoría, y que la ausencia de un padre en el parto está ampliamente compensada por el equipo sanitario disponible. Pero también parece, por el contrario, que las depresiones postparto (→ p. 329) suelen ser más prolongadas y más difíciles de superar en estos casos. De un día para otro las madres solteras se encuentran solas frente a la pesada tarea de ocuparse de un hijo. Además, en la pareja el niño es un logro; en soledad, a pesar de la voluntad de la madre, ese niño recordará con frecuencia un fracaso amoroso, o por lo menos evocará a una persona con la que hubo un vínculo real que no ha durado.

A los conflictos afectivos y sentimentales deben sumarse los problemas prácticos, a veces acentuados por las dificultades financieras. Aunque tengan prioridad en cuanto respecta a las modalidades institucionalizadas de guarda (→ p. 224), las madres solteras no están a salvo de la falta de plazas, situación tanto más angustiante por cuanto deben imperativamente volver a trabajar porque tienen que afrontar solas los gastos familiares.

La vida social, al menos en los primeros años del niño, también es limitada. Para «estar libre» en principio hay que encontrar una persona a quien confiarle el niño. Felizmente a veces suelen estar presentes padres y amigos. Por último, en el terreno educativo, deben asegurar *los dos papeles, el de padre y el de madre*. Curiosamente, los psicólogos por su parte han comprobado que tienden a representar mejor el de padre, sin duda por miedo a que éste no falte demasiado al niño. A pesar de tantas dificultades no acostumbran a lamentar su decisión; y las cifras demuestran que cada día son más las que deciden dar a luz un segundo niño a pesar de todo.

Problemas cardíacos

Esperar un hijo y ser cardíaca en la actualidad y en la mayoría de los casos resulta compatible. Salvo los problemas cardiovasculares muy graves, que no permitan una vida normal, la mayoría de las cardiopatías corrientes no tienen el embarazo entre sus contraindicaciones. Pero la embarazada debe someterse a un seguimiento particular, compartido entre obstetra y cardiólogo, que tendrán que trabajar en equipo. Ella deberá ser vigilada de cerca especialmente en el transcurso del primer trimestre, a causa del aumento de la masa sanguínea que exigirá al músculo cardíaco mayor trabajo; y también en el momento del parto (sobre todo en la fase de expulsión). Asimismo, debe extremarse la vigilancia después del parto y hasta finales del primer mes a partir del del retorno de la ovulación, momento en que el trabajo cardíaco y de circulación sanguínea vuelven a la normalidad.

Los riesgos para el niño conciernen a la mala comunicación placentaria madre-feto, a un déficit de crecimiento o a un parto prematuro. A todas las cardíacas que quieren gestar se les aconseja que antes de intentarlo soliciten un balance general de salud a un equipo médico especializado, de esa manera pueden saber con anticipación los riesgos que corren ella y el niño. Si el embarazo es posible, lo mejor es programarlo cuando se es joven, la edad es un factor negativo en estos casos: con los años crecen los riesgos.

Causa y efecto

Una diabetes puede quedar revelada por el embarazo. Al principio de la gestación la tasa de glicemia era normal; luego, se eleva bruscamente, casi siempre después de la 22.ª semana. No es posible saber si esa diabetes era preexistente o si fue provocada por la gestación. Durante este período, los riñones no eliminan el azúcar en la orina de la misma forma que antes y el embarazo es diabetógeno. Las embarazadas obesas con antecedentes familiares de diabetes, y las que superan los cuarenta años son particularmente sensibles a este fenómeno. Para remediarlo se prescriben regímenes estrictos que en muchos casos permiten recuperar una tasa de azúcar en sangre cercana a la normal.

TRASPLANTES Y MATERNIDAD

En la actualidad se sabe que una mujer joven «trasplantada» puede ser madre. De hecho muchas mujeres con riñones trasplantados han dado a luz. En cambio las sometidas a trasplantes de corazón son más raras; pero también existen (en Francia se conocen tres casos, entre ellos el de una mujer que alumbró gemelos). Los problemas mayores derivan sobre todo de los «rendimientos cardíacos» que exige el embarazo, hecho que puede favorecer la reacción de rechazo del órgano trasplantado. Los médicos aconsejan aguardar entre doce y dieciocho meses después del trasplante antes de intentar la gestación. Todas esas embarazadas seguirán tratándose con Cyclosporine* para evitar todo rechazo eventual.

Madre diabética

Los profesores Tchobroutsky y Altam, grandes especialistas en la materia, lo afirman: El embarazo ya no es más una contraindicación de la diabetes si antes de la concepción la diabética procede a un *balance médico completo*.

La hiperglicemia* temible en la mujer diabética, es causa de complicaciones maternas y de malformaciones fetales. Para llevar a buen puerto un embarazo, la futura mamá diabética, dos o tres meses antes de concebir al niño debe proceder al balance de su diabetes y mediante un tratamiento con insulina* y un régimen alimenticio adecuado debe conseguir un equilibrio glicémico cercano a la normalidad. Con el especialista, establecerá la dosis de insulina que tendrá que inyectarse cada día. El médico procederá a exámenes complementarios: fondo de ojo, detección de infección urinaria, hipertensión.

Durante el transcurso de la gestación la embarazada controlará por sí misma la tasa de azúcar en la orina por medio del test de autocontrol. Si se presentasen problemas, podrá proceder fácilmente a una glicemia capilar extrayéndose sangre por medio de un capilar. Así generalmente comprobará una reducción de su necesidad de insulina al principio de la gestación, un aumento en la mitad de ésta y una estabilización al final.

A ello se sumarán *controles particulares*, además de los exámenes clásicos de la gestación: un fondo de ojo mensual, el control de las funciones renales todos los meses y medición de la tensión arterial una vez por semana.

A las consultas mensuales con el obstetra se sumarán dos, una cada quince días, al especialista. Al final de la gestación se prescribirá una vigilancia particular donde destaca el cómputo de los movimientos fetales a partir de la 32.ª semana de amenorrea* y la grabación regular del ritmo cardíaco del feto.

El parto puede realizarse normalmente, a término, por el canal natural si el niño no es muy grande. La madre diabética podrá amamantar a su hijo. Los especialistas en diabetes hasta recomiendan que lo haga.

413

Síntomas fetales

A causa de las limitaciones de la circulación sanguínea, la hipertensión dificulta los aportes nutritivos al feto. El desarrollo de los órganos puede sufrir y el niño nacer pequeño y delgado; sin grasa protectora, y por ello enfriarse muy rápidamente. Además, la falta de oxígeno lo obliga a consumir sus reservas naturales de azúcar provocando en el nacimiento accidentes de hipoglucemia*.

La falta de oxígeno comporta la disminución de los movimientos del niño en el útero. Para vigilar el estado de salud del feto, el médico pide a la futura mamá que controle por sus movimientos, fuertes o débiles, tres veces por día: por la mañana, por la tarde y a la noche, después de la cena, siempre a la misma hora, y por lapsos de media a una hora. Esta verificación debe realizarse en posición acostada sobre el lado izquierdo, preferentemente, en una habitación tranquila. La embarazada anota el número de movimientos en una hoja especial que luego entrega al médico. Si el número de movimientos disminuye al menos durante dos días en el transcurso de tres mediciones (mañana, tarde y noche), es preciso alertar de inmediato al especialista.

DIAGNÓSTICO PRECOZ

Según un equipo médico inglés, las complicaciones de la hipertensión pueden detectarse precozmente, y ello permitiría poner en marcha un auténtico tratamiento preventivo para el feto. Gracias al ultrasonido del Doppler* puede medirse la calidad de la circulación útero-placentaria. De ese modo, las hipertensiones de las embarazadas podrían diagnosticarse a partir de la decimoctava semana de amenorrea*. Este «descubrimiento» es tanto más interesante por cuanto no existe medio alguno de diagnóstico cuando se trata del primer embarazo y también porque la eficacia de los medios terapéuticos y preventivos que prescriben los médicos depende de la precocidad del diagnóstico. Es el caso por excelencia en que se mandan tratamientos a base de aspirinas.

Lo que debe hacerse

En caso de hipertensión, reposo absoluto y una alimentación apropiada sirven para el restablecimiento de un estado próximo a la normalidad. La sal no está excluida del régimen, pero debe reducirse la cantidad. También se debe moderar el aumento de peso en el transcurso de los nueve meses.

Finalmente, en caso necesario, el médico prescribe medicamentos adaptados a la gestación. Después del parto la hipertensión puede desaparecer y no volver a repetirse. Sin embargo, en la mayor parte de los casos persiste y tiende a agravarse bajo una forma particularmente temible: la hipertensión gravídica reincidente.

414

Las complicaciones de la hipertensión

L a hipertensión puede manifestarse de diferentes maneras. En la mayoría de los casos se diagnostica en el transcurso de exámenes rutinarios: extracción de sangre y análisis de orina. Pero a veces se caracteriza por *dolores de cabeza, zumbidos de oído y problemas visuales*. Aparece, sin que pueda saberse realmente por qué, en el 6% de los embarazos, y en el transcurso de los últimos meses. Esta enfermedad parece desarrollarse mucho más en los países desarrollados que en los pobres.

La hipertensión también puede ser síntoma de problemas más graves: podrían anunciar un *mal funcionamiento de los riñones*, incapaces de filtrar y mezclar la masa sanguínea que está considerablemente aumentada (los 4,5 l habituales se han convertido en 6 l); los riñones producen entonces una hormona* que aumenta la tensión arterial. En tal caso la medición del ácido úrico y de la creatina de la sangre permite saber si los riñones funcionan bien.

La mujer encinta puede ser víctima de *dos clases de hipertensión*: la arterial gravídica* verdadera, vinculada con el embarazo, y la hipertensión arterial anterior a la gestación o puesta de manifiesto por ésta.

La *hipertensión gravídica verdadera* aparece en el tercer trimestre. Suele ir acompañada de edemas* y de un ascenso de la tasa de albúmina* en la orina. Desemboca en una toxemia gravídica*.

La *hipertensión anterior al embarazo* o revelada por éste, aparece más temprano. Pero sea cual fuere la clase, este mal puede crear graves complicaciones como la eclampsia* o desprendimiento de la placenta, que se revela con una hemorragia. Estos males pueden poner en peligro la vida del feto o ser la causa del escaso peso de nacimiento.

La vigilancia de la gestación de una embarazada hipertensa es esencial: se realiza cada quince días. Se mide su tensión arterial en ambos brazos, en posición de pie o sentada; a continuación se controla la evolución del feto; la dosificación de ácido úrico en sangre, la presencia en la orina de la madre de ciertas hormonas propias del embarazo, la grabación del ritmo cardíaco y los ruidos del corazón, más el examen del líquido amniótico informan acerca del comportamiento del feto.

415

Los embarazos diferentes

Un delicado mecanismo

Ciertas esterilidades femeninas se deben a *desarreglos hormonales*, que en la mayoría de los casos deben cargarse a la cuenta del mal funcionamiento del hipotálamo* que dirige toda la regulación hormonal. Estas perturbaciones pueden tener diversos orígenes (decepción amorosa, muerte de un familiar próximo, relación sexual frustrada, cambio de país). En tales casos, la madre será asistida por un psiquiatra o un psicoanalista. El hipotálamo o la hipófisis* pueden no estar aún en condiciones de dar órdenes a los ovarios. El médico descubrirá la causa analizando las dosificaciones hormonales y por medio de una radiografía del cráneo. Muchas enfermedades pueden entorpecer la ovulación. Así, por ejemplo, las insuficiencias de la glándula tiroides pueden perturbar el mecanismo de la fecundidad; las suprarrenales también pueden actuar de la misma manera; y por su parte, la diabetes también es agente dañino. Esto significa que el mecanismo de la ovulación y de la fecundación es muy delicado y que puede ser afectado por múltiples causas.

Las cifras cantan

Sobre un total de cuarenta mil nuevas parejas que se forman cada año, el 30% de éstas concibe un hijo en los tres meses que siguen a la unión, el 80% en los nueve meses, y el 90% después de un año. Estas cifras derivan de dos cómputos: el de los embarazos comprobados y el del número de parejas que consultan por esterilidad. Se considera que una pareja joven posee una fecundidad de 25%, lo cual significa que veinticinco parejas sobre cien conseguirán un embarazo a partir del primer ciclo. Por otra parte, estudios del INE (Instituto Nacional de Estadística), demuestran que la proporción de parejas que intentaron tener un hijo sin éxito durante muchos años no supera el 3%.

Procreación y seguridad social

Desde su implantación en España los tratamientos para la procreación asistida corren por cuenta de la seguridad social. Hasta entonces sólo se reembolsaban los exámenes clínicos. En la actualidad se han sumado los biológicos. La base del reembolso ya se ha fijado, y el tope de las tentativas en cuatro por pareja. También se reembolsan actos tales como la congelación de embriones* la descongelación o su conservación. Pero atención: para beneficiarse de estos reembolsos previamente hay que realizar un trámite en un centro reconocido por el ministerio; en España existen establecimientos clínicos de reconocido prestigio.

416

La esterilidad

Tener un niño, conseguir un embarazo, es simple para ciertas parejas; pero muy difícil para otras. Los médicos consideran que en una situación normal para concebir un niño al menos se necesita un año. La esterilidad es una afección frecuente que alcanza casi al 15% de las parejas, es decir a unos 10 millones de mujeres de entre diecinueve y treinta y cinco años de edad. Estadísticamente se estima en 68% las esterilidades mixtas, es decir debidas al hombre y a la mujer, y en 40% las que se deben sólo al hombre y en 50% las que corresponden sólo a la mujer. Para el 10% de las parejas la esterilidad sigue sin tener explicación clínica.

Pero la anticoncepción y los progresos médicos han acostumbrado a las mujeres a dominar las dificultades orgánicas y la mayoría de ellas comienzan a inquietarse a partir del momento en que la naturaleza tarda más de tres o cuatro meses en satisfacerlas. Entonces se comprometen en multitud de consultas y exámenes, a veces dolorosos, y siempre psicológicamente duros de sobrellevar. A ello se suman las relaciones sexuales planificadas, las tomas de temperatura a diario y la casi desesperada búsqueda del equipo médico que realizará el milagro.

⋆ Problemas físicos y rechazos psíquicos

La esterilidad rara vez es simple; con frecuencia se comprueba que al tratar un disturbio funcional, aflora otro igualmente perjudicial para la fertilidad, porque compromete tanto el cuerpo como la psique. Concebir un niño exige la movilización de la pareja en su globalidad y con frecuencia resulta indispensable reflexionar en torno al propio deseo.

Es oyendo la historia familiar de cada uno y buscando fundamentos al deseo de hijo cuando se pone de manifiesto la auténtica razón del bloqueo de la ovulación o la mala calidad del moco cervical*. El hombre no está a cubierto de los problemas psíquicos, casi siempre relacionados con el pasado y con las relaciones que haya establecido con sus padres. Además, conseguir imponerse a una esterilidad exige paciencia, perseverancia, y siempre suscita el mínimo de angustia y de estrés.

417

Esterilidad femenina

ntre el 10 y el 12% de las parejas tienen dificultades para concebir un niño. Pero sólo en *el 3% de los casos la esterilidad es definitiva. Todas las demás ceden frente a un tratamiento médico.* La mitad de los casos obedece a causas del todo benignas. De hecho, lo más complicado consiste en la detección de la causa. Efectivamente, tanto la falta de fertilidad como la esterilidad pueden tener múltiples causas. Cuando son de *orden mecánico*, es decir cuando existen obstáculos para el mecanismo de la fecundación, puede tratarse de malformaciones diversas: el útero, que normalmente está curvado hacia adelante: en anteversión, a veces está *fijado* en retroversión (curvado hacia atrás), es decir que está pegado a los órganos que lo rodean. También se encuentran malformaciones en el cuello del útero, que puede estar excesivamente cerrado, e incluso malformaciones congénitas como la ausencia del útero o de los ovarios e incluso del aparato genital completo.

Al margen de esas malformaciones, pueden operar otras causas mecánicas, tales como *la esterilidad por obliteración de las trompas* (esterilidad tubular), secuela de una infección vaginal, y también el fibroma* del útero que es un tumor benigno que afecta al 20% de las mujeres (casi siempre entre los 35 y los 50 años). Por otra parte las simples infecciones de las paredes vaginales o uterinas son enemigas de la fecundidad. La mayoría de estos problemas se tratan adecuadamente.

Cuando hay una infección en el cuello del útero, el médico prescribe antibióticos que darán cuenta de la enfermedad en diez o quince días. Si el cuello está demasiado cerrado se pueden practicar dilataciones suaves (aperturas progresivas del cuello).

El útero malformado o en retroversión móvil no es una causa de esterilidad definitiva. La retroversión de un útero «fijado», pegado a los demás órganos, se anuncia con dolores, e incluso con frigidez. A veces este mal exige intervención quirúrgica, un recurso que también puede ser remedio de numerosas anomalías congénitas: semiúteros, una sola trompa, etcétera.

Las glándulas del útero funcionan mal: el aparato sexual femenino se vuelve inhospitalario. Esta mala producción hormonal puede indicar la presencia de pólipos* en el interior del útero. Será la naturaleza de la afección la que decida al ginecólogo a emplear antibióticos, hormonas* o a practicar legrado*. Si el moco cervical* producido por el cuello del útero es inexistente o insuficiente (su papel es importante en la fecundación), después de practicarse nuevos exámenes profundizados se procederá a la prescripción de estrógenos*.

El fibroma: si el o los fibromas provocan esterilidad, es necesario intervenir quirúrgicamente para proceder a su ablación y conseguir que la cavidad uterina pueda acoger al óvulo* fecundado.

La trompa enferma: la infección de las trompas (o salpingitis) exige el empleo de antibióticos y de antiinflamatorios. Las trompas son responsables del 50% de los casos de esterilidad duradera.

La endometriosis también provoca esterilidad. Afecta al conjunto del aparato genital superior y deteriora la estructura de las trompas y de los ovarios. Mediante un tratamiento hormonal se consiguen embarazos en el 50% de los casos.

Quiste ovárico: es un tumor benigno que generalmente exige cirugía.

También puede haber mal funcionamiento de los ovarios que provoque reglas irregulares. El ginecólogo exige a la paciente que elabore una curva de temperatura. Suelen tratarse con la píldora anticonceptiva, que producirá un bloqueo de la ovulación durante el tiempo que haga falta. La hipófisis* reemprenderá a continuación su actividad y el embarazo tendrá muchas posibilidades de producirse en el transcurso de los meses siguientes al cese de la píldora. Si la hipófisis aún sigue resistiéndose a cumplir con su función, es posible emplear un tratamiento que provoque la ovulación.

*El mal funcionamiento del cuerpo amarillo** también es causa de esterilidad, puesto que no produce la progesterona* indispensable para la nidación o implantación del huevo en la pared uterina. La esterilidad también puede deberse a una *anomalía del moco cervical secretado por el útero*. Si no la hay, o si está infectada, no puede cumplir su función, que consiste en ayudar al ascenso de los espermatozoides hacia el encuentro con el ovocito*.

Gracias a la creciente eficacia de los medicamentos, la medicina puede socorrer cada vez más casos de esterilidad.

Los
embarazos
diferentes

Esterilidad masculina

L a esterilidad masculina todavía hoy es un tema delicado, de difícil tratamiento, puesto que para muchas personas está asociada con la virilidad. Por eso, mientras el conocimiento y los tratamientos que conciernen a la esterilidad femenina existen desde hace largo tiempo, la falta de fertilidad masculina aún sigue siendo terreno desconocido.

Todo diagnóstico de este mal descansa en principio en un examen del esperma: *el espermograma*. Con él se puede medir el número de gametos* masculinos, su morfología, su movilidad y las características del líquido de la eyaculación. Sumado a otros exámenes complementarios destinados a la medición de las dosificaciones hormonales y al estudio del nacimiento de la célula masculina, base de la producción de los espermatozoides*, puede constituirse la base de un diagnóstico. A partir de estos exámenes se han determinado dos clases de anomalías: las que afectan al número o concentración y las que conciernen al funcionamiento de los espermatozoides.

En el 8% de los casos la esterilidad se debe a la más irremediable de las causas: la *azoospermia*, es decir la total ausencia de espermatozoides. La causa de este mal es hormonal, y puede deberse tanto a problemas glandulares como a perturbaciones de la hipófisis*. Por eso ciertos casos se resuelven con terapéuticas hormonales.

Pero aún existen estas otras causas de esterilidad masculina:

Una *afección del epidídimo*: los testículos realizan su trabajo pero el sistema de distribución es deficiente. Ello pude ser resultado de una infección venérea o de una anomalía congénita (deformación, ausencia u obstrucción de los conductos). Especialmente los tratamientos a base de antibióticos han revelado ser los mejores remedios en el primer caso y la intervención quirúrgica suele ser la solución para el segundo. Pero apenas un tercio de los sujetos tratados podrán recuperar una fecundidad suficiente.

La distribución es buena, pero los testículos funcionan mal: la ausencia de espermatozoides es resultado de una lesión, de paperas mal curadas después de la pubertad, o consecuencia de una importante dosis de rayos X. Pero también puede tratarse de una anomalía cromosómica. En cualquier caso, la esterilidad suele ser grave, y a veces definitiva.

La oligozoospermia: es la presencia de los espermatozoides en número excesivamente pequeño. Esta anomalía puede explicarse por muchas razones, sobre todo por una criptorquidia o inadecuado descenso de los testículos al escroto. La cirugía suele resultar indispensable. La mejor solución es fijar el o los testículos antes de la pubertad.

Un varicocele: se trata de una váriz del testículo. Es una de las causas principales de esterilidad masculina. La cirugía elimina fácilmente este mal. Se trata de una intervención benigna que en el 50% de los casos mejorará el espermograma. Pero habrá que esperar muchos meses, y hasta es posible que muchos años, antes de tener la posibilidad de procrear.

Una infección: no siempre es de fácil detección y se cura con antibióticos. El tratamiento pude durar varios meses.

Otra causa de esterilidad masculina: *los testículos no se mantienen en el escroto*. Para remediarlo se necesita una intervención quirúrgica.

La esterilidad masculina puede ser accidental: un golpe en los testículos, secuelas quirúrgicas (hernias) o simplemente fuertes fiebres. También puede deberse a la *profesión* del sujeto (panadero, metalúrgico, etcétera) o que manipula con frecuencia elementos radiactivos. Los *hombres obesos, afectados de cirrosis o diabéticos* también pueden convertirse en malos reproductores. Pero esos casos generalmente se curan bien. Por último los *angustiados* y los *hiperansiosos* pueden padecer el mismo mal cuya superación dependerá de psicoterapia, de eficacia igualmente indiscutible para combatir ciertas impotencias debidas a problemas de erección o de eyaculación.

La baja concentración de espermatozoides permite un diagnóstico seguro de esterilidad momentánea o definitiva. También se sabe que una *anomalía en la movilidad o en el poder fecundante* del espermatozoide rara vez da origen a total esterilidad sino más bien a hipofertilidad. Las causas de las *astenozoospermias* (falta de movimiento) son múltiples, y hasta hoy su tratamiento ha resultado infructuoso.

Los
embarazos
diferentes

La fuerza está en el número

El empleo de la fecundación in vitro también ha sido causa de numerosos embarazos múltiples. Para garantizar que una gestación prospere, los médicos implantan varios huevos a la vez. Muchos de éstos no evolucionan, pero otros (uno, dos, tres, cuatro...) pueden convertirse en embriones perfectamente viables. En tal caso los padres tienen que decidir si quieren tantos niños de una sola vez. Con frecuencia deciden conservar dos o tres niños.

En la actualidad muchos médicos consideran que el número normal de embriones * reimplantados no debería pasar de tres.

Donación de óvulos

Esta donación permite a las mujeres que padecen insuficiencia ovárica convertirse en madres*, en tal caso los óvulos* se extraen y luego son fecundados in vitro con el esperma del cónyuge de la mujer que desea tener un hijo, aunque carezca de ovarios, por ejemplo. Para que el embarazo evolucione es necesario mantener el equilibrio endocrino indispensable para el desarrollo del embrión. La transferencia puede realizarse con embriones congelados o frescos. En el segundo caso será necesario que los ciclos menstruales de donante y receptora estén sincronizados.

Para vigilar

Los embarazos conseguidos con fecundación in vitro* con frecuencia comportan «riesgos» y exigen una mayor vigilancia. Diversos estudios estadísticos señalan que en el primer trimestre se produce un alto número de abortos (28% aproximadamente). Además, el nacimiento suele producirse prematuramente, fenómeno acentuado si el embarazo es múltiple. Y según parece, los retardos de crecimiento suelen ser más frecuentes que en las gestaciones normales, al tiempo que el número de partos por cesárea también es alto.

Prejuicios masculinos

Parece que, en general, los hombres soportan menos que sus esposas padecer esterilidad. No les entusiasma nada que se investiguen sus causas, y se sienten culpables y se deprimen cuando el diagnóstico los declara estériles. Para muchos, entre esta condición y la de impotente no hay diferencia.

Peor aún asumen la inseminación artificial de sus esposas. A veces necesitan mucho tiempo y grandes esfuerzos para quitarse de la cabeza la idea de ser padres ilegítimos.

La fecundación in vitro

E l 15% de las parejas europeas tiene dificultades para gestar un hijo, aseguran las estadísticas. Muchas de ellas apelan a la fecundación in vitro o a otros métodos de fecundación asistida*. El 60% de los casos de fecundación in vitro corresponden a parejas con problemas mecánicos como trompas ausentes, obstruidas o alteradas. A veces la esterilidad es idiopática, es decir, obedece a causas o factores desconocidos hasta el momento, y no hay ningún tratamiento de buen pronóstico que pueda remediarla. Esta técnica se intenta después de haberse fracasado con la inseminación artificial, o cuando existen problemas de inmunidad.

★ **Nacer en una probeta**

Todo comienza con la futura mamá, candidata a una FIV (fecundación in vitro), sometida a riguroso control de ovulación que si es preciso se estimula con medicamentos. Esta estimulación se ejecuta empleando dosificaciones hormonales y controlando mediante ecografía el tamaño de los folículos* ováricos. Se alcanza tal precisión que el médico puede prever con exactitud cuándo tendrá lugar la ovulación.

En la actualidad la mayoría de las extracciones de ovocitos* se realiza por punción mediante una aguja introducida por vía vaginal y bajo el control de la ecografía. No es necesario emplear anestesia fuerte, basta un simple sedante.

Los espermatozoides* se recogen por masturbación. Se retiran algunas horas antes de la toma de contacto con el óvulo* que a su vez se conserva en un medio específico. Entonces se mezcla en la probeta un ovocito con 10.000 o 20.000 espermatozoides móviles. Los huevos así formados se instalan en un incubador a 37 °C y 48 horas después el huevo ya cuenta con cuatro células. La reimplantación de uno, y con frecuencia de numerosos embriones* en la pared posterior del útero, se ejecuta mediante un catéter y no exige a la mujer más que unos pocos minutos de descanso. *Enseguida puede proseguir su vida de manera completamente normal.*

Otra técnica, el ZIFT (transferencia interfalopiana de cigoto), es igual a la fecundación in vitro, pero con reimplantación precoz, pasadas sólo 24 horas. El método exige que las trompas de la paciente estén intactas.

423

Progresión ideal
del aumento de peso

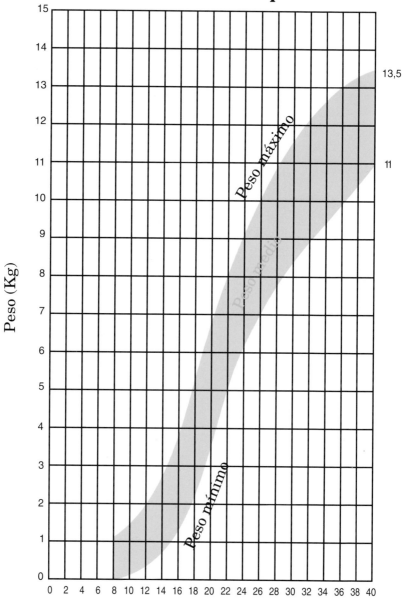

Semanas de gestación

Curva de peso de los seis primeros meses del niño

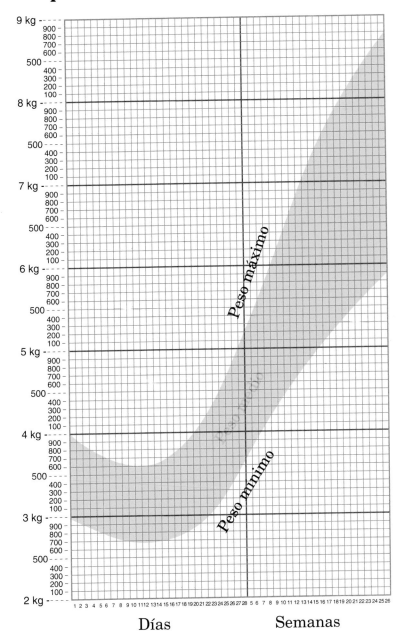

Días   Semanas

Glosario médico

A

Ácido fólico: vitamina que se encuentra en el hígado y en la mayoría de los vegetales verdes, indispensable para un buen desarrollo del embarazo.

A.D.N. o ácido desoxirribonucleico: sustancia que se encuentra en el núcleo de la célula y que sobre todo constituye los cromosomas.

Adrenalina: hormona producida por las suprarrenales, sobre todo en períodos de gran estrés o de miedo.

Aglutinina: anticuerpos que reaccionan en presencia del antígeno correspondiente. La aglutinación es un fenómeno biológico que se caracteriza por la reunión de células o de microbios por la acción de una sustancia denominada aglutinina. El estudio de la aglutinación permite el diagnóstico del ataque viral o microbiano.

Albúmina: una proteína que puede tener diversos orígenes. La que se sintetiza en el hígado se llama seramalbúmina. La tasa de esta albúmina en sangre es constante, todo cambio en la dosificación indica mal funcionamiento orgánico.

Alfa feto proteína: nombre de una proteína particular, vinculada con la ovulación, que se encuentra en la sangre.

Amenorrea: ausencia de menstruaciones en la mujer.

Amnios: fina membrana que tapiza la cavidad donde flota el feto, y que también rodea el cordón umbilical hasta la unión con el feto. Se encuentra separada de la pared uterina por otra membrana, el corion.

Analgesia: supresión de la sensibilidad al dolor.

Anemia: reducción del número de glóbulos rojos. Las causas pueden ser numerosas, y suele anunciarse en la palidez de la piel.

Anencefalia: malformación de la cabeza que sólo presenta la cara. No hay bóveda craneana sino tejidos blandos que unen la cara con el cuello. Es causa de muerte uterina o en las horas que siguen al nacimiento.

Anticuerpos: sustancia producida por el organismo para defenderse del ataque viral o de microbios llamados antígenos. A cada antígeno corresponde un anticuerpo que aquél vuelve inactivo.

Antiespasmódico: efecto de un medicamento o de una sustancia que combate los espasmos y el dolor que acostumbra acompañarlos. Actúa sobre el sistema nervioso del músculo o del órgano involuntariamente contraído.

Apego: conjunto de vínculos que se establecen entre madre e hijo; resultado de la interacción a partir de sensaciones y de percepciones mutuas, de la madre y de su hijo.

Aplasia medular: perturbación en la formación de la médula ósea que altera la producción de los glóbulos rojos de la sangre, y que debilita al organismo en su conjunto. Afecta a todos los glóbulos: rojos, leucocitos (blancos) y plaquetas.

A.R.N.: ácido ribonucleico –ácido nucleico del citoplasma y del núcleo celular. Tiene un importante papel en el transporte de los mensajes genéticos y en la síntesis de las proteínas.

Atetosis: síndrome que se caracteriza por movimientos automáticos, lentos y ondulatorios de las manos.

Autosomas: variedad de cromosomas no determinados por el sexo del individuo. El hombre posee 44 cromosomas autosomas y 2 heterosomas. Las alteraciones de los cromosomas autosomas provocan enfermedades hereditarias que afectan a ambos sexos.

Axón: parte central de la célula nerviosa.

B

Base pélvica: región situada en la base de la pelvis y que forma un suelo muscular que soporta los órganos genitales externos y el ano.

Biopsia: extracción de un fragmento de tejido que se destina al análisis. La muestra recogida se examina con el microscopio o el microscopio electrónico, se somete a examen químico o se cultiva, como ocurre en el estudio del cariotipo.

Bradicardia: pulso lento.

C

Calostro: líquido amarillento secretado por la glándula mamaria antes de que se produzca la secreción de leche. Es muy rico en proteínas, sales minerales y anticuerpos maternos.

Canal galactóforo: canal que conduce la leche producida por la glándula mamaria.

Cándida albicans: enfermedad debida a hongos (levaduras) llamadas cándidas. La contaminación micótica puede volverse patógena.

Cefalohematoma: derrame sanguíneo situado entre el hueso del cráneo y el periosto, bastante frecuente incluso después de un parto normal. Se reabsorbe naturalmente después de una inyección de vitamina K.

Celioscopía: examen que se practica con un endoscopio, tubo óptico provisto de una fuente luminosa, para el examen de los órganos internos. El endoscopio se introduce ya a través de la pared abdominal, ya por las vías vaginales.

Células germinales: son típicas de los ovarios y de los testículos. Su madurez acaba en los gametos machos y hembras (el espermatozoide y el óvulo).

Cianosis: coloración azulada, debida a un trastorno en la oxigenación de la sangre.

Ciclo menstrual: manifestación fisiológica característica del aparato genital de la mujer. En la gran mayoría de los casos, el ciclo menstrual dura veintiocho días, y acaba con la menstruación. Ese mecanismo está esencialmente gobernado por la hipófisis.

Circular del cordón: nombre médico de la posición del cordón umbilical en torno al cuello del niño.

Cistitis: inflamación de la vejiga por razones químicas o a causa de una infección genitourinaria.

Corion: tejido que rodea el feto, sirve de apoyo al amnio y está adherido a la pared uterina. De naturaleza diferente a la altura de la implantación del huevo en la pared uterina (corion placentario) y en las otras partes (corion liso); el primero posee numerosos vasos sanguíneos donde se implantan las vellosidades coriales, en contacto directo con la mucosa uterina.

Córtex: parte periférica de dos órga-

nos, el cerebro o las glándulas suprarrenales.

Cromatina: sustancia presente en toda célula viva. Con ocasión de la división celular, la cromatina da origen a la formación de cromosomas.

Cromosoma: elemento con forma de bastoncillo, presente en toda célula viva. En los cromosomas se encuentran los genes, material hereditario de todo ser vivo. Cada especie tiene un determinado número de cromosomas. Toda diferencia comporta una anomalía denominada enfermedad genética.

Cuerpo amarillo: parte del ovario que secreta la progesterona; su función es transitoria y periódica. Es una auténtica glándula endocrina, que cuando no hay fecundación se marchita y degenera.

D

Dendrita: prolongación de la célula nerviosa, de forma arborescente.

Deshidratación: importante pérdida de agua del cuerpo. Cuando le ocurre al lactante, puede poner su vida en peligro.

Diámetro biparietal: medida del cráneo entre ambos parietales, situados a los lados del cráneo sobre la recta media que determinan el occipital detrás y el frontal delante.

Dilatación del istmo: apertura anormal del cuello del útero.

Displasia de la cadera: deformación ósea de la cadera debida a una malformación embrionaria.

Distocia ósea: se manifiesta por acortamientos y achatamientos simétricos de la pelvis. Puede ser resultado de deformaciones vertebrales y de luxación bilateral de las caderas.

Doppler: aparato que permite medir la velocidad de circulación de la sangre en los vasos sanguíneos. Funciona por reflexión de rayos de ultrasonido sobre los glóbulos rojos.

Dorsalgias: dolores de espalda a la altura de la columna vertebral.

Duramadre: una de las meninges que recubren el cerebro y la médula espinal. La duramadre sigue muy exactamente la superficie interior del cráneo. Esta resistente envoltura tiene un milímetro de espesor.

E

Eclampsia: ataque de convulsiones que puede acabar en coma profundo. La albuminuria, el edema y la hipertensión suelen ser los signos que la anuncian.

Ectoblasto: capa del embrión que da origen a la piel y al sistema nervioso.

Edema: infiltración de líquido en los tejidos conjuntivos, que provoca una hinchazón.

Edema maleolar: edema de los tobillos.

Embarazo molar: la placenta evoluciona como tumor canceroso, a expensas de la mucosa que cubre la cavidad uterina o el músculo uterino más profundo (es la forma más rara). Puede sobrevenir después de un embarazo y se anuncia con hemorragias y pérdidas blancas o amarillas hediondas.

Embolia amniótica: en el transcurso del embarazo, bajo el efecto de una fuerte tensión, el recipiente que contiene el líquido amniótico se rompe y una parte de éste pasa a la circulación sanguínea de la madre.

Cuarenta y ocho horas después del parto la tensión arterial cae en picado y la parturienta tiene dificultades respiratorias, lo cual impone urgente reanimación.

Embriogénesis: formación del organismo vivo (animal o vegetal) y desarrollo hasta el nacimiento.

Embrión: organismo en vías de desarrollo; huevo al principio, poco a poco se vuelve capaz de vida autónoma.

Entre los seres humanos se habla de embrión entre la fecundación y los tres meses de gestación.

Endoblasto: capa interior del disco embrionario, que dará origen a la formación del intestino primitivo, luego a la del tímpano, de una parte del aparato respiratorio, de las amígdalas, del tiroides, del hígado, del páncreas, del timo y de la vejiga.

Endometriosis: afección que se caracteriza por la presencia de la mucosa uterina en una localización anormal (sobre el músculo uterino, las trompas o los ovarios).

Endorfina: sustancia secretada por la hipófisis y el tejido nervioso para atenuar el dolor.

Entuertos: contracciones posteriores al parto, provocadas por la succión del lactante. El dolor que producen aumenta con el número de embarazos y partos.

Enzimas: sustancias orgánicas que dan origen a reacciones químicas como las de la digestión.

Epidídimo: órgano constituido por un fino canal situado sobre el testículo.

Espéculo: instrumento que permite agrandar las cavidades del cuerpo. Con este utensilio se examinan la cavidad vaginal y el cuello del útero.

Espermatozoide: gameto masculino compuesto de una cabeza, portadora del patrimonio genético, y de un flagelo que asegura su movilidad.

Espermograma: estudio microscópico del número de espermatozoides y de su movilidad en una eyaculación.

Estradiol: especie de hormona que pertenece al grupo de los estrógenos.

Estrógenos: hormonas secretadas por el ovario, por las suprarrenales y la placenta; y en el hombre, por los testículos.

Exsanguino transfusión: reemplazo de la sangre del niño en el momento de su nacimiento por la de un donante, se emplea sobre todo en casos de incompatibilidad entre los RH de la madre y del feto. La operación se realiza por la intermediación de la vena umbilical.

F

Fecundación asistida (FIV): técnica que consiste en provocar la fecundación en probeta para luego implantar el huevo conseguido en el útero materno.

— *La GIFT* (transferencia intrafalopiana), técnica muy exitosa. La fecundación se consigue en las trompas maternas después de reinstalar los ovocitos previamente extraídos y los espermatozoides «preparados».

— *El TAP* (transferencia intraperitoneal): previa estimulación ovárica se inyectan los espermatozoides «preparados» en el fondo de la vagina.

— *EL ZIFT* (transferencia intrafalopiana del cigoto): la fecundación se realiza en probeta, y en las 24 h siguientes el huevo se reimplanta en la trompa.

— *La EMBIF* (transferencia intrafalopiana de embrión): la reimplantación del huevo «nacido» en probeta se realiza 48 horas después de la fecundación.

Fetoscopia: examen que permite observar el feto en útero mediante la introducción de un endoscopio (aparato provisto de una fuente luminosa) a través de la pared abdominal.

Fibroblasto: célula del tejido conjuntivo responsable de su formación.

Fibroma o fibromiona del útero: tumor benigno que se forma a partir del músculo uterino.

Fimosis: orificio del prepucio anormalmente estrecho.

Flebitis: inflamación de una vena con formación de un coágulo que la obtura.

Foliculina: hormona secretada por el ovario.

Folículo de Graaf: conjunto de células que determinan una cavidad en la superficie del ovario donde se forma el óvulo.

Fontanelas: espacios no solidificados entre los huesos del cráneo, unidos por dos membranas; tres fontanelas en total.

Fructosa: azúcar que contiene la miel y las frutas.

G

Gametos: células sexuales (el espermatozoide y el óvulo).

Gammaglobulina: globulina del suero sanguíneo, es el soporte de la mayoría de los anticuerpos. También se la emplea en la prevención de ciertas enfermedades infecciosas.

Genes: partes integrantes de los cromosomas que contienen información hereditaria.

Gónadas: órgano proveedor de las células reproductoras. La gónada masculina es el testículo, la femenina el ovario.

Gonadotropina u hormona gonadotrópica: es una hormona producida por la placenta y puede medirse en la orina.

Gravídica/o: relativa/o al embarazo o gravidez.

H

Hematoma retroplacentaria: hemorragia más o menos grave de acuerdo a su localización, que oscila entre

433

el simple infarto en la superficie de la placenta o el desprendimiento de ésta. Pone en peligro la vida del niño.

Hemiplejía: parálisis parcial o total de una parte del cuerpo.

Hemofilia: enfermedad hereditaria de la sangre que afecta sólo a los niños, pero que es transmitida por las mujeres.

Hemoglobina: proteína coloreada característica de los glóbulos rojos, que asegura el transporte de oxígeno.

Hemorroides: dilatación de una vena de la pared rectal, que puede ser interna o externa, favorecida durante el embarazo por la compresión del sistema venoso.

Hepatitis: inflamación del hígado debido a sustancias tóxicas pero también a infección viral o bacteriana. La más frecuente es la viral que puede ser de dos clases, A y B.

Herpes: afección de la piel de origen viral, que se caracteriza por pequeñas vesículas.

Heterocigoto: se dice de un carácter aportado conjuntamente por un gen materno y uno paterno.

Hidramnios: cantidad anormal de líquido amniótico, más de dos litros. Esta excesiva abundancia puede obedecer a múltiples causas vinculadas con la producción o la reabsorción del líquido.

Hidrocefalia (congénita): el cráneo del neonato luce desproporcionado, gibado, el rostro es pequeño. Esta malformación está relacionada con problemas psicomotrices y neurológicos, que con frecuencia producen la muerte.

Hipófisis: glándula endocrina situada bajo el encéfalo, que produce numerosas hormonas. Sobre todo dirige los ovarios y la mayoría de las glándulas del cuerpo. Bajo los efectos del LHRH libera otras dos hormonas, la LH y la LTH; la primera destinada al crecimiento y la maduración del folículo que contiene el óvulo, la otra que actúa sobre el folículo para liberar el óvulo y también para modificar ciertas células con el objeto de dar nacimiento al cuerpo amarillo.

Hipotensión: reducción de la tensión arterial por debajo de la producida por las glándulas endocrinas. Tiene un papel esencial en el funcionamiento del cuerpo.

Hipotálamo: órgano del sistema nervioso situado en la base del cerebro que regula todo el sistema hormonal; controla la temperatura del cuerpo, el apetito, el peso, las emociones. Traduce los impulsos nerviosos procedentes del cerebro y de toda otra parte del cuerpo. Sus agentes de comunicación son las hormonas. La sustancia hormonal que libera, el LHRH, cada 90 minutos llega a la hipófisis a través de la sangre. El hipotálamo también tiene una función reguladora del conjunto de las secreciones hormonales del organismo.

Hiperglicemia: tasa anormalmente alta de glucosa en la sangre, que revela la existencia de diabetes.

Hipoglucemia: descenso brutal de la tasa de glucosa en la sangre, que puede provocar malestares.

Hipotrófico: niño esmirriado o enteco, en la jerga médica.

Hipoxemia: disminución de la tasa de oxígeno en la sangre.

Hipoxia: falta de oxígeno en el transcurso del embarazo que puede tener consecuencias cardíacas y cerebrales para el niño.

Hormona: sustancia química producida por las glándulas endocrinas. Tiene un papel esencial en el funcionamiento del cuerpo.

I

Ictericia del neonato: se manifiesta en muchos recién nacidos en el transcurso de los tres primeros días de vida. Generalmente se debe a una lenta puesta en marcha del hígado o, en los casos más graves, a incompatibilidad sanguínea fetomaternal.

Inmunidad: capacidad de resistencia a una enfermedad infecciosa o parasitaria. Puede ser natural o adquirida, en este último caso, generalmente por vacunación.

Inmunoglobulina: anticuerpos que aseguran la inmunidad. Está presente en la sangre en estado natural.

Insulina: hormona cuyo efecto consiste en reducir la tasa de glicemia. Se la emplea en el tratamiento de la diabetes.

Interrupción terapéutica del embarazo: detención voluntaria del embarazo por razones médicas, en caso de peligro para la vida de la madre o frente a un diagnóstico/ pronóstico de malformaciones graves del niño. Puede practicarse en cualquier etapa de la gestación antes de las 22 semanas.

Interrupción voluntaria del embarazo o aborto: (regulado por legislación artículo 417 del Código penal).

K

Kinestésico: relativo a la kinesia, es decir, actividad de los músculos (masajes, gimnasia, etc.).

L

Legrado: con ayuda de un instrumento quirúrgico se retiran fragmentos de tejido adheridos a la pared uterina, sobre todo después de un aborto espontáneo.

Leucorrea: drenaje no sanguíneo de la vulva, normal en el transcurso del

435

embarazo, a causa de la abundante escamación de la vagina.

Linfagitis: inflamación de los vasos linfáticos.

Líquido cefalorraquídeo: líquido que baña los ventrículos cerebrales y la médula espinal.

Listeriosis: enfermedad infecciosa debida a un germen que transmite el hombre por consumo de carnes infectadas.

Meconio: sustancia constituida por bilis, desechos epiteliales y mocos, que llena los intestinos del niño durante el transcurso de su vida uterina. Es evacuado en los primeros días que siguen al nacimiento. La eliminación del meconio en el útero suele ser un indicio de sufrimiento fetal.

Meiosis: mecanismo singular que permite a los gametos machos y hembras dividir en 23 cromosomas a partir de 46 células matrices.

Mesoblasto: capa intermedia del embrión.

Metabolismo: fenómeno de construcción y degradación orgánica de las células del cuerpo humano, complejo y permanente.

Metrorragia: hemorragia anormal.

Moco cervical: secreción producida por los tejidos del cuello del útero. Un líquido transparente, cuya consistencia es semejante a la clara de huevo, tiene dos funciones: es un filtro y un vehículo. En efecto, el moco cervical guía a los espermatozoides hacia el útero y las trompas; y les sirve de medio nutritivo, donde pueden vivir algunos días antes de la ovulación. Durante el embarazo, este moco se espesa y permanece en el interior del cuello hasta el parto. El día del nacimiento, o en los precedentes, se vuelve blando y abundante, y es expulsado con el nombre de tapón mucoso.

Micosis: afección provocada por un hongo que afecta la piel, las uñas, el cuero cabelludo y los dedos de los pies.

Mielinización: desarrollo de la sustancia que rodea a las fibras nerviosas. Un proceso que no está acabado en el momento del nacimiento, y que prosigue durante varios años.

Miopatía: enfermedad de las fibras musculares. La más conocida de todas es de origen hereditario, la miopatía de Duchenne, transmitida por la mujer, y que sólo padecen los varones. Por el contrario, la miopatía facio escápulo humeral puede afectar a los dos sexos por igual.

Mórula: primera fase del desarrollo del embrión.

Mucoviscidosis: enfermedad hereditaria recesiva que se manifiesta por una alteración de las secreciones de las mucosas. Este mal afecta al aparato respiratorio y digestivo y a los sistemas hepático y pancreático. Suele tener evolución fatal.

Multigesta: que ha tenido numerosos embarazos.

Multípara: que ha tenido más de un niño.

N

Neonatología: especialidad médica centrada en el niño recién nacido y en los que provienen de partos precoces.

Neurona: célula nerviosa que comprende un cuerpo central –el axón– y las prolongaciones –las dendritas–.

Niño probeta: denominación popular de las fecundaciones in vitro.

O

Oxitocina: hormona de origen posthipofisario, que en general refuerza las contracciones de los músculos, y en particular las del músculo uterino.

Oligoamnios: falta de líquido amniótico al final del embarazo (menos de 200 cm^3)

Oligoelementos: elementos minerales presentes en el organismo. Algunos tienen un importante papel en el funcionamiento de las células: entre los oligoelementos se cuentan flúor, yodo, magnesio, manganeso...

Ovocito: célula femenina de reproducción que todavía no ha realizado las dos fases de la meiosis.

Óvulo: célula nacida en el ovario después de la maduración de un folículo. Gameto femenino.

P

Paraplejía: parálisis de dos miembros inferiores.

Parturienta: nombre que se da a la mujer encinta.

Perineoplastia: reparación quirúrgica del perineo.

Peritoneo: membrana que cubre el abdomen, en contacto con los intestinos.

pH: potencial de hidrógeno, sistema de medida de la acidez o alcalinidad de un líquido. También se puede medir el pH sanguíneo o el de la orina. El esperma, de pH alcalino, encuentra en la vagina un pH normalmente ácido. Cuanto más ácido sea el medio, menos propicio resultará para la supervivencia de los espermatozoides.

Placenta previa: es una implantación excesivamente baja y por lo tanto anormal de la placenta. Provoca hemorragias que con frecuencia resultan graves, aunque indoloras en el transcurso del embarazo. Exigen inmediata internación.

Glosario
médico

Placenta recubriente: la placenta está inserta sobre el cuello del útero y recubre a éste.

Pólipos: tumores benignos que se instalan en las mucosas de las cavidades naturales.

Presentación: posición del niño en el momento del nacimiento.

Primípara/primigesta: mujer que pare o que está embarazada por primera vez.

Procidencia del cordón: posición del cordón umbilical frente a la cabeza del niño. En ciertos casos puede salir a la vulva antes que el niño, y de esa manera lo deja en una situación comprometida.

Progesterona: hormona sexual femenina, secretada por el ovario después de la ovulación.

Prolactina: hormona de la lactancia.

Prolapso: nombre científico que se da al descenso de órganos: descenso del útero y de la vagina después de la relajación de los músculos del perineo.

Profilaxis: terapéutica destinada a prevenir la enfermedad.

Prostaglandina: sustancia sobre-todo presente en el líquido seminal, que de acuerdo con su naturaleza, actúa sobre el músculo uterino relajándolo o aumentando su tonicidad.

Proteína: sustancia constituida por ácidos aminados.

Proteína plasmática: proteína contenida en el plasma sanguíneo.

Preteinuria: búsqueda de albúmina en la orina.

Ptialismo: excesiva secreción de saliva.

Q

Quiste: cavidad patológica situada en un tejido o en un órgano, como el ovario. Puede deberse a un problema patológico: la ruptura de un folículo que libere un óvulo no se produce y el folículo continúa creciendo. Pero también puede ser orgánico. En este último caso es permanente y no cambia de tamaño sea cual fuere el momento del ciclo.

R

Radiopelvimetría: radiografía que permite medir el diámetro de la pelvis, del canal natural de parto. Se practica algunas semanas o días antes de la fecha prevista de parto.

Revisión uterina: examen realizado después del alumbramiento, para verificar que fragmento alguno de la placenta haya quedado adherido a la pared uterina.

Retención placentaria: la placenta permanece anormalmente pegada a la pared uterina después del parto.

S

Sinapsis: parte de la célula nerviosa que asegura el contacto entre dos neuronas.

T

Tacto vaginal: reconocimiento de la cavidad vaginal y del cuello del útero mediante la introducción de dos dedos.

Talasemia: alteración sanguínea que comporta graves enfermedades, se localiza en el área mediterránea.

Teratógeno: que puede ser causa de malformaciones. Los factores teratológicos pueden ser genéticos o debidos a una agresión exterior.

Test Apgar: serie de tests practicados en el nacimiento, que permiten establecer una notación y calcular las posibilidades de adaptación del neonato a su nueva vida.

Test de Guthrie: se practica sistemáticamente en los primeros días de vida. Algunas gotas de sangre extraídas del talón del recién nacido permitirán el diagnóstico precoz de una enfermedad rara pero grave: la **fenilcetonuria** que afecta al cerebro. Descubierta a tiempo se cura fácilmente con un régimen alimenticio que consiste en eliminar la mayor parte de las proteínas. Con este examen también puede diagnosticarse

el **hipotiroidismo** (insuficiencia de hormonas tiroidales). El diagnóstico y tratamiento precoz de esta deficiencia permite un buen desarrollo mental del niño.

Testosterona: hormona masculina secretada por las células de Leydis situadas en los testículos.

Tetraciclinas: nombre de un conjunto de antibióticos.

Toxemia gravídica: grave perturbación al final del embarazo, que se manifiesta por un edema, la presencia de albúmina en orina e hipertensión. Debe ser diagnosticada precozmente para que la gestación pueda continuar.

V

Vaginismo: contracción dolorosa e involuntaria del músculo de la vagina, debido a problemas psíquicos u orgánicos.

Vaginitis: inflamación de la mucosa de la vagina.

Varices: dilatación anormal y permanente de una vena.

Vellosidades placentarias: cuerpos vasculares que sirven para el intercambio madre-niño a través de la placenta.

Vernix caseosa: sustancia blanca y grasa que cubre la piel del niño.

Versión: intervención obstétrica destinada a modificar la presentación del niño. Puede practicarse a través de la pared abdominal o mediante la manipulación directa durante el parto.

Glosario
médico

Las formalidades

Las visitas obligadas

En el transcurso de la gestación deben realizarse cuatro visitas obligadas. La primera es la que corresponde a la declaración, comporta una examen clínico general y la orden de análisis de laboratorio que incluye la determinación del grupo sanguíneo y del factor RH, el diagnóstico precoz de la sífilis, y la detección de las defensas contra la rubéola y la toxoplasmosis en el sistema inmunitario.

Las otras tres pueden realizarse tanto por el toco-ginecólogo como por la matrona, y se sitúan:

— la segunda entre los cinco y seis primeros meses de embarazo;

— la tercera en la primera quincena del octavo mes, es decir entre los siete y los siete meses y medio de embarazo;

— la cuarta en la primera quincena del noveno mes, es decir entre los ocho y ocho meses y medio de gestación.

Y por último, en las ocho semanas que siguen al parto, habrá que someterse a un último examen obligado.

★ **La vigilancia médica complementaria**

En ciertos casos, a las consultas regulares pueden sumarse otras dos destinadas al diagnóstico de eventuales anomalías y a prevenir el parto prematuro.

Estos dos exámenes se sitúan en el cuarto y quinto mes. Cuando se trata de embarazos con riesgos, o patológicos, el número de consultas puede aumentar según las necesidades clínicas.

La cartilla de maternidad

En España la cartilla maternal revela las incidencias de la gestación y el pronóstico del parto.

La declaración de nacimiento se hace por acto asistido por la matrona en el juzgado y por la solicitud de la partida de nacimiento por parte de los progenitores.

En caso de interrupción del embarazo, la libreta debe ser devuelta a la entidad sanitaria que la envió.

El contrato de trabajo

Las mujeres encinta asalariadas están protegidas por los **contratos de duración indeterminada**. Sea cual fuere su antigüedad, el empresario no puede despedirlas durante el período de embarazo, salvo por una falta grave no relacionada con el estado de gravidez, o en caso de imposible mantenimiento de su puesto de trabajo por razones económicas.

En los contratos de duración determinada: hasta la fecha de la finalización normal del contrato el empresario no puede despedir a la embarazada. Además, la no renovación del contrato, cuando ésta aparece prevista en sus cláusulas, no podrá estar relacionada con el estado de gravidez.

Las mujeres en período de prueba o aprendizaje: el empresario no puede invocar el embarazo como razón para interrumpir la prueba o aprendizaje. No obstante, en caso de ruptura con el motivo disfrazado, la embarazada tendrá que probar que es el embarazo la causa de la interrupción del contrato de trabajo.

Las mujeres en paro que buscan un empleo tienen derecho a exigir que ningún empresario invoque el estado de gravidez para negarles el puesto de trabajo. Con ocasión de la entrevista previa al empleo, la embarazada no tiene la obligación de revelarlo. Asimismo, el médico de la empresa no debe informar al empresario acerca del particular si lo supiese en la revisión.

Si a pesar de todo se produce el despido, la futura mamá dispone de un plazo de quince días a partir de la notificación del despido, para dirigir al empresario una carta con acuse de recibo con el certificado médico que prueba el estado de gravidez. Dicho certificado tendrá como efecto anular el despido u obligar al empresario a pagar la totalidad de los salarios que habría percibido de haber trabajado durante el plazo de protección legal.

Las formalidades en relación al empresario

La embarazada nunca está obligada a informar al empresario acerca de su estado. No obstante, para beneficiarse de la protección social y percibir las indemnizaciones salariales durante el

443

período de licencia de embarazo, será indispensable que informe lo antes posible por *carta certificada con acuse de recibo* acerca de la fecha legal del inicio de la licencia de maternidad al igual que la prevista para el final de ésta. Y adjuntar a ello un certificado médico de embarazo.

El permiso de maternidad

Se divide en dos etapas, y su duración varía según exigencias particulares. En caso de embarazo con riesgo o patológico, por prescripción médica puede prolongarse el reposo postnatal dos semanas más. Si el parto tuvo lugar antes de lo previsto, el reposo postnatal se prolonga otro tanto. Si el parto ha tenido lugar más tarde de lo previsto, la duración del permiso de maternidad no se altera. Todo lo dicho según criterio facultativo.

En España la licencia que se otorga es de 16 semanas en total, aunque hay convenios colectivos con empresas que modifican la duración y el modelo. Cuando el parto es múltiple, se tiene derecho a 2 semanas más de licencia.

Cuando se quiere tomar un permiso de maternidad más corto, pero beneficiarse con las prestaciones, es obligatorio detener el trabajo al menos dos semanas antes de la fecha de parto y seis semanas después, en suma un período mínimo de ocho semanas. La reducción de la licencia prenatal no puede comportar el aumento del permiso postnatal (salvo convenio colectivo particular de la empresa).

Condiciones especiales de trabajo

La *permuta temporal*: cuando el estado de salud de la embarazada lo exige, ésta puede pedir a su empresario un cambio del tipo o puesto de trabajo. En tal caso será necesario *presentar un certificado médico* expedido por el facultativo que siga el embarazo. Si el médico y el empresario no se ponen de acuerdo, el médico de la empresa zanja el litigio. El empresario queda obligado por esa decisión y sea cual fuere la naturaleza del cambio decidido.

Los horarios de trabajo: al margen de la duración de los permisos de maternidad, la ley no prevé arreglos de horarios para las mujeres encinta, pero sí los convenios colectivos de trabajo de los diversos gremios. En el caso de maternidad, la trabajadora tendrá derecho a pasar a la situación de excedencia, por un período máximo de tres años, para atender a la crianza y educación inicial de cada hijo, a contar desde la fecha de terminación del período de descanso obligatorio.

Las garantías vinculadas con el contrato de trabajo

Durante el permiso de maternidad, el contrato de trabajo queda provisionalmente suspendido; pero la mujer encinta continúa formando parte de la plantilla de la empresa. Por ello, el período de permiso por maternidad se incluye en el cómputo de la antigüedad y en el de aportes para la jubilación.

★ **La reincorporación al trabajo**
En el momento de la reincorporación al trabajo, la nueva madre recupera en la empresa el puesto que tuviera antes.

La lactancia en horas de trabajo

Las trabajadoras, por lactancia de un hijo menor de nueve meses, tendrán derecho a una hora de ausencia del trabajo, que podrán dividir en dos fracciones. La mujer, por su voluntad podrá sustituir este derecho por una reducción de la jornada normal en media hora con la misma finalidad.

Reducción o suspensión de la actividad

Al final del permiso de maternidad la flamante madre puede decidir que vuelve al trabajo con una reducción de un tercio de la jornada que será a su cargo, o que renuncia. *En caso de renuncia*, es necesario advertir al empresario por carta certificada con acuse de recibo, con un mínimo de quince días de anticipación a la fecha de retorno al trabajo. El cumplimiento de esta formalidad evita realizar el preaviso legal.

Las formalidades

El permiso paternal de educación

En España y en empresas estatales cabría la excedencia voluntaria aunque sea para dedicarse al hijo, y puede ser concedido tanto a la madre como a su cónyuge. El permiso es inicialmente de un año, pero puede prorrogarse dos veces, como máximo hasta los tres años del niño, a pleno o a medio tiempo.

Exige diferentes requisitos según la fecha en que se solicite:

— cuando el permiso paternal prolonga el permiso de maternidad, es necesario advertir al empleador con carta certificada con acuse de recibo, al menos un mes antes de la conclusión de el permiso de maternidad;

— cuando el permiso paternal no sigue de manera inmediata a el permiso de maternidad, es necesario informar al empresario, siguiendo la misma técnica, al menos con dos meses de anticipación a la fecha del comienzo de el permiso deseada;

— cuando el permiso paternal de educación se transforma en trabajo a media jornada, la solicitud deberá presentarse un mes antes de la fecha prevista.

En una empresa de más de cien asalariados, el permiso paternal de educación no puede ser negada. Por el contrario, en una empresa de menos de cien asalariados, el empresario puede negarla si considera que la ausencia de la asalariada que ha formulado la petición es perjudicial para la empresa.

Esa negativa debe ser notificada por carta explicativa, puesta en propia mano con recibo, o por correo certificado con acuse de recibo.

★ **El permiso del padre**
El nacimiento de un hijo otorga derecho a todo padre asalariado, esté casado o no, pero en este último caso si ha reconocido la paternidad del niño, a un *permiso remunerado de 2 ó 3 días* dependiendo del convenio de la empresa.

La declaración de nacimiento

En un plazo máximo de 15 días a partir del momento del parto, se debe declarar el nacimiento del niño en la oficina del registro civil de la jurisdicción donde esté situada la maternidad. La persona que realice esta declaración deberá llevar el *libro de familia*, o al menos el DNI, más *el certificado de nacimiento* expedido por el médico o la comadrona que estuvieron a cargo del parto.

La declaración de nacimiento da lugar al registro de un *acta de nacimiento*, que significa el reconocimiento oficial y que permitirá en principio la inscripción del suceso en el libro de familia, el libramiento de copias del acta y todos los documentos de identidad que tramitará el niño en su vida.

La copia o extracto del acta de nacimiento

En el acta oficial de nacimiento se inscriben hora, día y lugar de nacimiento del niño, nombres y apellidos, y también las identidades, datos de nacimiento, profesiones y domicilios del padre y de la madre.

La copia o extracto del acta, también llamada «partida», se entrega por simple pedido, directamente o por correspondencia, en la oficina que haya registrado la declaración.

Para conseguir un certificado de nacimiento, las únicas informaciones que se deben suministrar son nombre/s apellidos y fecha de nacimiento del interesado.

Para obtener la copia del acta de nacimiento, la información a suministrar incluye nombre, apellido y fecha de nacimiento del interesado. Sólo los padres o un miembro de la familia que pruebe el vínculo de parentesco pueden solicitarla.

La ficha de estado civil

Para obtener una ficha simple o familiar de estado civil basta presentarse en cualquier oficina del registro civil provisto del DNI o del libro de familia, indicando la identidad de la persona a la que concierne la ficha.

— para la obtención de la ficha familiar de estado civil, se necesita el libro de familia del interesado.

Cualquier persona adulta puede solicitar estos documentos.

La libreta de salud del niño

La libreta de vigilancia médica del niño incluye varias hojas que corresponden a otras tantas consultas por realizar entre el momento del nacimiento y los seis años de edad. Puede ser llevada por un pediatra, un médico clínico o un médico de hospital o centro de atención sanitaria. Esta libreta lleva:

1.º Datos del parto.
2.º Vacunaciones obligatorias para entrar en centros educativos.
3.º Incidencias clínicas.

★ Los gastos cubiertos

Durante siete años el niño será visitado por un pediatra a cargo de la seguridad social, incluidos análisis e internación. La filosofía del seguro social español es la de gratuidad universal, aunque no siempre resulta posible en todo.

Las modalidades de guarda

• **La guardería pública o privada** acoge a los pequeños de entre dos meses y tres años durante todo el día, bajo la vigilancia de personal cualificado. Generalmente está a cargo del ayuntamiento. En principio es necesario solicitar un lugar desde los primeros meses del embarazo, ya a la dirección del establecimiento, ya en el servicio social del ayuntamiento.

• **La guardería paternal** es una modalidad de guarda por los padres bajo la responsabilidad de un profesional. Los padres aseguran su presencia por turnos, con la ayuda de una o varias personas contratadas y asalariadas por ellos, organizados en asociación.

• **La guardería de paso** acoge durante el día a niños de entre 3 meses y seis años de edad. La inscripción se realiza en el establecimiento, y la dirección de éste suele estar a cargo de una puericultora, o una pedagoga infantil.

• **La guarda regular a domicilio** es la que se realiza mediante un o una joven, sobre la base de cinco horas diarias con obligación de alojamiento.

• **La guarda temporal a domicilio** es la que emplea una «canguro» sin obligación de alojamiento. En cuanto a ofertas, hay que informarse en los centros de estudiantes y/o escolares, los centros de información para la juventud, centros para la mujer, etc.

★ Los centros maternales

Más especializadas, estas estructuras acogen a mujeres embarazadas con dificultades, solas o con un niño de menos de tres años.

448

Generalmente las embarazadas son alojadas allí a partir del séptimo mes de embarazo y hasta que el niño llega a los tres años de edad. La tarifa del alojamiento se calcula en función de los ingresos de cada una.

El nombre del niño

En las parejas casadas, o en las solteras cuando hay reconocimiento por parte del padre, el niño lleva el apellido de su padre y el de su madre. Cuando se trata de madre soltera y no media reconocimiento, el niño lleva el apellido de su madre.

Cuando hay concubinato y ambos padres no lo reconocen al mismo tiempo, lleva el apellido de aquel que lo hace en primer término; pero luego, si también el otro quiere proceder del mismo modo, pueden subsanarlo presentando una demanda conjunta al juez de menores durante la minoría de edad del niño.

★ La filiación, la legitimación

La filiación legítima es la del hijo concebido o nacido en el matrimonio. Legalmente, y en ese contexto, el niño tiene como padre al marido de su madre. Junto a esos niños nacidos en matrimonio legal, existen niños legitimados ya por el reconocimiento declarado conjuntamente, por el matrimonio de sus padres o por un acto de adopción oficial. Esta filiación o legitimación comporta derechos y deberes por parte de los padres hacia el hijo, y también por parte del hijo hacia sus padres.

Los derechos y deberes en relación al hijo

Los derechos de guarda y educación también son deberes para los padres. La falta grave a estos deberes puede acarrear el retiro parcial o total de la potestad familiar y hasta penas de prisión.

★ La autoridad paternal

Es el conjunto de derechos y deberes atribuidos al padre y a la madre para proteger mejor al niño y asegurar su educación.

Reúne los derechos y deberes de la guarda, la vigilancia, la educación, y cuando los hay, de la administración de los bienes del niño.

Las
formalidades

- En el matrimonio, la potestad es conjuntamente ejercida por ambos cónyuges; uno y otro tienen los mismos derechos y deberes en relación con el niño, y se supone que cada uno de ellos actúa en conformidad con el otro.

- En caso de grave desacuerdo, uno de los padres puede dirigirse al juez tutelar de menores de la justicia de primera instancia que corresponda a la jurisdicción. Pero esto debe constituir el último recurso, puesto que en tal caso, y si el desacuerdo persiste hasta el final, será el juez quien decida lo que haya de hacerse en interés del niño.

- En caso de separación o divorcio, la autoridad o potestad paternal puede ejercerse en común por el padre y la madre (en tal caso los padres o el niño deberán fijar el lugar de residencia habitual del niño) aunque la guarda se atribuya sólo a uno. El padre desprovisto del ejercicio de la autoridad paternal de todas maneras conserva el derecho a vigilar la manutención, salud y la educación de sus hijos. Y también debe estar informado acerca de los hechos importantes de la vida de éste.

- En caso de concubinato, la potestad paternal recae enteramente en la madre cuando el padre no ha reconocido al niño, y se reparte entre ambos cuando existe doble reconocimiento.

- En caso de fallecimiento del marido, la autoridad paternal recae enteramente en la madre. En los testamentos pueden preverse regímenes de tutela y designarse tutores. Cuando faltan ambos padres, la tutela generalmente se confía a los ascendientes más próximos, como los abuelos, o a quien designe el consejo de familia.

DIRECCIONES ÚTILES

ANDALUCIA
ALMERIA
HOSPITAL TORRECARDENAS
Paraje de Torrecárdenas, s/n.-04009
Tel. (951) 21 21 00
Fax: (951) 21 21 19

CORDOBA
COMPLEJO ASISTENCIAL
REINA SOFIA
Avda. Menéndez pidal, s/n.-14004
Tel. (975) 21 70 00 - 29 11 33
Fax: (975) 20 25 42

GRANADA
HOSPITAL SAN CECILIO
Avda. del Doctor Oloriz, 16-18013
Tel. (958) 27 02 00
Fax: (958) 27 59 62

JAEN
HOSPITAL CIUDAD DE JAEN
Avda. del Ejército Español, 10.-23007
Tels. (953)22 24 08 - 22 24 17

MALAGA
HOSPITAL VIRGEN DE LA VICTORIA
Colonia de Santa Inés, s/n.-29010
Tels. (95) 228 80 00 - 238 18 00

SEVILLA
COMPLEJO VIRGEN DEL ROCIO
Avda. Manuel Siurot, s/n.-41013
Tels. (95) 455 81 81 - 461 00 00
Fax: (95) 455 81 11

ARAGON
HUESCA
HOSPITAL GENERAL SAN JORGE
Avda. Martínez de Velasco, 36-22004
Tes. (974) 21 11 21 - 24 32 40
Fax: (974) 21 13 65

TERUEL
HOSPITAL GENERAL DE TERUEL
OBISPO POLANCO
Avda. Ruiz Jarabo, s/n.-44002
Tel. (974) 64 66 00
Fax. (974) 60 00 62

ZARAGOZA
HOSPITAL CLINICO UNIVERSITARIO
San Juan Bosco, 15-50009

Tels. (976) 35 76 50 - 35 64 00
Fax: (976) 56 59 95

ASTURIAS
OVIEDO (ASTURIAS)
HOSPITAL CENTRAL DE ASTURIAS
Celestino Villamil, s/n.-33006
Tels. (98) 510 80 00 - 510 61 00
Fax: (98) 510 80 15

BALEARES
PALMA DE MALLORCA
COMPLEJO ASISTENCIAL
SON DURETA
Andrea Doria, 55-07014
Tel. (971) 17 50 00
Fax: (971) 71 81 67

CANARIAS
PALMAS DE GRAN CANARIA (LAS)
COMPLEJO HOSPITALARIO
LAS PALMAS NORTE
Angel Guimerá, 93-35004
Tels. (928) 44 10 00 - 20 20 44
Fax: (928) 44 10 69

SANTA CRUZ DE TENERIFE
COMPLEJO HOSPITALARIO
CANDELARIA-OFRA
Ctra. del Rosario, s/n.-38010
Tels. (922) 60 20 00 - 65 27 51
Fax: (922) 60 23 34

CANTABRIA
SANTANDER (CANTABRIA)
HOSPITAL UNIVERSITARIO
MARQUES DE VALDECILLA
Avda. de Valdecilla, s/n.-39008
Tels. (942) 20 25 20 - 20 25 60

CASTILLA-LA MANCHA
ALBACETE
HOSPITAL GENERAL DE ALBACETE
Hermanos Falcó, s/n.-02006
Tels. (967) 59 71 00 - 21 43 63
Fax: (967) 23 34 58

CIUDAD REAL
HOSPITAL DE CIUDAD REAL

Avda. de Pío XII, s/n.-13002
Tels. (926) 21 34 44 - 22 50 00
Fax: (926) 21 02 98

CUENCA
HOSPITAL GENERAL VIRGEN
DE LA LUZ
Ctra. Tarancón-Teruel, km., 81-16002
Tels. (966) 22 42 11 - 22 61 11
Fax: (966) 23 02 36

GUADALAJARA
HOSPITAL GENERAL Y
UNIVERSITARIO DE
GUADALAJARA
Donantes de Sangre, s/n.-19002
Tels. (911) 22 88 00 - 22 83 63
Fax: (911) 23 16 11

TOLEDO
HOSPITAL DE TOLEDO
Avda. de Barber, 30-45004
Tel. (925) 26 92 00
Fax: (925)21 48 36

CASTILLA Y LEON
AVILA
HOSPITAL NUESTRA SEÑORA
DE SONSOLES
Ctra. Madrid-Villacastín, km., 109-05001
Tel. (918) 35 80 01
Fax: (918) 35 80 64

BURGOS
HOSPITAL GENERAL YAGÜE
Avda. del Cid, s/n.-09005
Tels. (947)28 18 10 - 28 18 12
Fax: (947) 28 18 29

LEON
HOSPITAL VIRGEN BLANCA(*)
Altos de Nava, s/n.-24071
Tels. (987) 23 74 00 - 23 74 01
Fax: (987) 23 33 22

PALENCIA
HOSPITAL GENERAL RIO CARRION
Avda. Ponce de León, s/n.-34005
Tels. (988) 72 29 00 - 72 29 31
Fax: (988) 71 15 83

SALAMANCA
HOSPITAL VIRGEN DE LA VEGA (*)
Paseo de San Vicente, 58-37007
Tel. (923) 29 12 00
Fax: (923) 29 12 11

SEGOVIA
HOSPITAL GENERAL (*)

Ctra. de Avila, s/n.-40002
Tels. (911) 41 90 65 - 41 90 61
Fax: (911) 44 22 35

SORIA
HOSPITAL GENERAL DEL
INSALUD DE SORIA
Paseo Santa Bárbara, s/n.-42071
Tel. (975) 22 10 00
Fax: (975) 22 97 25

VALLADOLID
HOSPITAL DEL RIO HORTEGA
Cardenal Torquemada, s/n.-47010
Tels. (983) 42 00 00 - 42 00 01
Fax: (983) 33 15 66

ZAMORA
HOSPITAL GENERAL VIRGEN
DE LA CONCHA
Avda. Requejo, 35-49003
Te. (988) 54 82 00
Fax. (988) 51 28 38

CATALUÑA
BARCELONA
HOSPITAL GENERAL DE LA
VALL D'HEBRON
Passeig de la Vall d'Hebron, s/n.-08035
Tel. (93) 427 20 00
Fax: (93) 428 03 71

GIRONA
HOSPITAL DE GIRONA
DOCTOR JOSEP TRUETA
Ctra. de França, s/n.-17007
Tel. (972) 20 27 00
Fax: (972) 21 27 54

LLEIDA
HOSPITAL DE LLEIDA
ARNAU DE VILANOVA
Avgda. Alcalde Rovira Roure, 80-25006
Tel. (973) 24 81 00
Fax: (973) 24 87 54

TARRAGONA
HOSPITAL DE TARRAGONA
JOAN XXIII
Doctor Mallafré Guasch, s/n.-43007
Tel. (977) 21 15 54
Fax: (977) 22 40 11

COM. VALENCIANA
ALICANTE
HOSPITAL GENERAL DE ALICANTE
Maestro Alonso, 109-03010

Tels. (96) 590 83 00 - 590 83 01
Fax: (96) 524 59 71

CASTELLON DE LA PLANA
HOSPITAL GRAN VIA
Gran Vía Tarrega Monteblanco, 43-12006
Tels.(964) 24 44 00 - 24 17 00
Fax: (964) 21 44 82

VALENCIA
HOSPITAL CLINICO UNIVERSITARIO
Avda. Vicente Blasco Ibáñez, 17-46010
Tels. (96) 386 26 00 - 386 26 04
Fax: (96) 360 21 44

EXTREMADURA
BADAJOZ
HOSPITAL DE BADAJOZ
Avda. de Elvas, s/n.-06080
Tels. (924) 21 81 00 - 21 81 04
Fax: (924) 21 81 10

CACERES
HOSPITAL DE CACERES
Avda. Millán Astray, s/n.-10002
Tel. (927) 25 62 00
Fax: (927) 25 62 02

GALICIA
LA CORUÑA
COMPLEJO HOSPITALARIO JUAN
CANALEJO-MARITIMO DE OZA
Ctra. de las Jubias, 84-15006
Tels. (981) 28 74 77 - 228 54 00
Fax: (981) 10 30 58

LUGO
HOSPITAL XERAL DE LUGO-CALDE
Doctor Severo Ochoa, s/n.-27004
Tels. (982) 22 63 13 - 22 05 00
Fax: (982) 24 24 05

ORENSE
HOSPITAL CRISTAL-PIÑOR
Ramón Puga, 54-32005
Tels. (988) 38 55 00 - 38 55 10
Fax: (988) 38 55 51

PONTEVEDRA
HOSPITAL MONTECELO
Mourente-36071
Tels. (986) 80 00 00 - 85 63 04
Fax: (986) 80 00 01

MADRID
MADRID
HOSPITAL 12 DE OCTUBRE
Ctra. de Andalucia, km., 5,4-28041

Tel. (91) 390 82 90
Fax: (91) 469 57 75

MURCIA
MURCIA
HOSPITAL VIRGEN DE LA ARRIXACA
Ctra. Madrid-Cartagena, s/n.
El Palmar-30120
Tels. (968) 84 15 00 - 84 23 62
Fax: (968) 84 24 95

NAVARRA
PAMPLONA (NAVARRA)
HOSPITAL VIRGEN DEL CAMINO
Irunlarrea, 4,-31008
Tels. (948) 10 94 00 - 26 27 00
Fax: (948) 17 05 15

PAIS VASCO
VITORIA (ALAVA)
HOSPITAL TXAGORRITXU
José Atxotegui, s/n.-01009
Tel. (945) 24 26 00
Fax: (945) 22 34 40

SAN SEBASTIAN (GUIPUZCOA)
HOSPITAL NTRA. SRA. DE ARANZAZU
Paseo Doctor Beguiristain,
s/n.-20014
Tels. (943) 45 38 00 - 46 80 66
Fax: (943) 46 07 82

BILBAO (VIZCAYA)
HOSPITAL DE SANTA MARINA
Ctra. Santa Marina, 41-48008
Tels. (94) 446 20 66 - 446 23 66
Fax: (94) 446 73 76

LA RIOJA
LOGROÑO (LA RIOJA)
HOSPITAL SAN MILLAN-SAN PEDRO
Autonomía de la Rioja, 3-26004
Tels. (941) 29 45 00 - 29 45 03
Fax: (941) 29 45 15

CEUTA Y MELILLA
CEUTA
HOSPITAL DE LA CRUZ ROJA
Avda. Marina Española, 39-11702
Tels. (956) 51 74 46 - 51 74 47
Fax: (956) 51 58 69

MELILLA
HOSPITAL COMARCAL
Ctra. Remonta, 2-29805
Tels. (952) 67 00 00 - 67 35 90
Fax: (952) 67 12 00

453

Indice*

* Los números de página escritos en **negrita**, se refieren a los temas principales. Los otros remiten a otros complementarios